王西平◎著

道德经易读及奥义解密

陕西新华出版

三秦出版社

图书在版编目（ＣＩＰ）数据

道德经易读及奥义解密 / 王西平 著. -- 西安 ：三
秦出版社，2023.12
　　ISBN 978-7-5518-3110-9

　　Ⅰ．①道… Ⅱ．①王… Ⅲ．①《道德经》－通俗读物
Ⅳ．①B223.1-49

　　中国国家版本馆CIP数据核字（2024）第 026430 号

道德经易读及奥义解密

王 西 平　著

出版发行	三秦出版社	
社　　址	西安市雁塔区曲江新区登高路1388号	
电　　话	（029）81205236	
邮政编码	710061	
印　　刷	陕西影子文化传播有限公司	
开　　本	787mm×1092mm　　1/16	
印　　张	21.5	
插　　页	2	
字　　数	416千字	
版　　次	2023年12月第1版	
印　　次	2023年12月第1次印刷	
印　　数	1—2000	
标准书号	ISBN 978-7-5518-3110-9	
定　　价	88.00元	

网　　址 http://www.sqcbs.cn

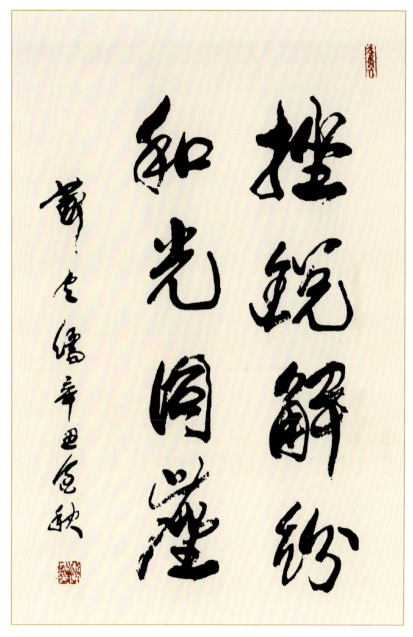

肖云儒 》》

肖云儒，文化学者、书法家、教授、研究员。1961年毕业于中国人民大学新闻系。享受国务院特殊津贴、突出贡献专家津贴。历任陕西日报社文艺部记者，陕西省文联党组成员、副主席，中国文联委员，中国西部文艺研究会会长，中国小说学会副会长，陕西省政协委员、评论家协会主席，西部新闻文化艺术研究院名誉院长。现为西安外事学院人文学院(文化产业学院)名誉院长，兼任中国西部文艺研究会会长。被聘任为西安交通大学、西北大学、陕西师范大学、西安建筑科技大学等七所大学的教授和研究生导师。

有物混成先天地生寂兮寥兮独立而不改周行而不殆可以为天下母吾不知其名字之曰道强为之名曰大

录道德经第二十五章辛卯立秋刘亚谏于京华

刘亚谏

号终南山人，艺术学博士，集收藏鉴定、诗书画创作、美术研究为一体。现为国家一级美术师、中国书法家协会会员、中央国家机关美术家协会艺术顾问、中外百家书画院院长、文化部首批认证高级画家、国际注册高级古玩书画鉴定师、全国工商联民间文物艺术品商会副会长、北京宝艺苑艺术馆馆长、西安美术学院特聘研究员、北大资源文物学院特聘教授。

陕西周至楼观台老子塑像

甘肃天水柏林观

老子授经图 （近代） 任伯年

古代绘画 佚名

目录 CONTENTS

下编　奥义解密

上编　道德经易读
【道　篇】

第 一 章

校订本

道可道，非常道；名可名，非常名。

无，名天地之始；有，名万物之母。

故常无欲，以观其妙；常有欲，以观其徼。

此两者同出而异名，同谓之玄；玄之又玄，众妙之门。

意译

道是可以言说的，但说出来的不是永恒的、实体的道（另一层意思是：不是平常所说的道路、道理之类）；天地万物都是可以命名的，但对于"道"来说，它不是恒常一般的名称，有其特定含义；对于万物来说，不是永久不变的名称。

天地生成之初始，一片混沌，是"无"的状态，以"无"来"名天地之始"；天地产生以后成为"有"，"天下万物生于有"，以"有"来"名万物之母"。

人类要认知"道"和宇宙，"常无欲"，用以观察它无形的奥妙；"常有欲"，用以观察它有限的性质和形状。

"无""无欲"、"有""有欲"两者同出于"道"，名称不同；名虽不同，却"同谓之玄"（按照现代科学，老子所谓的"无"和"有"都是由粒子构成）；"玄之又玄"，才是进入观察宇宙、天地、万物奥妙的门户。

导读

（一）道可道，非常道；名可名，非常名。

第一个"道"，老子开宗明义就是他在本书要讲的具有特定含义的"道"。第二个"道"，作动词、谓语，是"言说"的意思。

《韩非子·解老》说："圣人观其玄虚，用其周行，强字之曰道，然而可论，故曰：'道之可道，非常道也。'"道，"可论"，可道，可言说。

既往，绝大多数注家，特别是道士、僧人，普遍认为"道是不可言说的"。此说有合理的一面，因为说出来的"道"，是概念性的"道"，不是"道"的实质。但老子没有"不可言说"之义。"不可言说"就将"道"引入不可知的神秘主义范畴，以至于有人说"开口即错"。此种解法自庄子始。如果说"道"不可以言说，那就是首先剥夺了自己讲道、论道的话语权。

实际上，老子在整部《道德经》中不断地在言说、阐发他所提出的"道"。庄子及其以后《老子》的诠释者都在不断地言说着"道"。不言说、不阐发"道"，老子著书干什么？后世的注解家不言说、不诠解"道"，一般人怎么能读得懂？

关于"非常道"，有两层意蕴。

第一层，这里说的"道"不是平常所说的"道路""道理"、行为、技艺之类，而是有特定含义的。因为有特定含义，是一个空前独创，故而老子明标全书之首。这是老子"非常道"的主要内涵。

第二层，说出来的只是概念、符号性的"道"，不是他要说的包含天地万物生成演化过程、恒常规律的本原性、本体性实在的"道"。（我们这里用现代哲学一类概念，表述老子当初的本义，似非老子的语言，但也只有这样表述才能说清楚。）

第一层、第二层相互补充，并不矛盾。

"常道"，是体现、包含规律的"道"。"常"是有特定含义的。《庄子·天下篇》说：关尹、老聃（即老子）"建之以常、无、有"。竹简、帛书《老子》说"知和曰常，知常曰明"，都赋予"常"以特定的含义。

第一个"道"和第三个"道"，都是名词，特指老子首创的具有特定内涵的"道"。也是驰名古今中外，被众多哲学家、科学家、史学家、天文学家、文化学者、政治要人等研究、称誉、引用最多的概念、名号。

"名可名"，是说"道"与天地万物都是可以命名的。第二个"名"，在这里作动词、谓语。

"非常名"，也要分两层来解。

第一层，"道"不是平常意义上的名称，它是有特定内涵的。这个特定内涵是什么？深奥难明，不是三言两语能够说清楚，故而，他要由浅入深、由表及里地逐渐展开对"道"的"言说"、论述，并且以"道"为中心全方位旁及社会、政治、人文各个方面的内容、问题。这里，老子已经为其后的"八十一段""五千文"的"出台"蓄了行文之"势"。

第二层，天地、万物始终处在发展、变化之中，昔日的湖海，今日变成了沙漠；生长着的树，会变成木头、桌椅……故而万物之名，不是长久不变的名。所以说"非常名"。

老子一语双关，意蕴深妙，难测难解。

（二）无，名天地之始；有，名万物之母。

根据第四十章"天下万物生于有，有生于无"来判断，"有"就是万物之母。"有"何以是万物之母呢？因为有了天地之后才有万物，所以此处之"有"，首先指的是"天地"。"有生于无"，也首先指天地生于"无"，"无"在这里即指"道"。天地是道和万物之间的过渡、中转环节。天地是早于万物而生的"有"。

老子这里提出的"无""有"，它们是"道"的体用的延伸，是有特定内涵的，非同一般，因此紧接着第二章对"无"和"有"的辩证关系作进一步的阐发。

是否真正读懂了《老子》？关键就在于这两句的断句。解"老"的两大"名家"，东汉河上公本、魏晋之王弼，都是以"有名""无名"为断，后世绝大多数老子研究者都相继依从。这是对老子所说的"道""无"及其哲学思想最大的误解！这要用很大的篇幅才能说清楚，往后我们还要辨析。这里，我们只作简单的阐释：

老子提出"无"这个概念，是用来表述"道"的存在状态的，有它的特定内涵，其实质是"有"，不是什么都没有。这个概念的创立，表现了老子的高度智慧，极其重要，根本不是要说"无名"的问题。《老子》开篇，首先要讲的是他的"宇宙生成论"。宇宙生成的根底是"道"，是人的肉眼看不见的茫茫无际、混沌一片的"无"，指的是"有物混成，先天地生"（第二十五章）的特殊之"物"。"无名"是个什么东西，它怎么能生天地呢？诚然，天地产生之前，没有人类，当然没有名字。能以"无名"来论说"天地之始"吗？老子前文说"道可道""名可名"，他"字之曰道"（第二十五章），就命了名，从此"道"就有了名，不能再是"无名"了。后世说"道""无名"者，皆违背老子的本义。

将"有名"说成是"万物之母"，这更加不符合宇宙、社会演化、发展的历史真实。人类文明产生之前，万物（包括人类）早就存在了，人类给万物起名，是在经过千万年的漫长演进、人类文明产生之后才出现的。这是明摆着的事实，老子怎么能说出"有名"是"万物之母"这样的昏话？天地产生以后，成为"有"，有了天地，才有万物，所以用"有"来"名万物之母"，情通理顺。"有名"，是个什么东西？仅仅是个概念，不是实质性存在，它怎么能是"万物之母"呢？"有名"能生成万物吗？逻辑、事理，都是讲不通的。可是，从古至今的老子研究专家们，却循循相因、津津乐道，就这么样来解《老子》！这么简单的问题，想不明白，何称"研究"？

是否真正读懂《老子》，就在此两句的断句见分晓。

（三）故常无欲，以观其妙；常有欲，以观其徼。

前面是宇宙生成论，其后为宇宙感知论。感知者的主体肯定是人，"故"承上之"道"和"万物"而转为说人。老子说道、说万物，目的和重点是要说人。

天地生成之始，是一种看不见、摸不着的混沌状态，老子用"无"来命名。万物中作为有灵性的人，要感知这种状态的存在和奥妙，只有"常无欲"才能进入修炼所能达到的"空""无"境界。只有进入这种境界才能"观"到"无始"的妙境。老子经过长期修炼达到了这种境界，他在"惚兮恍兮"中观察出了宇宙的微妙，才提出了"道"这个被他强名地赋予了特定内涵的概念。

自伏羲"仰观象于天，俯察法于地"以来，"观"，对于认识宇宙、天地、万物具有特殊的意义。老子由"观"走向对世界奥秘的探索，进而作哲学、科学、政治学、社会学、伦理学、生命学等方面的论述，摒除神秘色彩，人间化、世俗化，成为人类社会发展指向的思想、精神宝库和财富，极具哲学和社会学意义。

"常无欲"，是修炼状态；"常有欲"，是生存状态。有欲则为生计、事业奔波，这是社会人生的主流，用肉眼只能观察到有限的实体物相，这就是"常有欲，以观其徼"。

"徼"，边际。有边际的东西是有限的，而"妙"是难以言尽的无限。有欲和无欲对举相较，老子所强调的是无欲。

（四）此两者同出而异名，同谓之玄；玄之又玄，众妙之门。

"此两者"所指，"无"与"无欲"对应，"有"与"有欲"对应，两两承接。它们都同出于"道"。

"玄"作何解？《说文解字》曰："玄，幽远也。"《广雅》曰："玄，远也。"远则小，小到至极就看不见了。《释名·释天》："天，又谓之玄。"天是幽远的、无形的，几于"无"，几于"道"。古人所说的"天"，几乎等同于今天所说的宇宙。汉扬雄《玄天·玄摘》："玄者，幽摘万类而不见形者也。"扬雄将天看作宇宙本体。

"玄"与"妙"合而为词曰"玄妙"。"妙"通"眇"，细小、微小也。"常无欲，以观其妙"，"妙"就是精微奥妙。所以老子这里所说的"玄"和"妙"，就是他所"观"察到的"道"，在"无"的状态下的细小微粒。这种微粒聚则成形，显示出"物"之形状；散则为气，显示"无"的状态。这和现代科学的物质构成以及分子、粒子、电子、光子学说不谋而合。

小而无形能构成"大"，老子第二十五章说"故道大，天大，地大"。"道"，唯有大曰"大道"，无有"小道"之说。"道"的小由"无""朴"来体现。何大何小，老子界定分明。大与小，相反相成。这是老子关于"大"与"小"的辩证法。

老子这里指出了宇宙演化和人生修炼的路径：道——无——有——无欲——玄——玄之又玄——众妙之门，见"道"，得"道"。

万物形成和人类生存的路径：道——无——有——有欲——徼——玄，在有限的时空里，通过有效的手段（如当代通过科学手段的电子成像、电脑、网络等）"玄之又玄"，进入"众妙之门"。请看，老子将如今信息时代电脑、电信的"玄奥"也早早预言了，描述了，概括了！

无欲、有欲之人都要观察感知宇宙的玄奥，目的和出发点是相同的，过程却不同。关键在于能不能"玄之又玄"。有人将这里的"之"作动词解，意即从"玄"到"又玄"。实则"之"作连词，意为"玄而又玄"，不断地"玄"，是延续层进的。"玄"在这里由虚无空旷的天，引申为虚无和"空"了，对应着前面的"无""无欲"。老子这里已经说得十分明了，只有玄之又玄，也就是虚而又虚、空而又空，才能进入"众妙之门"。

现代科学凭借高能仪器，观天、观地，正是走着"玄之又玄"的路，已经进入了"众妙之门"，但浩渺无垠的宇宙中之"众妙"，却是难以穷尽，难以尽得。这条科学探索之路还非常漫长，还需继续探索，也许是走不到尽头的十分艰难之路。

主旨评析

开篇老子首先提出"道"与"无"的问题，概括地讲宇宙的生成和命名；接着讲人如何感知宇宙生成的根源——"道"之奥妙，言简意赅，点到为止。毫无疑问，这是引入和统摄全书八十一章的总纲。

古希腊有众多哲学家，他们从"自然哲学"的思辨的视域，追寻、探问宇宙生成的本原、始基，有水、火、土、气、数等学说，这些显然难以成立，只有德谟克里特和留基波的"原子论"具有现代科学的实证性。处于相同历史时段的中国老子，由"有物混成，先天地生"的确论，概括出了"道"这个极具科学根底的哲学概念，其实质就是指的原子。古希腊哲人只追问到宇宙形成、事物构成的本原的层面，而老子追问到了宇宙形成之前；古希腊是诸多哲学家五花八门的不同观点，不能完全经得起现代科学的验证；而老子是一人一书却囊括了古希腊众多哲学家学说的方方面面，形成了系统、完整的哲学思想体系，并能经得起现代物理学、量子力学的检验。

第 二 章

校订本

天下皆知美之为美，斯恶已；皆知善之为善，斯不善已。

有无相生，难易相成，长短相形，高下相盈，音声相和，先后相随；常也。

是以，圣人处无为之事，行不言之教。万物作焉而不辞，为而不恃，功成不居。夫唯不居，是以不去。

意译

假使天下都知道美之为美，只看到事物的一个方面，都盲目地去追求、跟进，走向极端，这就坏了，必然产生恶的结果；同样，天下假使都知道好的东西只有好的一面，这也就不好了。

有和无相反、相成、相生，难和易相互对应而生成，长和短相互比较而形成，高和下相互比较而显示出它们的高低，音与声相互调和为用，先和后相互随从，这是不变的自然法则。

因此，圣人用"无为"的法则处理事情，实行"不言之教"。就像万物一样，只默默做事而不说空话，有作为而不自恃有功，功成而不自居。由于功成不居，所以他们（它们）的功绩永远不会消失。

导读

（一）天下皆知美之为美，斯恶已；皆知善之为善，斯不善已。

这是两个假设句。意思是说，如果天下皆以美之为美，这就坏了；皆以善之为善，这就不好了。"恶"作"坏"解，"善"作"好"解，"不善"作"不好"解。

社会、事物、人生是一个复杂的结构，都有两面性，有美也有丑，有善也有恶，而且会相互转化，认识不能走向极端，特别是如果"天下"皆如此，那就坏啦，不好啦！

按照马克思主义哲学的观点，世间事物，矛盾的同一性是相对的，矛盾的斗争性是绝对的。"皆知美之为美"的舆论一律，是将同一性当作绝对的了，这是违背事物存在和发展规律的。老子几千年前，就对此作出了精辟的阐述。

（二）有无相生，难易相成，长短相形，高下相盈，音声相和，先后相随；常也。

六个排比短语，讲的是客观事物对立面相互依存，相互转化的自然规律，与开头两句是并列对比关系。

"难易相成""先后相随"侧重从事理方面讲。任何事情难中有易，易中有难。对能力强的人来说难事会不难；反之，对能力不强的人来说，易事会不易。对有决心、有毅力的人来说知难而进，想尽办法去克服困难，难事可能会转化为易事。办法是人想出来的，对待难事的关键在态度、决心。难易之间，没有绝对的标准，完全以人和客观条件为前提而相互转化，难可变易，易可变难。

"先后相随"，是说万事万物都有先有后，互相依存，永不分离。但就单个事物来说，先后是相对的。较此是先，较彼可能是后。此件事占了先，另一件事就可能落了后，永远是比较而言。

"长短""高下"是从事物的存在空间比较而言。它们相反相成，互相依存，没有绝对的长与短、高与下；甲物与乙物比是长的，或高的，但较之丙物可能是短或低。"长短相形"的"形"作形成解，是说长和短在比较中形成或长、或短的定数。

"高下相盈"的"盈"是"盈缩"的盈，《战国策·秦策三》："进退、盈缩、变化，圣人之常道也。"高和下是在相互比较中或盈余、或减少，以显示出高与下来。

关于"音声相和"，包含着声的长短、高下以及先后的连接照应，也有相反相成，互相依存的辩证之理，与全文内容有着紧密的联系。

"有无相生"的"无"和"有"这里是指事物存在、生灭之间相辅相成的关系，在六个排比句中起总括作用，因而列于六句之首。对于此句，刘笑敢说："'有无'和上述'难易'等概念有所不同，'难易'等概念完全是程度的，是相对的，但'有无'作为概念则是没有程度性，有就是有，无就是无，有很少一点点也是有，只要不是零就不能算无。有与无不因一般的量的增减而改变。"（《老子古今》第114页）其实不然，有和无的"程度性"同样存在。比如水遇热蒸发，水一定因量的变化而减少，原来的水和剩余的水肯定有一定程度的差别。如果是定量的水，因蒸发而消失就化为气，水则变为"无"了。一般以肉眼看不见者为"无"，实际上这是表面认识。水化为气后融入空气，水变成的微粒还在。大气层因水汽的增加，到了一定的饱和度，遇冷或成雾，或成雨雪。这其间都有量的变化、程度之差别。水汽微粒在一定的条件下还可分解为H、O离子；反之又会变为水汽或水。其他物类可推而广之。这就是实物的有无相生，相互转化。在物理学中叫做"物质不灭定律"。

有，包含着物相与事理的长与短、高与下、先与后、难与易、大与小、对与错、轻与重、早与晚、美与丑、善与恶，等等，它们之间都有相互依存、生灭、转化的复杂、交错关系。

老子这些朴素的、符合客观实际的、辩证思维，对于人们认识复杂的社会事物有极大的启发。不能片面，而要全面；不能表面，而要看到事物的内里、本质。这几近于马克思主义的唯物辩证法。在那个科技水平十分低下的时代，能够提出一系列如此带有普遍性的辩证哲学论断，实在令人吃惊？他怎么能提出这些高人一等的见解，实在值得研究探讨。

（三）是以，圣人处无为之事，行不言之教。万物作焉而不辞，为而不恃，功成不居。夫唯不居，是以不去。

"圣人处无为之事，行不言之教"，是紧承此章开头两句而来。因为"天下皆以美之为美"属于人的有意作为，这样就会违背自然法则办坏事，造成恶的结果，所以圣人要以无为的思想处理事情，"行不言之教"。"无为"，是不违背自然法则任意作为，而不是什么都不作。因为老子后文还有"无为而无不为""为无为"之论。"不言"，并不是啥都不讲，而是强调"行"，以实际行动作出榜样。"圣人"，有的注家认为是指"有道之人"，此说成理。但老子这里所说的"圣人"是指远古的伏羲、神农、黄帝、尧、舜一类不以天下为己有"天下为公"的君王，也包括像老子这样有道的先贤。

此段中间一句，是说万物有所作为而不言、不夸耀，也不凭着有功劳自以为是，反而功成不居。这是一种值得效仿的行为。老子重"行"而不重"言"。这里"万物"是主语，老子以万物作比喻。圣人效法万物，和万物一样，默默奉献而功成不言，不夸耀。于是，"功成不居"就作为成语成为千秋万代贤能者的行为准则。我读遍众多注家的解释和译文，都以前句的"圣人"作这句

老子塑像

的主语，怎么讲也讲不通，显得十分牵强。著名哲学家任继愈先生对"万物作焉而不为始"翻译为："（任凭）万物生长变化，而不替它开始。"如果以万物为主语，译为"万物默默地做事而不为首先创始自居"，就顺当得多了。原文如作"万物作焉而不辞"，译为"万物默默地做事而不说空话"，就更简捷明确了，与"行不言之教"完全对应。

最后一句，"夫唯不居，是以弗去"，是说万物，也是说圣人，正是由于功成不居，因此他们（它们）的功德永远不会逝去，而被千秋万代传扬、赞颂。

主旨评析

这一章以哲理明事理，顺理成章。开始用假设方式提出：不恰当的人为导向、极端化思潮，会走向反面，造成恶果。接着用一系列事物正反两方面相反相成的辩证哲理进行对比，说明违背自然发展常规的危害，从而引出"圣人处无为之事"的著名论断。"无为"不是什么事都不作，而是要像万物一样"作焉而不辞"，像圣人一样"行不言之教"，以"功成不居"的行动做出榜样，只有如此才能名留千秋，光辉永照。

由此章可以看出老子有极高的思想境界和人格品德。前两句讲方法，最后落实到行动。劝诫世人不怕困难，默默做事，为人类建功立业，功成不居，自然会千古传诵。

这里，我们要看到老子在篇章的安排上也是动了脑筋的。第一章，讲自然物象之理，十分深奥，一般人会不感兴趣，因而第二章转为谈社会人事之理，以引起人们的阅读兴致。《老子》全书讲社会人事之理的篇章很多，为什么将此章排在第一章之后？他怕读者错解第一章所提出的"无"和"有"的问题，因此，紧接着说"有无相生"，不是什么"无名"和"有名"的问题。尽管老子怎么煞费苦心地暗示，还是遭到了像庄子、河上公、王弼等著名人物的误解！

第 三 章

校订本

不上贤，使民不争；不贵难得之货，使民不为盗；不见可欲，使民心不乱。

是以圣人之治，虚其心，实其腹，弱其志，强其骨，常使民无知无欲。使夫知不敢为也。

为无为，则无不治。

意译

不要过分奖励提拔贤能的人，使民众不因名誉地位而争斗；不看重难以得到的货物，使民众不因贪求财宝而当盗贼；不让看见可以引起欲望的东西，使民众的心神不乱。

所以，圣人治理国家，空虚民众的心灵，充实民众的肚腹，柔弱民众的意志，强健民众的筋骨，经常让民众无"智"无欲，心地醇正，深知争、盗、乱之违背道德而不敢轻举妄动。

这样，按"无为"的法则处事，国家、民心没有治理不好的。

导读

前一章从一般哲理说"无为"，这一章从君王为政说"无为"，章与章之间的联系十分紧密。

（一）不上贤，使民不争；不贵难得之货，使民不为盗；不见可欲，使民心不乱。

《说文解字》曰："贤，多才也，从贝，臤声。"

"贤"，是从"名"上说的，与后面要说的"利"，是分层次的。再则，老子这里的"上贤"发展为墨子的"尚贤"，"贤"都是贤能的意思。

《墨子》主张"尚贤"：尊尚贤者，重用、奖励贤者。"虽在农与工肆之人，有能则举之，高予之爵，重予之禄，任之以事，断予之令。"（《墨子·尚贤上》）有人以此判定《老子》在《墨子》后。帛书作"上贤"，说明《老子》非本于《墨子》而早于《墨子》。"尚"是后世注家因受墨子影响为明确语义将"上贤"改为"尚贤"。

　　老子不是反对一般的求知上进、荐贤举能，也不反对崇尚贤能、尊重贤能。据帛书的"上贤"就可以判断出他的用心，是反对过分地、不适当地提升、抬高贤能，造成不公，使人民产生不满，上下对立而发生争端、争夺。

　　老子的"上贤"和墨子的"尚贤"所指不同。不是老子反对墨子的"尚贤"，很有可能是墨子针对老子的"不上贤"提出了他的"尚贤"。后世"注老"者因此将"上贤"改为"尚贤"。"上"和"尚"的意思有相通之处，但也有不同的内涵和用法。如《易·需》："云上于天。""上"为由低处上升到最高处。还有，春秋时将君主称作"上"。

　　"不上贤"与佛家的"众生平等"思想相通。老子的根本目的是要当权者不要用权力在名誉、地位方面拉大人与人之间的距离，引起老百姓心理不平衡，发生争端和动乱，破坏民众的安定生活。老子当时因受历史局限，没有认识到社会动乱的根本原因在于私有制度，他的理想社会是尧、舜时让贤的原始公社。他认识不到奴隶社会是历史发展的必然。这种思想有其存在的合理一面。我们研究老子看到他的历史局限，但却不能苛责古人，说什么"反对新事物"云云。

　　我们既要看到老子的历史局限，又要充分估价"不上贤"对后世的积极借鉴意义。一个社会如果过分地奖励提拔"贤能"，形成一个官僚、贵族阶层，从而走上贪污腐化，引起广大人民群众的不满，势必潜藏下争斗、动乱的隐患。这一点，十分重要，对当今也有警示作用。

　　春秋时期，诸侯争霸，各国求贤若渴，"上贤"已经成为一种风气，周朝远近有别的"亲亲"世袭制度已被打破，选贤任能不是全然以身份为标准，这无疑是一个进步，也不是引起"民争"的主要根源，但各国君主、卿、大夫招贤纳士，扩充自己的实力，互相争夺，"上贤"确实成了他们斗争的一个重要手段。老子别有见地地看出了这一社会问题，加以反对，无可厚非。

　　"使民不争"的"争"，不能理解为合乎自然法则的"竞争"。若是一般的"竞争"，不影响社会安定，老子也不会将其作为一个问题提出。任继愈先生在他的《老子新译》中说："老子反对当时流行的尚贤主张，反对新事物。"他将"争"理解为"竞争"，是对老子思想的误解。

　　"货"一售出就化为"财"。"不贵难得之货"，才真正说的是钱财问题。由此可以上推，前面的"贤"绝不是说的"多财"。上层，特别是君王，"不贵难得之货"，民众也就不会偷盗能转化为钱财的"难得之货"。

　　"不见"，作"看不到"解。《易·艮卦》："行其庭，不见其人。"

这里的"不见可欲",整句意为:让民众看不到引起欲望的事物,就会使他们的心不会散乱。

这一段,老子分三个层次来说。"不尚贤,使民不争",主要是从"名"上说的。"争"是由争名之心而引发出"争"的行动。心是行动发生的根源。

"不贵难得之货,使民不为盗",是从"利"上说的。为获得物质上的利益,发生偷盗行为,从实质上说,还是因为有偷盗之心。外在行动是标、是表,内在心理是本、是根。故而第三层老子从根本上指出:"不见可欲,使民心不乱",重点强调心的作用。"可欲"指可欲的名、可欲的利,要"清心寡欲"。欲和心是对应的、相连的。老子深知社会安定的根本在于"人心",故而紧接着下段立即提出"圣人之治,虚其心"云云,重者在"心"。老子不可能只看到标和表,而忘却根与本。

(二)是以圣人之治,虚其心,实其腹,弱其志,强其骨,常使民无知无欲。使夫知不敢为也。

此章前面第一个层次讲治国必先安民。何以安民?老子认为在于治身、治心。何以治身、治心?老子从自己的切身体验谈治身之道。

首先是"虚其心",同于佛家的修心、修"空",除妄念。河上公注"除嗜欲,去乱烦",深得老子思想的精髓。

"实其腹",并不是一般人理解的只是"填饱肚子"。河上公注曰:"怀道抱一守五神也。"这就是佛道两家主要的修炼途径——静功,要取得的重要成果——腹实,即使脐下丹田处精满气足,形成胎息,结出内丹,自然骨强身健。

"弱其志",是柔弱其意志,绝不是有些人理解的"削弱人民的志气"之类。"弱其志"近于佛家的"忍",照应前边的"虚其心",进而磨练其心志,落实到功行上,有修德的意蕴。

这些修炼的法则、过程,贵在坚持,因此老子说"常使民无知无欲也"。"无知",既往一般注家多认为是让人民"无知识",特别是近代的注释家,如任继愈说:"他主张愚民,认为人民的头脑越简单越便于统治。"(《老子新译》第66页)老子这里毫无愚民的意思,不是主张让老百姓"无知",他是从练功的角度讲的。

"知",古通"智"。第六十五章"以智治国,国之贼",此处之"智",指"巧智""智谋"。从一般人来说,就是要去除非分的、机诈的巧智、智谋。因此,第十九章有"绝圣弃智"之说。这里的"智",实则是打上引号的"智",而不是指智慧。古文没有标点符号,特别是《老子》之文,是诗体型论文,言简意深,其字、词之用,必须联系前后文义,仔细辨析,才能真正领悟出老子的真意。

"无欲"是要去除私欲、贪欲,清静心志,达到忘我的境界。

老子这里和第一章一样,只是点到为止,并没有说得十分明显详尽,我想,一是不想透露玄机,二是此章主要是讲治国安民的,治身治心仅是方法、途径,故而点到为止。效果会如何呢?最后老子作了简洁的概括"使夫知不敢为也",与上文衔接十分顺当。由于治身修心,返璞归真,淡泊名利,养成了无私无欲的德性,自知争、盗、乱是背离德性的行为,故而"不敢为也",是一种自我约束心态。将其他世传本中的"智者"复原为河上与帛书本的"知",顺理成章,合乎老子本义。由此,河上、帛书"知"字的相同,可见河上本早于世传他本。

(三)为无为,则无不治。

"为无为,则无不治",是对全章的总结。"无为"是老子哲学、政治思想的重要概念。将"无为"的思想用之于治国,实则是要当权者不必过多地干预民众的社会经济活动,应给更多的自主,让民众自由耕种,安居乐业,过上纯朴自然的日子。老子处在春秋末期,周室衰微,诸侯国争霸称雄,战争迭起,民众难得安生。针对这种社会现实提出的"无为而治"。"无为"也是要"为"的,不是不作为,是顺应民心、民意不妄为。有人批评老子是站在统治阶级的立场维护统治阶级的统治的,其实老子的出发点在于保护民众的安定生活。相反,周王室和诸侯国所网罗、奖赏的所谓贤能之士,才是为上层统治者争权夺利、征杀讨伐的出谋划策者。由此可以看出老子"不上贤"和"无为而治"思想的合理性、深刻性、远见性及其不可否认的鲜明人民性。老子的这种政治主张可说是不合时宜,当然得不到当时和后世统治者的应和与采纳。

主旨评析

这一章第一段集中阐发老子治国家、安民心的政治主张,接着用"圣人"修治民心的法则、途径作例证,最后得出无为而治则无不治的结论。"无为而治"的核心是要顺应客观规律,少有所谓贤者以及君王的人为操作,后世应多探索其中的积极意义,从而汲取其有益营养。老子这里讲的是带有普遍意义的治国、治心之理,并不是对侯王的进言上策,不能简单地定义为"王官之学"。"人民性"贯串《老子》全书。

第 四 章

校订本

道盅，而用之又不盈。渊乎！似万物之宗。

挫其锐，解其纷，和其光，同其尘。

湛兮似若存。吾不知谁之子，象帝之先。

意译

道，像酒杯中空一样虚无，但用它装东西却永远装不满。真是渊深啊！它好像是万物的祖宗。

若要见道，必须挫败其锐意进取之心，解除其纷繁的琐事干扰；进而，获得见道的功能，与"道""和其光，同其尘"。这时就会发现，道似乎没有却又似乎存在。

我不知"道"是谁的孩子，但好像在天帝之前它就存在着。

导读

（一）道盅，而用之又不盈。渊乎！似万物之宗。

由于道之虚无不可见，老子想使其具象化，以古之酒器"盅"作比喻，因为盅之中间是虚空的，但用起来又装不满。这取二义：一是给"盅"之虚空装虚无，怎么能看出满还是不满呢？二是"道"终究不是"盅"，虚无缥缈，根本不存在装满与装不满的问题。由此，老子发出感慨：深邃无比啊！它（指"虚无"）好像是万物的祖宗。

老子为什么不作肯定判断而用"似"？因为是他一个人观察体认的一己之见，未得到别人验证，也无法让别人体验，只好用"似"来表达。这种不确定的表达老子书中多处存在，这也正是他用语的严密性、艺术性所在。然而，"似"并非"似是而非"，而是"似是而有"，不肯定之肯定。到底是还是不是，他意在请后人研究验证。

再则，这里用"似"还有为后文铺垫、步步深入的用意。"人法地，地法天，天法道"（第二十五章），"道生一，一生二，二生三，三生万物"（第四十章），就谈得十分肯定。这里是提出初步论断，既简略又不作肯定回答，更能引起对后文的阅读兴趣，可见《老子》章节的安排不是随意而为。

关于"道"的提出，老子不是心血来潮、偶发奇想，而是有一定的历史背景和文献渊源的。《左传·桓公六年》曰："所谓'道'，忠于民而信于神也。"此处将"道"与神联系在一起。"《左传·宣公十五年》曰："川泽纳污，山薮藏疾，瑾瑜匿瑕，国君含垢，天之道也。"这里的"道"，指的是天运、天命之道。《左传·昭公五年》曰："国家之败，失之道也，则祸乱兴。"此处之"道"，指执"礼"之"道"。老子以他独特的观察和感知将这些"道"的内涵予以升华，赋予特定含义，成为宇宙本原、本体的"道"。到了哀公十一年，《左传》有"盈必毁，天之道也"的论说。此时《老子》可能已经流传，《左传》将"盈"与"道"联系在一起，不能不使人想到是不是受了《老子》第四章"道盅而用之，或不盈"及第十五章"为此道者不欲盈"的影响？

（二）挫其锐，解其纷，和其光，同其尘。

前两个"其"，都指"人"。因为老子这里要讲"人"的修炼。后两个"其"是指代由道而生的宇宙、太阳。承接前文，是人和其光，同其尘。

挫锐、解纷都是人修炼中的节欲静心阶段，"和光""同尘"就进入到高层次、深境界了。如果能取得真成果，就可观得"道"之要妙了，就可看见肉眼看不见的"微观世界"了。

"同尘"的"尘"是什么呢？尘者尘土，就是空气中降落的细小微粒。汽车驶过，扬起尘土，我们用肉眼看得见。其实每日每时空气中都在降尘，只因微粒较细小稀疏，肉眼看不见。老子这里所说的"尘"，是以肉眼能看见的"尘"，比喻构成物质的肉眼看不见的更细微粒，类似于我们现代科学已经发现的质子、电子、轻子、光子、中微子之类的粒子。老子当时虽然不知道这些名词，但"更细微粒"他肯定是发现了。这在古代老子不是仅有，我们再举数例：如《关尹子·八筹》及《管子·内业篇》中的"其大无外，其小无内"说，天大到没有边际，物质小到无法分割。再如人体经络、穴位，西医解剖难以发现，而中国古代先贤却准确无误地总结出了成套学说。那么多穴位名称，形象、准确，叫人惊叹不已！当今都在渐渐被科学研究、仪器观测破解或证实。

和光、同尘是"天人合一"的真境界。老子达到了这种境界的高层次，他在"惚兮恍"中观察到了宇宙生成的缘起，似乎清楚，又不清楚，只能作出"似""若""象""不知"之类不十分确定的表述。

（三）湛兮似若存。吾不知谁之子，象帝之先。

"湛"，《说文》谓"没也"。"湛兮似若存"，意为道似乎沉没不见，又似乎存在。这实际揭示出了"道""恍惚"存在的样态。"吾不知谁之子"，就是后文第二十五章所说的"吾不知其名"的"先天地生"的"物"。表面看起来是"道盅"之"虚"，相反，却是实存之"有"。老子说他不知道是谁的孩子，将难以触摸的"道"人格化、具象化。"象帝"，有人直接解为"天帝"，这是不准确的。"象"是"似""好像"，老子仍用不确定性词语。"帝"，上帝，此指天帝。《易经·豫卦》"象"曰："先王以作乐崇德，殷荐之上帝，以配祖考。"好像在天帝之先的"先"，有的注家认为不是先后之先，而是祖先之先。此辨没有什么意义，反正都是说"道"在天帝之前，演化出天地万物；而天地万物不是上帝创造的。对此，有些学者给老子以颇高评价。

任继愈说："对'上帝'，不论《诗经》《左传》《国语》，都还没有人敢否定它的存在，也没有人敢于贬低它的至高无上的地位，只是说几句抱怨话，埋怨上帝不长眼……这算什么无神论、'神灭论'呢？老子的哲学，其光辉，前无古人的地方恰恰在这里。"（《老子哲学讨论集》第34页）

刘兆英说："老子虽然没有否定'天帝'的存在，但却推翻了天帝至高无上的地位，这在两千五百年前是不可思议的事情。因为那时人们普遍顶礼天帝，没有人敢于冒犯天帝的神威。"（《老子新释》第14页）

这里，老子思想的真正价值，不在于否认不否认天帝的存在，而在于关于"道"的特性、作用的发现和论述。

主旨评析

此章对"道"的作用及存在状态作了初步描述，同时承接上章（第三章）"虚其心"，概括地揭示了体道之玄机、要妙，进而讲"致虚"的方法以及最后要达到的至高境界——"和其光，同其尘"，可见其表述方式的严谨性、艺术性以及思想的深邃性、见地的超前性。

此章承接第一章又讲"道"，作进一步地深入"言说"，让人们了知"道"的存在特点，以及感知、见"道"的途径。特别是点出了"道""象帝之先"，与"有神论"划清了界限。此后，就这么交错着安排论题次序。

第 五 章

校订本

天地不仁，以万物为刍狗；圣人不仁，以百姓为刍狗。

天地之间，其犹橐籥乎？虚而不屈，动而愈出。

多言数穷，不如守中。

意译

天地不讲情面，对万物平等相待；圣人同样不讲情面，对百姓亦平等相待。

天地之间，不是像一个大风箱吗？要保持中间的虚空状态，就不要让其受到压抑，越动越压，中气就出去得越多。这好比人的修炼，多言有为就会屡屡耗散精气，不如虚心静定，意守丹田。

导读

（一）天地不仁，以万物为刍狗；圣人不仁，以百姓为刍狗。

"天地不仁"，用今天的话说，意思是天地为自然、客观的存在，不讲什么亲情、仁义，因此它"以万物为刍狗"。不仁，实则是一视同仁。蒋锡昌先生在引用《周礼》《庄子·齐物论》《庄子·天运》等后说："'刍'狗者，乃结草为狗，古代巫祝于祷求或治病时，用以祭神者也。但既用之后则委而去之，无复顾惜之。……以百姓为刍狗，于其生死祸福毫不理会。此欲圣人清净无为，而任诸自然也。老子此说，不仁之至，亦大仁之至。王弼以刍狗分解，非是。"（《老子校诂》第34页）这是说，"刍狗"为祭祀用品，用过之后，即扔掉或烧掉。

老子认为天地无私无情，对待万物无亲无疏，任其自然。圣人效法天地，也无私无情，对百姓无亲无疏，一视同仁，看似不仁，实则大仁。

"圣人"句与"天地"句对应，不解自明。

"天地不仁"无疑是老子进步的"天道观"之标识之一，但也不要"拔高"老子，将此作为"无神论"的凭证，因为前一章"象帝之先"就没有否定"天帝"的存在。老子说天地无情，"天道无亲"（第七十九章）是在讲天地无私无欲、没有偏爱、道法自然的"无为"属性，蕴含着哲学的、社会的、生命的、伦理的丰富而深刻的道理，令人感叹不尽。

他这里讲的是普遍原理，有广泛的适用性，并不是专对执政者而讲。当然，执政者由此受到启发感悟，而效法天地的德性也无不可。不过老子的真正意图却在于用天地之无情无私以引起下文的治身之论。

（二）天地之间，其犹橐籥乎？虚而不屈，动而愈出。

朱谦之引："吴澄曰：'橐籥，冶铸所以嘘风炽火之器也。为函以周罩于外者，橐也；为辖以鼓扇于内者，籥也。天地间犹橐籥者，橐象太虚，包容周遍之体；籥象元气，氤氲流行之用。'吴说义长。"（《老子释义》第23页）橐籥，即现代农家曾使用过的风箱，为木制，长方形，由木柄拉动而鼓风。古代多为皮橐制成，由上下木柄压挤而鼓风。

老子将天地比作个大风箱，"虚而不屈"，空空荡荡，不着一物。人之修炼也要保持内气不竭不尽、虚而满的空虚、静定状态。一般注家将"屈"作"竭""尽"解。但"屈"又作"压抑"解，"不屈"即不压抑，让其保持虚而满的静定状态。

"动而愈出"，是说不断地动，不断地出气、入气，应物无穷。老子既说出入，又特意说"出"，是说必须动静适宜有度，不能出之过多，多则消耗元气。这些都是修炼治身养气之要，即第二章的"实其腹"。橐籥之喻，也包含着呼吸之法。"此乃承上章虚用、用虚之旨，继而言虚受、虚动之道！其中有秘义，千圣不传之玄。"（萧天石《道德经圣解》第44页）

"愈"，诸本均同。朱谦之曰："古无'愈'字，盖即用'俞'也。诸本并非。"恰朱先生所说非也。《诗·小雅·小明》："曷云其还，政事愈蹙。"又《国语·越语下》："使者往而复来，辞愈卑，礼愈尊。"皆作副词用，相当于"更加""越"。

王蒙先生在他的《老子的帮助》中说："把天地比作橐籥，别开生面。这些形象思维，也是生拉硬扯。"这是王先生没有领悟老子的真意。橐籥既比喻自然界之大天地，也比喻人体这个小天地。"虚而愈出"，是指人的修炼。萧天石先生说："夫空虚象宇宙之本体，鼓吹象天地之炁机。不用则虚静自处，寂然不动；用之则发其炁机，造作万千，妙化无穷；而大地生生不已之机，亦在于此。故'虚而不屈，动而愈出'二语，非深于《易》者，不能道也。故吾尝有道偈曰：'橐籥之中藏造化，虚无窟里隐乾坤；虚受虚动神为用，忘言守中自有春。'此中圣义千古来鲜人见及！"（《〈道德经〉圣解》第44—45页）

王蒙先生说："其实橐籥那里不是无，而是空气大大地有。老子那时还没有对空气的认识。"老子没有用现代科学名词"空气"，但老子以"无"为"有"，所体认到的"无"比空气要精细得多呢！空气是分子组成，"无"体现着电子、光子及更小微粒的性能啊！有无相生之理，其中蕴寓的真理性让我们实难体味穷尽啊！

（三）多言数穷，不如守中。

帛书为"多闻"。蒋锡昌认为："二十三章'希言自然'，四十三章'不言之教'；'多言'为'希言'或'不言'之反；老子自作'多言'，不作'多闻'或'言多'也。"（《老子校诂》第37页）

蒋说言之成理。"数"，大多注家作"速"解，可通。然而，《孙子·行军》有"数罚者困也"之句，"数"作屡次、多次解，与上句之"动而愈出"，承接更紧密，对应更顺当。

"多闻"是多听、多学，是进的状态，怎么能"数穷"呢？"多言"是出的状态，如橐籥之"动而愈出"，正与"多言数穷"应合，对应更顺当。

"多言"是有为之道，耗精、耗气、耗神，因"多"而迅速穷尽，正如橐籥之"动而愈出"，故而"不如守中"。严灵峰说："'中'字疑系'冲'字之坏缺……校者不察，遂改为'中'。盖'守中'乃儒家之言，非老子本旨。"（见《老子章句新编》及《道家四子新编》）陈鼓应认为"严说有理"。（《老子注释及评介》第82页）严先生又说："《文选》张华《鹪鹩赋》注引字书曰：'冲，中也'，是古'中''冲'通用。四十二章'冲气以为和'，小篆本原文正作'中气以为和'。足以证此帛书本乃假'中'作'冲'。"（《马王堆帛书试探》）陈鼓应在引证严说之后认为："'守中'应作'守冲'讲，'守冲'即'守虚'，前文正说道'天地之间，其犹橐籥乎，虚而不屈'。'守冲'是针对上句'多言'而提出的。"

严、陈二位先生的考究，吻合老子的本义。但不必一定要确认"中"为"冲"之"坏缺"，是后世"校者不察"。其实，"守中"就是要守"橐籥"中空之虚，让其"虚而不屈"。橐籥比喻天地，实则即人体也是一小天地。守而不守，心要清静，意要虚空，如如不动。

如果将"多言数穷，不如守中"理解为执政者的有为多言或政令烦苛而"必然困乏"或"加速败亡"，这样联系发挥，也是老子蕴含的要义。"守中"，比之人事，就是守道，按道的规律办事。但却不是儒家的"中庸之道"。老子多是论述事物的对立统一哲学原理，往往告诫人们不要走向极端，而是顺其自然。

有人认为把老子看成政治家、哲学家才够得上伟大，将老子书只有当成政治或哲学著作才有价值。其实，这并不完全吻合《老子》的本义。老子原本是一位学识渊博，因周室政事牵连而仕途失意归居故里、修炼有成的隐者，他只想功成身退、遁迹山林，根本没有想成为什么政治家、哲学家的愿望，也不想著书立说，只是具有远见卓识的关尹子强要老子著书，才留下传世杰作《道德经》五千言。老子是凭着他对既往典籍的精研、丰富的社会实践，特别是修炼过程中的独特发现与感悟，用高度凝练的语言，述而成文，包容了政治、军事、哲学、伦理、道德、养生、修炼、管理、宇宙、自然等诸多方面的内容，实可称之为博大精深的"思想宝库"。

主旨评析

此章用天地、圣人无情无亲作缘起，引出下文修炼治身的要则。接着又以天地犹橐籥作比喻，形象地指出修炼之要在于意守丹田，中虚、心静、意空，精满而气足，长此以往，必能体道、得道。这些练养思想与三、四章一脉相承，层层分解，逐渐深入，足见老子的用心。

陕西周至楼观台老子塑像

第 六 章

校订本

谷神不死，是谓玄牝。

玄牝之门，是谓天地之根。

绵绵若存，用之不勤。

意译

虚无之神是不死的，这叫做玄牝。玄牝之门，是通天通地见"道"的本根。何以见道？要用呼吸之法，绵绵不绝，若有若无地修炼，妙用无穷无尽。

导读

（一）谷神不死，是谓玄牝。

诸多注家将"谷神""玄牝"当作女性生殖器，认为老子是以此比喻、烘托"一"或"道"之最高、最根本的作用。

有的还长篇大论，谈得津津有味，但却距老子的本意甚远。

《紫清指玄集》曰："头有九宫，上应九天，中间一宫，谓之泥丸，亦曰黄庭，又名昆仑，又名天谷，而神居之，故谓之谷神。"这里的"神"，不是神鬼之神，而指"神识"之神，精、气、神之神，性灵之神。

关于"玄牝"，《悟真直指》云："谷神之动静，即玄牝之门也。这个门在人身为四大不着之处，天地之正中，虚悬一穴，开阖有时，动静自然，号之曰'玄关一窍'，又号之曰'众妙之门''玄牝之门'，是为天地之根，盗机妙用，须从此处立基。""玄关窍并无真位，但能修得其境，自能见得此窍，此窍能开能合，故曰门。"

（二）玄牝之门，是谓天地根。

"玄牝之门"，亦即"玄关一窍"。对"玄关"的体认，各家说法不同，有说是产种之地，有说是感真之地、周天之地，有说在头脑泥丸宫，有说指身中丹田，有说指"内肾一窍"，不一而足。为什么各家说法如此不一？因为各人修炼的法门不同，达到的层次不同，所见所感亦不同。要么何以谓之"玄"呢？《类修要诀·注解〈金谷歌〉》说："玄关无定位，有形有质皆非正，无质无形始是玄。"

21

"天地根"，《性命圭旨》曰："气穴之间，昔人名之曰'生门死户'，又谓之天地之根。凝神于此，久之，元气日充，元神日旺。神旺则气畅，气畅则血融，血融则骨强，骨强则髓落，髓落则腹盈，腹盈则下实，下实则步行轻健，动作不疲，四体康健，颜色如桃，去仙不远矣。"

老子通过他洞开的"玄牝之门"，通天彻地，惚兮恍中看到了宇宙生成的根源——道，故而他才说"玄牝之门，是谓天地根"。

（三）绵绵若存，用之不勤。

《高上玉皇胎息经注》附：《胎息铭》曰："三十六咽，一咽为先。吐唯细细，纳唯绵绵。坐卧亦尔，行立坦然。戒于喧杂，忌以腥膻。假名胎息，实曰内丹。非只治病，决定延年。"又《高上玉皇心印妙经》曰："上药三品，神与气精。恍恍惚惚，杳杳冥冥，存无守有，顷刻而成。……履践无光，呼吸育清，出玄入牝，若亡若存。绵绵不绝，固蒂深根。……"（见新版《道藏》第一集）

可见老子的"绵绵若存"是特讲修炼中的呼吸之法的。"用之不勤"，是说功夫练到一定程度呼吸几乎停止了，当然"不勤"了。

我们回头看第三章"虚其心，实其腹"，第四章"和其光，同其尘"，第五章的"多言数穷，不如守中"，都是讲修炼的，一条线贯下来，老子及其编纂者的真意灼然显见。

老子为什么不集中地明讲这些修炼诀则、法要，而要暗藏玄机呢？那当然有其用心，我们实难确知。依我的猜测：一是修炼之学玄而又玄，集中讲不但读者不感兴趣，反而会引起误解；二是老子将这些玄机妙用与社会有关的大道理包裹起来，看不透者可另作他解。这就是《老子》为什么仁者见仁、智者见智的深层原因。由于老子采取了这种独特的论述方式，从而大大增加了容易引起人们普遍关注的哲学、社会学、政治学、天文学、物理学、生命学、道德观、人生观、宇宙观等方面的内容，使其思想、价值领域更深更广更丰富，这也成为它后世研究者层出不穷，历久不衰，各有所见，随世常新，进而发展为世界各界人士广泛关注的显学的重要根由。

主旨评析

此章照应第一章的"玄之又玄，众妙之门"，对道与见道的途径、方法作了较为具体的揭示，但仍深藏玄机，仅略露端倪，让人穷思竭虑，才能深得些许奥秘。

第 七 章

校订本

天长地久。天地所以能长且久者，以其不自生，故能长生。

是以圣人后其身而身先，外其身而身存。

非以其无私耶，故能成其私。

意译

天长地久。天地其所以长存久在，因为它不是天生天、地生地的自己生自己，它们无亲无故，也就无私，因此能够长生。

因此，圣人效法天地，处事经常先人后己，先公后私，反而受到拥戴而占先；遇到危险置身于度外冲在前面，反而得到保护而身存。不是他做到了像天地一样的绝对无私，而是不经意中自然而然地能够成全自己应得的一些私利。

导读

前几章论述了"道"以及修道的一些理论、法诀，显得深奥；这一章转入对德的论述，比较易于理解，但却未用"德"字。这可看出老子的编纂用心。

（一）天长地久。天地所以能长且久者，以其不自生，故能长生。

"天长地久"这个十分形象且蕴含丰富的比喻，后世成为成语、吉祥语，祝酒、祝寿、婚嫁、庆典的敬赠语、答谢语，是一种理想化的极其美好的象征，用之十分广泛，其思想的、精神的、文化的价值大矣！

《老子》每章的起句，几乎都有高峰突起、语出不凡的气势，总是给人以绝世孑立、无与伦比之感！如果若帛书本将"天长地久"从中断开，那气势、那感觉就会顿然消失。

天地为什么能长且久？"以其不自生"也。对"不自生"后世注家众说纷纭，可以说都距老子的真意甚远。其实第七十九章"天道无亲"透露出了底里。"不自生"就是"不是自己生自己"。天不生天，地不生地，可人却生人。意思是天地不像人类一样生生不息地进行着种族繁衍，它们无子孙、无亲族、无私且无情，"故能长生"。

一般注家，将"长生"的"生"解为"久"，或将"长生"解为"永存"，有的注家竟将原文改为"长久"。殊不知，老子对"长生"是情有独钟的。老子这段话本来就是对人类说的，而"长生"对人类来说是何等重要啊！"长生"用在这里恰到好处。"长生"就包含着长久，不必作解。如果改为"长久"，就完全失去了老子的深意和用语的韵味。毛泽东读懂了老子的这句话，翻出了"天若有情天亦老"的著名诗句，可见老子的思想何其深邃！其影响又何其大哉！

（二）是以圣人后其身而身先，外其身而身存。

这两句承接着第二章之"先后相随""功成不居""是以不去"的思想，论述先与后相辅相成的辩证法。老子用天地其所以长生的天道之理比对人道。进而，又以圣人"后其身而身先，外其身而身存"的事理，来表达自己的观点与结论。"后其身而身先"，是说圣人处事总是将自己的利益放在后边，结果得到的名利却往往占先；"外其身而身存"，是说遇险总是将自己的生死置之度外，不惜牺牲，其结果却会生命得到保全。由此，任继愈先生认为："这一章反映了老子的以退为进的思想特征。他表现为不为自己，从而为自己得到更多的好处，以'无私'来达到自私的目的。"（《老子译读》第74页）

圣人能做到"后其身"，一般人未必能做得到。处处事事"后其身"是一种崇高的思想境界和行为。一个人在自己的利益和他人、公众、国家的利益发生冲突时，能把自身的利益放在后边，或将生死置之度外，这是一个非常高的坎儿，是一个重大的抉择。假若平日没有严格的思想修养，高尚的思想品德，而是一个自私自利的人，遇到这个坎儿，百分之百过不去，在危险面前肯定会选择逃跑。

老子所讲的"身先""身存"，是说结果，不是说目的。这蕴含着"善有善报"的深刻道理和辩证逻辑。善报并不是"天官赐福"，而是一个人做了先人后己，有利于他人、集体、国家的好事，从而获得他人感恩、众人拥戴、国家奖赏的必然结果。相反，怀着个人目的，往往会求先不得先，求生反得死，这就是符合大道的先与后、生与死的辩证法，带有规律性的普世法则，适用于世间的任何人、任何事。这段话，老子不是仅仅对执政者说的，而是要天下人，修身重德，在名利面前做出正确的选择，像圣人一样处理好"后"与"先"的辩证关系，以获得好的结果。

（三）非以其无私耶，故能成其私。

台湾新文丰出版公司出版的《敦煌宝藏》第4集斯477号《老子道德经河

上公注》为"非以其无私耶"，此为唐时手抄本。至明代时《道藏》始改为"以其无私"。帛书本作"不以其无私与"，义同手抄本。近世注家除高亨、朱谦之外，大都采用原河上公本"非以其无私邪"，定为疑问句。因河上本此句下注曰："圣人为人所爱、神明所祐，非以其公正无私所致乎？"故而任继愈、陈鼓应都将此句译为："不正是由于他不自私吗？"于是大家都认定圣人无私。按常情推理是圣人就应该无私，有私还算什么圣人？但对应后面"故能成其私"，就产生很大的矛盾，情理、逻辑都讲不通。既然圣人无私，还成什么"私"？这不是老子在说昏话吗？无怪任继愈先生得出了"以'无私'来达到自私的目的"之结论。这牵扯到圣人的人格人品问题。此处圣人无过错，作俑者是老子，他在教人玩弄虚假的骗人术，装作"后其身""外其身"冠冕堂皇的样子，以达到"身先""身存""能成其私"的丑恶目的。如此这般，"圣人"还能成为圣人吗？"老子"还能成为老子吗？

历代注家于此没有深思熟虑、循循相因。追其根源首先是河上本的错解，"非以其公正无私所致乎？"肯定圣人只能是"无私"，故而才能"为人所爱，神明所祐"。问题是人们、神明被你"圣人"伪装的"公正无私"糊弄了，等到看见你"身先""身存"的结果，识破你"能成其私"之目的，谁还信你那一套！河上本之注家没有读懂老子此章的真义，竟将题目概括为"韬光"。"韬光用晦""韬光隐晦""韬光晦迹"之类，全属于权术范畴了。圣人如果与权术沾上边，就无"光"可言了。仅以此章之解、之题，我可冒昧地断定《河上公道德真经注》确为汉时人篡改所致！

笔者认为"非以其无私邪"，为肯定句，不能用问号。有的本子"邪"为"耶"，二者在此意皆同"也"。老子看到了人性之私的一面，非常顽固，难以断除；所以他要求治身者要"挫其锐"（第四章）、"损之又损"（第四十八章），即对人的私欲而言。圣人也不例外，"非以其无私也"。如前所述圣人和常人的区别在于能够经常挫私损己，遇事总是把自己的利益放在后边，把他人、大公的利益放在前边"后其身"；遇到和生命攸关的危险，也能置身于度外"外其身"。因此才能"身先""身存""成其

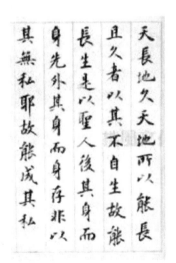

元　鲜于枢书

私"。圣人虽然有私，但处处、事事、时时能放弃私，乐于助人、克己奉公，从而得到的好处、荣誉是应该的、合理的。他的"后其身""外其身"是发自内心的真诚，是一种自觉行动，不是作给人看或玩弄权术的虚伪，故而人格是高尚的，行为是伟大的，业绩是值得赞誉的。圣人并不是完美无缺的理想化的虚幻的人，也不是"不食人间烟火"的神，而是现实社会中存在着七情六欲的活生生的人，他们因能节制私欲而为社会、人类作出了重大贡献而成为圣人，绝不能因为有成为圣人的欲望就不应该成为圣人。圣人和一般人一样，有实现个人的价值或目标的愿望无可厚非，只要符合公众利益和社会发展方向。

王蒙先生读到此处，惊喜地发现，"看啊，老子也与我一样地为自身打算，考虑私利，……你呀你！"王先生的言外之意，可想而知。但是，圣人和老子的"私"，与一般人有一样的地方，却也有极大的不同之处。

圣人作为个体的人，为了生存，也要获得生活所必需的东西。个人利益应该得到保护，天经地义，合理合法。私利与自私自利、个人主义是两码事，不能混为一谈。不危害他人和公众利益的私，不仅是个人成事的动力，也是社会发展的活力。无须谈"私"色变。

圣人和一般人不同之处在于：当个人利益与他人、集体、国家利益发生冲突的时候，会毅然决然地"后其身""外其身"，放弃个人利益。一般人却未必做得到。

老子敏锐地观察到了人性之私的有害的一面，那是贪得无厌的私，它是修身养性的障碍，有时也会成为他人或公众利益之大敌，因此老子用天地"不自生"的无亲、无私而能"长生"的事实来启发人。言外之意是说人类因"自生"而有亲、有私。接着以圣人作榜样，因能除私制私、先人后己、不惜牺牲而取得好的效果来教化一般人，同时也启迪上层的执权柄者。十分可贵的是老子没有简单地唱"无私"的高调，这正是老子思想的深刻之处，也是老子正视实际、不说假话的伟大之处。

主旨评析

本章老子将天地与人作对比，要人们从天地因"不自生"而能"天长地久"中受到启发，像圣人一样"后其身""外其身"而取得"身先""身存""成其私"的结果，并不是要求像天地那样的无亲、无私，而是要明确先与后、生与灭相辅相成的辩证关系，利人利己，克己奉公，治身修身。本章和前几章一样，用语精准，寓意深邃，结构严谨。

第 八 章

校订本

上善若水。水善利万物而不争，处众人之所恶，故几于道。

处善地，心善渊，与善仁，言善信，正善治，事善能，动善时。

夫唯不争，故无尤。

意译

上善之人，他的德性像水一样。

水善于利万物而不与万物相争，居处在众人不愿意居住的低下的地方，因此接近于道。

居处甘愿在低下的地方，心灵喜爱深邃虚静，给予喜好"仁"的人，说话喜好真诚守信，为政善于以正道来治理，办事有能力，做事善于把握时机。

只因为具有像水一样不争的品性，故而不会有罪过。

导读

（一）**上善若水。水善利万物而不争，处众人之所恶，故几于道。**

"上善"犹言"上德"。"上"就是上等，对应中等、下等，所指范围比较大；"圣人"是顶尖一层。

水有狂暴肆虐的一面，如洪水、海啸。老子取其正常情况下水之有利生民与万物的一面。日光、空气、水，万物生长永不离。而且，水有不争高下的品格，甘愿处在众人所厌恶的地方，因此它的品性接近于道。老子这里将水拟人化了，寓理于物，来比喻"上善"。"几于道"，又将无形虚无的"道"具象化了，让人从水去感悟"道"。但又不等同于"道"，所以用"几于"，是接近的意思。

"水善利万物而不争"，这里的"善"，作喜好解。不少注本"而"作"又"，有层进的意思。"而"，用作连词，解为"而且"，表示递进，与"又"义同。

（二）**居善地，心善渊，与善仁，言善信，正善治，事善能，动善时。**

此段老子连用七个排比句，以水为喻，来描述上善之人七个方面的德性，实际是老子塑造了一个他心目中理想化的"上善"形象，作为人们治身修德的标杆。言外之意，谁能达到这七条标准，谁就接近于"道"了。

1. "居善地"，即言居处像水一样，不争高处，而喜好在低处。"善"，作爱好或善于解。"地"，指低处，借用天高地低之意，象征着脚踏实地，谦恭卑微。

2. "心善渊"，意为心喜好深邃虚静。"渊"为深渊，比喻深处，既深邃且虚静。《庄子·在宥》曰："其居也，渊而静。"

3. "与善仁"，各家对此句争执颇多，关键在"仁"字上。老子不重"仁"，但却没有否定"仁"。如第三十八章"上仁为之而无以为"，"失仁而后义"，对"仁"就是肯定的。

"与"，这里作"给予"解。"与善仁"，意为：给予喜好有"仁"德的人。

4. "言善信"，意为"说话喜好守信用"。

5. "正善治"，各种注本大都将"正"作"政"，蒋锡昌先生予以辨正，理由充分，特作引证：

> 五十七章"以正治国"，谓以清静之道治国也。此文"正善治"，谓好以清静之道为治也。盖老子之意，以为理想之人君，有"正"而无"政"，以清静无为，根本不认有"政"之一事也。世俗之人君有"政"而无"正"，以多欲有为，根本不识有"正"之妙道也。惟闷闷无政，乃成其所以为"正"。惟察察有政，乃失其所以为"正"。古书"政"、"正"虽可通用，然此二字在《老》书中有极大区别，吾人决不可忽视者也。诸本作"政"，盖以不知此种区别而改之。而后儒之治《老》学者，亦大抵读"正"为"政"，以为此即普通人君所行之政，此真所谓失之毫厘、差以千里也。（《老子校诂》第48页）

6. "事善能"，做事有能力，精明能干。

7. "动善时"，行动善于把握时机，随机应变。

（三）夫唯不争，故无尤。

"尤"，任继愈、高亨作"过失"，陈鼓应作"怨咎"，马叙伦曰："尤为訧省。《说文》曰'訧，罪也'。"（1974年版《老子校诂》第132页）"争"不仅是过失，还会犯罪而带来罪业，故"尤"作"罪过"较准确。

主旨评析

此章用拟人化的手法，以水性比喻上善者的德性，通过七种表现，塑造出老子心目中的理想化形象，从而说明"争"与"不争"会有不同结果的道理。同时用"几于道"点明了"道"与"德"的关系。此章同前一章一样，论"德"而不用"德"字，其中必有奥妙，我们后文再作分析。

第 九 章

校订本

持而盈之，不如其已；揣而锐之，不可长保。

金玉满堂，莫之能守；富贵而骄，自遗其咎。

功成名遂身退，天之道。

意译

执持着容器装满了还要装，不如停止；捶击利器已锋利了还要捶击，容易破损，不能长保。

金玉满堂，没有能守得住的；富贵而又骄奢，必然给自己留下罪过。

功成名遂而身退，是自然发展规律。

导读

（一）持而盈之，不如其已；揣而锐之，不可长保。

"持"就是拿着、执持的意思。意为执持着容器不断还要装，不如停止。"之"是指代容器，为与下句对应，省略了"器"字。

"揣而锐之"之"揣"，因《说文》曰"揣，捶之"，多家注本以"揣"作捶击解。王弼注有"既捶未令尖，又锐之令利"之解。这一句的意思是利器捶击得过分尖利了易于折损，反倒难以长久保住锋利。

前后两句，都是比喻，用来说明过犹不及、物极必反的哲理，为下面的两句蓄势、铺垫。

（二）金玉满堂，莫之能守；富贵而骄，自遗其咎。

有不少注家力主"堂"作"室"，都不了解老子在强调

水，生命之源也！

老子之教化　佚名

"过""极"之弊，意为金玉多得秘"室"放不下了，满"堂"摆的都是，极言其多。这也可见老子用意之深，炼字之精。

本章的主旨在这两联。前一章从正面讲上善之德，这一章从反面来说，意在戒贪。用开首两个比喻强化物极必反的道理：金玉满堂，势必莫之能守；富贵而骄，必定自遗其咎。这是为那些财迷心窍、名熏肝肠的大富大贵者敲警钟，批评的情感色彩十分强烈。由此可以看出老子是站在劳苦大众的一方说话的。

开头两联都不是意在财富积累，而是采用比喻，蕴含哲理，增强论理的形象性，行文的艺术性。这在《老子》的多个篇章中均能找到例证，如第五章以橐籥、第七章以天地、第八章以水为喻。很明显，受《诗经》的影响颇深，赋、比、兴结合，将论理性文字，高度凝练，写成了哲理诗，形成了与《诗经》比肩的独特文体。一般各章均分为三个层次，比喻为一个层次，直接论理为一个层次，最后是总结、结论。

这一章，开头两联是比喻，接着两联是主题性论理，最后一联是结论。

（三）功成名遂身退，天之道。

功成身退是老子的一个重要思想，如"功成而弗居"（第二章）、"功成不名有"（第三十三章）、"功成事遂，百姓皆谓我自然"（第十七章），而唯有这一章提得最高，谓为"天之道"，是不可违抗的自然规律。在这一章具体地讲，就是过犹不及、物极必反，"富贵而骄"者，最后必定会遭到惩罚。这是一条普遍规律，对任何人都适用。如家庭、学校、基层单位等。但老子这一章重点在告诫大富大贵者，当然不是仅对执政者。老子不是一般地反对积聚财富和应该获得的名分，关键之处在于不能过贪，无止境地贪利、贪名，要知足，明进退，不为一己之私想方设法去争名争利，一切都顺其自然。

主旨评析

此章运用两个形象的比喻阐明过犹不及、物极必反的辩证法则，从而引出对大富大贵者戒贪、戒骄的忠告，最后做出"功成、名遂身退，天之道"的总结。这些带有规律性的法则，谁若违背，就会"自遗其咎"。

第 十 章

校订本

载营魄抱一，能无离乎？专气致柔，能婴儿乎？涤除玄览，能无疵乎？爱民治国，能无为乎？天门开阖，能无雌乎？明白四达，能无知乎？

生之，畜之，生而不有，为而不恃，长而不宰，是谓玄德。

意译

身体承载着魂魄合抱为一，能常不分离吗？专一地用气行气，致使身心柔顺，能像婴儿一样心无杂念、身体柔软吗？洗除心中杂思妄念，像悬着一面镜子一样洁净，能没有一点瑕疵吗？修身如治国，能做到无为吗？要达到天门开阖的境界，能纯阳无阴吗？要明白四达，知天知地，能做到"无知"吗？

道生了万物又养育了万物，但却不据为己有，又不自恃为己功，助长万物却不作主宰，这叫做"天德"。

导读

（一）载营魄抱一，能无离乎？专气致柔，能婴儿乎？涤除玄览，能无疵乎？爱民治国，能无为乎？天门开阖，能无雌乎？明白四达，能无知乎？

河上本六联排比句后无疑问助词，为肯定句，且标题曰"能为"，未得要领。

新版《敦煌宝藏》手抄本"能无离"等六句后皆有"乎"字，为疑问句，同于帛书本，保存了古本之旧。

这里关键有一个论述主体问题，历代注家无人点破。论述主体肯定是老子及其编纂者。说"能无离""能婴儿"……是老子说自己吗？那就成了自夸，老子根本不会这样。只能是说别人，这就存在能与不能的问题，因此必然是疑问句。

既往注家不辨文义，仅从考据角度确定有或无，不辨该有还是不该有。

校勘古本，不能简单从名人，或盲目从众人，关键在于真正读懂原文，择优而从。笔者认为：有"乎"字，语义明确。如果因凑"五千言"之数、或四字句之格式，而决定有"乎"或去"乎"字，都是削足适履。

"载营魄抱一"，各家注解纷纭，颇难择一而从。"载"，装载、承载着"营魄"。这里省掉了"身、体"。意即身体承载着营魄，合一不离。很多注家认为，"专气致柔"等"皆以四字为句，不得此独加一载字"。

若按他们的说法，首句若去掉"载"字，就不成其为身体、营、魄三者合一不离了。失"体"之"营""魄"合一，那还成"人"吗？老子此章的重点是在论述"人"的修身修德呀！

《楚辞》有"载营魄而登遐兮"句，当是受老子的影响。

"载营魄抱一"，在六个排比句中起统领、统摄作用。"载"字冠首，就显得十分必要。

"营魄"，河上本注为"魂魄"。老子以"营"代"魂"取"虚"意。汉扬雄《太玄·图》："极为九营。"范望注："营，犹虚也。《易》有'六虚'，故玄之变为九虚。"又《灵枢经·营卫生会》："人，受气于谷，谷入于胃，以传于肺，五脏六腑皆以受气，其清者为营，浊者为卫。"《太上老君内观经》（新版《道藏》第11册）说："动而营身谓之魂，静而镇形谓之魄。"古代早有灵魂的说法，大概老子不愿将自己的学说搞得过分玄虚，可能有意将"魂魄"表达为"营魄"。《易·系辞上》："精气为物，游魂为变。""营魂"犹"游魂"。

按照传统和宗教的说法，人死后，魂即离体而去。而魄呢，"古指依附于人的形体而存在的精气、精神，以别于可游离于人体之外的魂。"（《汉语大词典》第12册第468页）《左传·昭公七年》子产曰："人生始化曰魄，既生魄，阳曰魂。用物精多，则魂魄强。是以有精爽，至于神明。匹夫匹妇强死，其魂魄犹能凭依于人，以为淫厉。"

但《说文·鬼部》"魄"桂馥义证引傅逊曰："左氏所谓魄，不专指形而言。如下文所云'魂魄能依附于人'及前所云'夺伯有魄'，皆非形也。"魄非形，魂非魄，说明人的体、魂、魄三者有别。俗语用"魂飞魄散"来形容人受惊吓后的精神状态，看来是有缘由的。

这里，我们要将"魂魄说"与"鬼神说"严格地区别开来。魂魄是人的一种生命现象，属于生命科学命题，值得深入研究。我们人类对于自身的生命现象知之甚少，出现一些奇异，往往导入神秘情境，迷而信之，皆由不明其理而造成。

老子所说的"载营魄抱一"，实则就是"载精气神抱一"。这儿所说的"神"，不是神鬼之神，指的是神志、神识。"能无离乎？"讲的是修身的过程，又是目的。第一步先要做到心神内守，志不外驰，忘我除妄，保精守气，混元归一。其目的在于魂魄与身体合而为一，永不分离，这当然就是延年益寿了。仍为人道，意在强身健体，并非仙道，不是追求阴神出窍，灵魂飞升。

"专气致柔，能婴儿乎？"河上本注曰："专守精气使不乱，则形体能应之而柔顺。""能如婴儿，内无思虑，外无政事，则精神不去也。"大致已将此联的意蕴说清楚了。用气行气之法，在后世道家养生之学中演化出难以计数的法门。

"涤除玄览，能无疵乎？"何谓"玄览"？河上本注曰："心居玄冥之处，览知万事，故谓之玄览也。"《气功传统术语词典》解释此联说："玄览，心识也，心有杂念，若疵瑕之在心，故心宫不静。涤除其杂念萦思，则心境无尘，无疵无瑕。"南怀瑾先生释曰："这是说到了道智成就的时候，澡雪精神还需洗炼，必须达到法天法地而曲成万物而不遗的纯粹无疵，才能返还本初，合于自然之道。到此才能心如明镜，照见万象。物来则应，过去不留。洞烛机先，而心中不存丝毫物累。"（《老子他说》第141页）三种见解，说的不同层次、不同境界，皆言之有理。《老子》语言的高度概括性，义涵的深邃性、包容性，常使不同时代、不同的人读出不同的理解和感悟来，历久弥新，这正是其魅力所在。笔者认为"玄览"就是"内观"，即静坐中的反观内照，不断排除杂思妄念，不留疵痕。也就是像悬着一面镜子一样，无疵无瑕地反观内照。

老子说"无为"实则是"无为而无不为"。在总的指导思想和原则上是无为、顺其自然，但在具体过程中和操作上却无不为、有作为。这里为什么突然来了一句"爱民治国，能无为乎"呢？这是老子的行文艺术。前面几联全为修身之道，颇为玄虚。文不喜平。突一句"爱民治国"，掀起波峰，直论政事，引起人的阅读兴趣，既是比喻，又起双关作用。以"国"比身，"民"为"身"之各种器官，治国与治身同理。用之治国，则守道无为，任民众自然自主，则天下民众无不自成、自得、自乐也。

"天门开阖，能无雌乎？"关于"天门"的说法多种多样。《庄子·庚桑楚》曰："入出而无见其形，是谓天门。天门者无有也。万物出乎无有。"河上本注曰："天门谓北极紫微宫。""治身，天门谓鼻孔，开谓喘息，阖谓呼吸也。"老子这里实指脑泥丸宫百会穴，又名"天囟"。据道教一些经典和文献记载，修道者达到纯阳无杂的程度，天门就会自然开合，接通天气，能够有阳神出入。据说八仙之一的吕洞宾就能出阳神，故号曰"纯阳"。"雌"，非第二十八章"知其雄，守其雌"的"雌"。此处喻"阴"。"能无雌乎？"即为能无阴而纯阳吗？

"明白四达，能无知乎？"修道者修到颇高层次，大光明显现，出现"玄通"，据说观天可观到33天之外，知人、知天、知地、知宇宙，无所不知。但却深藏于密，大智若愚，不露天机。还有一层意思，就是佛道两家都有"真传一句话，假传万卷经"的说法。意为：只要按师傅所传法诀持之以恒去练就行，经读得过多了，反倒会形成"知障"（知识障碍）而影响修炼效果。老子所说的"无知"，不是"愚民"，叫人民群众无知识。这就是老子所说的："明白四达，能无知乎？"

（二）生之畜之，生而不有，为而不恃，长而不宰，是谓玄德。

前三句河上本的注解基本符合文义。"生之畜之——道生万物而畜养之；生而不有——道生万物无所取有；为而不恃——道所施为不恃望其报也。"唯"长而不宰"释为"道长养万物，不宰割以为器用"，似值得研究。蒋锡昌先生将此句解为"任民自生自长，自作自息，而圣人不去管理或干涉"，似更贴近老子的思想。

"生之畜之"后数句，第五十一章重出，是必要的重复。其"道生之，德畜之"，应为本章"生之畜之"的确解。

关于"玄德"，河上本注曰："言道行玄冥不可得见，欲使人如道也。"《释名·释天》曰："天，又谓之玄。"天，在中国古人眼里，几乎等同于宇宙、大自然，且具有至高无上的权威。因此，玄德就是天之德、宇宙之德、大自然之德。"玄德"，在《老子》书中出现4次。此章之"玄德"即指"道"之德。这是老子的一个重要创新概念，定义了"道"和"德"的关系，以"德"来体现"道""形而上"方面丰富、广阔的内涵，显示"道"的思想意识、精神境界方面的能动、鲜活的性能、功用，可见老子作为"智慧之学"的哲学思维之深刻与高明！

主旨评析

此章前半段，集中论述修身练功的法要、过程及境界；后半段以天之德、道之德，喻人之德，要人效法天德，阐明练功与修德的关系，强调德的重要。反复咀嚼，似乎老子在暗喻自己。马叙伦、陈鼓应等认为，此章后半段与五十一章重复，又与上文不相应，为错简，可删。实则他们没有领悟老子的深意。需要重复，就必得重复。如"为而不恃"，第二章、第十章、第五十章、第七十三章，共出现了4次。

第十一章

校订本

三十辐共一毂，当其无，有车之用；埏埴以为器，当其无，有器之用；凿户牖以为室，当其无，有室之用。

故有之以为利，无之以为用。

意译

三十根辐条同穿在一个毂上，因有毂中的空虚，车轴穿过仍有空隙，才有车轮转动的作用；揉和泥土做成陶器，因有其中的空虚部分，才有陶器盛物的作用；建筑房子安上门窗成为房室，因其中有大的空间，才有房屋的作用。

所以，"有"给了人利益，却是"无"发挥了作用。

导读

（一）三十辐共一毂，当其无，有车之用；埏埴以为器，当其无，有器之用；凿户牖以为室，当其无，有室之用。

"辐"是旧时车轮连接外圈与毂的方形木条，名曰辐条。其多少根据车轮大小与承重而定，三十是个约数（或常用数）。"毂"为截断的坚硬而耐磨的圆木，中心被旋空做成，车轴穿过仍有空隙而能转动，也才"有车之用"。

"埏埴"，《敦煌宝藏·道德经河上公注》曰："埏，和也；埴，土也。和土以为食饮之器。""器中空虚，故有所盛受。"这就是后世用黏土制作、烘烧陶器，其中空，为"当其无"，才"有器之用"。

"户"，古时的单扇门。"牖"，窗子。"凿户牖以为室"，就是挖窑洞在出口安上门窗作居室。窑洞中空，才有室的作用。

（二）故有之以为利，无之以为用。

任继愈对老子此章有、无之论，提出尖锐地批评："老子把有和无的关系，完全弄颠倒了。老子只看到房屋住人的地方是空虚的部分；器皿盛水的地方是空虚的部分；车轮转动的部位全靠车轮中间空洞的地方。由此，老子认为对一切事物起决定作用的是'无'，而不是'有'。这里，老子忘记了，如果没有车子的辐和毂、没有陶土、没有房子的砖瓦墙壁这些具体的

'有'，那些空虚的部分又从哪里来？又怎能有车、器、房子的用处？老子把'无'作为第一性的东西，把'有'看作第二性的，因而是错的。"（《老子新译》第82页）

任先生的观点，普遍不被认可，陈鼓应、南怀瑾、高亨、张松如等学者对"有"与"无"的辩证关系都阐发了很好的见解。

地球是一个大"有"，悬浮在宇宙空间的虚无之中，每日绕太阳公转和自转，也是以"无"之为用，以"有"而利益于地球人类及万物。

有从无中来，"无"能生万有。"有"的生存时空是有限的，"无"的存在是永久的、无限的。"有"，有生、成、住、坏，车轮毁了，陶器碎了，窑洞塌了，"有"又变成"无"。这些东西都可以再造，"无"又变成"有"。有、无就是这么相生相灭、相辅相成地变化着。小事物中蕴含着大道理，理皆相通。但有的学者却将此章三个例证的有、无与最后结论之有、无割裂了开来。

尽管层次不同、范围大小不同，其道理都是一样的。"有"和"无"始终是一个真实的存在。看起来虚无的道，不仅是天地万物生成的总动因，而且经常保持着活泼泼地促成天地万物发展、变化的动势，它是看不见但却是永远存在的宇宙总法则、总规律、总根据。"有""无"之变适用于天地万物的一切领域直到具体物相。地球也会有生灭，小行星的坠落解体就是明证，不过那会是不知多少亿万年以后的事。老子说"天长地久"，那是相对人生而言。

"道"之虚和无，不是绝对的无，假若为绝对的无，那"道"也就不存在了。这里的"无"，是指人的肉看不见的相对的"无"。车毂中空是"无"，陶器中空、房室中空也是"无"，这个"无"和地球周围大气层的"无"，分子构成是一样的。离开地球大气层之外的宇宙空间，虽说没有了气离子，可光离子却存在，仍不是绝对的真空。绝对的真空，亦即绝对的"无"在宇宙中是不存在的。所以，"道"的虚无也是相对的。老子那个时代没有精密仪器检测，只能凭自己的眼睛看见与看不见来作"有"与"无"的判断、分别。老子的高明之处，在于他所说的"无"并不是指什么都没有，而是"惚兮恍"，名之曰"道"。

本章老子在继第四章关于"道"的产生之后通过具体物相来进一步阐述"有""无"的辩证关系，从而强调"无"（即"道"）之为用。他为什么要连举三个例证？其深义在于表明"有""无"变化的普遍性，以及"道"之无处不在处处在。他又为什么将有、无关系的论述专列一章？说明有、无关系的重要以及他对这一问题的重视。

"故有之以为利，无之以为用"，是通过三个例证，对普遍规律的总结。"故"在这里很重要，河上敦煌手抄本有"故"字，唐以后的世传本却将"故"删掉了。

老子此章在对举"有之为利"应给予足够重视的同时，他的落脚点在于"无之为用"。他的意图不只局限于对有、无关系的全面认识，他的关注点在"无"。"无"是"道"的表现形态，是一个十分重要的核心概念。老子哲学思想的特征和成就，就是提出了"道"，不断地阐发"无之为用"。

"无之为用"大矣哉！问题在于我们总是被眼前的"有"和"利"局限着、束缚着。何止是一叶障目不见泰山，而是泰山障目不见宇宙。老子之后，由庄子开始，过分强调了虚无的一面，用"无形"来否定老子所说的"道"之物质性，又忽视"有之为利"，追求出世，走向了"玄虚"的极端。从政治学、社会学出发的儒家学说，讲究"学而优则仕"，执着迷恋于物质、名分利益的追求，大大限制了人的思想开发、自由和创造力，科学技术停滞不前。常为我们引以自豪、骄傲的四大发明——造纸、火药、印刷术、指南针，除最后一项和虚空有所联系外，其他三项全在物质方面。而《易经》的阴阳学说、老子的"无之为用"却往往被斥之为封建迷信或虚无主义，只能在民间为极少数喜好者中把玩、流传。

倒是西方在文艺复兴运动之后，资本主义市场经济得到发展，带有了老子"道"的自然而然的性能，人的思想解除了封建的枷锁，得到一定程度的解放，万有引力、能量的变换守恒、原子电子学说、量子力学、相对论等相继出现，这些都是对人的肉眼看不见的虚、无领域的开发和利用。

人类对自然规律，只能是适应，不能强行违扭，否则，就会受到严酷的惩罚。

老子远在两千五百年前关于有、无的辩证思想以及对"无之为用"的重视和强调，早已登上了世界思想的峰巅，遗憾的是历世以来，却不断遭到曲解和贬抑，今天是应该得到足够重视、深入研究而充分利用的时候了！

主旨评析

本章是对第一章提出的"有"和"无"、第二章的"有无相生"作进一步的深入阐发，接连用三个实例来论证有与无的辩证关系，表面看起来很简单，一般注家不作深思很容易忽视其中的深义。岂不知这正是老子思想的精要之处，是老子所发现并提出来的"道"之核心内容，值得不断体味、研究并付之应用，特别是"无之为用"。

第十二章

校订本

五色令人目盲，五音令人耳聋，五味令人口爽。

驰骋田猎，令人心发狂；难得之货，令人行妨。

是以圣人为腹不为目，故去彼取此。

意译

五色过分眩眼，令人目盲；五音过度刺耳，令人失聪；五味异常浓烈，令人口伤。

纵马奔驰打猎，使人心性发狂；难得的贵重货物，使人偷盗或争抢。

因此，圣人力求虚心实腹，而不被眼目能见者所障。所以，要舍弃有形物欲的诱惑，而选取实腹保气至高境界的追求。

导读

紧接前一章有、无之辩，而又作更深入的阐发，核心是要节制外在的物欲，而向内寻求性灵的安顿之处。

（一）**五色令人目盲，五音令人耳聋，五味令人口爽。**

此句颇为直观易解。五色指黑、白、青、黄、赤，五音指宫、商、角、徵、羽，五味指甘、苦、酸、咸、辛。"爽"，《广雅·释诂》："爽，伤也。"这三句的意思是，五色过分炫目使人眼瞎，五音极度鼓噪使人耳聋，五味浓烈失调使人口伤。五色、五音、五味，对人不能没有，关键是"度"的问题。老子不会反对一般人必要的生活、文化享受，能产生目盲、耳聋、口伤的结果，那肯定是穷奢极欲，荒唐透顶，荒淫无度。老子是对这部分人敲警钟，也是对修炼者树法戒。

（二）**驰骋田猎，令人心发狂；难得之货，令人行妨。**

打猎，骑马射箭，拼命奔跑；打死猎物兴高采烈，追求刺激，发泄野性，怎能不令人发狂！难得之货，十分稀少珍贵，为了据为己有，不是相互争夺，拼命厮杀，就是尔虞我诈，私窃暗盗，怎能不使人的身体、德行受到伤害！妨，即妨害、伤害。

这些都不是人的正常生活所必需的，老子给那些用之过度者特别加以警示。

（三）是以圣人为腹不为目，故去彼取此。

老子上面列举的五种情况，都是第十一章"有之以为利"带来的问题，人若对"有"对"利"追求过分，就会走向反面。"有"和"利"都是为"目"所能见得到的东西，圣人"不为目"，即不偏重于或只看到眼前实有的利益，而"为腹"。"腹"到底指的什么？历来注家有较大的分歧。

一类认为是装食物的肚皮，即胃肠。王弼说："为腹者以物养己，为目者以物役己，然后乃可以天下付之也。"今人刘兆英说："为腹：填饱肚子。"刘笑敢说，"就是保障最基本需求的优先地位"。这种说法可以勉强讲得通，但经不起分析。其一，追求五味，猎人打猎，为谋生而偷盗难得之货，都有"填饱肚子""保障最基本生活需求"的涵义。这样为目和为腹能有多大区别呢？其二，圣人如果仅仅为了"填饱肚子"而活着那还成其为"圣人"吗？俗语说"小人谋食不谋道，君子谋道不谋食"。持"饱肚"观点者觉得其理不通，帛书本及有的世传本就在"圣人"之后加上"之治"二字。意思是圣人治世，只是为了满足人民群众的基本生活需求，填饱肚子。圣人治世如果是这样低水平，"瓜菜代"，老百姓其他精神文化生活需求全不顾，甚至予以反对，那还成什么"圣人之治"呢？老子此言如果真的是这么个意思，那也就没有什么可取之处了。

二类认为"为腹"在精神方面，河上本注曰："守五性，去六情，节志气，养神明。"近现代人林语堂译注说："'腹'指内在自我（the inner self），'目'指外在自我或感觉世界。"蒋锡昌说："'腹'者，无知无欲，虽外有可欲之境而亦不能见。'目'者，可见外物，易受外界之诱惑而伤自然，故老子以'腹'代表一种简单清静、无知无欲之生活……"

这里的"腹"仅仅是"指"或"代表"吗？我们在诠解第三章"实其腹"时说过，意为"丹田气足"。老子是将"腹"与"丹田"等同看待的。那么丹田何以能代表精神呢？老子是修炼取得极高成就的人，他肯定有他特殊的感受。下面我们引证一项科学研究的新发现。

《右脑活性化》中摘文："最新的研究发现，潜在脑的一部分是在腹部的太阳神经丛，肚脐的下方称为'丹田'的位置，会产生与右脑同样的荷尔蒙，拥有独自的中枢，隐藏着人类的潜在能力。因此，称为潜在脑，备受科学家的注目。这个部分与未知的深层意识的世界有关，比右脑所掌管的潜在意识更为深入，所以潜在脑的开发是将人类的潜在能力引出到最大限度的重要关键。""中国有着一千多种'气功'功法，绝大多数功法都要求练功人

'意守丹田'，足以显示其中深刻的含义。'潜在脑'的最早提出……真实含义。"（引自罗坤生《宇宙统一场论》第三章"二、脑电波"）

科学研究验证了老子的感受真实不虚，这是在两千五百多年前呀！我们不能不为之惊讶！

关于"去彼取此"的理解，河上注曰："去彼'目'之妄视，取此'腹'之养神。"其说完全正确。

主旨评析

本章紧接前一章有、无之辩，而又作更深入的阐发，核心是要节制外在的物欲，而向内寻求性灵的安顿之处。老子列举常人因对五种"目"所能见、"耳"所能闻、"口"所能食的"有"与"利"的过分追求所引起的不良后果指出，圣人则相反，"为腹不为目"，"去彼取此"，警示、引导人们要挣脱"有"的束缚，注重修身，清心寡欲，不为物累，不为利惑，以求明白四达，有益于社会人生。

陕西周至楼观台老子说经台

第十三章

校订本

宠辱若惊，贵大患若身。

何谓宠辱若惊？宠为下，得之若惊，失之若惊，是谓宠辱若惊。

何谓贵大患若身？吾所以有大患者，为吾有身；及吾无身，吾何患之有？

故贵以身为天下者，则可以寄天下；爱以身为天下者，乃可以托天下。

意译

宠、辱而惊惧，重视大患像身体一样。

什么叫宠辱若惊？受宠者为下属之人，得宠惊惧，失宠也惊惧，这就叫宠辱若惊。

什么叫贵大患若身？我其所以惧怕大祸，因为我心里有自己这个身体；等到我置身于度外，我还惧怕什么大祸呢？

故而，崇尚以身家性命为天下的人，就可以寄天下于他；喜爱以身家性命为天下的人，就可以全托天下于他。

导读

（一）宠辱若惊，贵大患若身。

前句之"若"作"乃"解，后句之"若"作"如""像"解。"贵"为"贵重""宝贵"。宠辱若惊，言宠辱皆是惊。为什么这样说？上宠下，下属感到突然而惊讶，或惊喜。得宠，并不一定得到好的结果，也可能是大祸临头。受辱那不用说，肯定为祸患。"贵大患若身"，义为看重大患像看重身体一样。此句当反读，"犹谓贵身若大患"（蒋锡昌语），贵重身体一如重视大患。一般人，都喜欢受宠。老子同等看待宠与辱，皆视之为大患，见解不同凡俗。

（二）何谓宠辱若惊？宠为下，得之若惊，失之若惊，是谓宠辱若惊。

"宠""辱"紧密相连，往往因宠而后受辱，或者因辱而后又受宠，此类事例自古至今举不胜举。所以老子前边有"贵大患若身"，下文有"失之若惊"，都关乎"辱"。

受宠者为下属人员。下属的宠与辱都掌握在上级官员手里，得之乃惊喜，失之乃惊恐，情通理顺。

"得之若惊，失之若惊"紧接"宠为下"而来，是说下属受上级的宠重，得之惊喜，失之而受辱则惊恐，这就是"宠辱若惊"。

（三）何谓贵大患若身？吾所以有大患者，为吾有身；及吾无身，吾何患之有？

对于此段所言，哲学大师任继愈先生有十分尖锐的批评："这一章与十二章的基本思想相同，也是采取了抹杀矛盾的手法来对待矛盾。他认为有许多麻烦，是由于自己这个人的存在而引起的，为了避免给自己招来忧患，最好不要身体。身体都不存在了，还有什么忧患呢？照这样的逻辑，为了避免牙痛，就不要牙齿，为了不犯错误，就不要工作。在这种错误世界观指导下，把参与社会生活看做累赘。"（《老子新译》第81页）

南宋僧人法常绘老子画

其实，老子的"及吾无身"，既不是河上注本所说的"吾无有身体，得道自然，轻举升云，出入无间，与道通神"的有神论，也不是任先生所说的"为了避免给自己招来忧患，最好不要身体""抹杀矛盾"的利己主义论。老子这里讲得十分清楚，"贵大患若身"，是把大患与身体看得同样重要。老子说"及吾无身"，与第七章的"外其身"意思是一样的。"及"有作"若"解者，实则，作"待""待到"解更确切。《论语·季氏》："及其壮也，血气方刚，戒之在斗。""及"，就是"等待到了"的意思。

任先生将"外其身"译作"把自己置之度外"，实则应译为"置生死于度外"，这不是和"及吾无身"的意思一样吗？

老子这句话的正解是：吾其所以惊惧大患，是因为贵重自己的身体；待到吾将生死置之度外了，还惧怕什么大患呢？这里的"吾"不局限于老子或圣人，而同时为受宠、受辱的下属立言。俗语云："舍得一身剐，敢把皇帝拉下马。"老子是主张"宠辱"不惊的。

老子不是一个"抹杀矛盾"的利己论者，但也不是一个绝对的"无私"论者。他说"非以其无私耶"，"故能成其私"（第七章）。他看清了人性中自私的一面，因此积极宣扬"生而不有，为而不恃，长而不宰"，"功成名遂身退"，把他人、公众、国家的利益放在前面，必要时是可以"舍私""舍身"的。这和我国新民主主义时期革命先烈"生命诚可贵，爱情价更高；若为自由故，二者皆可抛"有相似之处。"贵身"与"舍身"完美地统一了起来。因"贵身"而甘愿舍身，那才是分外感人的至高境界呢！

（四）故贵以身为天下者，则可寄于天下；爱以身为天下者，乃可以托于天下。

此段文义后世作"贵身"理解，重要原因是《庄子·在宥》引入，作"君子不得已而临莅天下，莫若无为，无为也而后安其性命之情"的论证。庄子自恃"君子"，楚威王"使使厚币迎之，许以为相"，而庄子以"终身不仕，以快吾志"为对。（《史记·老子韩非列传》）

后世多认为庄子是老子的继承者，故而以他的理解为准则。今人冯友兰认为老子是利己主义者："'贵以身为天下'者，即以身为贵于天下，即'不以天下大利，易其一毛'"，"'轻物重生'之义也"。

老子与庄子不同，他曾作过周守藏史，因"王子朝及召氏之族毛伯得、严氏固、南宫嚚奉周之典籍奔楚"（《左传·昭公二十六年》）受到牵连而罢归故里。按《史记》是老子修道德，其学以自隐无名为务。居周久之，见周之衰乃遂去。最后"言道德之意五千言而去，莫知其所终"。但网上发表了天水市政协安志宏的《尹喜对〈老子〉成书的贡献》一文，将老子与尹喜在陕西宝鸡、甘肃天水一带的活动考释甚详，此处引出两段，可以证明老子不是一个只图"贵身"的利己主义者，相反他却十分关注民生问题。

伯阳地处渭河两岸，距离宝鸡不远，历史上水患严重，尹喜、老子来到这里后，他俩做的第一件事，就是带领当地人民凿"龙嘴"，修了排洪渠，后人为了记住老子、尹喜的功绩，把他们带领人民修的渠叫"伯阳渠"，至今当地百姓还在传颂。除此而外，天水与老子、尹喜有关的遗存有：麦积区伯阳龙虎山有伯林观、尹道寺、尹道寺村（尹喜故里）、讲经台、教化沟、元龙、老君庙、老君山、老子炼丹的遗址——"赤峪丹灶"、牛头河（老子乘坐的青牛死后埋葬在河谷，故名）、关山、散关、伯阳谷水、伯阳水、伯阳城南之伯阳川、七茅飞升处（伯阳茅谷，为老子和尹喜修道处）、陇山、牛间里、龙嘴、花石崖、七真观、玉泉观、玉阳观、佛公桥、灵源侯高皇爷庙、五阳观、青龙观、金龙观、三清殿、三清宫、云雾山、泰山庙，等等。这么多的与尹喜、老子有关的遗存，使得后世秦地道观林立，道教兴盛，知名道士世代相袭，道教代表人物绵延不断。除老子、尹喜外，还有道家的七真人，全真道士李志坚、董志希，马宜元、丘处机徒裔梁志通、陈志隐等。

事实上老子在陇上做了许多实事，仅在陇上老百姓中世代口传，没有被先秦时期正规的史书记载，后世史家以一句说不清的"入夷狄莫知所终"一笔带过，造成老子、尹喜后半生空白。从上面分析我们可以看出，老子在陇上活动并不是后世人所说的"子将隐矣"的隐居生活。老子、尹喜在陇上不仅传道、教化，完成《老子》一书的修订工作，而且为百姓做了一些实实在在的好事、实事，后世代代口耳相传，至今念念不忘，可惜未被文字记载。这些鲜活的口传史、遗存，治史者不能视而不见。

这些对我们研究老子颇具参考价值。高亨、詹剑峰等从利他主义理解老子上述文义，切近老子的思想；蒋锡昌、张松如等认为老子的"贵以身为天下""爱以身为天下"为反说，实"言圣人以身为天下最贵之物也""圣人以身为天下最爱之物也"，也不背离老子的思想。但终没能揣摸到老子的真义，未能与老子的思想完全吻合。

笔者的理解是："贵"作崇尚讲，"爱"为喜爱，"为"作治理。此段的意思是：崇尚以身家性命为代价而不惜牺牲来治理天下的人，就可以寄天下于他；喜爱以身家性命为代价而不惜牺牲来治理天下的人，就可以全托天下于他。"寄"有暂义，"托"为完全托付，充分信任，二者有程度和层次的差别。"贵"与"爱"也一样。所以老子将"贵"与"寄"配，将"爱"与"托"配，可见老子遣词造句的精细谨严。若按一般的理解，均分不出层次，上下两联句就显得重复。老子不会为了对应排比，重复使用两个意思完全相同的句子。

老子不是轻身、忘身，而是贵身、舍身，这是要有足够的力量、勇气以及圣人的远见卓识和至高思想精神境界的。

主旨评析

本章通过对"宠辱若惊，贵大患若身"的诠释，提出了"及吾无身""以身为天下"的因"贵身"而"舍身"之非凡卓见，表现出老子"为天下"可舍身家性命的至高思想精神境界，可歌可泣！

第十四章

校订本

视之不见名曰微，听之不闻名曰希，揗之不得名曰夷。此三者不可致诘，故混而为一。

一者，其上不皦，其下不昧，绳绳兮不可名，复归于无物。是谓无状之状，无物之象，是谓惚恍。随之不见其后，迎之不见其首。

执古之道，以御今之有，以知古始，是谓道纪。

意译

看它看不见叫做微，听又听不到叫做希，摸也摸不着叫做夷，这三者无法追根问底，因此混而为"一"。

这个"一"，向上追寻晦暗不清，向下查找明晰可辨。但由上到下的过程，像绳子接绳子一样绵延不断，不可名状，最后又归于无物。这就叫做没有形状、没有物体的形象，这也可叫做"惚恍"。紧跟着它的后边，看不见尾；迎着它的前边，也看不见它的头。

执有着由远古演化而来的道，驾驭着当今的真实存在，就能够推知事物的原始，这就叫做道的纲纪、法则、规律。

导读

第四章，言"道"之用。此章老子将无形之"道"作有形之物来描述，仍归之无形，让人更进一步感知"道体"为无形之象、无形之物。

（一）视之不见名曰微，听之不闻名曰希，揗之不得名曰夷。此三者不可致诘，故混而为一。

《说文》："几，微也；从丝，丝，微也。"几、微义通。微到几乎无色。道体因微乎其微，故视之不见。

"希"，稀疏。稀疏到几乎无声，故曰听之不闻。

揗，《说文》："揗，抚也，摹也。""夷"，《广雅·释诂》曰："夷，灭也。"此句言"道"之形，因"道"之形迹泯灭不见，故抚摸之不得。

"致诘"，有作"推问""追问"解，有作"思议"解。实则老子是说，请别追根问底，"道"本无形，强为之名，难以说清，因此姑且混而名之曰"一"。关于"一"的解释，蒋锡昌先生说："泰初时期，天地未开，既无声色，亦无形质，此种境界，不可致诘，亦不可思议。老子以为此即最高之道，无以名之，故名之曰'一'也。"蒋先生将"一"和"道"完全等同起来。

老子书中"一""无""常""玄"等确实具有"道"的特性，但却不能将其与"道"划等号。例如"道生一"之"一"，若与"道"完全等同起来，显然事理、逻辑皆不通。"道"虽然看不见、摸不着，无形无象，但却是实有的存在。"一"就不一样了，它仅是一个抽象的概念、符号，是介于"道"与万物之间的一种联系，是对"道"的性质、性能的一种表述。我们只有在二者之间找到它们的相同处以及细微的不同处，研究才能深化。关于"一"，我们在第三十九章再详作讨论。

（二）一者，其上不皦，其下不昧，绳绳兮不可名，复归于无物。是谓无状之状，无物之象，是谓惚恍。随之不见其后，迎之不见其首。

"皦"即明，"昧"即暗。"其上不皦"就是其上不明；"其下不昧"就是"其下不暗"。意思是："一"之上是不明的，是暗的，不清楚的；"一"之下所形成的宇宙万物是不暗的，是明的，清楚的。而"一"则是介乎明暗之间的分界、标示。

按照目前宇宙形成的理论，被科学家普遍认可的是"大爆炸奇点"说："在137亿年前，有一个大爆炸奇点，几乎无限的小，几乎无限的密度及热量。有一天，因为未知的量子效应，它爆炸了!其爆炸力使其在几个普朗克时间内，变得跟橘子一样大。一共过了137亿年后，形成了今天的宇宙。这就是热大暴涨理论。"（360百科baike.so.com/doc/25853151—26…—快照—360搜索）

"奇点"与老子所说的"一"，何其吻合！

"绳绳兮"，是说像绳子一样，接连不断，绵绵不绝，演变时间之漫长。

"不可名"，意为"不可名状"，难以描述。故河上本注曰："绳绳者，动行无穷极也。不可名者：非一色也，本可以青黄白黑赤别；非一声也，不可以宫商角徵羽听；非一形也，不可以长短大小度。"（见《敦煌宝藏》第460—590页）

"无物"，实则是"无物"之"物"，指人眼睛看不见的"物"，而不是"无质"。"道"是有"质"的，我们后文再详论。

"是谓无状之状，无物之象，是谓惚恍"，惚惚恍恍，若存若亡，无首无尾，不可清晰地看得见。但却是有"状"、有"象"。

（三）执古之道，以御今之有，以知古始，是谓道纪。

"御"即"驾御"。"有"，后世一些注家根据刘师培"'有'即'域'字之假说也"的诠解，进行曲里拐弯的烦琐考证，其实老子这里的"有"实指有形的社会存在，不用说，"天下国家"皆包括其中了。

"纪"，《小尔雅·广言》："纪，基也。""道基"是道之根本的意思。"纪"，作"纲纪"解，是指"道"之纲要、"道"之法则、规律。二者皆通，亦皆符合老子之意。老子是说，要能了知远古时代的开始，原始之古道，执而用之，作为纲纪，来驾驭现今实存的社会。总的思想就是以"古始"，御"今有"，是为"纲纪"。"古始"者是什么？即"道"。所谓"纲纪"，亦即"道纪"。以"道"作为驾驭、治理现今社会的法则、纲纪。

主旨评析

第四章，言"道"之用。此章老子通过视觉、听觉、触觉力图描述"道"的真实存在，对"道"作进一步的阐述。但是，所说之"道"，仍然是"微""希""夷"，视之不见，听之不闻，摸之不着，"混而为一"。这个表现"道"之特性的"一"，往上、往前晦暗不清；往下往后，属于万有，可辨不昧。但其间的变化过程，像绳子接绳子一样，绵绵不绝，无迹可求，最后仍归于无物，浑浑沦沦，惚惚恍恍。说它没有吧，它却似乎存在；说它有吧，却看不见、摸不到。它是超乎人类感官的"无状之状""无物之象"的真实存在，能在执古御今中发挥其纲纪性、法则性、规律性的作用。

治大国若烹小鲜　范曾绘

47

第十五章

校订本

古之善为士者，微妙玄通，深不可识。夫唯不可识，故强为之容：

豫兮若冬涉川，犹兮若畏四邻，俨兮其若客，涣兮若凌释，敦兮其若朴，旷兮其若谷，浑兮其若浊。

孰能浊以静之徐清？孰能安以久，动之徐生？

保此道者不欲盈，故能弊不新成。

意译

古代的有道之士，微妙通达、深不可测。正因为深不可测，因此只能勉强地对他们加以描述：

如豫一般，像冬天迟疑不决地涉过河川；似犹一样，像怕惊扰四邻小心地行走；庄重啊，他像作客；松弛啊，像冰凌将要解化；敦厚啊，像木料未经雕饰一样素朴；旷达啊，像宽阔的山谷；浑厚深沉啊，像包容着泥沙的江河一样混浊。

谁能让浊水静止下来渐渐变清？谁又能长久保持安定，以静制动渐渐得以新生？

保持此道的士人不想追求圆满，正因为他不求圆满，因此能不再重新犯错而有新的成就。

导读

（一）**古之善为士者，微妙玄通，深不可识。夫唯不可识，故强为之容：**

"善为士"即"善为道"，也就是"有道之士"。因为"得道"而行事有道，因此即能"微妙玄通，深不可识"。

因为深不可识，老子才借用诸多形象的附比，勉强地予以描状、形容。

（二）**豫兮若冬涉川，犹兮若畏四邻，俨兮其若客，涣兮若凌释，敦兮其若朴，旷兮其若谷，浑兮其若浊。**

《礼记正义》云："《说文》'犹，玃属；豫，象属。'此二兽皆进退多疑，人多疑惑者似之，故谓之犹豫。"老子"豫兮若冬涉川，犹兮若畏四邻"，将犹、豫分而用之，借以描状有道之士小心谨慎、举止持重的样子。"畏四邻"是怕惊扰四邻。

"俨"即俨然、庄重的样子。"俨兮其若客"，是说像作客一样的庄重严肃。

"涣"，涣散貌。凌，为河水封冻之冰解化后之冰凌，与涣相配。"释"作解化。

"敦兮其若朴，旷兮其若谷，浑兮其若浊"三句，蒋锡昌先生解释甚佳："'敦兮'，敦厚貌。'朴'，《说文》：'木，素也'。木素者，木已锯为料，而犹未雕饰成器之称。'旷兮'，宽大貌。'谷'者，取其空虚能容。'混兮'，和杂貌。'浊'者，取其清浊不分。此三语皆所以喻圣人之容象，抱真无文，宽大能容，和光同尘，不可得而形名；二十章所谓'我独泊兮其未兆，如婴儿之未孩'也。"（《老子校诂》第93页）

"浑兮其若浊"，不是混浊，而是水深看不到底好像混浊。

以上，老子强为描述了"有道之士"（即"善为士者"）七个方面的德性：谨慎、小心、庄重、松弛、敦厚、虚怀若谷、深不可测。这些品性是老子对"有道之士"的赞美，也是对执政者理想人格的期盼，对自我形象的表述。因为老子有修道的切身感受，所以才描写得如此真切形象。

（三）孰能浊以静之徐清？孰能安以久，动之徐生？

对此段文义刘兆英先生的解释可作参考："面对浑浊的河水，极有可能就是黄河，诗人忽发异想：谁能让这浑浊的水安静下来使之变清？谁又能让安静下来的水慢慢地重新流动？'孰能浊以静之徐清？孰能安以动之徐生？'但老子并没有回答这个问题，现在也没有人能够回答。据说当代西方大哲学家海德格尔很喜欢老子这句话，请人用汉字写下来挂在自己家里，他又会怎么想呢？"（《老子新释》第46页）

生于1889年的德国哲学家海德格尔，1930年就读过《庄子》《老子》，1936年

道通古今 月照上人画

结识了中国学者萧师毅，那年夏天和萧一起翻译《老子》关于"道"的论述共8章，因萧退出而终止。但是海德格尔并没有停止对"道"的研究，他的语言和思想都深受老子"道"的影响，他的书房挂着萧为他写的条幅，就是此章的"孰能浊以止，静之徐清？孰能安以久，动之徐生"，横批是"天道"。海德格尔1947年10月9日，给萧师毅的短信中，用德文讲出他对这两句话的理解："谁能宁静下来并通过和出自这宁静将某些东西移动给'道'，以使他放出光明？谁能通过成就宁静而使某些东西进入存在？天道。"（转引自《海德格尔思想与中国天道观》第352页）

海德格尔认为："在老子的诗化的思想之中，主导的词在原文里是'道'（Tao），它的真正切身的含义就是'道路'。"海德格尔关于"道"的理解，笔者没有深入研究，很难做出准确评论，意在介绍，供作参考。海德格尔喜欢这句话，自有他的理解，我们难以确知。但起码有一点，说明这句话寓意深长，耐人寻味，仁者见仁，智者见智吧。

其实老子设问，不是"面对河水"，而是由前句"浑兮其若浊"引起的联想。老子在他提出的问题中就已隐含着回答。意思是说，谁能以静定使浑浊渐渐变清，谁又能在长久的安静中渐渐生出动来，那他就会成为"有道之士""善为士者"，具备上述七种品格和德性。变化过程中的"静"是暂时的，而"动"是恒久的、根本的。

（四）保此道者不欲盈，夫唯不盈，故能弊不新成。

"保此道者不欲盈"，就是不要满，要留有余地，不走向极端，保持一种虚空状态，这样"夫唯不盈，故能弊不新成"。就是说只有不追求"满"。才不会再出新的弊病、弊端、流弊。用之于修德，就是不自满就不会犯错误。

主旨评析

本章老子通过对超常的、难以描状的"古之善为士者"品格、德性的形容，实则是赞美、期盼当世士人"浊以静之徐清"，"安以久动之徐生"，具备"古之善为士者"的品性，以保"欲不盈"之"此道"，从而"弊不新成"，不产生流弊，不犯旧错而有新成。老子对当世士人品性的期盼，士人的品性必然要在人际和社会关系中表现出来，因此这就反映出老子的一种人生观和社会观。老子所描绘的人生理想形态是谦虚严肃、敦厚素朴、克己利他、虚怀若谷、深邃莫测，这些都有利于和谐社会的构建。

第十六章

校订本

致虚极，守静笃。万物并作，吾以观其复。

夫物芸芸，各复归其根。归根曰静，是谓复命。复命曰常，知常曰明；不知常，妄作，凶。

知常容，容乃公，公乃王，王乃天，天乃道，道乃久，没身不殆。

意译

致使心神虚空到极点，意守清静到至深境界。万物都在繁衍生息，我由此观察它们的回还往复。

啊，万物尽管复杂众多，最后又各自回归到它开始生发的地方。回到始发之根叫做"静"，这就是"复命"。"复命"叫做"常"，认知了"常"叫做"明"。不知道"常"，胡作妄为，必遭凶险。

了知"常"就能包容，能包容就会公平公正，能公平公正就能当君王，君王代表天意，天意代表着"道"，"道"永存不变，了"道"者终生不遭危险。

导读

（一）致虚极，守静笃，万物并作，吾以观其复。

此章是紧接前章"孰能浊以静之徐清，孰能安以久，动之徐生"的旨意而来。故而，开篇即曰"致虚极，守静笃"。

关于"致虚极"，任法融道长的解释十分精到："'虚极'者，是混元无极大道之体，是天地万物之极。何以致于至虚，必要'内观其心，心无其心；外观其形，形无其形；远观其物，物无其物。三者既无，唯见于空。所空既无，无无亦无，无无既无，湛然常寂。寂无所寂，欲岂能生。欲既不生，即是真静'。如此这般可悟大道的虚无之体。所谓'致虚极'者，即是此义。"（《道德经释义》第81页）

"笃"，是深厚的意思。前句要求致使达到"虚极"，后句之"静笃"，也是要"专心致志，抱一笃守，寂然不动"，亦达到至深至厚的极致。

静极生动，老子在静定中观察到了古往今来、人间万象由生到灭、由灭到

51

生不断往返变化的影像，故此他说"万物并作，吾以观其复"。"复"，不是由生起到死亡的"覆"，而是有往有还的"复"，是"返复"之义。《说文》："复，往来也。"是宇宙万物、天道人道的生灭、灭生的往返循环。

（二）夫物芸芸，各复归其根。归根曰静，是谓复命。复命曰常，知常曰明；不知常，妄作，凶。

"各"，对应的"万物并作"及"夫物芸芸"；"复"，在这里是"又"的意思，是说"各归其根"不是一次性的返复，而是多次、不断；"复"，不能取代"归"。王弼、河上本对此句的注释均较为准确。王弼曰"各返其所始"；河上本曰"言万物无不枯落各复返其根而更生"。"始"与"生"，都说明"吾以观其复"之"复"，不能理解为只是死亡、灭亡，而是在还复后而重生。故"根"就意味着再生。

实际"根"是"终极点"，也是"转折点"。《易·复卦》"彖曰"："复，见天地之心乎？""象曰"："先王以至日闭关，商旅不行。"至日，指冬至日；闭关，指关门静修，不理政事。冬至这一天阴极阳生，一阳来复，万物阳气日旺，进入一年又一年的新一轮循环。历代修道者特别重视这一天的静修。所以，"根"在这里含义很丰富，是根本，根由，是转折点。

"归根曰静，是谓复命"，古往今来，几乎所有《老子》的注家都将侧重点放在了"静"上，断定老子是"静学"。实则错解了老子。"致虚极，守静笃"，是方法、过程。老子问："孰能浊以静之徐清？孰能安以久，动之徐生？"他是从"静""清"始，而是落脚到"动"以徐生。前者是手段、法则，后者是目的、结果。他宣讲和追求的不是死法、亡理，而是生法、活理。所以说"归根曰静，是谓复命"，仍落脚在"复命"上。是静中求动，死中求生，"复命"至上。有人为了追求前后句式的对应、规整，考定"是谓复命"应为"静曰复命"，非是。

元　赵孟頫书

"复命曰常，知常曰明；不知常，妄作，凶。"老子强调的是由枯到荣、由死到生、由无到有叫作

"常"，"复命"是"常"之本质本能。"常"，就是永久存在的规律。"道"永存，"常"亦永存。"常"具有"道"的属性，但却不完全等同于"道"。"道"生万物，"常"不能生万物。"常"，体现着万物生灭——灭生由"道"控制的永在规律。这个规律是绝对不能违背的，人类必须认识清楚，这就是"知常"。"知常曰明"，"明"即"明白四达"，知天、知地、知人、知宇宙。儒家谓之"明明德"，佛家谓之"觉悟""智慧"。反过来，如果不知常、不"明明德"、不觉悟，而违背自然规律——"常"，胡作妄为，就会受到惩罚而遇凶险。

因此说老子讲的是"复命之学"，这是老子思想的灵魂。他讲"虚无"，实则在强调无中生有；他讲"无为"，落脚点在"无不为"。过去诸多研究者将老子定为"虚无主义"者，或"虚无之学"，不能不说是对老子的误解。"万物并作，吾以观其复"，他所观的不是子虚乌有的虚幻之象，而是实存实有的真实之象。"复命"之"命"，充分说明老子关注的是宇宙生命现象，特别是人的生命。老子的宇宙观、王道观，其核心是人道观、人的生命观。以人的生命为圆心画圆，牵扯到社会的政治、经济、哲学、文化、道德、伦理、心理等各个方面，在他所著的"五千言"中都有涉及、论述，从而成为中华乃至世界思想文化的宝库。

（三）知常容，容乃公，公乃王，王乃天，天乃道，道乃久，没身不殆。

"容"，就是河上注本的"无所不包容"。就是宽容、包容、接纳的意思。知常者必然具有君子的同样品性。知常能包容人者必不自私；不自私者必能公平公正，公而忘私，克己奉公，故能为王、为君。

"王"，指君王。在古代认为"王权神授"，做王者乃是天意，所以将皇帝称作"天子"。"王乃天"，是说王代表天。"天乃道"，天代表道；"道"是永久不变的，故说"道乃久"。

如果人能"复命"而"知常"那就是了知其"道"，也就会像"道"一样，天长地久，"没身不殆"。

主旨评析

这一章老子集中地论述了他的生命观。宇宙万物，凡属生命体，其变化的规律是反复往还，表现特征是"复命"，是死而复生，是追求重生、新生的积极进取的活法。由此而推演到社会、人生、政治等方面，只要能"知常"而顺应其规律，就会"没身不殆"，无往而不胜。高亨说"这一章是老子的政治论"，显然，未抓住根本。

第十七章

校订本

太上，下知有之；其次，亲而誉之；其次畏之；其下侮之。

信不足焉，有不信。犹兮其贵言。

成功遂事，百姓皆谓："我自然。"

意译

最好的君主，下民只知道有他存在；次一等的，民众亲近他进而赞誉他；再次一等的，民众畏惧他；最下等的，民众辱骂他。

因为君主诚信不足，才有民众的不信从。谨慎啊！还是行"不言之教""无为之治"吧！

百姓在完成功名、事业中，都会说："我自然而然这样。"

导读

（一）太上，下知有之；其次，亲而誉之；其次畏之；其次侮之。

"太上"，指最好的君主。"下"为主语，即言"百姓知有之"。在老子的理想中，最好的君主应该行无为之治，施淳朴之政，让百姓自由自在地自然行事，耕者有其田，能者有其事，上与下没有多少交涉与冲突，因此，下民仅知道有"上"而已。

"其次，亲而誉之"，河上本注曰："其德可见，恩惠可称，故亲爱而誉之。""其次"，指次一等君主，就是老子所说的"大道废，有仁义"的仁义之君、贤明之君，在商如汤，在周如文王、武王。在老子眼里，这都不是理想的好君主。

"其次畏之"，河上注曰："设刑法以治之。"君主严于刑罚，故而老百姓"畏之"。

"其次侮之"，是说最下等的君主，既不仁义贤明，又法制毁坏，已属乱世，因此老百姓轻慢之，辱骂之。如殷之纣王，周之幽王。

很明显，老子将君王分作四等：最好，次等，再次，最下。

（二）信不足焉，有不信。犹兮其贵言。

在上者诚信、信誉不足（或作"不足信"），在下者必然会有不信服、不信任的言行。

"犹兮其贵言"，这一句是老子由"信不足，有不信"所引发的感慨，从而忠告君王："慎重呵！要少发号施令，还是行不言之教好！多为老百姓做些实事。"

（三）成功遂事，百姓皆谓："我自然。"

谁"成功遂事"？按上下文义应该是"百姓"。因为前句"犹兮其贵言"，老子忠告君王须行"不言之教"，而"成功遂事"是在"不言之教""无为之治"中进行。所以，"百姓皆谓我自然"。"我自然"，是说"我自己如此"，"我自然而然这样"。这与老子的"道法自然"（第二十五章）、"常自然"（第五十一章）、"辅万物之自然"（第六十四章）的"自然"，义涵、旨要是完全一致的。

老子这里不是对现实社会状态的描绘，而是对理想社会该有状貌的祈盼。他希望能有一个社会让百姓像鸟归林、鱼得水一样毫无约束、自由自在、自然而然地成功遂事，真的如远古一样，"日出而作，日入而息，凿井而饮，耕田而食，帝力何有于我哉！"（《击壤歌》）

老子所说的"自然"仅限于老百姓感受的角度。因此，对于实行"无为而治"的最好的君主，就只知有之，而感受不到他的外在作用，所以百姓"成功遂事"也就只觉得"我自然而然"这样。他们没有感受到"帝力"，但并不是"帝力"（即外力）不存在。

老子由于受周王朝典籍失劫牵连，由守藏史沦落于民间隐居起来，他的身份、阶层已发生了很大的变化。"民不畏威""无狎其所居"（第七十二章）；"民不畏死，奈何以死惧之"；"夫代大匠斫，希有不伤其手者矣"（第七十四章）：这些都是站在人民群众立场上对统治者的忠告。足见《老子》一书鲜明的"人民性"。

主旨评析

这一章是老子的政治论。他将君主分为四等：对最上等给予未赞之盛赞，给次一等者有赞，给三四等以"信不足，有不信"责之，从而忠告后世之君："犹兮其贵言"，还是行"不言之教""无为之治"好，这样才能让老百姓自为自做地在"我自然"的感受中"成功遂事"，那才是理想的社会形态呢！

第十八章

校订本

大道废，有仁义；智慧出，有大伪。

六亲不和，有孝慈；国家昏乱，有忠臣。

意译

大道废弃了，提出仁义来补救；所谓的"智慧"盛行，必会引发大欺大骗。

父子、兄弟、夫妻不和睦，用孝慈的规程来维护；君王昏聩、国家混乱，忠臣不得不披肝沥胆。

导读

本章是对前章"信不足，有不信"的更进一步具体化阐发，是针对社会历史现实有感而发，绝不是古棣所说的"离开客观事实，在头脑里抽象地思考没有此方就没有彼方，由此进行推论"的"从唯心辩证法走向形而上学的典型"。（《老子通》上编第140页）

（一）大道废，有仁义；智慧出，有大伪。

"大道"，即指宇宙本体之大道，它作用于宇宙间万事万物。体现在社会政治方面，就是"不言之教""无为而治"，亦即前一章遵循"大道"而行的"太上"之治，也就是孔子所说的"大道之行也，天下为公"的"大道"（《礼记·礼运》），指尧舜时的"大同"之治。老子所说的"废"，不是指"大道"会废，而是说次等之君主背离大道，不行大道，似若废弃。

"有仁义"，实指夏禹、商汤、周文王、周武王时的政治。《礼记·礼运》曰：

> 今大道既隐，天下为家。各亲其亲，各子其子，货力为己。大人世及以为礼，城廓沟池以为固，礼义以为纪。以正君臣，以笃父子，以睦兄弟，以和夫妇，以设制度，以立田里，以贤勇知，以功为己。故谋用是作，而兵由此起。禹、汤、文、武、成王、周公，由此其选也。此六君子者，未有不谨于礼者也。以著其义，以考其信，著有过，刑仁讲让，示民有常。如有不由此者，在执者去，众以为殃，是谓"小康"。

对"仁义",老子并没有完全否定。这要参照前一章"其次，亲而誉之"来全面分析。在老子眼里，"仁义"之君虽然没有"无为而治"的君主好，但终归能行"仁政"而有益于百姓，因此才取得了百姓"亲而誉之"的效果。有批评老子"对仁和义不加分析地一律加以反对"，"是站在逆乎潮流的保守方面"，这完全错解了《老子》本义。

如何理解"智慧出，有大伪"？老子这里说智慧，应该打上引号。不能打引号，这是古代印刷条件的局限。老子对他所说的"智慧"不能详加解释，是他所采用的文体之局限。在中国古代，由原始公社进入奴隶和封建制社会以后，统治阶级以他们特有的权力和心智想方设法让百姓归顺。老子在周王朝衰落时作守藏史，精通远古典籍，又亲身感受到现实社会上层争权夺利的计谋与暗算，对下层百姓的瞒哄与欺骗，所带来的是淳朴与真诚的沦丧，尔虞我诈之风盛行，因此老子十分愤慨，尖锐地指出"智慧出，有大伪"。老子用"大"来表述伪装、欺骗，说明这种社会风气的普遍和严重，也表现出老子对这种社会流弊的切齿之恨，从而痛加针砭。

（二）六亲不和，有孝慈；国家昏乱，有忠臣。

王弼注"六亲"曰："父子兄弟夫妇也"。"六亲不和"是"仁义"之治紊乱以后出现的社会现象。这时礼崩乐坏，伦理纲常散乱。为了疗救这种社会疾病而宣传、倡导"仁爱""孝慈"，以求得人与人之间的和谐。在老子认为，这都是没有延续"无为而治"所产生的难以挽回的恶果。

不仅如此，更严重的是"国家昏乱，有忠臣"。这一点，老子不是从他所处的春秋末世看到的，而主要是夏、商两朝覆灭的历史教训告诉的。殷纣王昏聩，宠爱妲己，忠臣比干屡次劝谏，被剖心而死。老子肯定对此有所触发。他不是批评忠臣，而意在指斥君主的昏聩、国家的昏乱。《左传·桓公元年》中有"所谓道，忠于民而信于神"的话。本来是君忠臣、忠民，"臣忠君"，是"忠于民"的倒置，而不是君忠民了。倒置之后就"国家昏乱"了！

任继愈先生对此章有比较中肯的评价。他说："所谓仁义、智慧、孝慈、忠臣，老子认为这是病态社会中的反常现象，在合理的社会中不会产生这些所谓道德。这里也透露出老子的一些有价值的辩证法思想，智慧和虚伪；孝慈和家庭纠纷；国家昏乱和忠臣；等等。他看到它们之间的对立关系。"（《老子新译》第98页）

当然，老子有他的历史局限。他身处那个时代，要求他认识统治阶级的剥削本质，以及社会发展必然趋势的合理性是不可能的。他能敏锐地看到上层统治者包括所谓的"圣""智"为了维护统治以及维持正常社会秩序所宣扬的假仁、假义、智谋、权术、伦理、纲常虚伪的一面，并给以毫不留情地揭穿、谴责，已经是非常难能可贵了！老子不可能认识到当时社会产生的一切不合理现象的总根源是人性之私与私有制；也不可能认识到由原始公社到奴隶制、封建制以至于后来的资本主义是符合社会发展规律的必然过程，也是他所发现的"道"自然而然演变的结果，不由人的主观意志所决定；他也不可能提出一个彻底解决当时社会问题的完善的办法与途径，他只能理想主义地呼唤对"无为而治"的重现。

我们今天研究老子，要清楚地看到他的局限，更重要的是发掘其对今天有用的精神财富，古为今用，使中华文化的优秀遗产发挥作用，得以弘扬，绝不能简单化地居高临下去审判古人。

主旨评析

这一章亦为老子的政治论，同时也包含着哲学的思辨。他对"仁义""智慧"作了过激的抨击，不切实际地怀念"无为而治"，表现了他的思想局限。但他尖锐地提出社会问题，心中充满不平，直斥社会弊端的精神，却不能不使人为之感动而深表敬仰！

老子讲经图　宋　李公麟绘

第十九章

校订本

绝圣弃智，民利百倍；绝仁弃义，民复孝慈；绝巧弃利，盗贼无有。

此三者，以为文不足，故令有所属：见素抱朴，少私寡欲。

意译

拒绝所谓的"圣人"，抛弃所谓的"智慧"，民众会有百倍的利益；拒绝假"仁"，抛弃假"义"，民众又会恢复孝慈；拒绝奸巧，抛弃自私自利，就会没有盗贼。

"三绝""三弃"这三者，用为文治是不够的，因此叫它们要有所从属：显现淳素和坚守质朴，少有私心和私欲。

导读

（一）绝圣弃智，民利百倍；绝仁弃义，民复孝慈；绝巧弃利，盗贼无有。

老子并不反对圣人，第四章"是以圣人之治"，第七章"是以圣人后其身"，对圣人都给以歌颂和称赞。因此，"绝圣"是要拒绝世俗所谓之"圣"，或自我标榜之"圣"，应该打上引号、问号。"知"通"智"。老子主张丢弃的"智"，并不是用之于正当事业、正当行为、有益于民众的智慧，而是尔虞我诈的心智，玩弄权术的巧智。拒绝、丢弃这类误国害民的所谓"圣人""智谋"当然会"民利百倍"。

老子没有完全否定"仁义"的积极意义。对次于最上等的"大道废"后的仁义之治，老子评语是"亲之誉之"。第三十八章"上仁为之而无以为"，任继愈先生译为："上仁"有所表现，但非故意表现它的"仁"。这就是说"上仁"者是发自内心的真诚施行仁政，老子给以足够肯定。有"上仁"，必有"下仁""假仁"。老子反对、抨击的正是这类打着"仁义"的幌子，唱着"仁义"的高调的假仁、假义的执政者。

"绝巧弃利，盗贼无有"。"巧"，就是巧舌、巧计、"技巧"（第五十七章）、巧取豪夺等等；"利"，就是私利、难得之货（第十二章）、"奇物滋起"（第五十七章），等等。蒋锡昌说："人君绝伎巧，弃难得之货，则盗贼无有也。"即第三章所说的"不见可欲，使民不为盗也"。

（二）**此三者，以为文不足，故令有所属：见素抱朴，少私寡欲。**

"此三者"指"绝圣弃智""绝仁弃义""绝巧弃利"。因为"三绝""三弃"仅仅是"破"的一方面，所以老子说"以为文不足"，而要有"立"的东西。靠什么立呢？老子接着作出了回答。

"此三者，以为文不足"，意思是说，仅仅靠"绝圣弃智""绝仁弃义""绝巧弃利"作为"文治"是不够的（高亨以"文"为"文治"，蒋锡昌以"文"为"礼法"），因此，要叫"此三者""有所属"。实则是说"此三者"要"所属"在"见素抱朴，少私无欲"之下。不是说"此三者"不足，让"见素抱朴，少私无欲"作补充，而是让其作统领，作指导思想，作执政原则。

"见"是显现，看得见，"素"是未染色的织物；"抱"是抱持、坚守，"朴"是未加工的木料。"见素抱朴"，就是显现出纯真，保持着质朴。"少私"，有些注家解为"少思"，然《老子》第七章有"非以其无私耶，故能成其私"，对"私"这一概念，不必另作他解。老子说"少私"，用词很有分寸，就是说可以有不危害他人及公众利益的合理之"私"，而不是完全无私。

君王若能用"见素抱朴，少私寡欲"统摄"三绝""三弃"来治理天下，那就会出现老子所理想的"我无为而民自化，我好静而民自正，我无事而民自富"（第五十七章）的社会情景。

老子所处的时代，原本阶级对立分明，等级制度森严。《左传·昭公七年》有曰："天子经略，诸侯正封，古之制也。封略之内，何非君土？食土之毛，谁非君臣？故《诗》曰：'普天之下，莫非王土。率土之滨，莫非王臣。'天有十日，人有十等，下所以事上，上所以共神也。故王臣公，公臣大夫，大夫臣士，士臣皂，皂臣舆，舆臣隶，隶臣僚，僚臣仆，仆臣台，马有圉，牛有牧，以待百事。"臣，役使也。上级役使下级，不准随意僭越。

但是，到了春秋时代（前722—前476），特别是春秋中叶以后，礼坏乐崩，诸侯、大夫僭设六卿，甚至三公，开头讲"礼"、讲"制"，实则违背、僭越或利用，西周的一套政治典章和道德规范遭到破坏。因此，郑国有"铸刑书"之事，即将刑书铸在鼎上。《左传·昭公六年》曰：

> 三月，郑人铸刑书，叔向使诒子产书曰："始，吾有虞于子，今则已矣。昔先王议事以制，不为形辟。惧民之争心也，犹不可禁御，是故闲之以义，纠之以政，行之以礼，守之以信，奉之以仁，制为禄位，以

劝其从。严断刑罚，以威其淫。惧其未也，故诲之以忠，耸之以行，教之以务，使之以和，临之以敬，莅之以强，断之以刚，犹求圣哲之上，明察之官，忠信之长，慈惠之师，民于是乎可任使也，而不生祸乱。民知有辟，则不忌于上。并有争心，以征于书，而徼幸以成之，弗可为矣。夏有乱政，而作'禹刑'；商有乱政，而作'汤刑'；周有乱政，而作'九刑'。三辟之兴，皆叔世也。……"

老子像（古代） 佚名

我们仔细阅读这段文字，就可以清楚地看出，所谓的"圣""仁""义""礼""信""刑"，统统都是统治阶级为维护他们的特权和统治所采取的措施、方法、手段。他们是"惧民之争心""不可禁御"才行以"仁""义"，守以"礼""信"，断以"刑罚"，其根本目的不是从保护民众的利益出发，而是"劝其从"，"可任使"，"不生祸乱"。这样的假仁、假义、假礼、假信不但未能平息社会矛盾，反而使阶级对立更为加剧。因此，《诗经》有民众对不劳而获者的责问："不稼不穑，胡取禾三百廛（同缠）兮？不狩不猎，胡瞻尔庭有悬狟（狟猪，即豪猪）兮？"（《魏风·伐檀》）又有农耕者对贵族的痛恨与诅咒："硕鼠硕鼠，无食我黍。三岁贯女（侍奉你），莫我肯顾。逝将去女（汝，即你），适彼乐土。乐土乐土，爰得我所。"（《魏风·硕鼠》）老百姓的所谓"乐土"，只是一种美好的愿望，是一种安慰，一种对统治者的对抗，现实中并不存在。

面对这种尖锐的阶级对立，孔子主张"克己复礼"，周游列国，宣传他的政治主张。虽然没能挽救奴隶主阶级灭亡的厄运，但他没有从根本上反对周室的典章制度，故而《左传》中经常引用孔子的话。

而老子就不同了，他看清了统治者上层所谓仁、义、礼、智、信的虚伪，即十七章的"信不足"、十八章的"有大伪"，因此他在这一章中明确地提出了"绝圣弃智""绝仁弃义""绝巧弃利"的警示之语。这可以说是和上层统治阶级唱对台戏了。他说连"三绝""三弃"也"以为文不足"，而要用"见素抱朴，少私寡欲"来统摄、代替。这明显是给君主、贵族们出了一道难题。这些骄奢淫逸、强取豪夺已恶习难改的上层统治者们能做得到吗？老子自己心里恐怕也十分清楚——根本办不到，他只能是发牢骚、泄愤慨而已。当然，老子受各种历史条件的限制，不可能超前地提出什么革命的治世主张，只能向后看，虚幻地期望返璞归真，再现尧舜时期的"无为之治"。这已经证明他背叛了原来的贵族阶层，而是从"百姓皆谓我自然"的立场出发了！在当时实为难能可贵！

另一方面，从"见素抱朴，少私寡欲"返璞归真地向后看，何尝不是人类的终极追求？难道人类希望永远处在物欲横流、尔虞我诈的旋流中吗？由此也可说老子的追求是超前的。

主旨评析

这一章老子针对春秋时期存在的社会弊病和矛盾，提出了"三绝""三弃"的政治主张；并进而以补其为文之不足"令有所属"的名义，祈望以"见素抱朴，少私寡欲"通过统摄予以取代，来实现建立一个"无为而治"的和谐社会的理想。老子这"桃花源"式的愿望，虽有虚幻的一面，但它正是历代以来人们所追求实现的美好梦想，对于我们现今社会发展的走向，仍有很大的启发意义。任继愈、高亨二位大学者批评老子"对新生事物一律攻击"，"又是""复古倒退思想的表现"，笔者的确不愿认同。

第二十章

校订本

绝学无忧。

唯之与阿，相去几何？美之与恶，相去何若？人之所畏，不可不畏。荒兮，其未央哉！

众人熙熙，如享太牢，如春登台。我独怕兮其未兆，如婴儿之未咳，垂垂兮若无所归。

众人皆有余，而我独若遗。我愚人之心也哉，纯纯兮。

众人昭昭，我独昏昏；众人察察，我独闷闷。惚兮若海，漂兮若无所止。

众人皆有以，而我独顽以鄙。我独异于人，而贵食母。

意译

弃绝学问（似乎才能）没有忧愁。

唯诺顺应与抗拒排斥，相差能有多少？美好与丑恶，又能相差几多？人们畏惧的，就不可不畏。像荒野一样遥邈呵，它没有尽头。

众人都兴高采烈，像享用丰盛的宴席，又像春日登台观景。唯独我心里惧怕不知道还会发生什么事情，如婴儿一样痰梗喉咙说不出话来，垂头丧气，好像没有归处。

众人都很充实，而唯独我怅然若失。 我是一个愚笨的人呵！但却纯正无瑕。

众人明白，我却昏沉；众人清楚，我却愚闷。恍惚呵如在海中，漂呀漂呀好像无处着落。

众人都有用处，唯独我顽固而且孤鄙。唯独我不同于众人，看重的是吸取母亲（道）纯净的乳汁。

导读

（一）绝学无忧。

这是老子的自嘲自叹。老子恐怕不会不知道众人将他当"圣人""智者"看待，因为当时已经成名的孔子、杨子等都向他求教问道，他的学问、见识肯定在同时代人之上。而他的学识不用说皆为学而得之。然而，他何以要提出"绝学"呢？这首先源自老子的忧患意识。他将"忧患"自嘲式地看作是自己"好学"的结果。因此，老子带有自叹性地发发感慨说"绝学无忧"，原本是特定条件下如诗人般的情绪化语言，可后世的论者，特别是近现代一些注老子名家，认真起来，一定要判老子反对学知识、学仁学义，等等，这纯系误解！

其次，是对不明世态、随波逐流的"众人"之慨叹。在老子看来，这些人是"无学"之人，他们浑浑噩噩，无主见，随大流，反倒还熙熙然"如享太牢"，"如春登台"，毫无忧愁，怡然自得！他的慨叹是呐喊，是呼唤，意在警醒！

再次，还有身居高位的少数人，他们凭着祖上的功业，可以为王、为诸侯，争权夺利，号令天下。但他们不一定是"有学"的人。他们更是欢天喜地，谈不上忧愁。这类人恐怕也在老子的"众人"之列。

（二）唯之与阿，相去几何？美之与恶，相去何若？人之所畏，不可不畏。荒兮，其未央哉！

刘笑敢在他所著的《老子古今》中说："本章语句多扑朔迷离，相当费解。"的确如此。历代所有注家没有人摸准老子此章的思想、情怀之真谛，皆因没有立足于老子独特的人生经历，未能"知人论世"。

"唯"为应诺。"恶"，不是"善恶"的"恶"，而作"丑恶"解。

前面两联的意思是说：顺从、应诺与违逆、发怒，相差能有多少？美好与丑恶，究竟有多大的差距？

老子为什么要发这样的感慨和议论？我们必须考察他一生挫折最大、对他影响最深远的事情是什么？据现有史料判断，只能是因周王室内乱老子受到牵连，免官归居这一历史事件。

王子朝是周景王的庶长子（妾所生），受到宠爱。景王十八年（前527）六月，太子寿卒，景王欲立子猛。后来又欲立子朝。景王于二十五年（前520）崩，子猛立为悼王，庶长子朝作乱未遂而占据京城。子猛立七月而死，其弟匄立，是为敬王，得到晋国的保护。敬王四年冬十月，起兵于今河南偃师县南缑氏故城，十一月逼近京都，"召伯盈逐王子朝。王子朝及召氏之族毛伯得、严氏固、南宫嚚奉周之典籍以奔楚"。（《左传·昭公二十六年》）典籍失劫，老子作为守藏史该当何罪？老子是被免官的，逃走的，还是"见周之衰，乃遂去"？不论是哪一种原因，王子朝之乱以及敬王驱逐、杀害王子朝，老子是亲历者，受其牵连者。这是老子人生道路上一个极大的转折，作为一个善于观察、深于思考的智者，不可能不对此作出判断和评价，也不可能不对他的情感和心灵造成伤害而激起波澜！

"胜者为王败者贼"，得势的周敬王匄与逃亡后被杀的王子朝，谁好谁坏，谁美谁丑，不是和"唯之与阿"一样，究竟能相差多少呢？谁掌政权，谁坐天下不都是要求贤访智、行仁举义、玩巧弄利让老百姓归顺，同时诛锄异己，维持自己的统治吗？上层如此这般残酷的政治斗争实在是可怕呵！面对险恶的社会现实，老子怎能不发出"人之所畏，不能不畏"的慨叹！

"荒兮，其未央哉！"老子处在周王室内乱、诸侯争霸的时局中，他觉得简直是如临荒漠无际的原野，真是没有尽头呵！"央"，《广雅·释诂》曰"尽也"。

（三）**众人熙熙，如享太牢，如春登台。我独怕兮其未兆，如婴儿之未咳，垂垂兮若无所归。**

前一句是说，众人高高兴兴、熙熙攘攘得好像要享受丰盛的宴席，好像是春游登台观景一样。老子为众人看不到国家危机重重、处于水深火热的局面里，而为表面的安定盲目乐观心怀担忧。

后一句是说，深忧远虑的他，心里十分清楚，动乱的时势并没有结束，他怕的是乱的根苗没暴露，还看不到征兆，潜藏的隐患是最可怕的。但他一个人惧怕又有什么用呢！只能像刚生的婴儿口里的痰未咳出来一样哑口无言、垂头丧气地若无所归。

"咳"。婴儿刚生下来，口里的痰咳出或助产者用手指掏出后，才能哭出声来。老子用"婴儿未咳"比喻成人之哑口难言。

"垂垂"，是垂头丧气的样子。

（四）**众人皆有余，而我独若遗。我愚人之心也哉，纯纯兮。**

"遗"通"失"，即怅然若失的样子。"若遗"，是说像遗失了什么东西，并不是说自己穷，物资匮乏。怅然若失的心绪，与"我愚人之心也哉，纯纯兮"衔接颇为自然紧密。"纯纯"，作"纯真"或"纯之又纯"解，意思是说自己虽"愚"却心地纯正。

（五）**众人昭昭，我独昏昏；众人察察，我独闷闷。惚兮若海，漂兮若无所止。**

老子说众人昭昭、察察，我独昏昏、闷闷，皆为反语。

后一句是说恍恍惚惚如在海中漂泊，不知所至。这和前面的"昏昏""闷闷"紧密相应。

（六）**众人皆有以，而我独顽以鄙。我独异于人，而贵食母。**

"以"，河上旧本作"为"解。

《广雅·释诂》："顽，愚也。"《史记·乐书》："鄙者，陋也。""以"，是"而且"的意思。

"食母"，是说婴儿，无所杂食，只是食乳于母。河上本曰："母，道也。我独贵用道也。"

这一章是老子在十七、十八、十九连续三章对春秋时代的社会政治作过评论之后所发的感慨，直抒胸臆，形象鲜明、生动，实为一首抒情诗；同时饱含着深沉的政治内容，闪烁着鲜明的政治色彩。可见老子也是活生生的性情中人，并不是人们所想象的不食人间烟火的神仙。他亲眼看到周室上层"信不足"，"有大伪"，假圣假智、假仁假义地争权夺利，耍奸弄巧，致使"国家昏乱"，社会多有"六亲不和"，他对国家昏乱十分担心，满怀忧患。他"见素抱朴，少私寡欲"的政治主张无人应合，可以想象得出"曲高和寡""高处不胜寒"所带给他的孤寂和慨叹，甚至是"人之所畏，不可不畏"的惧怕！"荒兮，其未央哉！"这种动乱的局面，没有尽头呵！

他又看到面对此种政治局面，不知底里的民众，熙熙攘攘，若无其事，麻木不仁，如"享太牢"、如"春登台"一样地兴高采烈，他更感到"独怕未兆"的事情将要发生。他像"婴儿未咳"一样喉咙里阻塞着浓痰，说不出话来，垂头丧气，孤独得好像无家可归！

老子又怀疑起自己来，反向思考，觉得"众人皆有余"，而唯独自己却怅然若失（"独若遗"），叹惋着说："我愚人之心也哉！"但可以聊以自慰的是"纯纯兮"——心地纯正。

老子的反向思维仍在持续。他觉得众人"昭昭"（明白通达）、"察察"（明察事理）；唯独自己"昏昏"（昏头昏脑）、"闷闷"（愚痴笨拙），恍恍惚惚（"忽兮"）好像在大海之中（"其若海"），漂呀漂呀（漂兮）好似无处着落（若无所止）。最后，老子思绪凝定：众人都有用，都有为，而唯独自己顽固、孤鄙。但他并不想随波逐流放弃自己的主张和理想，豪然地说："我独异于人"，我行我素，矢志不改，而看重的是像婴儿一样天真无邪地吸吮母亲纯净的乳汁——"道"的滋养。

短短的一章，写得波澜起伏，跌宕有致，理深情饱，耐人咏读。像这样的文字，只有老子才能写出来。细读此章，情不自禁想起屈原的忧患、孤愤、高洁，不随波逐流，与老子何其相同！屈原的《离骚》《九歌》等作品的想象力、文采与老子此章又多么相似！我猜想，屈原很可能读过《老子》。郭店楚简的发现说明公元前4—前3世纪《老子》在楚地已经流传，屈原正处在那个时代，受老子的影响，也在情理之中。不同的是屈原以身许国，留下了华章盖世和忠君爱国之英名，而老子隐遁修炼，具有了远远超出世人的智慧，耽思竭虑，写出了包含哲学、科学、政治、经济、社会、人生等方方面面内涵的伟大著述，攀上了中华乃至世界思想文化的峰巅，但却多遭后世误解！现在应该是给老子一个准确评价的时候了！

任继愈先生在《老子新译》第二十章译前评语中判定老子：

> 对当前许多现象看不惯，把众人看得卑鄙庸俗，把自己看得比谁都高明。而在表面上却故意说了些贬低自己的话，说自己无能、糊涂、没有本领，其实是反面抬高自己，贬低社会上的一般人。他在自我欣赏，最后一句，说出他和别人不同之处，在于得到了道。

他将老子描绘成一个虚伪、卑鄙且自吹自擂的小人。我只能表示"不予认同"，却不想反驳什么，请读者公判吧！道教奉老子为始祖，中国的文化人该如何认识评价老子？

主旨评析

本章老子凭着他对当时社会政治的深刻认识和自己生平的切身体验，别出心裁地选取独特视角，来抒发他浓烈的忧患意识和久积的胸中块垒，叫人虽有扑朔迷离之感，但却有迹可循，脉络清晰，理通文顺。透过形象生动的表达，展现了一个思想巨人的另一面——诗人气质、文人情怀，才华横溢，令人感叹，赞叹，崇敬，佩服！

长生久视　月照上人画

第二十一章

校订本

孔德之容,唯道是从。

道之为物,唯恍唯惚。恍兮惚兮,其中有象;惚兮恍兮,其中有物;窈兮冥兮,其中有精;其精甚真,其中有信。

自古及今,其名不去,以阅众甫。吾何以知其众甫之然哉?以此。

意译

具有德性的孔穴——天目,包容万象,所有"道"的一切都是从这里观察到的。

道作为物,映像到这里,恍恍惚惚。惚呵恍呵,里边似有影像;恍呵惚呵,里边好似有什么东西;窈呵冥呵,似乎暗晦不清,但其中却显现出构成这影像的极细小微粒;微粒甚是真切,不断传递各种各样的信息。

从远古到如今,这许多信息的长存不变,依凭这些来观览天地万物由开始到后续的演化。我怎么样知道天地万物演变的道理、规律的?就是凭借着孔德之容——天目来观览。

导读

(一)孔德之容,唯道是从。

"孔",即孔洞、通道,意指天目、眉间穴,这个孔穴是有德行的,所以叫"孔德"。孔德容纳万象。

"唯道是从"是说"道"是从天目穴观察到的。这就是佛、道两家所说"六通"中的"天眼通"。天眼通了以后就可以看见自己想要看的东西。这当然要修炼到极高的层次,老子肯定是百分之百达到了。第十六章说:"致虚极,守静笃。万物并作,吾以观其复。"

开头一句是全章的总帽子,引出下文对道生万物的精辟揭示。

(二)道之为物,唯恍唯惚。恍兮惚兮,其中有象;惚兮恍兮,其中有物。窈兮冥兮,其中有精;其精甚真,其中有信。

对"物"的理解非常关键,牵扯到对老子哲学思想的定性问题。二十世纪五十年代末、六十年代初就有过激烈的争论,但最后没有求得统一的认识。

马克思主义哲学将物质与精神视作两个范畴，前者有形，视为实有；后者无形，视为虚无。前者为第一性，后者为第二性；前者决定后者。但老子所说的"物"是否将此二者分开，却是一个值得深入探讨的大问题。

笔者理解老子所说的"物"与"道"有同一性，既是实体的，又是"虚无"的。就是前面已经讲过的"有无相生"的道理。因此，本章老子所言"道之为物"与"其中有物"的"物"都是一个东西。

近世以来，诸多解《老子》者何以对本章的解释总不到位？其结症有二：其一，皆将老子所说的"物"与有形体的"物质"对等；其二，总是将老子当政治家、哲学家、社会学家来研究，而忽视或者不愿面对老子是一个练养学家、生命学家。却没有想过老子关于"道"的学说是怎样提出来的？仅凭社会实践和想象能行吗？

"道之为物"，是说道作为可见的东西是"唯恍唯惚"，并不是一个实体，而是一个影像。这是总的概括。接着就具体描述他见道的过程及道的基本特性。

"恍兮惚兮，其中有象"，这个"其"是天目所见的画面、视域，有方、有圆，或者只有影像，也可能是彩色，也可能是黑白。这个"物"与"道之为物"的"物"一样，都是指"可见的东西"，并非实体，故仍说"恍兮惚兮"。

这象这物，可能是无生命，也可能是有生命的；有生命者包括人和动、植物。如果是人，就会有意识性活动，那就不单纯是物象，即包含了人的意识形态。这仍然在"惚兮恍兮"中看到。

"窈兮冥兮，其中有精"。窈、冥，昏暗的样子。关于"精"，二十世纪五十年代末冯友兰在他发表于1959年6月12、13日《人民日报》题为《关于老子哲学的两个问题》的长文中的解释，今天看来，仍然颇有很大的参考价值：

> 所谓"精""神"和"明"，在先秦的道家思想里面，都是确有所指。《管子·内业篇》说："精也者气之精也。""精"就是极细微的气。照《内业篇》的描写看起来，它是一种极细微的动着的物质，它也称为神，也称为明。这不仅在《管子·内业》等四篇所谓"精"是这个意义，就是在《庄子》书里边所谓"精"，也是这个意义。这是当时道家的一个术语。我是照这个意义去了解《老子》书所说的"其中有精"。《老子》书和庄子的不同，并不在于他们所了解的"精"不同，而在于老子认为"精"就在道之中，而庄子说"精神生于道"（《知北游》），道在"精"之上。因此我认为《老子》书的哲学思想是基本上唯物主义的，而庄子的哲学思想则基本上是唯心主义的。当然，也可以说，庄子所谓"精神生于道"，也不过一种形象的说法，道与精也还是一致的。这个问题可以再研究。
>
> 《老子》书说："道常无名，朴，虽小，天下不敢臣。"（第三十二

章）这个"朴"也就是道的别名，照文法上讲，应该是如此，按义理讲也应该是如此。三十七章说："化而欲作，吾将镇之以无名之朴"，如果"朴"是另外一个东西，怎么会有这样大的作用？又有什么东西"虽小，天下不敢臣"呢？我认为这是就道之为"精"说的。《管子·内业篇》说，精是"其小无内，其大无外"。《老子》书这里所说"小"就是就"其小无内"说的。

冯友兰先生根据诸多古文献资料证明老子所说的"精"是"极细微的气"，这和我们在第四章解释"和其光，同其尘"的"尘"时说的"尘"是"比喻构成物质的肉眼看不见的更细微粒，类似于现代已经发现的质子、电子、轻子、光子、中微子之类"相近。

老子"窈兮冥兮"中所观到的"精"，是从"有象"中的"象"观察出来的。这"精"是构成"象"的极细、极小微粒，是"物"之质，"道"之特性，散则为气，聚则成形，始终处在活勃勃地变动状态。

在老子眼中，这个"精"十分重要，是体"道"的关键所在，故而他又不厌其烦地重复了一句，"其精甚真"，这里也不再说"惚兮恍兮"了，而是铁板上钉钉，确真无疑。从现代科学的发现，比"气"更小的"微粒"是什么呢？只能是"原子"，别无选择。所以，老子所说的"道"，绝对不是什么也没有的纯粹"虚无"的存在。

佛学最高经典《楞严经》卷二曰："汝身汝心，皆是妙明真精妙心中所现物。"释迦摩尼也说"心""精"是"物"。《楞严经》卷十又说"唯一真精，生灭根源"。我国最早的文字经典《尚书》"尧典·大禹谟"曰："人心惟危，道心惟微，惟精惟一，允执厥中。"将"心""道""精"紧密相连。这绝不是偶然现象，而是古代高人、哲人不约而同地察知宇宙人生真相、认知其真理的必然结果，不能轻视、无视，必须重视而深入探究之！

"其中有信"的"信"，河上公曰："道匿功藏名，其信在中也。"王弼曰："信，信验也。"据此高亨说："信，道的运行有规律，应时而验，就是信。"卢育三说："信，当训为神。"一般对"信"无解。其实，老子此段由"物""象""精""真"，最后落脚到"信"，可见其重要。

在先秦、两汉文献中，"信"有多种含义和用法。如"信誓"，《诗经·卫风·氓》曰："信誓旦旦，不思其反。""守信用"，《左传·宣公二年》："贼民之主，不忠；弃君之命，不信。""真诚不欺"，《论语·学而》："为人谋而不忠乎？与朋友交而不信乎？""符契，凭证"，《墨子·号令》："大将信人行，守操信符。信不合，及号不相应者，伯长以上辄止之。"……

这些，都是社会人文类的行为和事物，往往要用语言文字来表达，属于意识形态范畴。老子所说的"信"，当然包含了这许多方面的内容。这样老子所说的"道"，既是物质的，又是精神的，是物质和精神的统一体。

笔者认为"信"类似于今天所说的"信息"。《庄子·大宗师》曰："夫道，有情有信，无为无形。"郭庆藩疏曰："明鉴洞照，有情也；趋机若响，有信也。"朱谦之解《庄子》的"有情有信"说："'情'亦当为'精'，'有情有信'即此云'其中有精，其中有信'。"我们综合以上诸家诠解，"其信在中"也好，"信验""趋机若响"也好，都包含有"信息"传达的意思。

"道"是物质和精神的统一体，也就是说"道"的实质是物质性的，属于形而下；另一方面，又包含着意识形态、精神境界方面丰富、广阔的内容，这是形而上。然而，人的意识、精神，皆由人的心脑思维活动所产生、形成。心脑思维活动，实则是心脑细胞、神经组织的粒子活动，这实际就是一种物质性活动。思维活动的结果，形之于语言、文字，显现于书籍、荧屏等载体，也是一种物质性的转化与传递。其间，意识、精神始终和物质紧密地结合在一起。近些年，给机器人输入既定程序，具有了人的思维能力，可以和高明的棋手对弈，这无可辩驳地说明了意识的物质属性。

"道"的内质是粒子，粒子具有生成宇宙万物的动能、动势，因此"道"才具有了活性。意识、精神的活力，来源于粒子。由人的意识、精神活动所创造、生成的信息产品，就今天的网络来说，再由粒子来传递、传播，这一切，实则皆是物质性的活动。

历来的研究者，大都是沿着《易经》"形而上者谓之道"的思路、定位，仅仅认为"道"是精神性的。没有看到老子的哲学论断是以坚实的科学认知为基础的。道，作为宇宙、万物生成的总根源、总根据，基本方面在于它的物质属性，而不是在于它的精神属性。这与马克思主义的物质第一性的观点是完全吻合的。老子所说的"道"，其所以被古今中外的名流大家所认可，就在于它的高度概括性、玄妙性、真实性、科学性。

说"道"是粒子，一般研究者、读者必定会不以为然，甚至会嗤之以鼻，认为这是贬低了"道"至高无上的地位。实则不然。粒子是"道"的实质、根基，是"道"的一个重要方面。而"道"的另一方面，意识、精神、空灵，有生成宇宙万物的粒子作内核，一下子就鲜活了起来，生机勃勃！譬如现在的电视、电脑荧屏，五光十色，变化万千，绚丽多姿，精彩纷呈，皆是由人脑的粒子运动，凭借电子、光子制定程序而成像，就是物质与精神的统一之作用的结晶，这就是老子所说的"道"。老子所说的"此两者"之一的科学路径，经过"玄之又玄"，已经进入了"众妙之门"，这实际也就是得了"道"。古往今来，宇宙万物，人类社会的演进、变化、活动，一切的一切，都统统为"道"所包容，所涵盖，形而下、形而上相统一，内涵极为丰富、广阔。所以，说"道"是粒子，对"道"的地位、作用、品格，只会是充实、提升，而不会是贬低、消解，从而显露出了"道"的真面貌！

（三）自古及今，其名不去，以阅众甫。吾何以知众甫之然哉？以此。

"其名不去"，是说道、天地、万物"自古及今"其信息（即"其中有信"之"信"）仍存留在宇宙之间，因此老子才能"以阅众甫"。就是像过电影一样，一幕一幕地观览它（他）们从初始到后续演变的过程及其表现特征。

现代高能科学仪器探测到了13亿年前的宇宙存留信息，老子说"自古及今，其名不去，以阅众甫"，二者说的是相同的宇宙物理现象。现代高能仪器探测到的宇宙信息存留现象，与老子所"阅"到的宇宙现象十分吻合。这是科学，不是迷信。

"吾何以知众甫之然哉？"老子说，我怎么能知道天地万物起始发展自然而然的变化过程？"以此"，就是说他是从"孔德之容"这个通道观察而来的。

我们如此解释老子的这一章，如果在电视、电脑产生之前，那是怎么说也说不明白的。现在就比较简单。现时代人将图片、文字、表格等各种各样的大量信息储存进电脑，电脑再与网络连接，需要查看任何信息，只要键入所问，鼠标一点"搜索"，即会应问而至，不受任何时空限制。

宇宙就像一个大网络。按照老子"自古及今，其名不去"的说法，宇宙间凡是生成和发生过的万事万物，不管是消亡还是存在，都遗留着各自的信息。人脑即如电脑。如果你经过修炼，获得了能够与宇宙大网络接通的功能，只要你起心动念，"致虚极，守静笃"，提出问题，大脑发出的脑电波之波段、频率、振幅和宇宙信息相吻合，就会在你的天目中映象出画面，或其他形式出现的信息来。这才是真正的"天人合一"。

主旨评析

本章是老子在第一、第四、第十四章之后，关于见道路径以及道的特质、内容的具体化阐述，也是老子亲身体道、观妙过程的真切描述。第一，说明道是可以言说的。第二，可以看出老子及编纂者在章次安排中，对"道"由概括到具体，逐步深入地构想；这样前后贯连的编排，"道篇"怎么能是"德篇"的注解呢？

道虽然用眼看不见，用手摸不着，却能通过"众妙之门"——孔德——天目观察得到。当然，我们不能。但老子"自古及今""以阅众甫"，全观览到了。至于"众妙""众甫"都是些啥，老子甩出了一句"玄之又玄"，意蕴深邃，留待后人去参去证。

第二十二章

校订本

曲则全，枉则直，洼则盈，敝则新，少则得，多则惑；是以圣人抱一为天下式。

不自见故明，不自是故彰，不自伐故有功，不自矜故长。夫唯不矜，故天下莫能与之争。

古之所谓"曲则全"者，岂虚语哉？诚全而归之。

意译

弯曲能求得圆满，屈枉反能求得端直，低洼能得以盈足，破旧必会得到翻新，因少使人勤俭多得，过多令人懒散惑乱；因此，圣人抱道守一做天下的榜样。

不自我表现故明察事理，不自以为是故是非昭彰，不自我夸耀故反见其功，不固执己见故能做众人之长。正因为不固执己见、采纳众见，所以天下没有人能和他争雄、争夺权位。

古语所说的"曲则全"，哪能是一句空话呢？确实能使人归之于圆满。

导读

（一）曲则全，枉则直，洼则盈，敝则新；少则得，多则惑；是以圣人抱一为天下式。

"曲则全，枉则直，洼则盈，弊则新"，是用自然物理现象作比喻，来阐明事物正、反两面相辅相成、相互转化的辩证之理，采用排比连缀句式，意在强化主题思想，以纠正人们对待事物只看表面、不求深究、浅尝辄止的偏颇。

"曲则全"，比如一条线，弯曲而能成方、圆；竹篾、柳条、丝线弯曲才能编织成器具、衣物。用之人事，引申为"委曲求全"。世上没有完全笔直的路，曲线前进才是事物发展的普遍规律。符合规律，当然会有完满的结局，以得其全。

"枉"，屈也。"枉则直"，意谓弯曲的东西经过加工校正，可正、可

73

直。当然要适可而止，如果超越限度，就会破损断裂，故有适可而止、适得其反、矫枉过正等成语，训诫后人。

"洼则盈"，地势低洼之处，宜水流注而得满盈；因低洼，以土填之而能平。这即是低与高、洼与盈的辩证法。

"敝则新"，房子破了要修，衣服旧了需换，车子坏了得买……旧的去了，新的就来了，这是常理。故而演化出以旧换新、除旧迎新、不破不立等成语。

这些颇具辩证思维的格言式语句，既对社会政治、人类生活有普遍的指导意义，也成为中华文化的优秀遗存。

"少则得，多则惑"，这是专就人事而言。什么东西少了，人类就会劳作，去创造，这样就有了勤奋、创新、节俭，不仅是物质的获得，而且有体力、思维的锻炼和精神的升华。相反，物质过分剩余，懒散淫逸、挥霍浪费便滋生蔓延，给社会带来灾难！

"多则惑"，老子的警言，用之今日，何等适宜！

"是以圣人抱一为天下式。""抱一"即抱道、抱朴，"式"为法则、模范、规范。意思是说圣人守"道"持"朴"，关照着事物正反两面转化的辩证法则，坚持勤奋、创新、节俭的作风，不贪得无厌，能作天下的榜样。

紫气东来　诚安画

（二）不自见故明，不自是故彰，不自伐故有功，不自矜故长。夫唯不矜，故天下莫能与之争。

这一段老子似乎对君王而言。当然，对一般人也有警示意义。

"不自见故明"，"见"作现，意为不自我表现故能明见事理。

"不自是故彰"，"彰"为彰显，全句是说不自以为是、主观武断，故能彰显出德行。

"不自伐"是说不自我夸耀，故反倒能保住"有功"的名声。《史记·太史公自序》中有"伐功矜能"语，"伐"作夸耀解。

"不自矜"是说不骄傲自满、故步自

封、固执己见、专权跋扈，因此能长进，能当长官、当首领。这一句，可以说是前几句的总领。因而老子紧接着说"夫唯不矜"，所以天下没有能与这样的人来争雄、争首领之权位。

（三）古之所谓"曲则全"者，岂虚语哉？故诚全而归之。

老子所引用的古语"曲则全"，其同时代人孙武的《孙子·九地篇》有相类的运用，曰："善为道者，以曲而全。"故帛书本作"曲全"，也可能是老子书的原本文字。"曲则全"是老子本章的主旨，因而他在篇末重复此一古语，作全篇思想的归结。

最后一句"诚全而归之"，意为真正是归之于全。全即圆满，就是说能取得圆满的结局。

主旨评析

关于这一章的主旨，陈鼓应先生的分析十分透彻：

常人所见是事物的表相，看不到事物的里层。老子以其丰富的生活经验所透出的智慧，来观照现实世界中种种事象的活动。他认为：一、事物常在对待关系中产生，我们必须对于事物的两端都能加以彻察。二、我们必须从正面去透视负面的意义，对于负面意义的把握，更能显现出正面的内涵。三、所谓正面与负面，并不是两种截然不同的东西，它们经常是一种依存的关系，甚至于经常是浮面与根底的关系。常人对于事物的执取，往往急功近利，只贪图眼前的喜好。老子则晓喻人们，要伸展视野，观赏枝叶的繁盛，同时也应注视根底的牢固。有结实的根，才能长出丰盛的叶来。由于事物的这种依存关系，所以老子认为：在"曲"里面存在着"全"的道理；在"枉"里存在着"直"的道理；在"洼"里面存在着"盈"的道理；在"敝"里面存在着"新"的道理。因而，在"曲"和"全"，"枉"和"直"，"洼"和"盈"的两端中，把握了其中之底层的一面，自然可以得着显相的另一面。

常人总喜欢追逐事物的显现，芸芸众生莫不汲汲于求"全"求"盈"，或急于彰扬显溢，因而引起无数争纷。求全之道，莫过于"不争"，在于"不自见（现）""不自是""不自伐""不自矜"。而本章开头所说的"曲""枉""洼""敝"，也都具有"不争"的内涵。（《老子注译及评介》第155—156页）

第二十三章

校订本

希言自然。飘风不终朝，骤雨不终日，孰为此者？天地。天地尚不能久，而况于人乎？

故从事于道者同于道，德者同于德，失者同于失。同于道者道亦乐得之，同于德者德亦乐得之，同于失者失亦乐得之。

信不足，有不信。

意译

少施行政教法令，以顺应自然而然的法则。狂风刮不了一个早晨，暴雨下不过一整日。谁使风雨如此？是天地。天地尚且不叫狂风久刮不停、暴雨久下不住，何况对于人来说呢？

因此，按照道行事的人同于道，按照德行事的人同于德，失道、失德的人同于失。与道相同的人道也乐意得到他，与德相同的人德也乐意得到他，失道、失德的人失也乐意得到他。

因为你信誉不足，必然会有大家对你的不相信。

导读

（一）希言自然。飘风不终朝，骤雨不终日，熟为此者？天地。天地尚不能久，而况于人乎？

"希言"是少言、贵言，与第五章的"多言"对举，而不等同于"无言之教"的"无言"。因为后文"飘风不终朝，骤雨不终日"，并不是无风无雨。

"自然"同于我们在第十七章对"我自然"的解释，为"自然而然"。整句的意思是说：少行政教法令，才符合自然而然的法则，亦即合于道。

老子为了进一步阐明这个道理，用风、雨、天地作比喻。

大风刮不了一个早晨，暴雨下不过一整日。是谁这样作呢？是天地。紧接着一句是"天地尚不能久"。如何理解？老子是说天地尚且不能使大风久刮不停、暴雨长下不住，何况将此理用之于人呢？

老子的用意十分明确，他在警示执政者，要像天地一样，风雨有节，少行政教法令，少言、贵言，这才符合自然而然的规律，也才合乎"道"。

（二）故从事于道者同于道，德者同于德，失者同于失。同于道者道亦乐得之，同于德者德亦乐得之，同于失者失亦乐得之。

老子提倡执政者"希言自然"，而反对狂风暴雨式的施行政令，怎么才能实现他的这些政治主张和社会理想呢？唯一的途径就是合于道。就此他发表了一大段关于得道与失道的议论。

这里的得道不是就个人修炼的角度而言，而是"从事"，即是说按道的法则办事，就会同于道；按德的标准行事就会同于德；相反，背道违德必然会失误、失去，那也一定会同于失。

后面三句是反说，如果你能与道相同，道也就喜欢得到你；如果你能与德相同，德也就喜欢得到你；如果你同于失，失也就喜欢得到你。

老子这里用双向选择的方法来强化人与道、与德、与失的关系，同道者道亦同之，同德者德亦同之，同失者失亦同之。

晋 王羲之书

（三）信不足焉，有不信焉。

老子这一章是批评"苛政猛于虎"式的执政者施行狂风暴雨般的政教法令，远离了"不言之教""无为之道"，言而无信，就失去了民心。这是国家存亡的根本，故而老子重复第十七章这两句话，用在此章的结尾，正是此章的灵魂所在，重复十分必要。对这两句刘兆英先生有十分精到的分析，我们大段摘录：

"信不足"，是春秋时的普遍现象。国与国之间的关系，公侯与大夫之间的关系，统治阶层与民众之间的关系，都存在着信用危机。"君子屡盟，乱是用长"是《诗经》里说的（《诗经·小雅·巧言》），春秋时代的特点之一就是战争多，但是目的在"取信"的盟会却非常之多。从西周开始，"德"开始进入天命，并上升到极高的地位，"天道无亲，惟德是辅"（《尚书·周书》），是周布告于天下的。德，就是指为民而言。到了后来，"民之所欲，天必从之"（《左传·昭公元年》），甚至"民为神主"（《左传·桓公六年》）的民主论也出来了。到了战国，孟子敢说"民为贵，社稷次之，君为轻"（《孟子·尽心下》），民在统治阶层口头上的地位越来越高。为什么民的地位一路飙升？因为"君者，舟也；庶人者，水也。水可载舟，亦可覆舟"（《孔子家语》）。民心向背既然如此重要，打着为民的旗号就成为历来统治者的口头禅，一种施政宣言惯例，一种积久已深的虚伪和矫情，一种从不打算履行的"郑重承诺"，正如《诗经》所言："巧言如簧，颜之厚矣。"（《诗经·小雅·巧言》）所以老子说："信不足"。

"信不足"的结果是"有不信"。

"不信"的结果初则是"怨"，继则为"乱"，最后则"大威至矣"。（《老子新释》第71页）

关于"信不足，有不信"，董子竹先生有他"独到精彩"的理解："不要希望百姓全能相信哪一个人，哪一个理。有信的，就有信不足的，还有不信的。"（《老子我说》第254页）

其实，"信不足"根本不是从老百姓角度讲的，而是讲上层统治者失信于民。有上层统治者的"失信"，才有老百姓的"不信"。按董先生的理解，我们真是看不出他是怎样贯通这一章前后文义的？可他却在书中大言唬人，不断批评南怀谨"先生不懂得佛、道两家的究竟法"，而是一竿子打过来，指斥"这种现象在中国史上是司空见惯的了"，这样一言以蔽之的大面积杀伤，实属过分！

主旨评析

老子主张用"自然"之道治理天下，反对疾风暴雨式的政令统治民众。他希望执政者同于道，同于德，而不是失道、失德。孟子曰："得道多助，失道寡助。"如果背道，背德，"巧言如簧"，言而无信，就必然失去民众的信从，其结果政权也就岌岌可危了！

再者，此章接续前一章的辩证思维，来论述"得"与"失"的辩证关系，意在启迪人们，特别是当权者用辩证的方法，来处理社会、人事、政治问题，信守承诺，不要失信于民，以防止失信于民所引发的严重后果。

第二十四章

校订本

企者不立，跨者不行。

自见者不明，自是者不彰，自伐者无功，自矜者不长。

其于道也，曰余食赘行；物或恶之，故有道者不处。

意译

踮起脚跟的人站立不久，跨大步走路的人行路不会长久。

爱自我表现的人不明事理，自以为是的人反倒不能彰显名望，自我夸耀的人事业难成、无功可讲，固执己见的人得不到应合而不能做官长。

这些对于道来说，就像是残羹剩饭、多余的赘瘤，一般物类都会厌恶它们的存在，何况于人？因此，有道的人不和它们相处在一起。

导读

（一）企者不立，跨者不行。

"企"，是踮起脚跟，这当然站不久。

"跨"，《说文》："跨，渡也。"就是我们今天所说的跨大步行走，作为锻炼身体，短途可以，长距离就不行。

对这两句也有一些这样那样的解释，但老子的本意，恐怕是用此以作比喻。南怀瑾先生说："老子用这两个人生行动的现象说明有些人的好高骛远，便是自犯最大的错误。'企者'，就是好高，'跨'者就是骛远。如果把最浅近的、基础的都没做好，偏要向高远方面去求，不是自找苦吃，就是甘愿自毁。"（《老子他说》第250—251页）这是此两句的引申义。

（二）自见者不明，自是者不彰，自伐者无功，自矜者不长。

此四句是第二十二章中"不自见故明"等四句的反说，可能因此帛书本将这一章置于第二十二章之前。第二十二章主要讲"曲则全"的道理，是从正面来说，按照一般的思维逻辑，应该是先正后反。以此为序，好像应该紧接着编排反说于其后。可老子及其关尹子为何中间插了"希言自然"这一章？仔细捉摸，因为第二十三章意在指出执政者"信不足"会带来臣民"有不信"的恶果，第二十四章则更深入地揭示执政者其所以"信不足"的思想品格原因。

执政者由于特殊的地位手中掌控着权力，最容易犯自我表现、自以为是、自我夸耀、固执己见的毛病，因此必然会"不明"——不明事理、不明方向、不明自己的缺陷过失；"不彰"——不可能彰显自己的优长、自己的名望；"无功"——事业难成，无功可讲；"不长"——因固执己见、高傲专横而失去了群众，无人信从，当不了长官。"四自"给自己造成了莫大的悲哀！

好高骛远、没有自知之明的人，盲目执守"四自"，后患无穷！这是被无数历史事实证明了的真理。两千多年前老子主要讲给执政者的警示，实则对于任何人都可作为座右铭，这无疑是人类宝贵的精神财富。

（三）其于道也，曰余食赘行；物或恶之，故有道者不处。

"其于道"，意为对于道来说，"四自"和"余食赘行"都属于外在的东西。

"余食"即剩余的食物。"赘行"，王弼释"赘"为"肬赘"，就是人的身体长出多余的累赘之物，如瘤子等。"行"，注家普遍认为与"形"通用。

"物"，有的注家解为"人"。其实是不解老子的真义。老子是说"余食赘形"这种东西，一般物类都会厌恶，何况人呢？所以，有道的人像厌恶残羹剩饭、肬胅毒瘤一样，不和"四自"在一起。"处"作"相处"解。

主旨评析

高亨说本章的"四自"，"总之是批评奴隶主的骄傲"，那么理所当然地就是希望其能平等看待奴隶，实行清明的政治，不用说此章的主旨应为老子的政治论。高亨却说"这一章是老子的人生论"，欠准确。当然，也包含着人生问题。这期间要分清哪个问题是老子所要强调的重点。又说"余食赘行"（高亨将"行"作"衣"解）"是批评奴隶主多占财富"，其实，老子用"余食赘行"比喻"四自"之多余累赘，与财富无关。若将财富扯入此章，就分散了主题，那真有些牛头不对马嘴的"多余累赘"。

第二十五章

校订本

有物混成，先天地生。寂兮寥兮，独立不改，周行而不殆，可以为天下母。
吾不知其名，字之曰道，强为之名曰大。大曰逝，逝曰远，远曰返。
故道大，天大，地大，王亦大。域中有四大，而王居其一焉。
人法地，地法天，天法道，道法自然。

意译

有物质浑然存在，它先于天、地而产生。它无声息呵，无形体呵！独立
长存永不改变，周遍运行而永不停息，可以称为天下万物的母亲。

我不知道它的名字，给起个"字"叫做"道"，勉强起名叫"大"。大
到漫无边际，无边无际到远而不可及，遥不可及后必然返本归根。

因此说道大，天大，地大，王也大；域中有四大，而王是其中之一。

人遵从地的法则，地遵从天的法则，天遵从道的法则，道的法则是自然
而然。

导读

（一）有物混成，先天地生。寂兮寥兮，独立不改，周行而不殆，可以
为天下母。

老子这里所说的"物"，就是"道之为物"的物。它是"无状之状"
"无物之象"无物之物，此"状"此"象"只是人的肉眼看不见，并不是什
么都没有，就像电子成像的道理一样，虽然不是实体的物，但它是由极细微
粒构成的，具有物的性能和特质。这种一般人肉眼看不见的"物"，是老子
由"观"所得。老子多次说"观"："以观其妙"（第一章）、"吾以观其
复"（第十六章）、"以阅众甫"（第二十一章），这是值得研究者仔细思
考的。佛教《心经》开头说："观自在菩萨，行深般若婆罗蜜多时，照见五
蕴皆空"，"照见"是什么意思？就是老子所说的"观""阅"。

"有物混成，先天地生"，是说"道"的产生在天地之前。"混成"，
实则是说由多种粒子——电子、光子、中微子等混合而成。

"寂兮寥兮"，就是河上与王弼所注"无音声""无形体"的样子。《说文》"寂，无人声。""寥，虚空也。"

对于"先天地生"的这个"物"，老子用"寂兮寥兮，独立不改"来描述。按照现代科学仪器的观察发现，原子有109种。原子是由中间一个原子核和外面围绕它旋转的电子组成。如果把原子放大到十层楼那么大，原子核只有黄豆那么大，围绕原子核旋转的一个或几个、十几个电子仅有微粒那么大，原子内部，空空如也。老子说"寂兮寥兮"，这样的描述"微粒"的结构，与现代科学仪器的观察发现，相互对比，非常精确！极具科学性、真理性。

"独立不改"，意为"道"较之天地万物它是独特的，永远不改变。宇宙间万物皆是由粒子所构成，粒子永远是独立而存在，其性能永不改变。

"周行而不殆"，有的注家望文生义说"周行，指道作循环运动，或圆圈运动"。其实，这里的"周"是"遍"的意思，没有"循环"和"圆圈"的意蕴。"行"是作用的意思。整句意为不停而周遍地作用于宇宙万物，促成万物的生成、发展、变化，无处不在处处在，故而"可以为天下母"。道的特性和作用，尽在此句之中。

（二）吾不知其名，字之曰道，强为之名曰大。大曰逝，逝曰远，远曰返。

关于"道"的"字"和"名"的问题，蒋锡昌先生的一大段分析，有利于我们对老子文本的理解，特别录出：

道本无形，既不可得而字，亦不可得而名。《庄子·知北游》所谓"道不可闻，闻而非也；道不可见，见而非也；道不可言，言而非也；知形形之不形乎，道不当名"。《则阳》所谓"道之为名，所假而行"也。但为便利人意沟通计，故不得不有一假定之名。其曰"道"，曰"大"，正犹呼牛、呼马，毫无所分。但名称一立，则意为所限。老子苦于创名之难，而又不足以尽其意，故一则曰强字，再则曰强为之名。言外真谊，学者宜自玩索得之也。（《老子校诂》第169—170页）

老子所说的"道"，确实有其玄虚的一面，但并不是像庄子说的那样，"不可闻""不可见""不可言""不可名"。老子不是见了吗？不只见，也"言"也"名"了，我们也"闻"了。如果按照庄子所说，就会导入不可知论，完全彻底将"道"神秘化，那我们还有什么资格和可能言道、论道、探讨道呢？蒋先生对庄子的说法未加深入思索，也认为道"既不可得而字，亦不可得而名"。而且认为"其曰'道'、曰'大'，正犹呼牛、呼马，毫无所分"。果真是这样吗？

老子说强名那是仅就"大"而言，是说难以准确地描述和表述，并不是

"不可名"，也不是像呼牛、呼马一样，毫无所分。老子将"道"都人格化了，起个"字"叫做"道"，名叫做"大"，分之多清多细呵！怎么能像呼牛、呼马一样呢？他依靠中华文字极强的表现力，选择了道、大，是再准确不过的了。几千年来，有谁能对老子"道"一类的根本性概念作改动呢？

王弼曰："逝，行也。不守一大体而已，周行无所不至，故曰逝也。远，极也。周行无所穷极，不偏于一逝，故曰远也。"

"周"作"周遍"解，是说"道"的运动无时空、无方向、无处不在处处在。"虽曰远，未尝离本，故曰返"。"返"是返归于本根，本根即道。其实，逝和远都是就道的作用而言，"未尝离本"。如河上等注家所说返归于身、性、心，就个人修炼，只能说是符合"道"之运动之理，是"道"在人身心的作用和体现。但是，若说"道"的运动经"逝""远"之后返之于人的身心，那就将道体与人体混为一谈了。人体之修炼，目的在于见道，心与道相应。但心与道终归不同，是两个东西，两种境域。道是万物之始、之母，绝对不能说心是万物之始、之母。道生万物，包括人；却不能说人生万物包括道。老子这里所说的"返"，和第十六章"万物并作，吾以观其复。夫物芸芸，各复归其根"的"复"是一个意思，在讲宇宙间万事万物相生相长、相生相灭、有无变化的辩证之理。是道的永不停息、无处不在、有一定规律的客观运动和变化，不以人的主观意志为转移。

（三）故道大，天大，地大，王亦大，域中有四大，而王居其一焉。

王与道、天、地同论为"大"，因古称"王"为"天子"；王又与民众相较，其为大，是依他的特殊地位而言，能代表全体民众。然而，若将人与道、天、地视之同大，作为个体的"人"，能与道、天、地相提并论吗？

《说文》："或，邦也。"段玉裁《说文解字注》："域为'或'字后起之俗字。"又说："邑部曰：'邦，国也。'盖'或'、'国'在周时为古今字，古文只有'或'字。"《诗·商颂·玄鸟》曰："古帝命武汤，正域彼四方。"朱熹《集传》："域，封也。"说明周时已有"域"字。"域"和"国"应该是有区别的。"域"作疆界、领域解，可大可小。《康熙字典》直言"宇内曰域中"，以《庄子·秋水篇》之"泛泛乎若四方之无穷，无所畛域"为例证。因而有将"域"作"寰宇"解，比较贴切。说"天"说"地"在"域中"比在"国中"准确得多。

"王"在"国中"，也在"域中"，是天之子，国之王，"王"也是"四大"之一，意在强调"王"有显赫而至高无上的地位，第十六章曰"王乃天"。王的所作所为，理应与他的地位相配，如果不配，反以"万乘之主而以身轻天下"，那就"轻则失根，躁则失君"（第二十六章），违背了天意，也丧失民望了，统治的根基没有了，怎么还能再当君主而称为"大"呢？老子此章为紧接的后一章既埋下伏笔，又蓄了势。可见老子书的分章，环环相扣，绝不是随意为之。

（四）人法地，地法天，天法道，道法自然。

河上曰"道性自然，无所法也"，是说"自然而然"是"道"的性质性能，"道"是最高的，它没有什么对象可效法。这就是说"自然而然"是"道"的属性，它是依附于"道"而存在。

王弼说"法，谓法则也"，这个判断也是绝对准确的。法，全为名词。他说"人不违地，乃得全安，法地也；地不违天，乃得全载，法天也"，翻译成白话文就是：人遵从地的法则，地遵从天的法则，天遵从道的法则；或者译为，人以地的法则为法则，地以天的法则为法则，天以道的法则为法则。"道法自然"，是说道的法则是自然而然。实际是说人、地、天、道的法则，都是自然而然。以人为起点，贯串"四法"。这样解释，是最合《老子》本义的。

老子说世间一切事物的发展都是自然而然，有它（他）的客观发展变化规律，不以人的主观意志为转移，人的干预要顺其自然，不能强行违扭，这就是老子"无为而治"的灵魂。

关于"自然"的理解，特别是关于"道法自然"的理解，分歧甚大。

笔者认为老子这里所说的"自然"，就是自然而然，这是天地万物产生、发展、变化的总法则、总规律。"自然而然"是"道"的性能。大自然——自然界，由"道"所生、所成，与"道"的性能，完全一致。它的发展、演变，就意味着"自然而然"，将二者截然分开是不对的。

对于天（西方所说的"宇宙"）来说，我们能感受到的天是日月星辰以及昼夜的黑白交替，永不停息地反复运转，自然而然，体现着"道"的特性，"独立而不改，周行而不殆"，没有谁能改变它，终止它。有的星体坠落，有的星体碰撞，那都是按照自然而然的规律自身在寻找平衡。

地球（包括属于自己的大气层）有阴晴、雨雪、雷电、旱涝、地震、海啸等等，它也自然而然地时停时作反复变换，以维持自身平衡，求得相对的稳定性，人类对它的作用微乎其微。实践已经证明，"人定胜天"的口号，是自不量力的主观意志极度膨胀的笑料。但地球却受天体的影响和控制极大。白天黑夜、潮起潮落等地球无法更改，所以老子说地法天。

地球上生命体（也就是老子所说的"万物"，包括人类）要靠日光、空气、水生长，同时受物竞天择、优胜劣汰的规律所支配，自然而然地自生自灭，虽然各自采取这样那样的方式以求改善自己的生存状态和延长自己的生存期限，但仍改变不了自然而然的生、灭法则。

人类是特殊的生命体，除了天地和其他物种所营造的环境之外，主要是社会环境；而社会环境又主要为社会制度所决定。人在这"道"的自然而然的运行法则面前，显得那么渺小！只能是顺其自然地顺应，不能强行去违扭。但不是无所作为，《老子》有"无为而无不为""为无为"之论。面对强大的自然灾害，人类应该顺应自然规律做出必要的预防和抵御；面对社会问题，人类也应该顺应时势发展趋向和公众利益需求，积极采取这样那样的方法和措施去解决。

写到这里，笔者吃惊地发现，老子关于"道"的理论，其预见性、概括性、客观性、科学性是无与伦比的。对于后世人来说是如何吃透它、学习它、应用它的问题。

"道法自然"，现当代时兴、流行的解释，普遍认为是"道'效法'自然"，颠倒了"道"与"自然"的关系。

主旨评析

这一章是老子根据他所观到的"道"之状态、特征并予以命名的真切表述，进而阐发了天、地、人、君王与道的关系，特别是揭示了道的法则是"自然"，而"自然而然"也就是天、地、人、君、道发展变化的总法则。

坐忘图 范曾绘

第二十六章

校订本

重为轻根，静为躁君。是以君子行，不离辎重。虽有荣观，燕处超然。奈何万乘之主而以身轻天下！轻则失本，躁则失君。

意译

重是轻的根本，静是躁的统领。因此，君子护送满载军需物品的重车，沿途虽有华美的景物可供观赏，但仍安处超然而不动心。

可为何有万乘之尊的君主却以尊贵之身而轻视天下呢？轻狂就失去了安身立命的根基，浮躁就必然失去充当统领的地位。

导读

（一）重为轻根，静为躁君。是以君子终日行，不离辎重。虽有荣观，燕处超然。

"重为轻根"，是说任何直立的东西必须头轻根重才能立得住、站得稳。毛泽东的话"头重脚轻根底浅"是最好的注释。"静为躁君"，这句由前一句的一般物理深入到人。《论语·季氏》："言未及之而言谓之躁。"这里指急躁，还有暴躁、浮躁、狂躁、轻躁、躁进等，这种毛病，必须用"静"来控制，老子这里十分形象地用了个"君"字。就像君王统领臣民一样以静制躁。有的注家仅从对应关系上考察，前句有"根"，后句就该对以"本"，而不明老子用词之妙。那有用"君"字巧妙而意义深厚呵！

任继愈先生将"躁"解释为"动"，从而批评老子说：

动与静的矛盾，应当把动看作是绝对的，起决定作用的，是矛盾的主要方面。老子虽然也接触到动静的关系，但他把矛盾的主要方面颠倒了，也就是把事物的性质弄颠倒了。因此，他把静看作起主要作用的方面。所以老子的辩证法是消极的，是不彻底的，有形而上学因素。（《老子新译》第115页）

其实，如我们前面的诠释，老子这里根本就不是讲动与静的辩证关系，而是用一般的事理物理作比对，以引起下文，着重要批评君王的轻躁。因此，他用"是以"转入后文"终日行"云云。

"君子"则使用范围很广。《易·乾卦》："九三，君子终日乾乾。"

称才德出众的人，类似老子所说的"上德"。春秋时代对统治者和贵族男子也称君子，如《诗经·魏风·伐檀》："彼君子兮，不素餐兮。"对一般男性也称"君子"，如《诗经·关雎》中的"君子好逑"。此章"终日行，不离辎重"的君子，应指上层有才德的贵族、官员。

"辎重"是指载着军队用的器械、粮食等生活必需品的重车。身任公务的"君子"，护送"辎重"供军队之需，终日赶路，沿途虽有"荣观"，仍安然不动心，超然物外，护卫着辎重的安全。

"荣观"，是指华美可供观赏的东西、景物或住处。"燕"，通"宴"，安闲、休息。《诗经·小雅·蓼萧》："既见君子，孔燕岂弟。"郑玄："燕，安也。""超然"，是超然物外而不动心，严于职守。

（二）奈何万乘之主，而以身轻于天下，轻则失本，躁则失君。

"万乘"既指诸侯又指周天子，言其至高无上者。《韩非子·孤愤》："万乘之患，大臣太重；千乘之患，左右太信；此人主之所公患也。"指能出兵车万乘的大国。《孟子·梁惠王上》："万乘之国，弑其君者，必千乘之家。"周制，天子地方千里，能出兵车万乘，故以"万乘"称天子。不能因《老子》别处"常称诸侯为'王'或'侯王'"，就此处也应为"王"。若依帛书本"主"作"王"，那就专指诸侯王了，这与老子所说"万乘"既指天子又指诸侯的用意就不相符了。

"奈何万乘之主，而以身轻于天下"意思是：为什么拥有万辆兵车的国君，以自己权贵的身份而轻视天下呢？与上文所说为国家事业尽职尽责的君子相比，竟有天壤之别。比"君子"尚且不如，比"圣人"那就差得距离更大了。老子这里对昏聩乱国的君主、国王们的批评指责是何等尖锐！

"万乘之主"的纵欲，并不是轻身，他们把自己的生命看得比什么都重要呢！他们是贵自身而轻天下万民。因为他们轻天下，所以才会失本失根。

最后两句是老子对那些不务国事、寻欢作乐、高高在上、轻民乱国的主子们严正警告：轻国轻民就必然丧失根本，结果会倒台、覆舟；轻躁、浮躁、暴躁、狂躁，就必然会失去统领之位！

主旨评析

有学者说"这一章是老子代侯王设想应有的人生论"，评定不确。实则是政治论。老子通过重轻、静躁以及君子与"万乘之主"的双重对比，对君主以万乘之身而轻国、轻天下民众的错误态度提出尖锐批评，最后又指出这样做的严重后果。王蒙先生的《老子的帮助》认为"这一章讲的与风度问题有关"。岂止是风度，而主要讲的是君主对待国家与民众的根本态度问题。

第二十七章

校订本

善行无辙迹，善言无瑕谪，善计不用筹策，善闭无关楗而不可开，善结无绳约而不可解。

是以圣人常善救人，故无弃人；常善救物，故无弃物，是谓袭明。

故善人，不善人之师；不善人，善人之资。不贵其师，不爱其资，虽智大迷，是谓要妙。

意译

善行，不留印迹；善言，没有瑕疵；善于计划，不用筹策；善于关闭，不用门关和暗楗别人不能开；善于打结，不用绳子约束别人不能解。

因此，圣人善于救人，所以没有被放弃的人；善于救物，所以没有被遗弃的物，这就叫因顺常道、保持明境。

因此，善人是不善人的老师，不善之人是善人的"资粮"；不尊重老师，不爱惜"资粮"，虽自以为明智，实则是大迷惑，这里边深藏着要妙。

导读

（一）善行无辙迹，善言无瑕谪，善计不用筹策，善闭无关楗而不可开，善结无绳约而不可解。

老子用善于行走比喻与人为善的行为。善于行走究竟怎样会"无辙迹"？难以考究。与人为善的行为，老子认为应该无声无息，不夸耀，不宣扬，默默无闻地不断去做。这是做人的至高境界。对于君主、侯王来说，就是"不言之教""无为之治"，民众得到了好处，却看不到形迹，这是老子对理想社会制度的追求，对君主圣明的殷切期望。

"无瑕谪"，即谓无毛病，无过失。老子这里所说的"善言"不是巧言、会讲话、善于言说之类，而是指与人为善之言，因此，不论怎么说，会说还是不会说，都不会有差错、有过失。从"不言之教"的角度理解，"善言"亦即"无言"。

王蒙先生认为："善言无瑕谪则说得太绝对了。只要是说出口或写出来的'言'，就是有瑕谪的。""无言也会是瑕，至少被攻击为瑕，因为你没有尽到言责。"接着王蒙先生讲了许多理由，最后得出结论说："尤其是老子，似乎不应该提出无瑕的命题。"（《老子道帮助》第108—109页）

王先生仅从说话的技巧方面理解，是没有领会老子之深意。老子所强调的是要说与人为善的话。此类"善言"，即使是不全面，没有说服力，会产生王先生所说的种种弊端，甚至被人误解、错解，那也是没有什么过失可言的。即使是"鸡蛋中挑刺"，找出一些瑕疵，也终会被人理解，可忽略不计。这就是王蒙后文所说的"善言无瑕谪之辩，根本无所谓瑕谪"，"善言不可能因为有瑕谪而被推翻"。老子提出这样的命题，其意义大矣哉！

"计"，指计划以及持之以恒的计谋、计策之类，与"善行""善言"的至高境界相匹配，绝非术数之类的测算之法。

正人做正事，只要按照你的计划、计谋、计策去实施、进行就得了，何须用筹、策之类的预测工具？《说文》："筹，壶矢也。"为计数工具。"策"，古代用的蓍草。屈原《卜居》："詹尹乃端策拂龟。"《文选》郑良注："策，蓍也。"詹尹，姓郑，预测家。

"楗"，是控制门闩的暗藏机关。"关"，才是横在两扇门与接缝之间的门闩。《左传·襄公二十三年》："臧孙斩鹿门之关以出奔邾。""关"即指门闩。我们陕西人叫做"门关子"。在安装门关子而竖订于门上的较粗方形木条中间凿有暗槽，安有木制之"楗"，可控制门闩。不按"楗"，门闩拉不开，陕西人叫做"贼关子"。这些，可以作为理解老子所说"关楗"之参考。

"结"，给绳上打结。《说文》："结，缔也。""缔，结不解也。"

上句说善于关闭门的人不用"关楗"别人也打不开，这句话是说善于给绳子上打结的人即使不用绳子约束也解不开。这就像"善行无辙迹"一样，按常理是根本不可能的事。老子和他所说的圣人，究竟有什么超人之功能可以办到，我们不得而知。我们只能从现实的角度予以诠解。

比喻总是蹩脚的，不必完全按照真实的生活逻辑去要求它的合理性，而是要从其根本意蕴去理解。老子此处的两个比喻，一方面是为了强化前面的"善行""善言""善计"，同时也蕴蓄着他深邃的寓意。对此，王蒙先生感悟到了老子思想的真谛。他说：

这里同样有中国的道器之辩的思维方式，同样有中国的讲究修身、正心、诚意、讲究心学心功的传统或滥觞。得道则无劳筹码、计算器，恩怨得失利害无须预卜而自然明白。外其身则身存，后其身则身先，不争则莫能与之争。不算计，故莫能与之算计；不计较，故莫能与之计较。

得道则无敌。没有敌人进来，因为敌人不敢进不想进不要进不可进，你的正义与无为，你的不擅权、不炫富、不树敌、不为恶早已化敌为友。

得道则无须强行结扣联结。不结扣也不能分割离散。黄山上有一处爱情桥，热恋中人或者新婚伴侣们纷纷到那里高价买一个锁锁在那里，表示二人永不分离。一个个锁头锈迹斑斑，污人眼目。其实真正的爱情岂是需要上保险锁的？（《老子的帮助》第110页）

然而，任继愈先生却说"这一章上半部分讲'无为而治'的一些权术"。（《老子新译》第117页）与王蒙先生的理解两相对照，老子这一段文义能用"权术"来概括吗？

（二）是以圣人常善救人，故无弃人；常善救物，故无弃物，是谓袭明。

按照上文老子所说五"善"，都是有道者德性至高境界的显现。因此，老子用"是以"转入此段，所言"圣人"与具有五"善"德性的有道者相呼应、相表里。

老子说"圣人常善救人，故无弃人"，这和佛教所说的"众生平等"极其相似。在老子和释迦牟尼眼里，不论是好人坏人、善人恶人，都一样对待，全不舍弃。故而佛教有"放下屠刀，立地成佛"之说。佛教所说"众生"，包括一切生命体，老子说"常善救物，故无弃物"，连无生命之"物"也包括在内了。老子和释迦牟尼在同一个时代、两个相邻的国家以相近的思想学说应世，真是让人思考难尽、意味深长啊！

孔子说："圣人，吾不得而见之矣；得见君子者，斯可矣。"（《论语·述而》）孔子将"圣人"看作是难得一见、至高无上之人。老子、释迦牟尼非圣人乎？

关于"袭明"，历来众说纷纭。笔者认为，必须以老解老，才能求得正确的答案。《老子》第十六章说"知常曰明"；第五十二章说："见小曰明，守柔曰强。用其光，复归其明，无遗身殃，是谓袭常。""知常曰明"，就是见道曰明。又说"见小曰明"，"小"指构成宇宙间天地万物的极细微粒，可成象成物，它表现了"道"的根本特性。见小即见道。"相"也好，"物"也好，都是随光显现，故言"用其光，复归其明，无遗身殃，是谓袭常"。"袭常"，亦即"袭明""袭道"。因此，最早的河上本之"袭明大道"说和现当代张松如、蒋锡昌的"因顺常道"说，符合老子的原意。老子此处是说圣人的"善行""善言"以及善于救人救物而不光显自己，都是因顺常道、大道行事，这就叫做"袭明"。"袭"，是因袭，因顺。

（三）故善人，不善人之师；不善人，善人之资。不贵其师，不爱其资，虽智大迷，是谓要妙。

前面一段说圣人救人救物，无所弃，是从愿望、目标说的，是保持明境、因顺常道，并不是全都能救得了，世上的坏人、恶人不是个个都能救，收监、杀头的总是有。但这并不影响圣人的清明及明境的传承、接续、沿袭。因此，老子用"故"转入这一段，有"善行""善言"的善于救人者是不善之人的老师；不善的人，是善人的资粮。前边一层好理解，后边一层我们需略作剖析。

从社会学、人际学的角度看，常善救人的人，必然得到人们和社会的普遍爱戴与尊重，与周围的人和睦相处，构建一个和谐的周边环境，不图回报而必有回报，不露声息而必会传扬千里。"种瓜得瓜，种豆得豆。"这就是"不善人，善人之资"。

从佛救、道救修炼的角度讲，将救人救物、绝私忘我、积功累行，看作是成佛、成仙的资粮。同时明确宣扬"善有善报、恶有恶报"的报应因果律。

正因为这样，老子说"不贵其资，虽智大迷，是谓要妙"。"要妙"之侧重点在于"爱其资"。这一点，一般所谓聪明的人往往看不透。

当然，"善人，不善人之师"这一面也不能忽视。如果不善之人能经常向"善人"学习，以其为师，善人与不善人的双向努力，和谐社会的形成不是会顺理成章、水到渠成吗？

主旨评析

这一章是老子的救人救世论。他从推崇、赞扬不露声息的"善行""善言"开始，进而提高到圣人救人救物无遗弃的境界，最后推广到"善人"与"不善人"师与资双向努力的普世层面，老子企望以此构建他所理想的一种和谐社会。这一章圣人无私救人救物的高尚与前一章"万乘之主""以身轻于天下"之低劣形成鲜明的对照。这里要强调提出，老子用"救"而不用"度"，说明老子讲的入世、现世之理，而不是"度"到彼岸的出世、未来世之学说。

第二十八章

校订本

知其雄，守其雌，为天下谿；为天下谿，常德不离，复归于婴儿。

知其白，守其黑，为天下式；为天下式，常德不忒，复归于无极。

知其荣，守其辱，为天下谷；为天下谷，常德乃足，复归于朴。

朴散则为器，圣人用之，则为官长，故大制不割。

意译

知晓雄强，同时须安守雌柔，愿做天下处于低位的小溪；做天下处于低位的小溪，保持住常德不离，回归到婴儿的状态。

知道明亮，同时须安守昏暗，做天下的楷模；做天下的楷模，要坚持住常不出差错，回复于混元道性。

知晓荣耀，安于忍辱负重，做天下的空谷；做天下的空谷，保持着常德充足。

"朴"分散成为器具，圣人运用此理，设置官长。因此，"大制作"不会将雄雌、白黑、荣辱、朴器之间的辩证关系截然分割开来。

导读

（一）知其雄，守其雌，为天下谿；为天下谿，常德不离，复归于婴儿。

"雄"，以生物雄性之雄健比喻人类性情、事功之雄健、阳刚、英武之类；"雌"，以生物雌性之雌柔比喻人类性情、事功之阴柔、温顺之类。

老子看重的是雌、柔。"柔弱胜刚强"（第三十六章），"柔弱处上"（第七十六章），"弱之胜强"（第七十八章），等等，都是在强调雌性柔弱的作用和价值，所以老子要求处人处事的原则应该是"守其雌"，做天下的卑下者，像山谷中处于低位的溪流一样。

守雌，是要有耐心、有气度、有远见的，绝不是一般见识者轻而易举所能做得到。

老子虽说重"守雌"，但并不是像有的注家理解的"圣人知雄德之不足取"而轻视雄强、刚健。"知其雄"之"知"，就是要知晓，要重视。严复说："今之用老者，只知有后一句，不知其命脉在前一句也。"这里的"其"不是像"守其雌"之"其"，仅指自己一方，而且还指他方、对方。就自己这一方而言，如果已经具有了雄健，那就要有自知之明，将自己放在适当的环境里、架板上，紧紧坚守住谦卑、雌柔的底线，不显山露水、得意忘形，才能保住雄强的位置。

如果自己尚处柔弱的劣势，老子并不是要其死守雌柔，而是要知晓他方、对方的雄强状况，待机而起，以"柔弱胜刚强"。这就是老子关于"雄"和"雌"的辩证法，二者既对立又统一，是不能截然分开的。故而，老子在第四十二章说："万物负阴而抱阳。"如果经过努力，仍不能处于阳刚、雄健之位，那就要甘愿处于低卑之位，"为天下谿，常德不离，复归于婴儿"。老子常以"婴儿"比喻人真常自然的本性。"婴儿"，体现着"道"的特性，安处雌柔卑下之境，安守本分地不执着于"争"，因而也就没有像有的注家所理解的"韬光养晦"的战略战术的意味。

用老子的经历来说明这一段文字的意蕴，他在周室当了多年守藏史，说明他并不是不想在政治上有所作为，这就是"知其雄"的一面；一旦他因朝廷内乱受到牵连而罢官归居以后，就隐居下来，安于卑微低下的处境，修身养性，"常德不离，复归于婴儿"，与"道"合体。

（二）知其白，守其黑，为天下式；为天下式，常德不忒，复归于无极。

这一段三个世传本基本相同。帛书本此段与世传本第三段相应，而第三段与世传本之此段相应，又多重复"恒德不忒"一句。

"白"代表明白、通晓、光明，"黑"代表昏暗、沉稳、低调。谁能不喜欢白呢？恐怕老子也不会不喜欢。老子说"知"，就是叫人清清楚楚、明明白白，"白"是人们要奔的方向。如果自然而然地到达"白"的境地，就安然居处。如果不能，只好去"守黑"，即低调生活，寻找生命的最佳归宿。老子的后半生就走了这样一条路："俗人昭昭，我独若昏。俗人察察，我独闷闷。"（第二十章）他潜心修炼，获得大成，著写了《道德经》"为天下式"，作了人类的楷模。而且"常德不忒，复归于无极"。"忒"，差错。"无极"指无边无际的混元道体。能够常常守住做人的德性，不出差错，复归于"道"，这当然是人生的至高境界了。

老子以他的切身实践和体验，概括出了具有普遍意义的理论。

（三）知其荣，守其辱，为天下谷；为天下谷，常德乃足，复归于朴。

"荣"，是地位尊贵显赫而荣耀，是因为给公众做了有益的事情而光荣；"辱"，是"宠辱若惊"之"辱"（第十三章），是身处卑贱低微而忍辱负重。"知荣",是说知晓荣耀、光荣乃人间的盛事,但并不是人人能够得而有之。绝大多数人还是地位卑微,求荣不得,只能是"守其辱",所以老子劝这些人要甘于"守辱",虚怀若谷,恒常之德才能充足,"复归于朴"。朴,即纯真的天性,与前面的"婴儿""无极"一样,皆近于道。

不光是求荣不得、处于低位的人要甘于"守辱",同样,荣贵显达者,如何能长久保持自己的荣耀?必须力戒骄奢淫逸而甘愿"守辱"、谦恭低调,不是假惺惺地韬光养晦,玩弄权术,而是胸怀天下,像空谷一样能包容万象,常德充足,真朴自然。

(四)朴散则为器,圣人用之,则为官长,故大制不割。

"朴",任法融道长释为:"事物最原始的真朴,似一根圆木一样,它是各种形器的根本。它能大能小,能方能圆,能曲能直,能长能短。"(《道德经释义》第129—130页)

"器",指有形有质的物象,包括人类。圣人用朴散为器,即道散为万物的道理,也就是朴与器、道与万物既统一又分散的关系,设置官长,来统领万物。不是圣人作官长,而是根据朴与器的关系设置官长,让分散之众有所总领。故说"大制不割"。

"大制",可以理解为"大治",也可以理解为大制作、大手笔。

老子一贯重视强调雌柔、谦卑、忍辱,但他并不是不要雄健、明晓、荣耀,他是二者的统一论者,也就是"知"和"守"的统一。大制作、大手笔(包括"大治")是不会将此二者分割开来的。

朴与器,道与万物,和雄雌、白黑、荣辱既对立又统一的关系一样,也是不可分割的。大制作、大手笔——圣人,充分认识到了这一辩证之理,是绝不会将这两个对立面的一方孤立地分割开来。

表面上看,老子似乎强调雌柔、谦卑、忍辱这一方面,故而诸多注家认为《老子》是关于"阴柔"的哲学。但仅从本章来看,三个"复归",婴儿、无极、朴,都是"道"的特性。

"无极",就是混元之"一",用图表示,即为天衣无缝的圆圈,就是和谐统一,也就是合于"道",这是老子的最高理想。将此思想用之于社会发展,就是他的理想化追求——"不言之教""无为而治"。当然,人类社会没有按照老子设想的方向去发展,表面看来似乎与老子的思想背道而驰。

社会文明的高度发展,人们的思想水平不断提高,道德观念不断优化,抑制和克服私欲,逐渐成为人们的自觉行动。这个时候,老子所理想的"常德不离,复归于婴儿";"常德不忒,复归于无极";"常德乃足,复归于朴"的纯真人性就会显现。老子的"万物并作，吾以观其复。夫物芸芸，各归于其根。"（第十六章）、"大曰逝，逝曰远，远曰返"（第二十五章）就绝不是虚语。尽管人类社会的发展似乎距老子的理想是反方向，且距离愈来愈大、愈远，但却是螺旋形上升，在"复"在"返"。

其实，人类社会的发展并没有离开老子的高见——"道法自然"。道的根本法则、规律是自然而然啊！请仔细考察，人的意志对于社会的发展演变究竟能起多大作用呢？

老子出关 范曾绘

主旨评析

有人认为这一章"老子用柔弱、退守的原则来对待生活，进行政治活动，他认为这样做就不会吃亏"。这样理解，似乎老子成了一个自私的小人。实则本章牵扯到老子人生观、政治观、社会观、哲学思想的诸多方面，其核心是运用对立统一的辩证法则来认识和分析人生、政治和社会问题，高屋建瓴，卓有远见，几千年后方见其理论之高深、真确，人格之崇高、伟大！

第二十九章

校订本

将欲取天下而为之，吾见其不得已。

天下神器，不可为也，不可执也；为者败之，执者失之。

凡物或行或随，或嘘或吹，或强或羸，或载或隳。

是以圣人去甚，去奢，去泰。

意译

想要取得天下而加以人为地任意治理，以吾所见没有能够得到实现的。

天下人是神物，不可任意为治，不可随意执持；强行统治者必然失败，强行执持者必然丢失。

凡是神物，有的前行，有的后随；有的嘘着暖气，有的吹着寒气；有的刚强，有的羸弱；有的能够承载，有的危坏。

因此，圣人善于去除那些极端的、奢侈的、过分的做法。

导读

（一）将欲取天下而为之，吾见其不得已。

"取"，获得、获取。此章的"取"应与第五十七章的"以无事取天下"之"取"同义。

"天下"代表天下民心。"为之"，意谓"有为而治"。"其"，指代"欲取天下"者。"不得已"，是说"得不到矣"，或"没有得到呵"，也就是统治目的不能实现。

"吾见其不得"有两层意蕴：

一曰"取"。老子是因周朝廷王子朝欲取王位不得而被驱逐出都城的事件牵连"免官归居"的，这是他的亲见亲历。春秋时诸侯争霸，称雄者只有其一，其他皆不能得到，当然也为老子所见。

二曰"为"。西周以有为治天下，而逐渐衰微。齐桓公、晋文公以有为治国，称霸皆不能持久。这些都为老子所见。

何以"不得"？老子接着申述了他所认为的原因、道理。

（二）天下神器，不可为也，不可执也；为者败之，执者失之。

"天下神器"，犹言"天下人是神器"，或曰"天下之神器"。神器即神物。这里的"神"，不是神鬼、神仙的"神"，而是神奇、神妙，有灵性，有意识，不同于一般的"物"，而是神物。他有思想，有智慧，需要自主，自由，"有为而治"的过分约束、强行管制是不行的。所以说"不可为也"。很明显，神器是主语。若以"天下"为主语，是对老子文义的极大误解、错解。"天下"就是指天下民众、民心，"取天下"，就是获得天下民众、民心，得到拥护。

（三）凡物或行或随，或嘘或吹，或强或羸，或载或隳。

这一段是对神器、神物多样化个性特征的具体表述。"凡物"，即言凡是神器、神物。"或行或随"，是说有的前行，有的随后。"或嘘或吹"，是说有的嘘暖气，有的吹寒风。"或强或羸"，是说有的刚强，有的羸弱。"或载或隳"，是说有的能承载，有的在危坏。老子用连续的排比来描述具有灵性的"神物"，是百人百性，各有不同，不能强取，也不能硬性地"有为而治"，更不能当无灵性之物去执持、把玩，只能因势利导，发挥他们的个性。反之就会"为者败之"，"执者失之"。由此引出最后的结论。

（四）是以圣人去甚，去奢，去泰。

老子主张"无为而治"，但他十分清楚，这颇难实现。因此，他最后的总结仍是就有为而言。如果真能"无为"，那就不存在去"甚""奢""泰"（同"太"，此处作"太过"），也无所谓"去"。一旦有为，做事情、行法令的轻重、分寸之合适度就很难把握到恰到好处。所以，老子这里以"过犹不及""物极必反"的哲理说"圣人去甚，去奢，去泰"。从这里也可以清楚地看出，老子不是一般的反对君王有作为，反对符合民心、民意的治理，而着意于反对过分，强行，违背民心民意的作为、治理。这牵扯到对老子"无为而治"的重要思想的准确、全面的理解，需要读者和研究者特别注意！

主旨分析

本章承接上一章，由政治观引出了他的人性观和人生观。对于"人"这个有灵性的"神物"来说，他们百人百性百心，性情特征多样，要有为地强行"取而治之"，势必"败之""失之"，只能因势利导，防止过犹不及走向极端的倾向，故而要像圣人一样，"去甚，去奢，去泰"，给他们必要的自由发展空间。

第三十章

校订本

以道佐人主者，不欲以兵强于天下。

善者果而已，不以取强。果而弗伐，果而弗骄，果而弗矜，是谓果而不强。其事好还。

意译

以道辅佐君主的军事家，不想用兵力在天下逞强。

善于用兵的人，取得了防范济危的结果就立即停止军事行动，不用兵力获取强盛。取得胜利不反过来讨伐对方，也不骄傲，亦不矜夸，这就叫做取得好的结果而不逞强。这样做，会有好的回报。

导读

（一）以道佐人主者，不欲以兵强于天下。

老子首涉军事就提出了一个具有极高思想境界，关乎人类和平相处之美好愿望的重大问题——"不以兵强于天下"，就是说不依靠军事力量来表示自己的强大，那当然也不会主张以战争的方式征服别的国家。

战争有它存在的合理性。因而，历代的更替都是通过战争解决争端的。毛泽东说"枪杆子里面出政权"，新中国也是靠武力打出来的。但战争终归要千百万人头落地，其残酷性是不言而喻的。片面地反对战争是不行的，因为有正义和非正义之分。但必须竭尽一切可能防止战争，争取和平，这正是我们中国在目前解决世界各国争端中所坚守的方针和承担的历史责任。战争有时确实很难避免，但绝不能宣扬"穷兵黩武"主义。

老子的"不以兵强于天下"，从方向和未来长远的角度看，不但不错，而且表现了他珍爱生命和期望人类和平相处的至高思想境界。

（二）善者果而已，不以取强。果而弗伐，果而弗骄，果而弗矜，是谓果而不强。其事好还。

"善者"，是指善于用兵的军事家。"果而已"，王弼注曰："果犹济也。言善用兵者，趋以济难而已矣，不敢以兵力取强于天下矣。"此解最得

古代绘画 佚名

老子的真义。

老子主张"以道佐人主"，亦即以道为指导辅佐君主。他反对"以兵强于天下"，不进行侵犯性战争，但又不反对防卫性战争。善于用兵的军事家在"道"的精神指导下应战，只要取得济危的结果，就要马上停止战争，"不以取强"，就是不以兵力强大、武器先进逞强。

"果而弗伐"，"伐"为讨伐，"弗"同不。意思是取得了济危的结果之后不再反过来讨伐对方。这和鲁迅的"痛打落水狗"，毛泽东的"宜将剩勇追穷寇"，以及一般所说的"除恶务尽"，距离颇大。毛泽东还说过"对敌人的仁慈，就是对人民的不仁慈"。这两种似乎对立的处理方式和态度，究竟孰是孰非，这必须根据当时的历史背景和作战双方具体情况及战争的性质进行具体分析，这个问题很复杂，并非我们这里要解决的问题。老子是针对春秋时期的诸侯国争霸而言，只要能取得防范济危的结果就行了，不必再反过来进攻别国，以避免为了争霸逞强而造成生灵涂炭，民不聊生，这绝对是正确的。

"果而弗骄，果而弗矜"，"骄"为骄傲、骄横，"矜"为矜持、矜夸。

本章着重强调"以道佐人主"，又"不欲以兵强于天下"，打了防卫的胜仗也"不伐""不骄""不矜"，"果而不强"，故而这样的作为一定会有好的回报。"好"，是"善"的意思。意思是说，其事最后有善报。

主旨评析

这一章紧承上一章以道化天下的思想，而要求辅佐君主的军事家"不欲以兵强于天下"。此章主要篇幅是论述军事问题，但不可忽视开篇的第一句话"以道佐人主者"。老子在说：道是军事的主脑、灵魂。这就犹言我们在革命战争时期的"党指挥枪"。有了正确的指导思想，才能有正确的行动。这一点很重要。最后一句"其事好还"，意思是说做了好事会有好的报应。说明老子也是讲因果报应的。

第三十一章

校订本

夫兵者，不祥之器；物或恶之，故有道者不处。

君子居则贵左，用兵则贵右，不得已而用之。

恬淡为上，胜而不美；而美之者是乐杀人。夫乐杀人者则不可以得志于天下矣。

杀人之众多，以悲哀泣之；战胜，则以丧礼处之。

意译

兵器，是不吉祥的东西；无生命之"物"都厌恶它，一般人就不用说了，因此有道的人不和它在一起。

君子平时居处以左边为贵，打仗的时候却以右边为贵，（就此可制定相应的战术目标与方略），不得已时可以使用。

对待用兵之事以清净淡泊为最好，打了胜仗也不称美；称美者是乐意于杀人。喜欢杀人的人，是不能让他们得志于天下的。

作战双方杀人众多，都要以悲哀的心情哀悼这些被杀的人；战胜方不能欢庆胜利，而是要以丧礼去处理。

导读

（一）夫佳兵者，不祥之器；物或恶之，故有道者不处。

前一章"不以兵强于天下"之"兵"指兵力、军力，此章之"兵"，一般论者认为应指兵器。

"不祥之器"，是对"兵"的诅咒，它会给人的生命带来灾难。表现了老子十分强烈的反战思想。

"物或恶之"，是说兵器用于作战，作战过程中草木、庄稼遭到破坏，"物"都厌恶它，那"人"就不用说了；"故有道者不处"，是说有道的人更是不愿和不祥的兵器相处在一起，而是远离它。反映了老子反对战争的强烈感情色彩。

（二）君子居则贵左，用兵则贵右，不得已而用之。

"贵左"，这是古代的一种礼俗，一直延续到今天，仍以左为上为尊。宴席、照相等都让位高、年长者坐在左边。古时因男尊女卑，亦有"男左女右"之说。故言"君子居则贵左"。

"用兵则贵右"，这里的"贵"，与前一句的尊贵不同，而是指用兵的重点，攻击目标在右边，故言"贵右"。老子隐秘地指出了打仗的方略、战术。

为了保护"君子"，重兵必在左边，因而老子说"用兵则贵右"，就是"避实击虚"的战术原则，属于计谋之类，在老子来说既不主张用兵，又反对"巧利"，所以说"不得已而用之"。

（三）恬淡为上，胜而不美；而美之者是乐杀人。夫乐杀人者不可以得志于天下矣。

开头一句是说，在用兵这件事情上，以清静淡泊为最好，打了胜仗也不以为美事（或"不赞美"）。"而美之者是乐杀人"，意为如果有以胜利为美事的人，那就是乐于喜欢杀人。

因为"乐"是人的情感情绪表现，"乐杀人"也必然是人的情感情绪行为。老子这里的用意很明确也很深邃，他将参与战争的人用"乐杀人"和不乐杀人区别了开来。同样在战场上杀人，乐与不乐是有颇大差别的。老子所指斥的是对胜利的"美之者"和"乐杀人者"。因此，老子在这一段的最后说"夫乐杀人者则不可以得志于天下矣"。尽管事实上可能"乐杀人者"战后得到了提拔和重用，但老子还是坚持他的看法——"不可以得志于天下矣"。

帛书、竹简本无"者"字，很可能是省略，或者漏抄、错改；如果二者都不是，而为传抄者所删，那就是一种缺失了！

（四）杀人之众多，以悲哀泣之；战胜，则以丧礼处之。

杀人，交战双方都有，因"众多"，双方都要以悲哀的心情"泣之"，表示哀悼。这是老子对人的尊严和生命价值的看重，对人的死亡的悲悯，实在是可亲可敬！

最后一句是对战胜国说的，接应前面"胜而不美""美之者是乐杀人"的意蕴，胜了也不要或不能狂欢式地庆祝胜利，而要"以丧礼处之"。这真是独特的警世思维！又是何等高的精神境界！有的注家称赞说："'夫兵者不祥之器'，'杀人众多，以悲哀泣之'，'战胜以丧礼处之'等语，皆千古精言，非老子不敢道、不能道。"

主旨评析

这一章是前一章老子反战思想的进一步阐发和深化，带着强烈的感情色彩从诅咒"兵器"的特殊视角开篇，出语不凡，骇世警俗。他并不完全反对战争，而是"不得已而为之"，以十分隐秘的方式要言不烦地提出了战术方略。防御战还是要打。接着又申述了"胜而不美"的独特见解，对"乐杀人者"给以严厉地指斥。最后的结语，更是高屋建瓴，出人意料，堪称绝世精言，"非老子不敢道、不能道"。短短八十余字的篇章，容纳了如此高深、丰富、独到的思想、见解，又写得环环紧扣、跌宕起伏，唯老子孰能为此文！

第三十二章

校订本

道常无，名朴，虽小，天下不敢臣。

侯王若能守之，万物将自宾。天地相合，以降甘露，民莫之令而自均。

始制有名。名亦既有，夫亦将知之；知之，所以不殆。譬道之在天下，犹川谷之与江海。

意译

道常是"无"的状态，叫做朴，虽然微小，天下人不敢以它为臣仆。

侯王若能守道、守朴，万物将会自然而然地归附宾服。天与地相互作用，降落甘露，民众没有给它们下命令，是它们自然而然地均匀洒布。

当人类开始制定万物名称的时候，万物就有了名称名号。名号既然已有，（人，特别是侯王）就要知晓名、物之理；因为知晓了，所以不会有危险。比如道之在天下（与万物之间的关系），就好像一条条川谷与江海的关系。

导读

（一）道常无名，朴虽小，天下不敢臣。

"道"我们前面已有解释，它是老子宇宙观、社会观最基本的总概念，虽然看不见、摸不着但却不是完全抽象的东西，而是能生万物具有物质特性的客观存在。

"常"，是道的属性和特征，它显示着道运行、演化的过程和规律，与道共存，却有区别，不能等同。而此处的"常"，非"道"之"常"，是常常、经常之义。

"朴"，繁体为"樸"（查郭店楚简为繁体）。《说文》释为"木素也"。素，《汉语大词典》释为"原始；根本；木质"，以《尚书》《鹖冠子》等典籍为证。又认为"素"是指"带有根本性质的物质或构成事物的基本成分。如元素"等。所以，用今天的话来说，朴，就是木之"质"，是构成木的元素。元素当然是"小"。老子说"小"，其实就是微粒、元素，是管子、关尹子所说的"其小无内"的一种存在。无所不包的"道"是大，但它却常常是以人的肉眼看不见的微粒——朴——小的状态存在着。

搞清了道、常、朴的不同内涵，再来探讨开头的断句"道常无名，朴虽小"，是从河上、王弼本开始一直延续了两千年左右的习惯断法。这样断句，表现不出"道常无名"与"朴虽小"二者之间的事理与逻辑关系。很明显，"朴虽小，天下不敢臣"，义理已十分清楚，"道常无名"完全是多余。但本章最后一句"譬道之在天下"，在贯穿这一章文义，显然突出的是"道"，第一句不能没有。然而"道"的特征是"大"，由大如何过渡到"朴"之小？从历来的断句中，得不到答案。

还有一种断法，"道常无名朴，虽小，天下不敢臣"，更是其理难通。

张松如先生认为这两种断法"义均未安"。他又举出王夫之《老子衍》读作"道、常、无名、朴虽小，天下不敢臣"以及蒋锡昌"道常"即"常道"的说法，他认为王、蒋二位将"道""常"并列为两个哲学范畴，不合老子此章文义，提出他的新见为："道恒无名，朴，虽小，而天下弗敢臣。"却又依从了《帛书》的文句。

他们这样那样地一次次变换，变来换去，事理、逻辑、文法都不通，不顺，最后谁也没有找到一个最佳的解决方案。为什么？因为他们都没有从"道常无名""朴虽小"这七个字的独特含义与内在联系去考虑。

实则老子是说"道"常常是"无"的状态；这种"无"的状态叫做"朴"（名"朴"）；"朴"虽小，天下不敢以它为臣仆（或"不敢当作臣仆"）。

自从老子字之曰"道"以后，"道"就有"名"了，不能再说"道"无"名"；说"无名"，即老子自我否定。这样肯定有人会问，第三十七章说"吾将镇之以无名之朴"该如何解？其实，"无名之朴"与"有名之朴"，并不矛盾。"无名之朴"是指"朴"的真实存在，老子曰"镇"当然要用真实存在的"朴"，而不是用"朴"之名号，即有名之"朴"。所以老子特别用"无名之朴"加以强调。

在老子眼中，对"道""朴"之类所命之名和它们的真实存在既同又不同，一个是实体，一个仅仅是符号、概念。

我们将老子这段话的思想意蕴、内在联系搞清了，断句就自然搞定了。应该断为："道常无，名朴，虽小，天下不敢臣。"

"不敢臣"，王弼、傅奕作"莫能臣"，帛书、竹简本作"弗敢臣"，无实质性差别。

（二）**侯王若能守之，万物将自宾。天地相合，以降甘露，民莫之令而自均。**

"侯王"，傅奕等本有作"王侯"者，老子这里指的是国家最高执政者，以"侯王"为是。"降甘露"，帛书"降"作"俞"，竹简作"逾"，释读者认为即指"雨"。

前两句是说国家的最高掌权者，假若能守道、守朴，天下万民会自然而然地宾服。老子用"万物"，意在强调道、朴、无为之治、自然法则的强大作用，不只万民宾服，连万物都会宾服。

"天地相合，以降甘露"，一般认为说的是自然现象，即下雨，比喻雨为"甘露"。"久旱逢甘露"，已成成语，言农人在久旱之后对下雨的欢乐心情，继而引申、扩展为久盼不能实现而终于实现时的喜悦。天降甘露，"人莫之令而自均"，是说人并没有给天下命令，雨自然而然地均匀洒布，不偏谁，不向谁。

后半句老子用"天地相合，以降甘露，民莫之令而自均"的大自然现象说明和强化侯王若能守道、守朴，也会与天地相合，为万物均匀地遍洒甘露，万物就会自然而然地宾从。后半段全属比喻。

这里牵扯到对"自宾""自均"的理解，刘笑敢先生说："这些说法和第三十七章的'自化''自定'，第五十七章的'自化''自正'都涉及了个体和整体的关系，也体现了《老子》对自然之秩序的向往。"

刘先生进而认为"天地化育，雨露滋润，不需要任何强制的命令，老百姓就能达到均等、均衡、协调的境地"。其实，老子说的"民莫之令而自均"，是言天地自然而然地均匀洒布甘露，并没有民众给它们不命令，怎么能理解为"老百姓自己就能达到均等、均衡、协调的境地"？天下雨，人怎么能"自均"？这里的天和人都是整体行为，并未涉及个体。

蒋锡昌说："'自均'即五十七章'自化'之谊。'此言天地相合，则甘露下降；上行无为，不发号施令，而民乃自化也。'"亦非老子之文义。

这些误解，反映出一个十分重要的问题：对老子思想的阐发、深化，必须以对《老子》文本吃准吃透为基准、为前提，不然就会无的放矢，以至于闹出笑话！

（三）**始制有名。名亦既有，天亦将知之。知之，所以不殆。譬道之在天下，犹川谷之与江海。**

"始制有名"，历代阐解，歧义颇多。河上本曰："始，道也。有名，万物。道无名，能制于有名，无形能制于有形。"按此解法制名者为

"道"。依从者先有吴澄，今人如蒋锡昌，他说"始"指道而言。"始制有名"言大道裁割以后，即有名号。最近刘兆英先生沿袭此说，他认为"所谓'始制有名'，即谓道生天地，天地生万物"。其实道生天地，并不是道为万物制名。连"道"之名也是老子命，道怎么能为万物起名呢？

王弼怎么解释呢？"始制谓朴散始为官长之时也；始制官长，不可不立名分以定尊卑，故始制有名也。"王将"始"作开始讲，"制"作"制立"讲，"名"为名分。"制立"者为谁呢？那当然指的是"人"了。万物之名为人所命，这是不争的事实。沿着王弼的思维路线，今人有任继愈、陈鼓应、张松如、高亨等人的不同诠释。

"制"，作制立、制定解是对的。《易·节》："象曰：泽上有水，节，君子以制数度、议德行。""始制有名"，用现代的话说，就是人类开始区分万物而为其起名（制立、制定或创立名分、名号）的时候，就有了名字、名号。并不是王弼所说的"始制官长，不可不立名分以定尊卑，故始制有名也"。既然有了名字，老子怎么能说"道常无名"？由此，亦可以证明，这一章首句应从"无"字后断开。

"名亦既有"，"亦"助词。"既"一般都按河上注解为"尽"。河上注曰："有名之物，尽有情欲，叛道离德，故身毁辱也。"蒋锡昌先生因之曰："世界既有名号，则庶业其繁，饰伪萌生。"因有名物和名号，就会"判道离德"或"饰伪萌生"。这是讲不通的。因为老子这里所说的"名"不是名利之"名"，而仅就名字、名号而言。名字、名号怎么能产生那么多坏因缘、恶后果呢？难道"道""朴"也会这样吗？因此，"名亦既有"就是"名字、名号既然有了"的意思，不必故作深化探求。这里，牵扯到"名实之辨"的问题，难以三言两语说清。

"天亦将知之"，河上公曰："人能法道行德，天亦将知之。"这里将"天看作有灵知的神"，当然不会被历代学者认可。因此绝大部分注本皆将"天"作"夫"，发语词。"亦"仍为助词。"知之"指要知道所制而已有之名的内涵、特性、作用以及与其他名号者之间的关系，也就是要知"名物之理"。这些都为"之"字所指代，所包含。知道了这些名物之理，就可以不发生危险，故曰"知之，可以不殆"。"名物之理"的内涵将前后文义贯通在一起，顺理成章地过渡到最后两句。"殆"此处作危险、危难解。《诗经·小雅·正月》："民今方殆，视天梦梦。"

"譬道之在天下"，老子只说了半句，实则承接上文，意思是说道在天下与万物的关系。这二者的关系当然是道生万物，为万物之母，就是常无的状态——朴，虽小，也"天下不敢臣"。侯王若知之、守之，以"道"为根本，用"道"来治国，那么就"万物将自宾"。万物自然归服于侯王，以即归于道。

"道"与万物的这种关系，犹若"川谷之与江海"。万物比作川谷，"道"比作江海。"水流千转归大海"，万物生息归于道。

贯通了文义，我们再来讨论此段各注本的文字差异，就好办得多了。

关键在"之"字。王弼、傅奕、帛书、竹简等本大多为"止"。胡适认为："王弼今本'之'作'止'，下句同。今依河上公本改正。'之'、'止'古文相似，易误。"蒋锡昌先生驳斥胡适曰："三十七章'夫亦将不欲'，与此文'夫亦将知止'文例一律，'不欲'即'知止'之谊。以《老》校《老》，亦可证此文不误。胡说非是。"高明认为：蒋锡昌"从世传本中勘比分析去伪存真，并对谬误不堪之词，予以驳斥，可谓颇有见地"。

笔者认为，第三十七章"无名之朴，夫亦将不欲"，是讲以"朴"止"欲"；而此章不同，是在讲道、朴与万物、与万物之名之间的关系，着意在于明理，而非在于止欲，故不能以彼证此。请仔细想想，名称名号并不等于名分名利。有了名称名号怎么就必然"判道离德"？有了名称名号，"夫亦将知止"，是不是就该道不叫道、朴不叫朴、天不叫天、地不叫地了？按事理、文理都是无法讲通的。所以，"知之"之"之"，不能作"止"。胡适之论有理，应当依从。

主旨评析

此章大部分在讲道、朴与万物的关系，由此而引入侯王与道与民的关系。表面上看似乎重点在前者，实则老子着意于后者，强调侯王必须守道，守道万民才能归附而"自宾"。所以这一章的主旨应该是"守道"，守体现"道"之性能的"朴"。对人来说，特别是帝王，就是恪守朴实、朴厚的品德、品行，为老百姓做好事。

第三十三章

校订本

知人者智，自知者明。

胜人者有力，自胜者强。

知足者富，强行者有志。

不失其所者久，死而不亡者寿。

意译

知晓别人的人有智慧，认清自己的人才算真明白。

战胜别人的人有力量，能战胜自我的人才算真坚强。

知足常乐的人真富有，坚决勤行的人有志向。

不丢失理应归从的处所能长久，虽死而功绩、精神永存的人是真长寿。

导读

（一）知人者智，自知者明。

这里的"知"是承接前一章的"知之"而来，进一步强调明知事理之重要，也回证前一章以"知之"为是，"知止"为非。"知之"包含了"知止"。比如知晓"道"之特性与作用，以"道"来约束自己，自然也就会对背道的言行"止"而不为。

"知人者智"，一般对"智"皆作"智慧"解，就是聪明的意思。老子将"智"往往视作弄巧用计的"心智"。第六十五章"民之难治，以其多智"，第三章"常使民无知（智）无欲，使夫知不敢为也"。因此，老子说"智"就带有一种贬义。"知人者智"，就好像作战时的"知己知彼"一样，是为了对付对方，是一种"巧智"。

如果全面理解"知人者智"，比如"知人善任""知人论世"等有积极意义的东西，知晓人家的长处向人家学习，知晓别人的困难主动去帮助……这些就属于明智、良智、善智了。老子说"知人者智"绝对不会排斥这些方面。人皆难有"自知之明"，因此他在第二十四章警示曰："自见（按：自我表现）者不明，自是（自以为是）者不彰，自伐（自我夸耀）者无功，自矜（固执己见）者不长。"人贵有"自知之明"。但所谓"自知"，不是只看自己的优长、功苦、贡献，而是要多看自己的短处，积极弥补；多看自己的过错，勇敢改正；少讲自己的功苦、贡献，争取做得更好更多……

（二）胜人者有力，自胜者强。

开头两句是"知"的层面，这两句上升到"行"。

老子对"胜人"似乎表示冷淡。战胜了人家只不过是显示自己有力量而已。老子真正看重的是"自胜者强"。一个"强"字，表现出了老子鲜明的倾向性和浓重的感情色彩。按照一般人的思维模式，对"胜人者"应用"强大"来描述，可他偏不这样，而把"强大"的"桂冠"戴在了"自胜者"的头上。

自己战胜自己，谈何容易！比如说"克己奉公"吧，"奉公"必先"克己"。"克己"就是战胜自己。战胜自己的私欲，战胜自己的懒惰，战胜自己的不良习惯，等等。许多僧人、道人及在家的居士，为了修心养性，一生之所事就是清除私欲妄念，但往往是按下葫芦浮起了瓢，此起彼伏，藕断丝连，反反复复。而世俗之人，那更是难以做到。

当然，如何认识和评价私人利益存在的合理性，人性之"私"在私有制社会对促进经济、文化发展存在积极作用的一面，是一个十分复杂的问题，绝非这里三言两语说得清楚，只能是点到为止。

老子所看重的是人类整体利益，他追求的是建立一个崇尚自然的理想化和谐社会，所以他强调个体人能战胜自己的私欲，才是真正的强大。

（三）知足者富，强行者有志。

这两句升华到了精神的层面。

蒋锡昌先生以第二十二章"少则得，多则惑"和第四十四章"是故甚爱必大费，多藏必厚亡；知足不辱，知止不殆，可以长久"为证，认为："是'富'乃不辱不殆之意。"这样诠解不能说不对，但显得过分拘狭。

"少则得，多则惑"，"多藏必厚亡"，很明显指的是财富积累，老子的用意在戒贪，强调"知足"。这里的"富"也包括财富的义涵。但老子着重宣扬的是精神的富有——知足常乐，这才是真正的"富"。精神的富有，内容丰富广阔，不仅仅局限于"不辱不殆"。

《老子》各章的文句有联系但也有差异，以彼章文句诠解此章文句的时候，不能简单地划等号，既要看到二者的同，又要看到二者的不同，从而阐发出其中新的意蕴来。

"强"，注家多认为应作"勤"。严灵峰说："盖'勤''强'音近，并涉上文'自胜者强'句而误也。又疑'勤''强'二字，古相通假。陈景元曰：'强行'者，谓'勤而行之'也。"

笔者认为，不须考证"强"必为"勤"。"强"，此处作坚决解。《战国策·齐策一》："七日，谢病强辞。"老子用"强"不用"勤"，正体现了他用字不同一般的绝妙特色。坚决，属于精神层面。干任何事情，只有下了决心，才能付之行动。"强行"，是下了决心的行动，须勤必勤，须持久必持久。"强"也正好对应后面的"志"。"强行者有志"要比"勤行者有志"优越得多。因此各本皆用"强"。

（四）不失其所者久，死而不亡者寿。

最后两句讲人的归宿——精神家园。

"不失其所者久"，一些注家根据各自的理解作着各种各样的诠释。河上本曰："人能自节养，不失其所，爱天之精气，则可以久。"完全从个人修炼角度讲，讲得通。

王弼注曰："以明自察，量力而行，不失其所，必获久长矣。"从处人处事讲，也说得去。今人刘兆英沿袭此一说法："不失其所者，指没有离开自己应该处的地方和位置的人。"

还有将"所"作"止"、作"守"、作"根据"、作"根基"、作"处所"、作"本性"，等等，不一而足。

这些似乎都讲得通，但都又似乎言不中"的"，未切近老子之真义。任法融道长说："富贵是可居之地么？否！'富贵而骄，自遗其咎'。财货是可止之所吗？否！'金玉满堂，莫之能守'。然则究竟何处是长久之地、应止之所？唯独虚无之妙道、天地之正气、人伦之大化也。"所说极是！

"死而不亡者寿"关键在于"亡"字。

河上本注曰："目不妄视，耳不妄听，口不妄言，则无怨恶于天下，故得长寿也。"将"亡"作"妄"解，很明显，文理不通。若作"妄"，应该是"生而不妄者寿"，怎么能说"死而不妄"呢？是老子犯糊涂了还是注家犯糊涂了？

帛书本"亡"作"忘"。后人解作人死了以后因有功德，让别人不会忘记，也是文理不通。"死而不忘"，按文法句义应该是"死者""死而不忘"，怎么能生出一个"别人不会忘记"？人死了又怎么还会自己不忘呢？

"亡"，还是应作"死亡"之"亡"解。

佛教、道教追求成佛成仙，认为这就是"死而不亡"，长生不死。但老子在世时，道教没有诞生，佛教尚未传入中国，他所说的"死而不亡"，并不是指的成仙成佛，而是指的精神永存不亡。

其一，在老子眼里"知人""自知""自胜""知足""强行者有志"的人，都会留下好名声，因而会"不失其所"而"久"，"死而不亡"而"寿"，后世人挂念，虽死犹生。

其二，为民众、为国家做了好事情。

其三，留下了传世的思想、发明、著述等，都会永垂不朽，千秋万代被人民赞念、承传，是真正的"死而不亡"。

古棣认为"死而不亡""说的是灵魂不灭"。假如承认"灵魂"，人人死后都会有灵魂，那么老子说"死而不亡"就没什么特殊性，当然也就没有什么意义了。正因为如此古棣补充说："不过，他不是认为人人能灵魂不灭，而是有道者才能灵魂不灭。"这是古棣先生的意思，已不属于老子了。

蒋锡昌先生将"死而不亡"拆成两半曰："及天年而死，不中道夭亡者，是寿也。"这属于正常死亡，怎么能说是"死而不亡"？

所以，只能理解为功绩不亡、思想不亡、精神不亡而英名永在是真长寿。即王弼所说的"身没道犹存"。

主旨评析

这一章乍看起来是一联一联的格言，互不关联。但仔细品读，却存在着紧密的事理逻辑内在联系，层层递进，步步升华，最后归结到精神不死，"身没道犹存"，"死而不亡"，集中地表现了老子的人生观。此章的核心是"自胜"。

社会主义核心价值观宣传图

第三十四章

校订本

大道汎兮，其可左右。万物恃之以生，而不辞，功成而不名有。

爱养万物而不为主，常无欲，可名于小；万物归焉而不为主，可名于大矣。

是以圣人终不为大，故能成其大。

意译

大道像水一样泛溢，它可左右流漫。万物依靠它而生，它却默默地从不言说，功业告成却不据名为已有。

生养万物而不作万物的主宰，常常无私无欲，可将它叫作"小"；万物归附于它，它却不作主宰，可称它为"大"。

因此，圣人像"道"一样也不自以为"大"，所以才能成就其伟大。

导读

（一）大道汎兮，其可左右。万物恃之而生，而不辞，功成而不名有。

"汎"，意为大道像涨水一样四处泛滥、漫溢、流布而无处不在。

"其可左右"，言可左可右，左右逢源而无处不在。老子常用水比道性，如"上善若水"。水又善处下，流向低处，颇近道性。

前一句讲道的性能，后一句讲道的品格。

"万物恃之而生，而不辞"？帛书甲、乙本皆无此句，高明力证无"万物"句九字，"当是《老子》的旧文"。"今本多此九字，经文前后重复"。笔者认为，重复问题在《老子》中此非孤例，要从各章的文义需要出发。如果能强化文义，重复就是必要的。"万物"句九字，言道的品格，强化了"功成而不名有"，这样的重复十分必要。

有证"恃"作"得"者，二字皆通。三个通行本皆为"恃"，应从之。"之"后之"而"，据蒋锡昌先生统计有48种注本为"以"，应依之。

"不辞"，有两种解释：一、不言说；二、不推辞。按文法关系，不言说或不推辞者为"万物"，按文义却应为"道"。老子常用独特词句结构，当以文义是从。这一句是说万物凭道而生，但道却作而不言，"功成而不名有"。这就是"道"的高尚品格，默默地化育了万物，功成事遂，既不言讲，又不据名为己有，真是可赞可叹！"恃之"的"之"，指代的"道"。

易顺鼎引证《辨命论》注"功成而不有",认为"名"属衍字。蒋锡昌依之,又说:"'不有'二字见二章、十章、五十一章,可知二字为《老子》习用之词。'功成不名有',当作'功成而不有',易说是也。"这种推证的方法并不合理。他章用了"不有",未必此章就非用不可。难道老子不考虑用词的重复与变化以及前后文的衔接、需要?帛书甲、乙本皆为"功成遂事而弗名有也",亦有"名"字。"名"在这里有特殊的作用和意义,它增加了文义的内涵和分量。不只是不据有功劳,还不据有名分呢。

(二)爱养万物而不为主,常无欲,可名于小;万物归焉不为主,可名于大矣。

"道",既生了万物,又"爱养"万物。《论语·颜渊》:"爱之欲其生,恶之欲其死。"爱作喜欢解。"道"虽无情,可老子用拟人化的手法,随处可见。一个"爱"字,极富感情色彩!

此章开头两句讲"道"的性能,从"万物恃之而生,而不辞"到"可名为大",都是以拟人化的手法在歌赞"道"的品格——无声无息地生养万物,既不言讲,也不功成而"名有",又不去作主宰,而甘愿处卑处小。为什么会这样?关键是它"常无欲"。老子何以费笔墨歌赞道的高尚品格?因为,人如果不愿处卑处小,就难以具有道的品格而"常无欲"。它是"爱养万物而不为主","可名于小"之间的必要衔接与过渡。

"于小","于"即"为"。《孟子·万章上》:"汝其于予治。"

"万物归焉而不为主,可名为大"。道生万物,万物又归从于道,且不主宰、拘囿万物,本来就是大,可以说大得无法名状,无法形容。可是它却毫无一己之私、一己之欲,甘愿处卑处低处小,且名为小,更见其品之高、格之大!

(三)是以圣人终不为大,故能成其大。

因为这一章重点在赞扬道常无欲谦卑处小、不为大的崇高品格,以期人们特别是君主来效法。所以,最后落脚到"圣人终不为大、故能成其大",是老子对圣人谦虚不骄思想精神风貌的赞扬。圣人因谦虚不骄,众望所归,而成为圣人,得以历世传颂,理自当然!

老子这里所说的"圣人",是他理想化的人物,和道一样也被老子树立为做人的榜样。

主旨评析

此章老子用拟人化的手法塑造出"道"的光辉形象,满腔热情予以歌赞。希望人们,尤其是当权者像圣人一样地学习之、效法之。同时揭示了做人小与大的辩证关系:小能成其大,大从小中来;人若经常谦卑自小、不自为大,"必能成其大",这是颠扑不破的真理。"道之'大'名其功能、作用、贡献,道之'小'名其姿态、表现、特性。"

这一章的主旨是"道格"。

第三十五章

校订本

执大象，天下往；往而不害，安、平、泰。

乐与饵，过客止。

道之出口，淡乎其无味，视之不足见，听之不足闻，用之不可既。

意译

假若君王能执守大道，天下人就会纷纷归往而来；归往后不会受到伤害，能过上安乐、平顺、和泰的好日子。

好听的音乐和可口的美食，虽然能招引过路的人暂时止步，但却不能持久。

然而，"道"就大不一样了，它说出口来尽管平淡无味，看它看不见，听也听不到，可使用起来却永远用之不尽。

导读

（一）执大象，天下往；往而不害，安、平、泰。

"执"有解为执掌、掌握者，皆不如河上本作"守"准确。河上注曰："执，守也；象，道也。圣人守大道，则天下万民移心归往也。"将"执大象，天下往"，诠释得清楚而且到位。唯言"圣人"，则是不确。因为此段不是对已经存在的真实社会状况的描述，而是他心目中理想的君王和社会的假设。

"大象"，即第四十一章"大象无形"之"大象"，第二十一章"道之为物，惟恍惟惚。惚兮恍兮，其中有象"的"象"，与"大象"之"象"内涵相同，是在"惚兮恍兮"中能够看到的影像。"无形"，是说不具有肉眼能看到的物质一样的外形。老子对"象"的内质进一步描述为"窈兮冥兮，其中有精；其精甚真，其中有信"，讲得多么具体而真切！这是老子对他在一种特定条件下所"观"到的真实情景的展现。这绝不是老子凭空想出来的，也不是靠逻辑推出来的，更不是根据已有文献资料查阅总结出来的。

"象"是有"物"的属性和内质的东西，是"道"的又一种表现，从某种意义上说，"象"即"道"，河上等传本的解释是对的。它不仅仅徒具概

113

念、符号性意义，它同时又是客观性存在，具有产生天地万物的巨大功能和作用。所以老子说"执大象，天下往"。

"往"作"归向"解。《穀梁传·庄公三年》："其曰王者，民之所归往也。"不只是有"向往""追求"之心，而且已付之于行动了。故而才有了后文的"往而不害"，前后密切关联、相互照应。河上本注为"移心归往"是十分准确的。

"害"，这里作"伤害"解。《国语·楚语上》："子实不睿圣，于依相何害？"韦昭注："害，伤也。""往而不害"整句的意思是，去到"执大象"者那里不会受到伤害，而是"安、平、泰"。主要是赞扬"执大象"者的道格、德性。

（二）乐与饵，过客止。

"乐"音乐。《礼记·乐记》："乐者，音之所由生也。"

"饵"，《说文》："饵，粉饼也。"亦泛指食物。

"乐与饵"，指的就是"音乐和食物"。"过客止"，就是因为美妙的音乐和好吃的美食吸引过路的人止步而听，而望食止饥。这只能求得一时之快乐，哪能像"往而不害"的"执大象"之国的久久可以安身立命呢！

这两句老子运用比喻，与前后进行对照，以突出"道"的价值、作用和意义，起承上启下的作用。

（三）道之出口，淡乎其无味，视之不足见，听之不足闻，用之不可既。

"出口"，有作"出言"者，无大差别。前两句帛书本作"故道之出言也，曰：淡呵其无味也"。不论从情理、语法、文义都是讲不通的。说"曰"，是谁"曰"呢？"道"能说话吗？

"道之出口，淡乎其无味"，完全是叙述句式，意思是说"道"讲出口来，是平淡无味的，不像前面所说的"乐"那么动听，不像"饵"那么诱人。接着"视之不足见，听之不足闻"进一步强化"淡乎其无味"，看它又看不见，听它也听不着，它可真是平淡无奇呵！

然而，它可是"用之不可既"呵！《广雅·释诂》："既，尽也。"意谓尽管"道"平淡无奇，可作用却既大又长久，用它永远用不完。紧密照应此章开头所说的"执大象，天下往"。

奚侗曰："'足'当依河上注训'得'。《礼记·礼器》：'百官皆足'，郑注亦训足为得。……下'足'各本作'可'，与上二句不一律，盖浅人不知'足'可训得，而妄改也。"

蒋锡昌按："强本成疏引经文云，'视不足见，……听不足闻……用不可既’，是成作‘视不足见，听不足闻，用不可既’。王注，‘视之不足见，……听之不足闻，……用之不可穷极’；上二‘不足’系经文，下‘不可’乃王注，马说适反，非是。奚氏谓三句皆作‘不足’，当从之。”

蒋锡昌又按：“此谓道视之不得见，听之不得闻，然用之乃不可尽也。河上公注，‘用道治国，则国安民昌；治身，则寿命延长，无有既尽时也’；释‘用’字，极合《老子》意。”

笔者认为，“可既”是不是要按奚侗的三句须一律的观点改为“足既”，大可不必，帛书本亦为“可既”，说明老子旧文如此。但将“足”作“得”解，言之有据，可从。

“淡乎其无味”的本意到底是什么？其实很简单、很明确，如前所述，老子的本意就是“道”说出口，平淡无味，根本没有未体道者觉得道无味，而体道者就会觉得有味的内涵。

刘兆英先生的《老子新释》在注解此章时开头有这样一段话：

老子的社会理想体现在很多篇章里，需要集中起来加以综合分析。但本章最具代表性，最有说服力，远胜第80章的“小国寡民”。并且由此章可知，在老子的社会理想里，应该删除“小国寡民”四个字。

刘先生从此章看出老子的社会理想并非是诸多学者所常常批评的“小国寡民”，颇有见地。但又提出“在老子的社会理想里，应该删除‘小国寡民’四个字”，却大可不必。

众多学者认为老子就是“小国寡民”思想，这是以偏概全，是对老子社会理想的曲解。他们没有深刻理解“执大象，天下往”，也是老子的热切追求。但在老子当时眼里周室衰微、诸侯争霸、战事迭起，人民生活处于水深火热的现实，要出现能让天下归往的圣者，实在太难了！故而，他降格以求，能有“鸡犬相闻，老死不相往来”的寡民小国，能让民众安身立命，过上好日子，也就不错了。老子的最高理想是追求清静无为的自然之道。大国，小国在他眼里都是一样，只要不发生战乱，民众能安居乐业就行。“小国寡民”虽为降格，但也是他社会理想的一个组成部分，删也是删不掉的。

主旨评析

本章老子阐发了他以道治国可以使天下民众归往，过上安乐、平顺、和泰日子的社会政治理想，同时显示了道虽平淡无奇，但却使用起来作用巨大，且用之不竭。核心是讲道之用。

第三十六章

校订本

将欲翕之，必固张之；将欲弱之，必固强之；将欲废之，必固兴之；将欲取之，必固与之；是谓微明。

柔弱胜刚强，鱼不脱于渊。国之利器，不可示于人。

意译

将要合的，必定原本是张着的；将要废败的，必定原本是兴旺的；将要夺取的，必定原本是给予的；这里边蕴含着纤小细微、难以觉察的变化之机、兴废之理，所以叫微明。

柔弱能胜刚强，就像鱼不脱于水一样，人和事都不能脱离于道。强胜者绝不能背道离德将国家的精锐兵力和优良武器，在别人面前显示、炫耀。

导读

（一）将欲翕之，必固张之；将欲弱之，必固强之；将欲废之，必固兴之；将欲夺之，必固与之；是谓微明。

"翕"（xī），《诗经·小雅·棠棣》："兄弟既翕，和乐且湛。"《毛传》："翕，合也。""合"与"张"正好为对。

四联对应句组，古今绝大部分注家都将其理解为"术"类的思想、哲理。

王蒙先生在他的《老子的帮助》中说："这一章的将欲如何、必固如何，偏于道术，偏于实用，特别是战争中的应用。它有可能被皮毛化、阴谋化、非大道化。这是事实……"他虽然百般"为老子的非阴谋家而辩护"，但王蒙仍找不到对老子本义的合理解读。

张其成《全解〈道德经〉》在诠释此章的时候是这么说的：

老子真是太聪明了，但这是一种常人不敢用的策略。"翕"和"张"，"弱"和"强"，"废"和"兴"，"取"和"与"，都是"阴"和"阳"的关系，老子的一贯主张就是重阴轻阳，所以想要达到的目标——"翕""弱""废""取"全是阴的，而采用的方法——"张""强""兴""与"全都是阳的，也就是说要让对方朝"阳性"一面发

展，最终达到预期的结果。（张其成《全解〈道德经〉》第162页）

张先生说："想要看到别人生命力不强，那你就让他变成阳性的……"（张其成《全解〈道德经〉》第162页）

好像老子故意要让别人走歪路，这将老子描述得多么阴险毒辣！完全是一套以退为进、以守为攻、欲擒故纵的策略、法术。

其实老子这里说的压根儿就不是权术、计谋之类的方法，而意在揭示物极必反的道理、规律。

但为什么从韩非子"解老"开始就有众多人错解呢？2010年6月上海辞书出版社出版的《老子鉴赏辞典》（刘康德主编）归结为"用'欲将''必固'语言配置来表述'先予后取'以喻'柔弱胜刚强'的老子大概也估计到会有立言之弊、理解之误，故在此强调'利器不可以示人'"。这意思是说两千多年来的不断误解错解主要是老子早已"估计到"的"立言之弊"。

笔者认为，问责于老子是无济于事的，只有从研究者方面找原因，才能将老子研究引上正途。《老子》文本，许多地方文义扑朔迷离，一是古文字本身具有多义性，二是老子的喻义深邃，三是词句结构与应用，匠心独运，故而我们在研读的时候必须把握如下四项原则：

1. 不能浅尝辄止，自以为已经读懂，要字斟句酌，反复咀嚼体味，理解真义；

2. 贯通全章，找出各句间的内在联系，归纳出全章主旨，看有无矛盾；

3. 用老子遵道重德、道法自然的总体思想作标尺来衡量，看有无背离；

4. 遍找历代各家注本研读，不要只找与自己的理解相同的，而是要找与自己的理解不同的，择优而从，不能为故出新见而背离真理。

以此章为例，开始我也以为四联"将欲""必固"的文义是全讲"欲取先予""欲擒故纵"的战术策略的，因为后面有"国之利器，不可以示人"的话，这都是教人"韬光养晦"，隐藏得越深越好。过去学习毛主席著作，知道许多关于革命战争战术原则，一个是来自孙子兵法，一个是来自老子的《道德经》，如"将欲取之，必固与之"。过去没有多想，今天研究老子，觉得毛泽东为了打败人民的敌人，"搞阴谋"，无可厚非。但作为口口声声宣扬"道""德"的"圣人"——老子讲这类令人毛骨悚然的法术，总觉得不是味儿，不是他应该讲的话。但像毛主席所说，"搞阴谋，写在书上"。（《毛泽东读书笔记》上册，陈晋主编，广东人民出版社出版，1996年7月）

的确，白纸黑字写在了书上，抹不掉。我再反复逐读全章，体味"鱼不可脱于渊"，分明是比喻人离道则迷，国离道则乱，那么搞阴谋不是背离了"道"吗？没有办法，我又扩大阅读范围，在古今的注本中寻求启发。当读到陈鼓应先生《老子注译及评介》中此章的"引述"时，董思靖和释德清的诠释令我眼前一亮，心扉顿开，老子的真义就在此间！

释德清就是明代的著名高僧憨山大师，他说：

> 此言物势之自然，而人不能察，天下之物，势极则反。譬夫日之将昃，必盛赫；月之将缺，必极盈；灯之将灭，必炽明。斯皆物势之自然也。故固张者，翕之象也；固强者，弱之萌也；固兴者，废之机也；固与者，夺之兆也。天时人事，物理自然。……（《老子〈道德经〉解》）

憨山大师将义理讲得十分清楚透彻，然而具体落实到字面该如何注释呢？还必须进一步考证。

"欲"，作要、想要、希望解。《商君书·更法》："今吾欲变法以治。""将欲"就是"将要"。

前后两个"之"，均作助词，犹"的"。《论语·公冶长》："夫子之文章，可得而闻也。"

"固"作本来、原本。《孟子·梁惠王上》："臣固知王之不忍也。"

这样，开头两句的意思是：将要合的，必定原本是张的。这是以自然之理喻社会人事之理。

接着三联对句的意思是：将要衰弱的，必定原本是强大的；将要废败的，必定原本是兴旺的；将要夺取的，必定原本是给予的。"夺"，一些注本为"取"，以"取"为佳。

"微"，小、细。《易·系辞下》："几者动之微。"孔颖达疏："初动之时，其理未著，唯纤微而已。"此言强弱、兴废、与夺变化之动静、迹象细小、纤微，甚至是晦暗隐匿，难以觉察，故言"微明"。既是"微明"，将要仔细观察、辨析，不可粗疏、盲动。

明王纯甫的解释，值得细读：

> "将欲"云者，"将然"之辞也；"必固"云者，"已然"之辞也。造化有消息盈虚之运，人事有吉凶依伏之理，故物之将欲如彼者，必其已尝如此者也。将然者虽未形，已然者则可见。能据其已然，而逆睹其将然，则虽若幽隐，而实至明白矣。故曰"是谓微明"。（转引至高明著《帛书老子校注》第419页）

（二）柔弱胜刚强，鱼不脱于渊；国之利器，不可示人。

"柔弱胜刚强"，河、王二本同，帛书本缺"刚"字，"柔"无以对，显得不完整。傅奕本分为"柔之胜刚，弱之胜强"，似作上段之结语，非是。按文义，应紧接下句"鱼不脱于渊"。

"鱼"句，任继愈、陈鼓应、蒋锡昌、张其成等名家，以为是"为下句作譬。鱼脱于渊，则失其生之安全；国之利器示人，则失君之权威；二者正相似也"。这是名人们不该有的误解。其实，此句老子是说人君治国不能脱离于道，就像"鱼不能脱于渊"一样。它是衔接此章前后的关键、核心，也是统摄全章的主脑、灵魂。

刘兆英先生感悟出了"鱼不脱于渊"是说"鱼离开水就会死，比喻国离开道就会亡"。遗憾的是他却将"道"和"国之利器"完全等同了起来。他认为"道对国家至为重要，关乎存亡，因此老子把道称为'国利器'"。老子说"朴散则为器"，他怎么会将"道"视为"器"？

历来的注解错就错在将"鱼不脱于渊"和"国之利器，不可示人"扯在一起。实则，前后虽有紧密的内在关联，但却讲的不是一码事。今天要标点，"鱼不脱于渊"后面绝不能用逗号，必须用句号或分号。老子是要高举"道"的旗帜。前面的"柔弱胜刚强"和后面的"国之利器，不可示人"，均要按"道"的原则、规程、品格去行事，不能越轨。

老子为什么要在"是谓微明"之后说"柔弱胜刚强"这句话？因为他怕人们不能理解四个"将欲"和"必固"的真谛，而当作法术谋略，因此限定人们只能是用之于防范、防卫，以"柔弱胜刚强"，像"鱼不脱于渊"一样，不背道离德，去侵犯攻打别人。

关于最后一句，"利器"有作"权道"者（如河上注本），有指"赏罚"者（如韩非子），有指"圣智仁义巧利"者（如范应元），等等，古人的说法不一而足。近现代人也作着不同的猜测与诠释。笔者以为，就是指精锐的兵力和优良的武器。

"示"，明代人薛惠的《老子集解》注释极为到位。他说："示，观也。犹《春秋传》所云：'观兵，黩武也。'"就是今天"军演"的炫耀武力，用来震慑威胁小国、弱国、敌对国。在老子的眼中这是像鱼脱于渊一样，离了道，背了德，所以他戒之曰"不"。鱼离水必死，老子十分严厉地警示暂处"强"位、"兴"位的大国，若穷兵黩武，欺小凌弱，也必然落得个离水之鱼的下场！

遗憾的是庄子竟将"利器"指"圣人"。他在《胠箧》中说："彼圣人者，天下之利器也，非所以明天下。"他将"鱼不可脱于渊，国之利器不可示人"扯在了一起，也把此章理解为制胜的法术。惜哉！庄子也未真知老子也！

主旨评析

此章前边一段着重讲物极必反以及张与合、强与弱、兴与废、与和取相互转化的辩证之理，教人善察这变化之机，反对穷兵黩武，以强凌弱，同时支持必要的"柔弱胜刚强"。但这一切都要不违背"道"的原则，如"鱼不脱于渊"。不然，即会如鱼离水，人死事败。

「天下之难事　必作于易
天下之大事　必作于细」

只知道学习，却不知道思考，到头来等于白学；

——出处《老子》

社会主义核心价值观宣传图壁画

第三十七章

校订本

道常无为而无不为，侯王若能守之，万物将自化。

化而欲作，吾将镇之以无名之朴。镇之以无名之朴，亦将不欲；不欲以静，天下将自正。

意译

道常常是"无"的状态，好像无所作为，然而它却无所不为。侯王若能持守道的品性，万物将会自然而然地化育生长。

化育生长过程中会产生贪欲、妄欲，我请侯王按"无名之朴"的品格自正，作出榜样，起到"镇抚"的作用。由于侯王用"无名之朴"的品格作表率起到了"镇抚"的作用，民众也就不会产生贪欲、妄欲；民众不产生贪欲、妄欲，普天之下将会自然而然地走向正道。

导读

（一）道常无为而无不为，侯王若能守之，万物将自化。

第一句帛书本为"道恒无名"，与第三十二章首句重复，在这里与"侯王若能守之"连接，不通。难道侯王要守的是"道"的"无名"吗？仅就此句，就可以看出帛书本的抄写者，未能了知老子文本真义。高明坚持应依帛书本，但早于帛书本的竹简本却为"道恒无为也"，与后文衔接顺当，且符合全章意旨。河上、王弼、傅奕三个通行本均多出"而无不为"，刘笑敢先生认为这是后世注家根据第四十八章"无为而无不为"所增添，"这种改动造成了文本的歧义和混乱。让我们看不到一个统一的或'定型'的《老子》，看不到《老子》的本来面貌"。这样，校订本该以何为准呢？

笔者前面已经说过，帛书和竹简本虽说早于河上、王弼、傅奕等传本，可以视作较早古本，但三个通行本所据的传本未必就晚于竹简本、帛书本；再则，河上等通行本其所以能广为流传，必有其优长之处。即以此章之"道常无为而无不为"来说，就将"道"的性能和作用表达得更为全面、圆满。此前各章所涉之"道"，皆以"无为而治"为旨归，给人的感觉好像是什么都不做才合乎"道"，其实老子所说的"道"不是一个纯概念、纯符号性的死东西，而是永远处于运动状态的活泼、有生气的东西；它生了万物，又无时无刻不在"爱养万物，化育万物"；只是它"生而不辞"（第三十四章）、"不有，为而不恃，长而不宰"（第十章）罢了。

"无不为"，"为而不恃"，就说明"道"是有作为的。如果不作为，怎能生万物？只不过它不是有意而为，属于自然而然罢了。"无不为"和"无为"并不矛盾。不仅是一般注释家所说的只是结果——万物由之而生，而且也是过程。是按"道"的自然而然的法则，如阳光雨露"润物细无声"一般，万物受之而不察知。这就是"道"所特具的性能、品格、作用。

侯王假使能持守像"道"这样的德性、品格，以此治国，人民群众就会自我化育，按照各自的愿望去从事，去劳作，去交往，"功成事遂，百姓皆谓'我自然'"（第十七章）。

有的注家认为"万物皆自化"，指的是侯王与民众形成尖锐的对立，守道以后，矛盾自然化解。此见看似创新，却不符合老子的本义。因为侯王若能守道，就可以与民众不发生矛盾冲突，根本不存在化解的问题。"自化"，是说自然而然地变化、发展。

老子这里设想的是理想化的侯王、理想化的社会，在当时和以后的几千年，没有按照老子的意愿去发展，从汉代"独尊儒术"开始，儒家思想始终处在主导、统治地位，老子和道家只是偏安一隅，多被统治阶级所排斥，这好似老子的局限和悲哀。然而，老子无为而治，让民众自然发展、各有所宗的思想与马克思、恩格斯所主张的共产主义从根底上有相通之处。待到人类社会物质极大丰富、精神文明高度发展，那样的理想社会会不会出现，是值得研究和期待的。目下，"孔子学院"办到世界各地，但孔子研究始终没有老子研究"热"，老子的读者群体在世界范畴，原来次于《圣经》，现在已经超过《圣经》，这是颇为引人深思的。

"侯王"，有作"王侯"者，非是。侯王，应指诸侯国之王；"君王"，当指周天子。老子这里只言"侯王"，这与他的人生经历有关。他因周室王子朝内乱受到牵连，"免官归居"。他这里不用"君王"，肯定是为了避嫌。但他说侯王，并不意味着不包括或不指向君主。第二十六章"万乘之主"，就既指侯王又指君主。

（二）化而欲作，吾将镇之以无名之朴。镇之以无名之朴，亦将不欲；不欲以静，天下将自正。

"欲"，非指人们正常的、合理的欲望，而应指贪欲、妄欲、非分之欲。"作"，为发作、产生。因为人在无拘无束的状态下"自化"，其本性中的私欲很容易过度膨胀，故而老子说"吾将镇之以无名之朴"。

"将"字作"请"解。《穆天子传》："将子无死，尚能复来。"郭璞注："将，请也。"故而"吾将"就是"吾请"。请谁呢？请侯王。侯王若能按"无名之朴"行事，作出榜样，自然会对万民起"镇"的作用。

"镇"，不作镇压解，义为安抚、安定。《后汉书·皇甫规传》："遣匈奴以宫姬，镇乌孙以公主。"古有"镇抚"一词，《左传·昭公十五年》："诸侯之封也，皆受明器于王室，以镇抚其社稷。"

非常遗憾的是，历来所有注家不但对"吾"字多有回避，而且对"将"字一贯无解！大概都以为是老子"将镇"。

其实，河上本早就解为"王侯当镇抚以道德"。虽未将"镇"作安抚解，却将镇、抚合而用之。遗憾的是，也对"吾""将"无解。

"无名之朴"是什么意思？笔者在注解第三十二章时已有涉及。"无名之朴"，是指"朴"的真实存在，老子请侯王用"镇"当然要用真实存在付诸实施的"朴"，而不是作为名号、概念的"朴"。

请看看，老子遣词达意多么缜密深邃，真是让人惊叹不已！

后面重复的"无名之朴"，河上、王弼、傅奕本相同，刘笑敢认为与后句相配"似乎是无名之朴将无欲，讲不通"。言之有理。竹简本无此句，显得不完整。帛书本重复了"镇之以无名之朴"，贯通了文义，却将"不欲"

老子出关（局部）　范曾绘

误作"不辱"。用帛书本来校正三个通行本,准确表达应为"镇之以无名之朴,亦将不欲"。

谁"镇"呢?侯王,呼应前句的"吾将(请)"。谁"亦将不欲"呢?"万物"(民众)。民众因侯王按"无名之朴"行事,树立了榜样,起了"镇"的作用,他们也就将"自化"而"不欲"。

"不欲",王弼本作"无欲",非是。因为人不可能完全无欲,若此则不是人了。人类为了生存繁衍,必须的食欲、性欲是允许的,合理的。前文已经说过,老子这里的"欲"是指非分之欲。"不欲",是说不产生贪欲、妄欲。

这里又让我们不禁惊叹:老子之文,真是只字难改,毫发难动!而且丝丝入扣,层层推进,水到渠成,顺理成章。

如果侯王、民众都没有非分之欲,而心神安然淳静,那么天下将自然而然地走上正途。

最后一个字,有作"正",有作"定"。河上今本作"定",《道藏》本作"正"。从修身的角度讲,"定"与"静"配相宜。从社会学的角度看,"正"有发展的趋向,为优。

主旨评析

这一章老子提出了"道常无为而无不为"的新命题,由此而引入侯王之治国;侯王若能执守此道,就能取得"无不为"的"万物将自化"的结果。"自化"又会让民众产生贪欲、妄欲,因此老子希望、企请侯王按"无名之朴"要求自己,以"道"的品格、德性为民树立榜样,起到"镇"的作用。看似无为,实则"无不为",使民众也将会不产生贪欲、妄欲,这样侯王和民众都会心静气闲,社会发展自然会走向正道。

任继愈先生在评论此章主旨时说"老子在政治上反对任何变革,反对有为",请看我们上面的分析,老子是不是反对侯王有作为?问题是怎样作为,是严于法治行使自己的权威呢?还是严于律己作臣民的表率?老子选取的是后者。

道德经易读

【德 篇】

第三十八章

校订本

上德不德，是以有德；下德不失德，是以无德。

上德无为，而无不为；上仁为之，而无以为；上义为之，而有以为；上礼为之，而莫之应，则攘臂而仍之。

故失道而后德，失德而后仁，失仁而后义，失义而后礼。

夫礼者，忠信之薄而乱之首。前识者，道之华而愚之始。

是以，大丈夫处其厚，不居其薄；处其实，不居其华，故去彼取此。

意译

上德之人不想得到什么，所以有德；下德之人不愿失去要得到的东西，所以无德。

上德之人无为而无所不为；上仁有所作为，但不是因为要得到什么而为；上义有所为却是为达到自己的目的而为之；上礼的作为得不到回应，于是伸出胳膊施行礼法，让人们因袭着去做。

因此，失去了道以后倡导德，失去了德以后倡导仁，失去了仁以后施行义，失去了义以后强行礼。

礼是忠信淡泊的表现，是祸乱的根源。所谓的先知者，这是道的浮华，愚昧的开始。

所以，大丈夫处事要厚朴而不轻薄，要抓住根本、实质而不停留在表面的虚华；故而去彼取此。

导读

（一）上德不德，是以有德；下德不失德，是以无德。

韩非曰："德者内也，得者外也。'上德不德'，言其神不淫于外也。

125

神不淫于外则身全，身全谓之得。得者，得身也。"这是从修身的角度解。

河上本曰："上德，谓上古无名号之君，德大无上，故言上德也。不德者，言其不以德教民，因循自然，养人性命，其德不见，故言不德也。"以因循自然为上。王弼曰："德者，得也。""得德由乎道也"。说明因道而得。

任继愈认为"上德"与"下德"之别为："不在于表现为形式上的'德'"和"死守着形式上的'德'"。高明认为是依道得"德"和求而得"德"之别，刘笑敢则认为是自然之德和不自然之德之分野。

这些解释都是可通的。

笔者认为老子这里讲的是得与德、得与失相生相灭的辩证关系。

"不德"之"德"，同得。《荀子·解蔽》："德道之人，乱国之君非之上，乱家之人非之下，岂不哀哉！"王念孙《读书杂志·荀子》："德道，即得道也。"

"失"，作"丢失"，如《论语·阳货》："既得之，患失之。"或作"放过"解，如《左传·昭公二十七年》："此时也，弗可失也。"

这样，"上德不德"两句，就是上德之人，不求有所得，因而就有德，自然而然地就有所得。后两句说，下德之人，不愿丢失得、放过得，也即不舍得，反倒会失德、无德而无所得。

老子寥寥数语，将得与德、得与失的辩证关系讲述得何等清楚！这种多义性、隐喻性、哲理性以及高度概括性的语言特点，只有老子能道出，老子之前及之后的任何文献，难以找出这种表述方式。

（二）上德无为，而无不为；下德为之，而有以为；上仁为之，而无以为；上义为之，而有以为；上礼为之，而莫应之，则攘臂而扔之。

"上德"句之"无不为"，帛书、王弼本作"无以为"，而韩非、傅奕、严遵、楼观、范应元等本为"无不为"。俞越、陶鸿庆等据《韩非子·解老》，认为古本当作"无不为"，朱谦之、萧天石等赞同。高明、刘笑敢则认为按韩非子的解释文句，应作"无以为"。

这里关键是对韩非子的话怎么理解。韩非子说：上德"贵无为无思为虚者，谓其意无所制也。夫无术者，故以无为无思为虚也。夫故以无为无思为虚者，其意常不忘虚，是制于为虚也。虚者谓其意所无制也。今制于为虚，是不虚也。虚者之无为也，不以无为为有常；不以无为有常，则虚；虚则德盛，德盛之谓上德。故曰上德无为而无不为也"。这里韩非子说的"制于为虚是不虚"，"不虚"的对立面是什么呢？是"实"。"不以无为为有常"，那"有常"的又是什么呢？是"无不为"。

按"道"和"德"的性能应是"无不为"。第五十一章说："道生之，德蓄之，物形之，势成之。是以万物莫不尊道而贵德。"因为万物之生、之长、之育，都是道和德"无不为"的结果。只是它们"莫之爵"，"常自然"，"生而不有，为而不恃，长而不宰"罢了，故"是谓玄德"。因为德近道，不是有意识、有目的地去作为，而是以自然而然的规律去演进，结果是无不为。

"下德为之而有以为"，世传本皆有，帛书甲、乙本均无。高明认为："据帛书甲乙本分析，德仁义礼四者的差别非常整齐，逻辑意义也很清楚。""下德一句在此纯属多余，绝非老子原文所有，当为后人妄增。验之《韩非子·解老篇》，亦只言'上德''上仁''上义''上礼'，而无'下德'……"刘笑敢赞成高明的说法。他们言之有理，当从之。

"上仁"句，蒋锡昌先生将"无以为"解为"无所为"，这就和"为之"发生了矛盾。既然说"为之"，何以又能说"无所为"？对"无以为"还有解作"出于无意"（陈鼓应）。"无意地去作为"（张其成），这也解不通。因为既然"为之"，就会"有意"，有出发点、目的，作为"人"，无意的做法是不存在的。高亨先生将"无以为"解作"上仁为之"，而"对他自己，还无所用心，无所思维"，比较贴近老子的本义。他认为"两个'以'字，因也。'无以'，没有别的原因。""以"即作"因由""缘故"解。实则，"无以为"就是上仁之所为没有为己、为私的原因，而是出于治世的目的。

"上仁"句解清了，"上义"句的"有以为"就不解自明了。意思是说上义有所作为，带有为己、为私的目的。例如，图"义"的名声。

"上礼"之君主，有所作为，但"莫之应"，是说民众不认可，不呼应，于是"攘臂而仍之"。"攘臂"，一般作卷起衣袖，伸出胳臂解。《广韵》："揎袂出臂曰攘"。"揎"为卷，"袂"为袖。拱手行礼需出臂于袖。"仍"，帛书、王弼等本作"扔"。据蒋锡昌先生统计，作"仍"者有47种传本。段玉裁注《说文》曰："扔与仍音义同。"毕沅曰："《说文解字》'仍，因也'。扔亦因也，夏时有扔氏是此字。"朱谦之曰"范本作'扔'，作'扔'是也。《广雅》曰：'扔，引也。'《广韵》曰：'扔，强牵引也。''扔'与'仍'音义同，但'扔'字从手，与攘臂之义合。"故而陈鼓应、沈善增等人应合林希逸的说法，"民不从强以手引之，强制拽之也"。

由"无为而治"的"上德"到上仁、上义、上礼，是说世风日下，老子并不是要把"上礼"贬斥到人主强拉老百姓的手臂行礼的下劣程度。实际"周礼"在世风日下的时代，用以规范民众的行为，仍有一定的历史意义。所以，老子这里所说"仍"，应作"因"解。这是人主实行伸臂施礼之制，让民众因袭着去作。这样解才合情合理。故而"扔""仍"相较，以"仍"为优。

礼法要强制而实施，但不是必须用手臂拉扯民众去行礼。"攘臂"绝不是"强以手引之，强制拽之"之意。

（三）故失道而后德，失德而后仁，失仁而后义，失义而后礼。

此段河上、王弼、傅奕、帛书诸本皆无大别。唯《韩非子·解老篇》在"而后"下各有"失"字，其意蕴就发生了变化。蒋锡昌、朱谦之的考证，"不当有""四'失'字"。

河上本注曰："道衰而德化生，德衰而仁爱见，仁衰而分义明，义衰而施礼聘行玉帛。"准确明白。

（四）夫礼者，忠信之薄而乱之首。前识者，道之华而愚之始。

老子书中第一次将"忠"与"信"连在一起。《左传·桓公六年》曰："所谓道，忠于民而信于神也。上思利民，忠也；祝史正辞，信也。"这里的"忠"，是"忠于民"，"上思利民"。君主将老百姓放在首位。是君主忠于民众，以民为贵。《左传·桓公六年》又有"夫民，神之主也。是以圣王先成民而后致力于神"的话。《老子》第十八章"国家昏乱有忠臣"，"忠臣"是"忠于民"的倒置，成了臣忠君，而不是君忠民了。倒置之后就"国家昏乱"了！所以，老子本章所说的"忠"是"忠于民"。

"信"，则不是《左传》所说的"信于神"，而是第8章的"言善信"和第十七、二十四章"信不足焉有不信"的"信"，指的是诚信。

老子说"夫礼者，忠信之薄"，意思为实行礼法的时候，忠信已经衰薄了。所以，"礼"是"乱之首"。这里所说的"首"，是根源，是罪魁祸首。有的传本"首"作"始"，显误。

"前识者"的"识"，犹言第六十五章"以智治国"的智，即谓智者，有识之士。"前识者"，就是指有先见之明的先知、先觉者。也就是指前边所说的提出用仁、义、礼治世主张的所谓智者。

"道之华"的"华"，作"浮华"解。《庄子·列御寇》："从事华辞，以支为旨。""华辞"即虚华浮华之辞。老子说"道之华"就是说，这些所谓的"前识者"，只抓住了道的浮面的东西，而丢失了道的根本、实质，因此是愚痴的开始。有将"华"作花朵解，"愚"作"遇"解，皆不确。

老子所处是礼崩乐坏的时代，孔子提出挽救的办法——"克己复礼为仁"

（《论语·颜渊》）的主张，而老子认为"礼者""乱之首"。这样的高见在当时只有老子能提出，是他思想体系构成的有机部分。这充分说明此章为老子所写，绝非从什么文献史料中录出。

（五）**是以，大丈夫处其厚，不居其薄；处其实，不居其华；故去彼取此。**

"大丈夫"指有志气、有节操、有道德、有作为、有成就的男子。《孟子·滕文公下》："富贵不能淫，贫贱不能移，威武不能屈，此之谓大丈夫。"《史记·高祖本纪》："（高祖）观秦始皇，喟然叹息曰：'嗟乎！大丈夫当如此也！'"

沈善增认为："这里举称'大丈夫'，也隐含着对作者所处时代之世俗以追求功名利禄为有志的价值观的批评。"但从老子的文义来看，却没有批评的意味。因为他"处其厚不处其薄"，就是讲忠信的；"居其实而不居其华"，就是执守着道的根本、实质，不图浮华、虚华。所以，"去彼取此"，分出优劣、好坏。大丈夫必指优者、好的一方，哪有批评之意？因为老子所说的大丈夫，是"道"的践历者，和孟子、刘邦所说的"大丈夫"是有本质区别的。

主旨评析

本章第一个层次，论述德、仁、义、礼的内涵及其区别，第二个层次开始一句"失道而后德"，指出了道与德、仁、义、礼的关系，从而揭示出世风日下的根本原因在于"失道"、背道。第三个层次指出所谓有先见之明的"前识者"，以德、仁、义、礼来治国，都是只抓住了道之表、道之华，而丢失了道之实、道之本。最后结论是大丈夫要"去彼取此"。所以，从根本上说，老子仍在强调"道"的重要，期望君主能够以道治国。由此也可以百分之百地断定、老子绝对不会以"道"注"德"。沈善增先生的言论是本末倒置。

高亨先生说："这一章是老子的更重要的政治论"，其实从本质上说是老子论述道与德、本与末关系的哲理论。高亨又说："老子的话是批判奴隶社会。显然，他的思想目的是要求复古的，必须批判。"难道奴隶社会就不能批判？提倡以道治国就是"复古"、就"必须批判"？高先生的高调今天值得认真反思。

任继愈先生说：老子"对当时破坏奴隶制的进步的变革采取敌视的态度。他所称赞的淳厚、朴实，都是对过去旧时代的怀恋，对新事物的嘲讽。"这些观点都牵扯到对老子所宣扬的"道"的正确理解问题，不是三言两语能说清楚。

第三十九章

校订本

昔之得一者：天得一以清，地得一以宁，神得一以灵，谷得一以盈，万物得一以生，侯王得一以为天下正。

其致之：天无已清将恐裂，地无已宁将恐发，神无已灵将恐歇，谷无已盈将恐竭，万物无已生将恐灭，侯王无已贵以高将恐蹶。故贵必以贱为本，高必以下为基。

是以侯王自称孤、寡、不穀，此其以贱为本耶？非乎！故数誉无誉。不欲碌碌如玉，落落如石。

意译

自古以来凡是得到"一"的：天得到"一"而清朗，地得到"一"而宁静，神得到"一"而灵验，川谷得到"一"而盈满，万物得到"一"而生长，侯王得到"一"而作天下的榜样。

这样招致的结果是：天无休止的清朗，恐怕将会破裂；地无休止的宁静，恐怕将废溃；神无休止地灵验，恐怕将会停歇；川谷无休止地盈满，恐怕将枯竭；万物无休止地生长，恐怕将会灭绝；侯王无休止地高贵下去，恐怕将会倒台。

所以，贵必须以贱为根本，高必须以下为基础。因此，侯王自称孤家、寡人、不穀，这是他真的以低贱为根本吗？不是的啊！故而总是想得到赞誉，但却总是得不到。因此，不要像美玉般的孤高显贵，而要如众多的石头一样朴厚坚实。

导读

（一）昔之得一者：天得一以清，地得一以宁，神得一以灵，谷得一以盈，万物得一以生，侯王得一以为天下正。

"昔之得一者"，为领起句，冠盖其后六句，意为过去得到"一"的，然后逐一论述。

"天得一以清，地得一以宁，神得一以灵，谷得一以盈"四句，河、王、傅、帛书基本相同，唯帛书乙本"谷"句缺"以"字，显为漏抄。

"万物得一以生"，帛书本无此句，高明先生依据河上本此章第二层次首句"其致之"注文有"谓下五事也"，判定："河上公注老子时，经文只有'天''地''神''谷''侯王'五事，而无'万物'一事。足以说明'万物得一以生'与下文'万物无以生将恐灭'二句对文，是在河上公注释之后增入的。再就严遵、敦煌戊本以及《文选·江文通杂体诗注》引《老子》皆无此二句，足可证明'万物'二句绝非《老子》原文，乃为后人妄增，当据帛书甲、乙本删去。"

然而，河上本经文中有"万物"句，笔者认为河上本将六事误为五事，不是没有可能。"万物"句在文中很重要，有比没有圆满。特别是，帛书本常有漏抄的字句，此处也不能完全排除。

"侯王得一以为天下正"，河上、帛书本为"正"，王弼、傅奕本为"贞"。"贞""正"之辨，蒋锡昌先生的《老子校诂》论证详备，有理有据。他认为"贞"是"正"之假，"其谊专指清静之道而言，此为老子特有名词"。他列举八、四十五、五十七各章文句为证，从而得出结论："为天下贞"，即四十五章"清静为天下正"，言为天下清静之模范也。

这一段老子连用七个"一"，说明在老子眼中"一"的重要。一般认为"一""几于道"，即接近于道，这是对的，因为"道生一"。而又有许多人将"一"等同于道，这就值得讨论了。因为譬如说父生子，父子都是人，但父与子总归有区别，而不能完全等同。等同看待是简单化的说法。

"一"是一种统一、和谐、清静状态，是"道"的特性的一个方面。《易》曰："天下之动，贞乎一者也。"动，实则是事物对立面的矛盾运动。一者，即"正乎一者"。《易》也说以一为正。和老子说法相同，亦追求的是统一，和谐。老子说天、地、神、谷、万物、侯王"得一"以清、以宁、以灵、以盈、以生、以为天下正，是对这些物体的存在状态的描述，是对"一"的作用的表述，也是对这些物体保持统一、和谐状态的看重。因此，杨兴顺说："'天得一以清……'老子揭露了客观世界的矛盾，企图削弱矛盾，遏阻矛盾的尖锐化，为着这一目的，他把统一看成万物的基础而把它绝对化了。"（《中国古代哲学家老子及其学说》，转引自陈鼓应《老子注译及评介》第218—219页）

其实，下文的"将恐裂""将恐废""将恐歇""将恐竭""将恐灭""将恐蹶"，正是要阐发他事物发展变化、物极必反的辩证思维。老子并没有把"统一""绝对化"。在其他一些篇章，对事物的相生相灭、相辅相成、祸福相连的矛盾、变化，多有论述，充满了辩证思想，绝不能以"绝对化"斥之。

刘笑敢先生说：

> 本章的"一"如此重要，显然不同于第四十二章"道生一"之"一"。这里的"一"是第一位的、根本的，"道生一"的"一"是派生出来的，是第二位的。就重要性来说，这个"一"显然等同于"道"。高亨说本章诸一字即道之别名也。其说似不误，大家也都这样讲，然而值得讨论的是，如果道就是一，一就是道，为什么在这里老子不明言"道"而讲"一"呢？

原因很明确，就是在老子那里压根儿就没把道和一看成一个东西，二者有关联，但又有很大的区别。道是宇宙的总根源、总根据，而"一"则不是；道具有物的属性，而"一"则没有；道包容事物统一、和谐以及失去平衡的矛盾斗争，而"一"只体现"道"的特性的一个方面；道包含着宇宙间万事万物发展变化的自然而然的总规律，而"一"则不能。"一"在老子眼里也很重要，但他没有将一等同于道，故而此章不言"道"。

此章所说之"一"，就是"道生一"之"一"，即后世道教及宋明理学所说的太极、无极，用图式表示就是一个圆圈。这实际就是宇宙间万事万物存在体的标示。天的存在是一个统一体的"一"，地、神、谷、万物、侯王每一存在群体或个体都是一个"一"。《易·系辞上》曰："易有太极，是生两仪，两仪生四象，四象生八卦。"老子"道生一，一生二"的思想和《易经》是一脉相承的。宋代理学家认为"太极"即是"理"。《朱子语类》卷七五："太极只是一个浑沦底道理，里面包含着阴阳、刚柔、奇偶，无所不有。"这说明"一""太极"没有存在的实在性，是标示事物存在的符号、图式。这类符号、图式，都代表的是"有"；而"道"的存在常是看不见、摸不着的"无"的状态。故而，绝不能将"一"等同于道。

（二）其致之：天无已清将恐裂，地无已宁将恐发，神无已灵将恐歇，谷无已盈将恐竭，万物无已生将恐灭，侯王无已贵以高将恐蹶。故贵必以贱为本，高必以下为基。

第二个层次，开头一句是"其致之"，河上同王弼本，傅奕本"其致之"后有"一也"二字。帛书甲本作"其致之也"，乙本作"其至之"。据蒋锡昌先生统计有25个传本有"一也"，故而他和劳健、马叙伦等认为当有"一也"二字，是承上之文。高亨云："致犹推也，推而言之如下文也。"认为"一"属衍文，张松如、郑良树同之。

　　宋苏辙认为"致之，言极也"，从本章的整体文义着眼，触摸到了关要之处。本章第二层次的确讲的是物极必反的道理。"致"，是招引、招致的意思，《易·需卦》："九三，需于泥，致寇至。"王弼注："招寇而致敌也。"

　　要讲清楚"致"的意涵，必须先搞准后面六个句子中到底是世传本的"无以"为是呢，还是两个帛书本中的"毋已"为是？

　　河上本在"天无以清将恐裂"句下注曰："天当以阴阳施张，昼夜施用，不可但欲安静无已时，恐发裂不为天也。""毋已"，高明先生释为"无休止，无节制之义"是对的。老子的深义在于：如果"天得一"，无休止、无节制地一直处在清静的状态，这就违背了"道"不断发展变化的法则、规律，而走向反面，"将恐裂"。

　　其他地、神、谷、万物句的构成与意蕴，基本同于"天"句。"侯王"一句，通行本有多种句型，河上、王弼作"侯王无以贵高将恐蹶"，傅奕本作"王侯无以为贞而贵高将恐蹶"，等等。蒋锡昌先生以大段文字力证此句应为"侯王无以为贞将恐蹶"，义为"侯王无以天下贞，将恐颠败也"。

　　然而，帛书甲、乙本却全作"侯王毋已贵以高将恐蹶"。看来蒋先生从句式相应与否的角度考察，并不符合古本及老子为文的特点。而且，将"毋已"作"无以"，文义也完全相反。

　　若果六个"毋已"全作"无以"，大都很难解通。如"天"句，假使天长地久的清朗而没有了阴雨风雪，将会是什么样子呢？老子能主张让天永远的清朗下去吗？这不真的像杨兴顺批评的那样"把统一看成万物的基本而把它绝对化"了吗？

　　再如"侯王"句，老子能主张让他们一直贵且高下去吗？假使这样，怎么能衔接下文？

　　下文曰："故贵必以贱为本，高必以下为基。""侯王"句的"贵以高"与之衔接紧密。特别是"无以"更正为"毋已"，前后文义、逻辑关系贯通顺畅，符合老子的一贯思想。

　　宇宙间万事万物其变化矛盾是根本的方面，统一、和谐、平衡不可能无休止地维持下去；物极必反，原来的平衡必然会被新的矛盾所打破，再求得新的平衡。这种法则用之于人类社会，就是贵贱与高下的相互依存与较量。而老子所看重的贱和下这一方，以这一方为本为基，这是老子"民本思想"的集中体现。唐代魏征民可载舟覆舟思想就可能来源于此。"蹶"，跌倒，挫败。

　　河上今本之"无以"，河上注中却说"但欲安静无已时"，显系原本作"无已"。按其注的内容，高明先生认为："因此一字之差，本义全非。后

133

人因讹袭谬，连绵千载，各家注释皆各持己见，自以为说，唯河上公注于此段经文较切本义。但是，刘师培则斥之曰：'河上本出于王本后，据误文生训。'可见主观成见之深。今幸有长沙马王堆汉墓帛书《老子》甲、乙本出土，千载之结顺势而解。"

现在回过头来看，为何我们要将"致"作招致解？"其致之"的"其"，指前面六个"得一"句。意思是说：如果按"得一"这种思想定式，就会招致后面天、地、神、谷、万物、侯王无休止地清、宁、灵、盈、生、贵以高，而裂、发、歇、竭、灭、蹶的后果。"之"作指代用。

（三）是以侯王自谓孤、寡、不穀，此其以贱为本耶？非乎！故数誉无誉，不欲碌碌如玉，落落如石。

"自谓"，河上、王弼、傅奕、帛书皆同。然蒋锡昌、陈鼓应等认同易顺鼎的观点，因第四十二章有"人之所恶，唯孤寡不穀，而王公以为称"的语句，主张"谓"应作"称"为佳，因为侯王说自己孤寡不穀，只不过是谦词而已。

孤寡是说自己孤陋寡闻，孤德寡德；不穀，王、傅、帛书等作"不穀穀"。穀，今简化为谷。"不穀"，犹言不种五谷，自谦为四体不勤，五谷不分。

"此其"，河上今本、王弼本作"此非"。朱谦之云："作'其'是也。此经文中用楚方言。"《集解》引《风俗通》："其者，楚言也。"蒋锡昌统计，有52个传本作"其"。

这是说远古的君主"忠于民"，"以贱为本"。但是后来的侯王权力集中，至高无上，"孤家""寡人""不穀"，所谓的自谦，已完全成为专制独裁的遮羞布。

"此其以贱为本耶"是反问句，是说老子所处的当世——春秋末期，侯王自称孤、寡、不穀，是真的"以贱为本"吗？老子的回答是否定的："非乎！"即言"不是这样！"

正因为不是这样，所以才"数誉无誉"。称孤、称寡、称不穀，数数想得到老百姓的称誉，结果如何呢？"无誉"！

河上本"誉"作"车"，王弼、帛书本作"舆"。高延第云："原本作'誉'。由'誉'伪为'舆'，由'舆'伪为'车'。"《庄子·至乐篇》："至誉无誉。"（引自《老子校诂》第263页）

"不欲碌碌如玉，落落如石。""碌碌"（lù lù 玉石美好貌），有作"琭琭""禄禄"者；"落落"有作"珞珞""硌硌"者。毕沅曰："古无'琭''碌''珞'三字，'珞'应作'落'。"蒋锡昌曰："'琭琭'或作'禄禄'，或作'碌碌'，或作'录录'；'珞珞'或作'落落'，或作

'硌硌'均可。盖重言形容词只取其声，不取其形，皆随主词及上下文以见意，不必辨其谁是谁非也。"高明认为"蒋说诚是"。

河上于此两句下注云："'碌碌喻少，落落喻多；玉少故贵，石多故贱'。言人不欲如玉为人所贵，如石为人所贱，当处其中。""处中"之说，曲解了老子的本意。

其实，这两句是全章的结论。老子是要人们特别是侯王不要只想碌碌如玉般的高贵，而宁愿落落如石般的贫贱。因为"贵必以贱为本，高必以下为基"。如果无休止地求贵，求高，老子警告曰"将恐蹶"。前后文贯通顺畅，十分

江苏句容茅山老子塑像（高28米）

符合老子安贫乐道的思想，也符合老子此章所宣扬的宇宙间万事万物按照"道"的自然而然的规律不断发展变化的辩证思维、逻辑。

主旨评析

历来的注家大都将"一"与"道"混为一谈，过分强调"一"的作用。特别是"毋已"误作"无以"，弄反了文义，致使前后难以贯通。因而诸家解释也众说纷纭，摸不住主旨。高亨先生说："本章分为二段，前段是老子的宇宙论，过渡到政治论。""后段应是老子的政治论，自然也是为侯王政治服务的"。其实，本章主要揭示的是宇宙间万事万物，特别是人事，不可能长久稳定不变的哲理。"一"是处于"道"和"二"之间的暂时平衡状态。所以《易》曰"一阴一阳之谓道"，即是任何事物内部的对立面矛盾才是推进事物变化、发展的根本动力。譬如以人类来说，始终存在着贵与贱、高与下的分别和对立，直到今天仍尖锐地存在着。但这一对矛盾的主导方面往往在当权者，而根基却在低贱的一方，始终潜藏着覆舟的危险。末世之侯王企图以孤、寡、不毂的谦卑自称收取人心。老子一针见血地说"数誉无誉"，何等尖锐！最后奉劝当权者，不要追求美玉般的孤高显贵，而要像普普通通的众多的石头一样朴厚坚实。

第四十章

校订本

反者道之动，弱者道之用。

天下万物生于有，有生于无。

意译

反面和反向是道运动的规律，柔弱能充分显现道的作用。

天下万物生于有，有生于无。

导读

（一）反者道之动，弱者道之用。

河上、王弼、傅奕三本全同，帛书、竹简本多用虚词，句义无大别。

"反"，有作返者。反，就包含着"返"的意思。反，首先是正反的反，即事物矛盾双方中的一方，如第七十八章"正言若反"。其次是返还的"返"，义由起点到终点，再由终点返回到原点，如第二十五章"远曰反"，第六十五章"玄德深矣远矣，与物返矣，乃至大顺"。此章兼有二义：

其一，指事物内部的矛盾运动，如有无相生，有可以变无，无可以变有；难易相成，难可以变易，易可以变难；等等。

其二，指事物的物极必反的反向运动，就是返还，以至于循环，如"万物并作，吾以观其复"，复就是返。

"道之动"，既有对立面的矛盾运动，又有物极必反的返还运动。

"反者道之动"，中国现代著名作家、文学研究大家钱锺书评价说："我一生读书为学得益最大的莫过于老子和黑格尔的辩证法。我认为，老子的'反者道之动'这五个字，抵得上黑格尔的千言万语。"（网文《古今中外名人对老子和〈道德经〉的评价和感悟》，2014—08—0922:48:54。）钱先生没有解释，但这却是他一生为学的真切感受，真实不虚。"360百科"对"反者道之动"有比较全面地解读："循环往复的运动变化，是道的运动，……长短、高下、美丑、难易、有无……进退、攻守、荣辱等一系列矛盾，……都是'对立统一'的，……在事物的对立统一中，……矛盾的双方可以相互转化，……把事物都包含有向相反方向转化的规律，概括为'反者道之动'。……对中国哲学中辩证思想的发展有重大影响，启迪了《易传》《淮南子》等书作者和韩非、扬雄、张载、程颐、王夫之等人的辩证法思想。通常所说的'物极必反'，就是对'反者道之动'思想的通俗表述。毛泽东在《关于正确处理人民内部矛盾的问题》中曾说：'在一定条件下，坏的东西可以引出好的结果，好的东西也可以引出坏的结果。'老子在二千多年以前就说过：'祸兮福所倚、福兮祸所伏。'"

既往，这些从哲学、事理方面的解读，都是正确的。今天我们要开掘其物理学方面的内涵，这绝对不是多余之举。老子所说的"道"之物质性方面，实质就是原子。是他所说"先天地生"的"混成"之"物"，是第二十一章"道之为物"的"物"，是第五十二章"见小曰明"的"小"，是第五十六章"和其光，同其尘"的"尘"，这些都是老子"不知其名，字之曰道"，而实则是现代科学所说的"原子"。"根据泡利不相容原理,每个原子轨道上最多有两个电子运动，它们的自旋方向相反。""自然界有两种电荷——正电荷和负电荷，电荷之间的相互作用规律是：同种电荷相互排斥，异种电荷相互吸引"，都是相背、相向的反向运动。还有，电源、电池的电流方向，"在电源内部，电子由正极向负极运动；在外电路，电子由负极向正极运动。电子运动方向的反方向为电流方向。"

"反者道之动"，既符合哲理、事理，又切合科学原理。宇宙生成之前、之后的原子运动，都是永远存在，永不停息，老子用"寂兮寥兮，独立不改，周行而不殆，可以为天下母"来描状、表达，非常精确！"反者道之动"，这首先是指的"物"理，是物质性的能动状态、动力、过程；因而，"道"是一种充满活力的物质性存在，绝不是一般所说的仅仅是纯静态的"形而上学"，更不是有的"老子研究专家"所说的"什么也不是的X"。

有人说《老子》是"静学"，实则只是看到了一面。其根本点还在于动。"道"，就是

古代绘画　佚名

宇宙间万事万物的总动因。"反"，表现出"道"的运动的基本特征。第十五章有句曰："孰能浊以静之徐清？孰能安以久，动之徐生？"这就是在静中求动，以动求生。

宇宙间万事万物生存发展的根本原因是动，是变。《易》讲的就是动理变理。不动不变，任何事物都会停滞僵化。如第三十九章之"得一"，假若天无休止地清下去，没有风雨雷电之动之变，那就违背了道自然而然的规律，那还能成其为天吗？所以老子说"将恐裂"。正因为第三十九章重点讲的是物极必反的变动之理，所以这一章一开篇就说"反者道之动"。

（二）天下万物生于有，有生于无。

河上注曰："万物皆从天地生，天地有形位，故言生于有。"

帛书、竹简、傅奕本"万物"作"之物"。王弼今本作"万物"，但注却说"天下之物，皆以有为生。"说明王今本据河上本改为"万物"。高明、刘笑敢等人主张从"古本"。笔者认为，此前各章皆言"万物"，本章却说"之物"，不如"万物"明确、响亮。"万物"，将人包括其内。"之物"，容易使人理解为无生命之物。河上可能另有古本为据，依"择优而从"的原则，以"万物"为是。

"天下万物生于有"，与第一章"有，名万物之母"一脉相承。我们在第一章曾经说过，天地是先于万物的"有"，所以，说"天下万物生于有"，就是说天下万物因有天地而生。先有天地，后有万物。天地、万物都是"有"，但有"先有""后有"之分。先者为母，后者为子。

"有生于无"，这个"有"，从直接关系说，应指"先有"之天地。但如果将天地、万物都包括在此"有"之内，其理亦通。因为，凡是宇宙间有形之物，都是"有"。只不过其生成与"无"的关系，有先有后、直接或间接罢了。

主旨评析

本章讲的是宇宙间万事万物生成及发展变化之哲理，其核心是对立面的矛盾转化运动，其规律是物极必反，往复循环，柔弱胜刚强，这些皆是道的基本特性。

第四十一章

校订本

上士闻道，勤而行之；中士闻道，若存若亡；下士闻道大笑之，不笑不足以为道。

故"建言"有之："明道若昧，进道若退，夷道若类。"

上德若谷，大白若辱，广德若不足，建德若偷，质德若渝。

大方无隅，大器晚成，大音希声，大象无形，道隐无名。夫唯道，善贷且成。

意译

"上士"闻知了道，积极勤奋地去实行；"中士"闻知了道，时行时停；"下士"闻知了道以后，不住地大笑；如果不笑，那就不足以说明道之奥妙！

因此，有流行的"名言"这样说："真正明白了道的人，好像很暗昧；进了道的人好像在后退；似乎平坦的道路却凹凸不平，难以行进。"

上德之人，像川谷一样虚空；十分明白的人，却好像很暗昧；有广阔德性的人，好像反而不足；有刚健德行的人，好像偷懒怠惰；有质朴德性的人，表面看似污浊。

至大至虚的方是看不见棱角的；永远不满足小成的人，晚而大成；警人的大音所发者稀；真正的大象，无形无象；道只是奉献，绝不追求名分。啊！只有道及修道之士，总是善于施与、施舍，而无所不成！

导读

（一）上士闻道，勤而行之；中士闻道，若存若亡；下士闻道大笑之，不笑不足以为道。

此段各本无大差别，对照帛书本，《道藏》河上本已很好地体现了老子本义。

为什么上士闻道能"勤而行之"？因为他们悟性高，真正了知"道"之深义，故"勤而行之"。

中士闻道，半信半疑，故而"若存若亡"。高亨先生说："存，留在心里。亡，借为忘。"有时行"道"，有时忘了就不行。三天打鱼两天晒网。

下士闻道何以"大笑之"？因为"道"体虚无，看不见，摸不着，"什么道不道的，这不是忽悠人嘛！"全然不信而大笑之。老子这里富有深义：是道之不可信，令人大笑，还是这种不信道的行为可笑？读者可思而得之。

（二）故"建言"有之："明道若昧，进道若退，夷道若类。"

有的传本无"故"字，有的"故"作"是以"。帛书作"是以建言有之曰"。"类"，有作"纇"。朱谦之曰："纇、类古通用。《广雅·释言》：'纇，节也。'……不平与平对立，故曰'夷道若纇'。'夷，平也。''纇'，引申为不平之义。"李零认为：

《老子》所引的"建言"只有这三句。注意到这三句之前有一个"故"字，从本章开头所说的上、中、下三种"士"对"道"的态度只能"故"出这么多东西，"故"不出后面有关"德"和"大"的内容。但多数著作都认为从"明道若昧"直到"大象无形"都是"建言"的内容。

刘兆英也认为：

《建言》这段话出于何处？也难以肯定，只能靠文义推测其大概。有译释者把此处一大段话都引为《建言》，似与老子行文习惯不合，所以此处所引止于"夷道若纇"。

"建言"究竟出于何处？绝大多数注家不置可否。李、刘二位先生的判断可从。笔者反复逐读全章，"建言"似应限于前三句。因为其后之"上德若谷""大白若辱"，在《老子》文中已经用过，如"上德不德"（第三十八章）、"知其白、守其黑""知其荣，守其辱，为天下谷"（第二十八章），上德、白、辱、谷为老子常用词语。

关于"建言"，蒋锡昌说是"古之立言者"。高亨则以《庄子·人间世》引"法言"，《鬼谷子·谋篇》引"阴言"等为证，认为"名书曰言，古人之通例也"。但如高言，就会多有以"言"为书名者传世，何以罕见？

《庄子·天下篇》有"建之以常无有"，"以卮言为蔓衍，以重言为真，以寓言为广"等文字，可见高亨以"法言""逸言""阴言""谰言"为书名的说法值得商榷。其实，"建言"犹如后世所说的"古语""俗语""谚语"之类。

"明道若昧"，是说明白了"道"的上士之人，"勤而行之"，不显示，不夸耀，好像暗昧无知。

"进道若退"，是指中士"若存若亡"，不进则退。

"夷道若颣"，是说行"道"看似平坦，实不平坦，多有下士之人不信从，大笑而拒行。

这三句对应着前三句，"建言"前有"故"或"是以"是必要的，帛书"有之"后的"曰"字，显得多余。

（三）上德若谷，大白若辱，广德若不足，建德若偷，质真若渝。

"若"，帛书本作"如"，义同。

"上德"句之"谷"有作"俗"者，马叙伦说："言高上之德，反如俗流。即和光同尘之义。"可通。

蒋锡昌曰："二十八章'为天下谷'；三十九章'谷得一以盈'；'谷'字用法，均与此同。'谷'者，虚空卑下，为水所归，故老子用以比道。'上德若谷'，言上德之人，虚空卑下，一若谷也。"

"若谷"即近道，蒋说更贴近老子本义。此句是正题正说；但包含着反的动因，如果不能虚怀若谷，那就会"上德不德"。

"大白"句，朱谦之按曰："《广雅·释诂三》：'辱，污也，又恶也。'《仪礼·士昏礼》'今吾子辱'，注：'以白造缁曰辱。'《素问·气交变大论》：'黑气乃辱。'辱有黑义，与白对立，故曰'大白若辱'。"

有说此句在"上德"句前者，或前或后，无大意义。又有说此句在后文"大方无隅"之前，与后四"大"合而为"五大"。然而，句中之"若"字，与"上德"等句相类，从意思上说，应归于前，以不改原文为佳。此句是正题反说。"大白"，即白到极点。物极必反，白至极致，将会向黑转化，那么白也会像黑。

"广德"句，朱谦之按曰："《庄子·寓言篇》：'老子曰：睢睢盱盱，而谁与居？大白若辱，盛德若不足。'末二句与此章同。又《史记·老子本传》老子教孔子语：'良贾深藏若虚，君子盛德，容貌若愚'。疑'广德'为'盛德'之讹。马叙伦谓此文当从《庄子》，作'盛'是故书，是也。严遵本作'盛德'，当从之。"

笔者认为，帛书、竹简本皆作"广德"，还是当从"广德"。"广"有普世之义，为佳。

蒋锡昌曰："'广德'并与'常德'、'上德'、'玄德'宜同。'不足'即谦下卑微之义。此言广德之人，谦下卑弱，若不足也。"

此句为正题正说，意为广德之人要谦下卑弱。但包含反的动因，如若不能谦下卑弱，就会丧德而无德。

"建德"句，各家注解分歧较大。其一，"建"字，俞樾认为"建"通

"健"。朱谦之、陈鼓应、高亨、高明等人同意此说。整句义为："言刚健之德，反若偷惰也。"其二，"偷"字，朱谦之反复举证，得出结论："由上知'偷''婾''揄''输'古可通用，'偷'字是故书。"而蒋锡昌则认为："'建'，立也。'偷'为'愉'之假。"

二说皆可成立。以俞樾的说法为优。此句又是正题反说。有刚健之德的人怎么能是偷懒怠惰呢？老子意在指出，若不能守住刚健之德，那就会向反面转化，变为偷懒怠惰了。

"质真"句，刘师培曰："按上文言'广德若不足，建德若偷'，此与并文，疑'真'亦作'德'，盖'德'字正文作'悳'，与'真'相似也。'质德'与'广德''建德'一律。'广德'为广大之德，与不足相反；'建德'为刚健之德，与'偷'相反（用俞说）；'质德'为质朴之德，与'渝'相反；三德乃并文也。"其后诸多注家大都赞成刘说，以"质真"作"质德"。

关于"渝"字，蒋锡昌曰："《说文》：'渝，变污也。'犹十五章言'若浊'。'质德若渝'，言朴德之人若污浊也。此句并与上二句词异宜同。"

此句为正题正说，意思是说有质朴之德的人，表面看似朴拙污浊，实则高尚美好。如果失去了朴质的品性，那才是真正的污浊呢！

此段五句是对"上士闻道，勤而行之"和"明道若昧"的进一步阐发。和第四十章的"反者道之动，弱者道之用"的思想一脉相承，极其铺排，不厌其烦地阐明"即反即正，即正即反"，"守反得正，用反得正"的辩证哲理，让人们"明道若昧"。如上士之闻道，"勤而行之"。

正怎么能是反呢？白又怎么能是黑呢？这不是是非不分、黑白不辨了吗？老子这里着重强调的是反的动因，变的哲理。让人们去回味，去思考，去想象。

（四）大方无隅，大器晚成，大音希声，大象无形，道隐无名。夫唯道，善贷且成。

前边的"以反求正"之道，依而行之，能成就其"大"。这"四大"，是对勤行道者的形象与结果之描述，某种程度上说也是老子暗含的自我表述。

大的方形实物怎么能无角呢？这说明老子是喻虚。无形的方，怎么能看见它的棱角呢？

"大器晚成"，"晚"帛书本为"免"，有人主张应依帛书。主要理由是"一加大字则其义相反"。此说不确。因为"大方无隅""大象无形"是反义，"大音希声"就不是反义，因为"希"不是"无"。"晚"与"希"

相类,是表示时限、多少差别的。在这"四大"中,此句之"大"十分重要,是"四大"的核心。此处是指修道,不能满足于"小成""小器"。这个寓有深义的创造性语言,后世演变为成语,人们赋予它以更丰富、更广阔的含义。

振聋发聩的大音能经常鸣响吗?一声春雷,响彻大地,万物复苏!这就够了。"大音",是警示之音,所发者稀,能合者寡。

"大象无形",天有形吗?道有形吗?老子、孔子如今有形吗?他们却永远和人类同存共在。

"道隐无名",是对"四大"的总结。这里的"无名",不能简单作"没有名字"理解,而是对"道"的特性和修道者的品性、人格、精神境界的写真。司马迁体味出了老子这句话的深义,他在《老子本传》中说:"老子修道德,其学以自隐无名为务。"紧接此句,老子说:"夫唯道,善贷且成。"是说:啊!只有道(当然包括修道的人)最善于施与、施舍,才能无所不成!"贷",作施与、给与解。《左传·文公十六年》:"宋公子鲍礼于国人,宋饥,竭其粟而贷之。"

老子西行 陈少梅画

主旨评析

这一章首次直接谈论修道,老子将闻道者分作三等。他没有批评拒道者,而是出人意料地用十分巧妙的方式开了个玩笑,以达到赞扬大道和勤于修道的上等人士。进而用"以反求正"的辩证哲理,铺排地描述和赞扬道的特性和勤于修道者的品性,以达到弘扬道、德的目的,集中地表现了老子的道德观和人生观。

第四十二章

校订本

道生一，一生二，二生三，三生万物。

万物负阴而抱阳，冲气以为和。

人之所恶，唯孤、寡、不穀，而王公以为称。故万物或损之而益，或益之而损。

人之所教，我亦教之。"强梁者不得其死"，吾将以为教父。

意译

道生一（一是指道的一个方面的特性，即指天地万物的和谐统一），一生二（一不能生二，因为它是道的一种性能的表示，实则是道生二），二生三（二是道的另一方面的特性，阴阳共存，相互交感而生三），三生万物（三是阴阳、雌雄交合所生的个体，由三这个单数积累和繁衍而成万物）。

万物背靠着阴面向着阳，涌摇鼓荡用来交接和合而成形。

一般人厌恶孤、寡、不穀，然而王公却用它们自称。因此，事物有时好像在减损，结果却反而得到增益；有时好像在增益，结果却反而是减损。

别人教给我的，我也用这教给别人。"强暴的人不得好死"，我将它作为"教父"。

导读

（一）道生一，一生二，二生三，三生万物。

此段帛书甲、乙本残缺较多，其他传本无大差别。

"道生一"的"一"和三十九章"得一"的"一"完全相同，是指"道"的一种特性，这种特性表现在由它所生的天地、万物、人的群体或个体是和谐统一的"一"。这个"一"是"道"所生的万事万物的"存在状态"，而在这"一"的"存在状态"中始终包含着对立面的矛盾和斗争，构成了宇宙间万事万物生成、转化、发展的动因。故而，上溯至"道"，说"道"是宇宙生成变化的总根源、总根据。一二三不是指的天地人，"二"也不是指的天地，而是指的"阴阳"，宋明理学之"太极图"用黑白"阴阳鱼"表示；又指宇宙万事万物内部的矛盾斗争、相辅相成，包括现代科学"原子"电荷的阴阳极、相吸相斥的反向运动（故《老子》第四十章有"反者道之动"之论）等丰富的内涵，是宇宙间万事万物"生生不息"的原动力。"三"也不是指的"天地相合之和气"，是阴阳交合后所产生的个体，而群体、万物必由个体积聚组合而成。

关于道生万物古人从正反两方面作了精彩的描述："聚则成形，散则为气。"宇宙间的万物、万象都是由分子、电子、光子等大小离子聚集而成形。反向的"散则为气"的"气"，可以说是分子、电子、光子等大小离子的指代词。这些正反两方面的生成，变化过程都是具体的，而不是模糊的、抽象的。就拿电子、光子成像来说，老子在两千五百多年前就"观"到了"其中有象""其中有精""其中有信"，真是叫人惊叹不已！

（二）万物负阴而抱阳，冲气以为和。

"负阴"是背负着阴，即为背向着阴；"抱阳"，即怀抱着阳，是面向着阳。向阳，是万物之本能本性。这说明老子观察事物极其精细，用词十分精到。这一句，也是老子对"二"的解释。他所说的"一生二、二生三"的"二"，指的是"阴阳"，而不是《易》所说的"太极生两仪"的"天地"。其实，天地也是阴阳二气和合而成。

"冲气"有作"盅气"者，指虚气。冯友兰先生说："所谓冲气就是一"，是"一种混沌未开的气，后来这种气起了分化，轻清的气上浮为天，重浊的气下沉为地，这就是天地之始。轻清的气就是阳气，重浊的气就是阴气"。这种以冲气为"一"的说法，难以讲通。因为冲气生了天地，天地"得一"以清、以宁，情通理顺，而万物如何"得一以生"、侯王又如何"得一以为天下正"就无法讲了。

蒋锡昌先生说："四章'道冲而用之或不盈'之'冲'当作'盅'，此冲当从本字。说文：'盅，气虚也'；'冲，涌摇也'。二宜不同。道之盈虚，譬之以器，故用'盅'；阴阳精气，涌摇为和，故用'冲'，此其别也。""冲"，指阴阳二气相冲之动势，并不是说有个"冲气"。

"和"，有说指"和气"者，如高亨、任法融等。"和气"之说可能本自《太上养生胎息气经》："凡服气法，存心如婴儿在母胎，十月成就，筋骨和集，以冥心息念，和气自至。""胎息经"说的"和气"指人体之元气、真气。

但老子这里所说的"和"是指阴阳二气交合摇涌、鼓荡之和合。《礼记·郊特牲》："阴阳合而万物得。"孔颖达疏："和，犹合也。"阴阳二气和合，万物得以繁衍。《庄子·田子方》："至阴肃肃，至阳赫赫，肃肃出乎天，赫赫出乎地，两者交通成和而物生焉。"《淮南子·天文训》："道始于一，一而不生，故分而为阴阳，阴阳合和而万物生。"和，是过程，动力。这就是老子前面说的"二生三，三生万物"。

因而，这两句是对前几句更具体的阐释。

（三）人之所恶，唯孤、寡、不穀，而王公以为称。故物或损之而益，或益之而损。

"文化大革命"时期有一句歌词，"万物生长靠太阳"。的确，阳光、空气、水，是生命体生存的必备条件。植物大都要向阳而生。阳气是一切生命体之生命力来源的主要方面，所以老子说"万物负阴而抱阳"。

然而，用之于人事，老子却主张的是反向思维。"人之所恶，唯孤、寡、不穀"，在老子认为，这是处事的误区。而王公却不同于一般人，以孤、寡、不穀自称，这是一种卑下谦恭的做法，符合老子以柔弱胜刚强的思想原则，能得到老百姓的支持和爱戴。尽管后来的君主这样的自称已名不副实，而谦恭卑下的思想却是永远正确的。"满招损，谦受益"，已成为警世名言。

老子出关　范曾绘

由此，老子得出了"物或损之而益，或益之而损"的辩证逻辑之结论。损益与祸福，都是相互依存，此消彼长，不断随着各种条件的变化而变化的。如果稍稍疏忽不慎，就会走向反面。

释德清说："侯王不自损，则天下不归。故尧舜有天下而不与，至今称之，泽流无穷，此自损而人益之，故曰或损之而益。若夫桀纣以天下奉乎一己，暴戾恣睢，但知有己而不知有人；故难有天下，而天下叛之，此自益者人故损之，故曰或益之而损。以人人皆具此道，但日用不知，须待教而后能。"因此老子下文曰：

（四）人之所教，我亦教之。"强梁者不得其死"，吾将以为教父。

前一句各种世传本句型多有不同。但后世注家大都认同王弼、河上之"人之所教，我亦教之"。高明依帛书甲本力证应为"古（故）人之所教，亦议（我）而教人"，"而"作"以"用。实际，从内容说与王弼、河上本没有太大的差别，不必过分执着于非彼而用此。两句的意思是：别人（或特指"古人"）教给我的，我也用这些教给别人（或专指"后人"）。

"强梁者不得其死"，出自《黄帝书·金人铭》，对句为"好胜者必遇其敌"。

"强梁"，强横、强暴。"其"在这里指代正常死亡。"不得其死"犹言不得好死，咒人的话，老子说这是古人教给他的，他将以此为"教父"。

"教父"，帛书本及有的传本作"学父"。"教父"，有以"父"作"始"者，有以之为"尊老"者，其实应为本义。父亲教育儿子，就是"教父"。老子将"强梁者不得其死"这句话作为教父，说明老子对这句话的极度推崇，也说明他对强暴者的痛恨已到了无以复加的程度；同时也可以想见他对柔弱者的同情与怜爱到了多么热切和真挚的程度！何人最强暴？唯有施行强权暴政的上层统治者，就是文中所说的以"孤、寡、不穀""以为称"，来伪饰真面的"王公"。

主旨评析

有人认为此章前四句与后面的文义无有联系，属于错简误置，实则是没有完全读懂。如上诠释分析，前六句为老子的宇宙论，由阴阳对举导入后大半段的阳刚、阴柔与损、益的消长之辩证关系的论述，引出最后老子对强暴者的诅咒和抨击。与三十九、四十、四十一章的主旨一脉相承。

第四十三章

校订本

天下之至柔，驰骋乎天下之至坚；无有入于无间；吾是以知无为之有益。不言之教，无为之益，天下希及之。

意译

天下最柔弱的东西，能在天下最坚硬的东西中驰骋；看起来似乎是"无有"的东西能穿透没有间隙的至坚至硬的东西；我由此知道无为的好处。

不言之教、无为之益，天下很少有人涉及（或谈及、论及）这些事理。

导读

（一）天下之至柔，驰骋乎天下之至坚；无有入于无间；吾是以知无为之有益。

第七十九章有"天下莫柔弱于水"之句，可证此章之"至柔"，以水为比喻；但却不能说"至柔"就是水，等同于水。因为水不能"驰骋天下之至坚"，如"至坚"之金石。

这里关键在于对"驰骋"的理解。陈鼓应解之为"驾驭"，《汉语大辞典》解之为"役使"，二解相近。按此章的文义"驰骋"应取本义，"驰骋天下之至坚"，就是说在天下最坚硬的东西（如金石之类）中自由驰骋。

为何必须作此解？因为紧接着有"无有入于无间"句。"无有"可以入于天下任何无间隙的坚硬之物，而自由驰骋，所以此章之"至柔"不是指水，而是指"无有"。

那么，"无有"指的什么？一般注家论者都将"至柔"解作"道"，"道无坚不摧"。"无有"即"无形"，"无有"也就指的"道"。但老子为什么不直接说"道"呢？因为老子并不把"至柔""无有"与"道"完全等同起来。

"道"是无处不在处处在，它不只是"至柔"，同时也是"至坚"。它虽无形，但却不是"无有"。

河上曰："至柔者水，至刚者金石；水能贯坚入刚，无所不通。"王弼曰："气无所不入，水无所不出。"两家都没有深思细想，不管是水还是气，都能"贯坚入刚""无所不入""无所不出"吗？对于这样明摆着的自然物相之理，老子观察得十分精细，也思考得非常明彻。故而他说"无有入于无间"，而不是水、气入于无间。因此，这里的"无有"必须深入、仔细研究，到底指的什么？

难怪历来的注家对"至柔""无有"解释不能到位，历史局限使然也。

"无有"怎么能入于没有间隙的"至坚"之物呢？这从事理和逻辑都是讲不通的。但老子就这么描述。也只有这么描述才符合他所"观"、所"阅"到的真实状况。在老子当时和以后的两千多年，能"入于无间"的用肉眼看不见的东西，只能用"无有"来描述。

然而，在科学技术高度发展的今天，就大不一样了。电子、光子你说这是"有"还是"无有"？现在可以肯定地回答：有。但谁能用肉眼看得见？可是经过现代高科技处理以后却能在电视机、电脑、手机中成像，显现于荧屏，人们就完全可以用肉眼观赏了。

这时，我们再看老子的描述是何等的精细准确！电子、光子是不是"天下之至柔"？它们是不是在"至坚"的电脑一类器物中自由纵横驰骋？它们是不是来去自由地出入于没有间隙的"至坚"之物？

这些，老子当时早就发现了，今天的科学技术只是验证老子的发现真实不虚。这实则是老子的"粒子穿透力论"。后世的注家、研究者不懂，只能是作着隔靴搔痒之谈。

我们今天在研究老子的时候，不光要看到其哲学、政治、社会、文化、生命学的意义，还要发掘其科学的义理、作用和价值。

老子这里要以自然、物相之理推知、演绎社会人事之理，他根据"无有"的强大作用和力量，"是以知无为之有益"。

关于"无为"，前面已多有涉及，这里无须详论。

（二）不言之教，无为之益，天下希及之。

"希"，即少、罕有。《论语·公冶长》："伯夷、叔齐不念旧恶，怨是用希。"皇侃义疏："希，少也。"傅奕本径直作"稀"。

"天下希及之"，一般都译作"天下少有人能做到"。这从文法和语义都是讲不通的。"教"，可以做；而"益"，怎么能做呢？再则，"及"，没有"做"的意蕴。其实，"及"，在这里作"涉及"解。《论语·卫灵公》："群居终日，言不及义，好行小慧，难矣哉。"故而，"天下希及之"的意思是说：天下很少有人涉及（或作"谈及""论及"）"无为之益"的事理。

对于人们行事、做事来说，你连涉及、谈及都未做到，也就是还没有明确的认识，何谈"做到"呢？

有人以为"天下"指"天下之人主"，这未免太偏狭了。"天下"就是指的"天下人"。

帛书本"希"后有"能"字，高明认为"以经义分析，'希'下当有'能'字"。然而，据我们上面的论述，"能"字显系多余。

刘笑敢先生在他的《老子古今》关于此章的"评析引论"列了两个专题，对"无为之益"的作用进行探讨：一是"魁奈与无为之益"，评述了十七世纪老子对西方学者魁奈、亚当·斯密、克拉克的影响，他们认为西方的"自由放任政策"与老子的"无为"思想一脉相承；二是中国十九世纪八十年代"改革开放与无为之益"，也是息息相关。这些见解颇值得读者和老子研究者关注和参阅。

主旨评析

本章老子以自然、物相之理比喻社会、人事之理，重在强调"不言之教""无为之益"的好处和作用。但却使老子失望和悲哀的是"天下希及之"。曲高和寡，是老子的悲哀，也是时势的悲哀！

关于"无为"的社会历史作用、价值、意义，此前许多篇章都有论及。而此章特别应该引起今后研究者深入研讨的是开头几句所言的自然之理："天下之至柔"怎么能在天下之至坚中驰骋？"无有"怎么能入于"无间"？这些怎样和现代科学挂钩、对应，从而得到更贴近老子原义与合情合理的解释，更准确地评价老子这一方面思想的科学价值。

古代画　佚名

第四十四章

校订本

名与身孰亲？身与货孰多？得与亡孰病？

甚爱必大费，多藏必厚亡。

知足不辱，知止不殆：可以长久。

意译

名位与身体哪一样更值得亲爱？身体与财货哪一个贵重？名与身、身与货的亲、重之得失、利弊，哪个弊病多？

过分地爱名位、爱财货，必定大大地耗费精神；过分地积财藏宝，必定会引来争夺抢劫，而失去的更多。

然而，知道满足就不会有过错，知道适可而止就不会引来灾祸。这样，就可以生命长久，安身立命，社会事务亦能干得长久。

导读

（一）名与身孰亲？身与货孰多？得与亡孰病？

此段王、傅等本同河上。帛书乙本多残，甲本同世传本，唯繁体"親"作今简体"亲"，说明古体如此。

名，指名分、地位；身，指身体、性命；亲，为爱、亲爱。全句的意思是：名分、地位与身体、性命比较，哪个更值得亲爱、更应该亲爱呢？

第二句，身与货比。货指金钱（财宝）、货物。多，《说文》曰："多，重也。"奚侗认为："谊为重叠之'重'，引申可训为轻重之'重'。《汉书・黥布传》'又多其材'，师古注：'多，犹重地。'""身与货孰多"，犹言身与财货那个重要？

第三句，得与亡比。亡，多有将其解为生命、死亡者。其实，老子这里之"亡"，义为"失"。《庄子・骈拇》："臧与穀二人相与牧羊，而俱亡其羊。"这里的"亡"就是"丢失"。后世成语"亡羊补牢"之"亡"亦为"丢失"义。因为无"牢"，恶狼容易叼羊而去。补牢不是防止羊因病死亡。

病，是弊，不利。《史记·商君列传》："利则西侵秦，病则东收地。"这一句是承上启下的。承上之义为，指名与身、身与货的亲、重之得失，那个弊多？启下，老子引出他的认识和判断：

（二）甚爱必大费，多藏必厚亡。

这两句帛书乙本全残，甲本仅存首字"甚"、尾字"亡"。

河上本曰："甚爱色者，费精神也；甚爱财者，遇祸患也。所爱者少，所亡者多。故言大费者也。"不只是爱色费精神，爱名也费精神。总之，名，色、货，过分地追求"必大费"。费精耗神，对身心不利。大费，也就是大病大弊。

"多藏"，主要指藏财货，也指帝王之藏佳丽。释德清说："如敛天下之财，以纵鹿台之欲，天下叛而台已空，此藏之多，而不知所亡者厚矣。"

"鹿台"，故址在今河南汤阴朝歌镇南，殷纣王所筑。"其大三里，高千尺"。纣王与周战，失败后，登鹿台自焚而死。所失之多，可想而知。这是"多藏必厚亡"的典型事例。"甚"和"多"，这里都有过分、过度的意思。真理向前跨越一步，就会变为谬误。老子不会反对人类正常的爱，而是反对"甚爱"，即过分的、不该有的名与色。老子也不会反对人类生活所必需的储备和收藏，而反对的是"多藏"，即大大超过自己生活所需的贪婪和占有。"甚""大""多""厚"，不仅表现了老子用词炼字的功夫，而主要表现了老子认识事物的深邃和精准。

王弼等本"甚爱"前有"是故"二字，河上、景福诸本无。按文义，此两句是对前三句所提问题的回答，表明了老子的认识和态度。和前一段是层进的关系，而不是因果关系。高亨、高明等人主张依河上、帛书本删"是故"二字。言之有理。

（三）知足不辱，知止不殆，可以长久。

辱，一般作困辱、受辱，实则为过失。《左传·定公三年》："唐侯曰：'寡人之过也，二三子无辱。'皆赏之。"知足无过失，自然不会受辱，而会获得常乐。

殆，危险。知足无过失，知止没危险。这是"甚爱必大费，多藏必厚亡"的正面阐发，是老子"戒贪"思想的深化。与前文亦不是因果关系，故而现当代诸多注"老"者认为"知足"前应有"故"字，多以帛书本为据。笔者以为，帛书虽为古本而非《老子》初本，有抄录者的主观臆断，不能作为确证，而应重在义理分析。河上、王弼本、傅奕本皆无"故"字，自有其道理和依据。

老子反说、正说，最后得出的结论是"可以长久"。这不仅指可以获得身心健康而生命长久，而且可以在社会人事上获得与他人共处的长存久安。刘笑敢也认为："长久是立于不败之地的意思，并非仅限于肉体生命。"（《老子古今》第457页）

有些注家认为老子此章是"贵生重身"之论，如任继愈说："老子宣传贵生重己，适可而止，知足保守的思想。"

实则，老子不是宣扬保命哲学的"贵生重己"论者，第十三章："吾所以有大患者，为吾有身；及吾无身，吾有何患？"高亨先生将此段译为："我所以留下大的灾患，是因为我只顾自身，如果我不顾自身，我会有什么灾患？"（《老子注释》第31页）这说明老子反对"只顾自身"，而提倡奋不顾身。

"适可而止"是对人类处事颇具指导意义的哲学命题。它要求人们要准确把握分寸、时机的"度"。功亏一篑，不能成功；过分过度，过犹不及。此章，老子所说的"知足""知止"，就是要把握好这个"度"。正如我们前面所说，老子批评指责的是"甚爱""多藏"，甚和多，都超越了"恰到好处"的"度"，成为对名分、对财货的贪得无厌。这种"贪"的思想根源是私欲膨胀。戒贪实则是戒贪婪的私欲。这种"戒"，本身就具有积极进取的意义，何以能以"保守"责之？特别是老子主要针对春秋时期正在没落腐化的君王、贵族、奴隶主们有感而发，切中时弊要害，其无私无畏的精神，实在可堪赞叹！

主旨评析

这一章是对名位、财货贪与不贪的得、失之论。贪的结果是"甚爱必大费，多藏必厚亡"；不贪，则是"知足不辱，知止不殆"。反与正的结果之鲜明对照，得出的结论是：戒反行正，"可以长久"。高亨认为"这一章是老子的人生论"，甚得旨要。

第四十五章

校订本

大成若缺，其用不敝；大盈若盅，其用不穷。

大直若屈，大巧若拙，大辩若讷。

躁胜寒，静胜热；清静以为天下正。

意译

获得大成就的人表面看起来好像残缺，但他的作用却不会衰败；充实完满的人像酒盅一样，看起来好像很空虚，但他的作用却无穷无尽。

最端直的东西好像颇弯曲，最灵巧的人好像很笨拙，最善辩的人好像甚木讷。（只看表面，不重实质，这是"不识庐山真面目"。）

躁动能战胜寒冷，清静能战胜炎热；（二者相较，清静合道。）清静无为可以作为天下为人处世的最高准则。

导读

（一）大成若缺，其用不弊；大盈若冲，其用不穷。

此段河上、王弼二本全同，傅奕、帛书等本"弊"作"敝"，二字古义通。《易·井卦》："瓮敝漏。"作破烂，破旧。《国语·晋语六》："今吾司寇之刀锯日弊，而斧钺不行。"作破损，败坏。

冲，河上、王弼等本同，而傅奕、帛书甲本作"盅"。朱谦之引俞樾曰："'道盅而用之'，'盅'训虚，与'盈'正相对，作'冲'者假字也。"

"大成若缺"，是说大成就的人像有破损残缺一样。对人怎么能用破损残缺来形容？老子这里实则是一种暗喻。成，即为"大器晚成"的成。器，只是作为人之比喻。大成若缺，就是大智若愚。《诗经·豳风·破斧》："既破我斧，又缺我斨。"（斨，古代斧的一种，指装柄的孔为方形者）缺，作破损、残缺解。

"其用不敝"，是说大成就者像器具一样，表面看起来好似破损残缺，但用起来却不旧不坏。

"大盈若盅"，《说文·皿部》曰："盈，满器也。""盅，器虚也。"整句的意思是说大成就、大智慧之人像一个大的容器，装满了德性智能，非常充实，表面看起来却像酒盅虚空一样，但它的用处却无穷无尽。

老子这里通过对实质与表面、体和用的关系之阐述，在歌赞大成、大德之人的德性、功能与作用。这些人往往为世人不察不识而埋没于尘土，这当然与他们的遁迹山林、韬光养晦有关，但更重要的却是为当权者和世俗之人所不解和排斥。老子这里似乎隐含着自比的意味。这些不同凡响的识见、哲理，来自于他切身的体验和感受。刘笑敢先生认为：

> 此章内容或可概括为盛德若缺。王淮从体、相、用三方面来讲这一道理。关于"大成若缺，其用不弊"，他说：此言分别从"体""相""用"三方面描述盛德之士。"大成"就"体"而言，"若缺"就"相"言，"不弊"就"用"言。谓盛德之士德性圆满，形容残缺，然而其所能发生之人格感召之作用，却是非常之深远。……其说甚有见地。（《老子古今》第461—462页）

其实，"若缺"这个"相"，是不存在的。老子说好像有残缺，是说世俗之人带有偏见，也可以说是有眼无珠，不识盛德者之真相，看偏了、看歪了、看错了盛德者的真面，将无缺看成了"若缺""有缺"。试问老子、孔子、孟子及后世诸多获得大成就的盛德之人，谁的"相"有残缺？

老子说"缺"，只是"强为之容"的一种方法。因为"古之善为士者，微妙玄通，深不可识。夫唯不可识，故强为之容"。（第十五章）"强为之容"，并非说他们真的就"形容残缺"。老子这里是要人们重实质，也就是重真实存在的"体"和能够产生社会效应的"用"，不要为表面的、虚假的"相"看花了眼，看走了神，而要识得大成、大盈者的真面德相。

（二）大直若屈，大巧若拙，大辩若讷。

本句河上、王弼二本全同，世传他本有"屈"作"诎"、"辩"作"辨"、"讷"作

晋　王羲之书

"呐"者。帛书乙本多残，甲本保存完好。

　　高明先生依据帛书甲、乙本及严遵《道德真经指归》力证"大辩若讷"为"后人篡改"，而"大赢如朒（nà）"当是老子原文。言之有理。但笔者认为，两句相较，虽内容不同，然意蕴无大别，而"大辩若讷"句义显豁，这恐怕是它两千多年能得以流传的原因。再则，河上、王弼诸本原来所据的古本，是不是就比帛书本所据者晚，实在难以确证。故而，对世传本能不改，则不改，以免改来改去，反倒造成混乱，让世人无所适从。

　　1976年帛书研究组和1980年国家文献办公室都将三句增为四个短句，高明认为"把被后人改'赢'为'辩'的伪句，也纳入正文，此甚不妥"。

　　增为四个短句，可能是折中两种意见，以备其全，也有他们的理由。四个短句也好，四个短句也好，总体效果都没有使这段文义发生根本性的变化。三种方案，仁者见仁智者见智。为了稳妥，还是维持河上、王弼等世传本，不轻易更改为佳。

　　"大直若屈"，义为非常端直的东西却好像弯曲的样子。"大直"是一个客观存在，谁都能看得见，也必须承认，怎么会"若屈"呢？这只能从人的感觉上来解释。将直的看成、说成弯曲的，那肯定是眼神不对，是一种错觉，曲直不分，是非不辨。对于"大直"来说，这个"屈"是不存在的。正像前边所说的"大成若缺""大盈若盅"，那个"缺"、那个像"盅"一样的"虚"，都是不存在的，皆由观者的不识真面目所造成。

　　"大直若屈"，是比喻，在五个"大"的句中，是个特殊句，起前后照应的中轴作用。前两个"大"句，后两个"大"句，都可以用此句的比喻，去训解，来明晰事理。

　　由此，我们可以判断后面的"大巧若拙"实则是大巧不拙，"大辩若讷"实则是大辩不讷。然而老子为什么说"若拙""若讷"呢？因为这些大成就者如"道"，为"万物作焉而不辞，生而不有，为而不恃，功成而弗居"（第二章），不显示，不夸耀，不居功，是他们至高无上的思想、品格、德性的表现。老子对这些感人至深的精神境界给以肯定和赞扬。但他不是正面歌颂，而是从反面用若缺、若虚、若拙、若讷，以反彰正，使正更为突出鲜明。

　　这仅仅是一种方法。而刘笑敢却将此上升为"以反彰正的智慧"，又进而认为："老子把这种正而若反、以反彰正的态度、方法或原则看作是来源于道的最高德性，也是圣人的最高品德，所以老子反复称颂这种原则是玄德，所谓'玄德'就是生而不有，为而不恃，长而不宰之德。"（《老子古

今》第463页）

方法、原则怎么能等同于德性本身呢？"原则"又怎么能是"玄德"呢？刘先生这里混淆了论题的范畴。玄德、德性是由大成者的品德表现出来的；"以反彰正"是老子为"不识"大成者的"微妙玄通""强为之容"所采用的方法，怎么能将二者不加区别、混而为一呢？

（三）躁胜寒，静胜热。清静以为天下正。

这两句河上、王弼本全同。帛书甲本"躁"作"趮"，为同字异体；"静"作"靓"显误，傅奕本作"靖"亦误。第二十六章"静为躁君"，静、躁相对，蒋锡昌、严灵峰竟以此将前一句改为"静胜躁，寒胜热"，陈鼓应从之。这些鲜明的误判错改皆由未读懂原文所致。

《广雅·释诂》："躁，扰也。"《文子·九守》："人受天地变化而生……八月而动，九月而躁，十月而生。"这里的"躁"为动之急。后世"躁动"一词，义为不停地跳动。

躁胜寒，即动胜寒。运动、劳动能战胜寒冷，这人人都会有体验。

静胜热，一般人也会有真切的体验。大热天，你稍微多动一会儿，就会浑身冒汗。但当你坐下持扇乘凉静定之后就会汗消热除。

其实老子这里说的是生活中十分朴素但也十分普通的事理，后世的注释家大都胡猜乱揣，摸不着根底。

动、静之间，老子是主静的，所以最后他说"清静为天下正"。

高亨先生据《尔雅·释诂》"正，长也"，《广雅·释诂》"正，君也"，将最后一句译为"清而无欲，静而无为，可以为天下君长"，甚为切当。

蒋锡昌将"正"解为模范，高明释为"最高标准"，联系前后文义，应以高说为胜。

主旨评析

刘笑敢说"此章内容或可概括为盛德若缺"，实则主旨在最后一句"清静为天下正"。

陈鼓应认为此章后两句"是说清静的作用，在文义上，和以上各警句不相关，疑是他章错简"。实则是陈先生没有看出前后文的内在联系。

无论是大成、大盈、大巧、大辩，都要归从于清静无为之"道"，由"道"统摄。躁动则背道，清静则合道。故而清静可以为天下的最高准则。

第四十六章

校订本

天下有道，却走马以粪；天下无道，戎马生于郊。

罪莫大于可欲，祸莫大于不知足，咎莫惨于欲得。

故知足之足，常足矣。

意译

天下执政的君王按道的原则行事，就会退还战马归田，用来送粪；天下执政的君王不按道的法则行事，战马出生在郊野。

罪过没有比"可欲"再大的了，灾祸没有比不知足的贪欲再大的了，罪责没有比贪得无厌更惨痛的了！

故而知道满足之"足"的含义或作用的，常常会感到满足。

导读

（一）天下有道，却走马以粪；天下无道，戎马生于郊。

此段世传本多同河上，唯傅奕本"粪"作"播"。帛书甲、乙本互补，同河上。

却，退或使退。《战国策·秦策》："弃甲兵，怒，战慄而却。"

走马，即快马，这里特指战马。

粪，历代注家作着各种解释，其实，就是《论语·公冶长》中"粪土不可杇也"的"粪"。"以粪"，就是"用来送粪"。

"却走马以粪"，意为：用退下来的战马送粪。因为"天下有道"，不打仗了，战马成为农耕之马了。

戎马，指军马、战马。《吴子·料敌》："然则一军之中，必有虎贲之士，力轻扛鼎，足轻戎马，搴旗取将，必有能者。"

郊，指都城之外的郊野。《周礼·春官·肆师》："（肆师）与祝侯禳于疆与郊。"郑玄注："疆，五百里。远郊百里，近郊五十里。"

"戎马生于郊"，义为战马生在郊野，亦即战马是在郊野出生。生马者必为母马，言外之意，说明战争竭尽国力，连母马也被迫服役上了战场，怀了马驹也不能生息。戎马是母马在战地生下的公马驹又在战地养大作服役的战马，说明战争连年不断。很明显，句中的戎马（即战马）不是生马驹的母马。可是一般解译者直将戎马（即战马）作母马（牝马）。如：

高亨说："天下无道，战争频繁，则战马在城郊生了马驹。"陈鼓应曰："牝马生驹犊于战地的郊外。"刘兆英曰："天下无道的时候，战马会在战场上生小马驹。"王蒙可能看出了一般注释的问题，他译作"天下背离了正道，到处都是战马"。含糊其辞，打了个马虎眼儿。

戎马直接解释为母马（牝马）是没有文献根据的。

（二）罪莫大于可欲，祸莫大于不知足，咎莫大于欲得。

此段第一句王弼本漏缺，根据蒋锡昌先生统计53个世传本有此句。帛书甲、乙本皆有，唯乙本缺"于"字。

"咎莫大于欲得"，帛书乙本残缺，甲本"大"字作"憯"（cǎn），傅奕、范应元本同帛书，敦煌己、遂州与顾欢三本作"甚"，马叙伦又说"甚"借为"憯"，高明先生据之认为"当从帛书本作'憯'字"。

高先生引刘师培的诠释曰："《解老篇》此语上文云：'若痛杂于肠胃之间，则伤人也憯，憯则退而自咎。'即释此'憯'之义也。'憯'与'痛'同，犹言'咎莫痛于欲得'也。"憯，同惨。又引《喻老篇》曰："虞君欲屈产之乘与垂棘之璧，不听宫之奇，故邦亡身死，故曰'咎莫憯于欲得'。"

说明韩非子所据古本"大"为"憯"，高说可从。

本句从意蕴上讲是层进的，由轻到重。"可欲"就罪颇大。进一步"不知足"就会发展成为"贪欲"，其后果会招来大祸患。最后贪欲付之行动成为"欲得"，得财宝，得名位，得美色，得领域，得都城，得王位，……征战杀戮，戎马生于郊，民众处于水深火热！国力耗尽！咎由自取！好不痛哉！

（三）故知足之足，常足矣。

"常足矣"，世传诸本基本相同，帛书甲、乙本多残，甲本存"恒足矣"，乙本存"足矣"。刘师培曰："韩非子《喻老篇》引作'知足之为足矣'，当为古文。"马叙伦曰："《文选·东京赋》引作'知足常足'。"引言往往有删节，不可作为校订依据。

按文义，"之足"二字可删；但多"之足"二字，有强调的意味，还是保持原貌为优。

主旨评析

有人说这一章反映了老子的反战思想，还有人认为老子的反战是主观唯心主义。这些问题很复杂，不是三言两语能说得清楚，此处我们不予详论。

战争是政治斗争的集中表现，关键在于天下有道还是无道。但有道无道的思想根源却在君王的多欲、贪欲，而治理之方，则在于"知足"。

第44章是从人生的角度强调知足、知止之必要、重要，这一章紧接着从政治、军事和民众安危的角度戒贪欲多得，而期望人们特别是当权者知足常乐。

老子像　彭连熙画

第四十七章

校订本

不出户，以知天下；不窥牖，以见天道。

其出弥远，其知甚少。

是以，圣人不行而知，不见而明，不为而成。

意译

不出家门，可以知道天下的事理；不望窗外，可以见到天道运行的状貌及规律。

走得越远，获得的知见越少。

所以，圣人不出行却能知天下事，不向外看却能明知天道，不着意作为却能取得成功。

导读

（一）不出户，以知天下；不窥牖，见天道。

高明先生认为："见天道"之"见"，帛书甲、乙本作"知"；又据《吕氏春秋·君守篇》《韩非子·喻老篇》《文子·精诚篇》《淮南子·主术篇》，皆引作"知天道"，故而此段"当据帛书订正为：'不出于户，以知天下。不窥于牖，以知天道'"。

笔者认为："见"前有"以"字，可和前句"以知天下"对文。此处"以"作"可以"解，这样不绝对化，不否定出户知天下这一面。"不出户""不窥牖"中不一定非加"于"字不可，无"于"字比有"于"字简捷明快，语义也更明确。

"见"不必改为"知"。有人反驳：老子说"道"为"视之不见"，怎么能说"见天道"呢？这不是自相矛盾吗？

自古以来，修行者众，而能证道见道者极少，皆由花花世界的诱惑，欲望妄念，说断未断，欲灭未灭，有一丝毫纤，即难成就。欲求特异功能出现，偏就求之不得。有极个别得"道"者，却不能在人前炫耀显示，故成"绝学"。老子说"观"、说"阅"，都是"见"的佐证。他是由观、由阅而"见道",由见道而知"道"。"见"这个环节不能忽视。再则,"见"与前句的"窥"完全对应,作"知"明显不妥。

老子此段文字,《易·系辞上传》第十章即有间接的诠释。"《易》,无思也,无为也,寂然不动,感而遂通天下之故。非天下之至神,其孰能与乎此?"

接着又说:"夫《易》,圣人之所以极深而研几也。唯深也,故能通天下之志;唯几也,故能成天下之务;唯神也,故不疾而速,不行而至。"

"感而遂通天下""不行而至",说明孔子对"不出户,知天下;不窥牖,见天道"的神异是肯定的,所以他说"唯神也"。孔圣人不像我们这么轻率、浅薄,动辄说老子这一章是"反科学的道路","是十足的唯心论,应该批判"。

令人欣喜的是,近年来高明、刘笑敢、王蒙、刘兆英等人的著述,指出了过去一些人的误解,并作了较公允的诠释与评价,值得参阅。刘笑敢先生说:

> 总起来看,至少我们可以说,老子之道所体现的精神或方向与最新的科学趋势不但没有必然的冲突,反而有许多相通、相似或相容之处,道的概念应该比上帝的概念更容易获得科学家的认同和理解。

笔者认为,仅对人的肉眼能看见的物质世界进行研究而阐释的"科学",是狭隘的科学,至少是不完全的科学;只有对整个宇宙以及其肉眼看不见的潜在信息进行研究,而且又能诠释清楚的,才算真科学,圆满的科学。

孔子的弟子子贡说:"夫子之文章,可得而闻也;夫子之言性与天道,不可得而闻也。"

这说明孔子对他经历的社会实践所取得的经验、认识和理论,著写成了文章、公开传授给弟子,是"可得而闻也"。而"言性与天道",连他自己也没有完全弄明白,如他自己所说,"神鬼之事吾也难明","道之难明",因为他虽几次问道于老子,但他终未证道见道,故而当他与弟子谈及"性与天道",就十分谨慎,因此子贡说"不可得而闻也"。

然而,孔子对《易经》的"感而遂通天下""不行而至"却深信不疑,毫不含糊地写进了释《易》之文。

(二)其出弥远,其知弥少。

前面一段,主要说有道之士、圣人的特异功能。这就带来两个问题。首先一个,就是这种功能到底存在不存在?老子作了完全肯定的表述,这就引起后世的误解、非议、抨击。我们前面作了一些仅供参考的评说。

紧接着第二个问题就是这种特异功能如何获得?对于这个千古不传之

秘，老子径直避开，不作正面回答，只从反面来说，"其出弥远，其知弥少"。这就是说，想证道见道，去向外求索，就"其出弥远"而"其知弥少"。

老子这里采用了他习惯的表述、论理方法——以反彰正。这"正"是什么呢？向内求，戒贪欲。这一至要之点，老子在全书中多次论及："常无欲"（第一章）、"不见可欲"（第三章）、"少私寡欲"（第十九章）、"不欲以静"（第三十章）、"圣人欲不欲"（第六十四章）、"孰能浊以止，静之徐清"（第十五章）、"致虚极，守静笃"（第十六章）、"不欲以静"（第三十七章）、"清静为天下正"（第四十五章）……

就这一个戒贪欲，守清静，何其难哉！许多修炼者终其一生也办不到！心猿意马，难系难缚！欲念如风，刚清静下来的湖面，"欲"风一吹，又涟漪泛起，波浪翻涌。所以老子问："孰能浊以止，静之徐清？孰能安以久，动之徐生？"这是需要恒久的功夫和达到极高境界的。

这一章老子主要是讲修炼的。"其出弥远，其知甚少"，主要是说修炼莫要外求，向外走得越远，知道的就越少。众多注解家批评老子是反对社会实践，这不能说是南辕北辙，起码是未及主旨。

其实，老子是重视社会实践的。第五十四章说："以身观身，以家观家，以乡观乡，以国观国，以天下观天下。"主张抓典型、解剖麻雀式的研究分析，难能可贵！

曾经编纂了《道藏精华集》、对道教有深入研究、且修行有素的萧天石先生在他的《道德经圣解》中说："能见天道，则万物皆可大

老子授经图　任伯年绘

同、大齐、大一，而无不合。分无可分，别无可别，物我一如，则一微尘中可见三千大千世界，一静观中可见无穷天地！以即心即道，即道即心；反求诸心即得。若不内守，而外驰于物，则物物不可穷尽，而理亦不可尽知。故曰：'其出弥远，其知弥少。'"

（三）是以，圣人不行而知，不见而名，不为而成。

本段世传本多同河上及王弼本。帛书甲本仅存"为而"二字，乙本存"而名，弗为而成"。

"不行而知"，对应"不出户，知天下"。古语云："秀才不出门，省知天下事。"何以知之？靠读书，学习，丰富知识。古语又云："要知天下事，须读五车书。"书本知识，有间接经验，也有直接经验。自古以来的诸多学问家、大成就者，都不是全靠自己的直接实践，而主要靠书本获得间接经验。"不行而知"是对应这一客观历史状况的描述和概括，并不是要反对社会实践。

"不见而名"，蒋锡昌说："'名''明'古虽通用，然《老子》作'明'不作'名'。二十一章'不自见，故明'，五十二章'见小曰明'，皆'见''明'连言，均其证也。"（《老子校诂》第301页）此句对应"不窥牖，见天道"。"见天道"之"见"，非用肉眼；而"不见"之"见"，指的是肉眼之"见"。"不见而明"，是说不用肉眼看而能"见天道"，"明"天道。"见小曰明"，是说能够进入微观境界，这极富现代科学意义。到第五十二章，我们再详论。

"不为而成"，是说圣人无为而治，行不言之教，因势利导，顺其自然，即能事遂功成，"百姓皆谓我自然"（第十七章），"辅万物之自然而不敢为"（第六十四章）。

主旨评析

萧天石云："本章在承上章，教人宜清心寡欲，无贪无求，无得而自足以常足之要旨，而重为光大广明之"，并以"见天道""为圣教，亦即为全章之神髓"。"老子本章，似为神通，而实非神通。修道人，即六通具足，神化万千，亦不以此惊世骇俗也。"（《道德经圣解》第404—405页）萧先生之言，即是本章主旨。

第四十八章

校订本

为学日益，为道日损。

损之又损，以至无为；无为而无不为。

取天下常以无事；及其有事，不足以取天下。

意译

学习，知识一天比一天增加；修道，情欲一天比一天消减。

消减又消减，一直达到无为境地；无为而无不为。

（君王、侯王）要取得天下民众的拥护，（邦国）须常常安定无事；等到因"有为而治"惹起事端，就不可能获得天下民心的归往了。

导读

（一）为学日益，为道日损。

"为学"，河上、王弼及大多世传本相同。竹简本作"学者"，帛书乙本、傅奕、范应元本亦作"为学者"。

"为学"，说事；"学者""为学者"，说人。但或事或人，都是说的"学"，意思没有根本性差别，不必依竹、帛二本改河、王二本。若改，又会发生"学者""为学者"选择之争，会越改越乱。

"为道"，帛书甲本残缺，乙本作"闻道者"。高明先生认为："二者必有一误。检之老子用语，多谓'闻道'，不言'为道'。如第四十一章：'上士闻道，勤而行之'，使其情欲日益消损，此当从乙本作'闻道者日损'为是。"高先生举第四十一章为例，实则是自我批驳。"上士闻道，勤而行之"，"行"即"为"，关键在"行"、在"为"。"中士闻道，若存若亡；下士闻道，大笑之"。中士是时为时不为，下士是"闻"而不为。这"闻"与"为"之差别何其大哉！只"闻"不"为"，何以能"日损"？

关于此句的释义，河上本有注曰：学，"谓政教礼乐之学也。日益者，情欲文饰，日以益多"，"道谓自然之道。日损者，情欲文饰，日益消损。"高明先生认为"其说诚是"，这实则是认可了河上本的"为道日损"。然而，他在阐发河上公的释义时还说："'闻道'靠自我修养，要求静观玄览，虚静无为，无知无欲，故以情欲自损，复返纯朴。"难道"静观玄览"的"自我修养"过程是"闻"而不是"为"吗？

高先生极力主张以帛书本改正世传本，但像这样连汉字的基本含义都不顾及的做法是不足取的。

"为学"与"为道"属于两种不同的人生态度、人生目标，其作法也有增、减之别。为学要知识"日增"，越多越好；为道要欲望"日损"，越少越好。老子这里倡扬"为道日损"，却并不贬低、排斥"为学日益"，这和第十九章的"绝学无忧"，不能完全等同。

（二）损之又损，以至于无为；无为而无不为。

"无为而无不为"，高明先生据严遵《道德真经指归》作"无为而无以为"，他反复论证，力主"无为而无以为"，"当为老子原本之旧"。

帛书此段甲本全残缺，乙本仅存"损之又损，以至于无"八字。竹简本却为"亡为而亡不为"，特别是《庄子·知北游》所引为："为道者日损，损之又损之，以至于无为，无为而无不为也。"竹简本、《庄子》都远早于严遵的《道德真经指归》，这说明高明的论据不足。他所说的乙本残缺之文应同严遵《指归》，属主观臆断。

高先生坚持"无以为"的理由还在于"若依今本作'无为而无不为'者，上下语义相为违背，足证今本有误"，"'无不为'与'恒无事'互不相谐"。（《帛书老子校注》第55页）

元 鲜于枢书

这关键在于对"无为""无不为""无以为"如何理解。

关于无为，我们在第二章已作了较为充分的讨论。无为，就是处事顺其自然，合乎天道人道，不违背客观规律，不强扭人民意志，功成事遂，民众"皆谓我自然"。无为，并不是什么都不作。即以本章为例，老子言"为道"，就是说"道"也要为，也要修。

"无不为"，是老子在第三十七章开头"道常无为而无不为"首次提出的。从老子的本意说，"侯王若能"像道一样守"无为而无不为"的信条，那就会"万物将自化"。"自化"就是"无不为"的过程和结果，不是按照侯王的意志，而是顺乎自然发展规律的变化。"无不为"并不是什么都要做。"道"生育万物，是"无为而无不为"，谁能说它没做或做了什么？"无为"和"无不为"二者相辅相成，并不矛盾。

同样，"无不为"与"恒无事"亦不矛盾，并非高明所说的"互不相谐"。这我们在诠释下一段文字时再详论。

（三）取天下常以无事；及其有事，不足以取天下。

整段，帛书甲本多残，乙本最后一句缺"不""下"二字。

"取"，不是经过战争"取邑""取国"的夺取之义，是得到、获取的意思。《楚辞·天问》："女歧无合，夫焉取九子。"老子不可能论及取邑、夺国的问题，更不会探讨如探囊取物，来之易与不易的问题。

"事"，指天子、诸侯的国家大事。《穀梁传·隐公十一年》："天子无事"。范宁注："事谓巡狩、崩葬、兵革之事。""无事"，实则指的是国泰民安。

"取天下常以无事"，意谓天子、诸侯要取得天下民心的归往，必须要邦国安定无事。"及其有事"，是说国家动乱，干戈四起，是"不可以取"得"天下"民心的归向和拥护的。

因此，老子告诫君王、侯王要"为道日损，损之又损，以至无为"，只有"无为"，才能取得"无不为"而天下大治的结果。"无不为"和"恒无事"是完全统一的。

主旨评析

这一章延续前一章的思想，由修身延展至治国，其核心突出一个"损"字，就是消减情欲、贪欲。"损之又损"，不断地消除减损，情欲、贪欲才能消磨殆尽，达到无欲无我的境界，无为而无不为，与道合契。君王、侯王治国，若能像修道者一样，清心寡欲，顺应天道、人道、民心，使邦国"恒无事"，就能获取天下大治而人心归顺。

第四十九章

校订本

圣人常无心，以百姓心为心。

善者吾善之，不善者吾亦善之，德善；信者吾信之，不信者吾亦信之，德信。

圣人在天下，歙歙焉，为天下浑其心。

百姓皆注其耳目，圣人皆孩之。

意译

圣人常无思无虑、无私无我，以百姓的心愿为心愿。

善人吾善待他，不善的人吾也善待他，是以德教化之善；讲信用的人，我信任他，不讲信用的人我也信任他，是以德教化的信任。

圣人在天下，小心谨慎地混同百姓的心，让他们素朴纯正，不分你我。

百姓都专注他们的耳目，各有心思，各用聪明，圣人却一视同仁，把他们都当自己的孩子一样看待。

导读

（一）圣人无常心，以百姓心为心。

世传本绝大多数为"无常心"，仅景龙碑、顾欢等个别传本为"无心"。帛书乙本及2009年1月11日，北京大学收藏了从海外抢救回归的一批竹简中的《老子》，均为"恒无心"，当属古本原貌。

从文义分析，"圣人无常心"与"以百姓心为心"是不相配的。"常心"，即平常心，也即平常百姓之心。圣人既无常心，可又说以百姓之心为心，这成什么话嘛？再作分析，"圣人无常心"，即说有不平常的心，却又说"以百姓心为心"，这些，事理、逻辑都是讲不通的。然而，二千多年来的诸多《老子》注解家，都认同了"无常心"的误传误读。说明老子文本的校订，十分必要。

高明先生对"今本作'圣人无常心'者皆误"有精到的剖析：

……按老子一贯主张"知常"和"常知"，第十六章"知常曰明，不知常妄作，凶"；第六十五章"常知稽式，是谓玄德"。"知常曰明"与"常知稽式"意义相近，皆谓深知自然永恒之法则。若"圣人无恒心"，焉能达到如此之境界？此句经文显然是今本有误。

河上本注曰："圣人重改更，贵因循，若自无心。"说明河上本原来为"无心"，而非"无常心"。但河上的诠解却不能令人满意。

这两句可从两个层面来理解：

第一层面，"圣人常无心"从修炼的角度讲，无思无虑无贪欲，即道家的虚无，佛家的性空；从治世的角度讲，即无为。任凭百姓自思、自作、自化，一任顺其自然；功成事遂，"百姓皆谓我自然"。

第二层面，是说圣人无私无我，完全按照百姓的心愿和需求办事，犹如毛泽东所提倡的"完全彻底为人民服务"。

当然，这些都是非常高的、理想化的标准，一般人很难做得到。但老子却期望君王、侯王能够做到。尽管老子的希望总是落空，然而仍对千秋万代的执权柄者有现实的镜鉴意义。

（二）善者吾善之，不善者吾亦善之，德善；信者吾信之，不信者吾亦信之，德信。

这一段将几个关键字的意蕴搞清楚，整段的文义就情通理顺、明白晓畅了。

此处之"善"和"不善"为善、恶之善（《易·坤》"积善之家，必有庆馀"），不能作亲近解。"善者"，指好人；"不善者"，指不好的人，或恶人。

老子在第二十七章说："圣人常善救人，故无弃人。"正因为"无弃人"，所以他对"不善者吾亦善之"。两个"善之"之"善"，是交好、善待、友善（《吕氏春秋·贵公》"夷吾善鲍叔牙"）的意思。

对"善"和"不善"同等对待，这是从教化和救度的角度说的。并不是老子是非不分，善恶不辨。仅从"善"与"不善"之分，就可断定他将善、恶看得很清。只是像佛家一样，"众生平等"，善待坏人恶人。这是人生的至高境界，意在消泯人间的矛盾冲突，化干戈为玉帛。尽管这种理想实现起来十分困难，但作为人类的终极目标，由老子这样的圣人来倡导、呼唤，意义非常重大。

"信""不信"之"信"，是诚实、守信用。《论语·学而》："与朋友交而不信乎？"《左传·宣公二年》："贼民之主，不忠；弃君之命，不信。"

两个"信之"之"信"，作信从、相信解。《尚书·汤誓》："尔尚辅予一人，致天之罚，予其大赉汝。尔无不信，朕不食言。"

"德善""德信"，河上、王弼等本同。傅奕、景龙碑、严遵等本"德"作"得"，帛书甲本多残，乙本"善者"句多残，但"信者"句完好，为"德信"。按说应以"德"为是。

然而，近现代注家绝大多数趋从"德"假借为"得"，如蒋锡昌、张松如、萧天石、任继愈、陈鼓应、高明、刘笑敢、刘兆英等。朱谦之不置可否，唯高亨认为："德、得古通用，今依德字作解。德，品德也。"高先生将"德善"译为"于是一个时代的品德就将同归于善良了"。

笔者认为，"德"在这里是修饰"善"和"信"的。即德教、德化之善、之信，表示一种人生品格和境界。王弼在"德善"后注曰："无弃人也。"即言"德善"是"无弃人"之善。

《礼记·月令》："（孟春之月）命相布德和令，行庆施惠，下及兆民。"郑玄注："德，谓善教也。"又《易·乾卦》："夫大人者，与天地合其德，与日月和其明。"姚配中注："化育万物谓之德，照临四方谓之明。""德"在这里特指天地化育万物的功能。

老子说"善者吾善之，不善者吾亦善之"，不是从结果说的，而是要说他这样做的作用和目的，在于救度、教化，故而用"德"不用"得"。一部《道德经》，突出的就是道和德。老子这里正是要宣扬圣人的无上品德的。

最后一个关键字是"吾"的有无。世传本今皆有"吾"字，既往注家对此无讨论。帛书出土，甲本存"善者善之，不善者亦善之"；乙本存"信者信之，不信者亦信之，德信也"。说明甲、乙二本皆无"吾"字。据此，高明先生认为："从经文内容分析，老子所言乃无欲、无争之道义，非谓为人处世之态度，因而'吾'字在此，而将老子讲述'得善''得信'之意义缩小。此当从帛书为是。"刘笑敢认同此判。

笔者以为，若无"吾"字，这段话的意味、分量大减，完全成为一个一般要求、告诫的陈述句，别人能做到就好，做不到也就那么回事了。显得颇为平淡。

可是，若有"吾"字，意味大变。老子毫不含糊地说我就是这么做的，其倾向性、肯定性十分鲜明强烈，这是一种"德善""德信"，其感召作用影响力不言而喻。老子此章所说的"圣人"也会这么做。

有了"吾"字，增加了许多感情化、文学化的色彩及"德教""德化"的分量。

（三）圣人在天下，歙歙，为天下浑其心。

河上本作"怵怵"，王弼本作"歙歙"，傅奕作"歙歙焉"，还有一些传本作"惵惵"，帛书乙本作"欲欲焉"，楼观古本作"蝶蝶"。

以上六种，从字义可归纳为三类：怵、惵，为恐惧貌；歙、欲，皆为吸气、吸吮貌；蝶蝶：多言貌。

为什么不同传本有这么多不同？而且字形多不相近，误笔错抄的可能性基本不存在。只能是传抄者根据自己的理解推断而随意更改。他们推断的依据是什么？我想，大概与第十五章的经文有关。

"豫兮若冬涉川，犹兮若畏四邻，俨兮其若容，涣兮若冰之释，敦兮其若朴，旷兮其若谷，混兮其若浊。"

"古之善为士者，微妙玄通，深不可识"，有这么多不同的状貌。说明古代的有道之士，放浪形迹，不拘一格。后来的一些传抄者，根据自己的见闻来理解甚至或想象圣人的心态、状貌，于是就有了上述诸多的差别。这就为我们判定那个为《老子》原本之旧，造成极大困难。因此，我们也只能根据文义和老子的用词习惯作推断。

第三十六章"将欲翕之，必固张之"，"翕"，王弼本作"歙"。此章，王弼本作"歙歙"，并注之为"心无所主"，与"浑其心"相应相合。又与帛书本"欲欲焉"义同，当以王本为是。

对于"歙歙"，一些注家，所见不同。蒋锡昌认为是"俭啬无欲貌"，张松如说是"不敢强为"，任继愈解为"谐和的样子"，陈鼓应说是"收敛意欲"，高亨注为"犹急急也"；高明据《正字通》"歙，合也，与翕通"，是"合貌"；《汉语大辞典》释为"无所偏执貌"，等等，众说纷纭。到底以何说为是？这必须将此章的前后文贯穿起来，才能作出准确判断。

我们先看后文"为天下浑其心"的意蕴：浑，应为浑和，混同。《关尹子·二柱》："浑人我，同天地。"用关尹子的话来解老子的浑其心，最为恰当。天地人我，其心浑一，纯然不杂，不分彼此，众生平等，故"善者吾善之，不善者吾亦善之，德善"。"歙歙焉"应是圣人本着"德善"的宗旨，"为天下浑其心"的心态和神态的描状。

《说文》："歙，缩鼻也。"人在吸气时缩鼻。歙歙连用，是一种抑制呼吸的屏气、屏息状态。《论语·乡党》："摄齐升堂，鞠躬如也，屏气似不息者。"《列子·黄帝》："尹生甚作，屏息良久，不敢复言。"这是描状谨慎恐惧的样子。这和第十五章"豫兮若冬涉川，犹兮若畏四邻"，极其相像。这里老子通过动作的描写，十分形象地表现圣人"为天下浑其心"谨慎小心、唯恐出现什么差错的心态和神态，给枯燥的论文，增加了些许趣味性、文学性。

（四）百姓皆注其耳目，圣人皆孩之。

"百姓皆注其耳目"，王弼今本无此句，《道藏》本有。帛书甲本作"百姓皆属其耳目焉"，乙本仅存"皆注其"三字。"属"同"注"。蒋锡昌说"犹今语所谓注意也"。整句意为"百姓皆注意使用耳目体察世情，以智慧判断是非，犹若王弼注云：'各用聪明。'"（高明《帛书老子校注》第63页）

"圣人皆孩之"，"孩"，有的传本作"咳""骇"等。到底何者为是？帛书甲乙本残缺，无法确认。高明先生说："旧注多谓圣人怜爱百姓，而以无识无知之孩婴养教之；或如陈鼓应云：'有道的人使他们都回复到婴孩般真纯的状态。'而将各本之'孩'……'咳''骇'，均视为'孩'字。"

高明先生不同意旧注和陈鼓应的诠解。他据高亨的引证，《说文》"阂，外闭也"，以"孩"为"阂"，"即谓闭塞百姓耳目之聪明，使无闻无见也。此老子之愚民政策耳。"

不论旧注、陈鼓应之作"孩"，高亨、高明之作"阂"，其诠解都没有切中老子的真义。

老子这句是承接上文，无论是善者、不善者，信者、不信者，还是"注其耳目""各用聪明"者，圣人都小心翼翼像对待自己的孩子一样，怜爱、教化、德化，使他们混同一心，素朴纯正，而无有被舍弃不管的人。

故而，作"孩"并按其本义解释为是。

主旨评析

这一章老子集中讲他普世救度的思想，近于墨子的"兼爱"，反对的是儒家的"爱有等差"，而与佛家的众生平等、"放下屠刀立地成佛"基本相同。高亨说此章为政治论，又和任继愈一样说老子在宣扬愚民政策，实则是误解、错解。

第五十章

校订本

出生入死，生之徒十有三，死之徒十有三。

人之生动之死地十有三；夫何故？生生之厚也。

盖闻善摄生者，陵行不避兕虎，入军不被甲兵；兕无所投其角，虎无所措其爪，兵无所容其刃；夫何故？以其无死地。

意译

人由出生到死亡，能顺应自然正常地走完人生旅程的大概十人中有三人，非正常死亡的大约十人中有三人。

而滋生妄动心念走向死亡之地的也十人中有三人；为什么呢？因为后两种人贪生怕死，求生的欲望太重，延寿的方法不当造成早夭。

听说善于养生的人，在山陵地带行走不避兕不避虎，进入兵阵刀枪砍杀不到身上；兕牛用不上它的抵角，老虎用不上它的爪子，兵士用不上他的利刀。为什么呢？因为寻找不到致死他的地方。

导读

（一）出生入死，生之徒十有三，死之徒十有三。

"出生入死"，各本皆同。人类出世为生，入土为死。出生入死，犹言从生到死，指人活着的这一辈子。二、三句之两个"十"，敦煌乙本作"什"。

"徒"，马叙伦曰："《说文》无'涂''途'二字，盖'徒'即'涂''途'本字也。"这样，"徒"作途径、道路解。后两句意谓：走向正常生存道路的人大概十个里有三个，走向非正常死亡道路的人亦十个里有三个。

一般将"徒"作"人"或"同类人"解。意思是说：一直正常生存的人"十有三"，死于非命而夭亡短寿的人"十有三"。

二解皆通。但从文法看，后者较佳。

"十有三"，是约数，概率，不等同于现代数学的十分之三，或三分之一，因为这些是确数。

（二）人之生动之死地十有三；夫何故？生生之厚也。

关于此段，高明先生认为"今本有多种句型，彼此出入很大，并自相矛盾。各家注释亦多不相同"，"此文当从帛书甲、乙本"："而民生生，动皆之死地之十有三。夫何故？以其生生也。"

傅奕、范应元本亦重复"生生"。

绝大多数世传本同河上及王弼本。后世注家，多将"人之生动之死地十有三"从"生"字后断开。这样此句的意思就成为：人"为了活着而不免陷入死亡的机会"（任继愈，将"动"作往往、经常解），"人本来可以活得长久，却自己走向死路"（陈鼓应）。一般均对"动"字无解，只译大意，落实不到字词上。

其实生、动二字应该连续，但不是文学中"形象生动"之"生动"。"生"在这里作动词，是滋生、产生。"动"为妄动、乱动，违背自然之动。《老子》第十六章云："归根曰静，是谓复命。"静才能复命，所以他说滋生动念"而之死地"。第二个"之"字作动词，"走向"的意思。整句的意思是：人因滋生妄动之念走向死亡之地的十个人中有三个。是什么原因呢？是"生生之厚"。

"生生"有些解作"养生"，现代人如高亨、蒋锡昌、刘兆英等。

还有一些人解作迫切要求活着、求生过度、追求长生、过分地尊奉生命，等等。

前者比较切近老子的本义。"生生"，《易·系辞上》："生生之谓易。"孔颖达疏："生生，不绝之辞。"《易》之"生生"是生生不息，繁衍不绝。《老子》这里是养生之意，第一个"生"是动词。"之厚"，是说把求生看得过重，于是就产生贪生怕死的心理，追求"长生"，厚身奉养，服食药饵，这就是老子所批评的"滋生妄动"，盲目采取诸多违背自然的延长生命的方法，适得其反而"之死地"。

高明认为：生生"一词，即表达厚自奉养之义，后人不解，故妄增'之厚'二字。实属画蛇添足，多此一举，当据帛书甲、乙本订正"。

根据我们上文的分析，"生生"并不包含过分之义，"之厚"二字应予保留。高先生说"王弼谓'而民生生之厚'一句，则引自今本"。然《道藏》王本注文两次出现"生生之厚"语句，说明高先生"引自今本"的文字不确。

高先生将"生生"解作"厚自奉养"，若此，帛书本的"而民生生，动皆之死地之十有三"就难以解通了。"生生"，已经说清楚了"厚自奉养"，后面的"动"字，显系多余。故而，高先生所说的"此文当从帛书甲、乙本"就

174

难以成立。

河上、王弼等世传本"人之生"，帛书为"民生生"，有些注家认为"人"是因唐代避"民"而改。考《老子》全书，用"人"之处很多。此章当为"人"，而非"民"。"民"之所指不包括君王、侯王。但老子批评"生生之厚"一个重要目标正是君王、侯王，怎么能以帛书为据而改河上、王弼等世传本呢？

（三）盖闻善摄生者，陆行不遇兕虎，入军不被甲兵；兕无所投其角，虎无所措其爪，兵无所容其刃；夫何故？以其无死地。

第一句世传本各本同，唯帛书本"摄"作"执"。高明先生从音韵角度考释，认为"摄""执"古音相同通假。

"陆行"，高明据《说文》"陆，高平地"，"陵，大阜也"，认为"兕虎猛兽，当处山陵，不处大陆，此当从帛书'陵行不避兕虎'。"言之有理。

"遇"，明太祖、严遵本作"避"，萧天石先生认为"避有防范之意，于下文被字相对，较佳"。此说颇有见地。帛书乙本正作"辟"。《墨子·辞过》"室高足以辟湿润"，即避免、防止的意思，通"避"。如作"遇"，根本就不存在"投其角""措其爪"的问题，后面两句也就没有存在的必要了。因为根本"不遇"兕虎，还"投"个什么，"措"个什么。

"兕"，朱谦之谓："兽名，犀之雌者。《尔雅》云：'形似野牛，一角，重千斤。'《淮南子·墬形训》'南方之美者，有梁山之犀象焉'，高诱注：'梁山在会稽。长沙湘南有犀角象牙，皆物之珍也。'《山海经》云：'兕出湘水南，苍黑色。'老子楚人，故以兕为喻。"（《老子校释》第201页）

"陵行不避兕虎"，义为善摄生者在丘陵之地行走时即使遇见兕虎，他们也不躲避。为什么？"兕无所投其角，虎无所措其爪"。

"投"，有作"驻""注"者，帛书甲本作"楬"，高明认为这些字"古同音相借，王本用本字，其他皆为借字"。蒋锡昌曰："《说文》：投，擿也。"《汉语大词典》释"投"为"用"，曰："《盐铁论·世务》引此，投作'用'。后多称用药治病为'投'。"此说最为合理。兕为独角，用以牴人。然遇见"善摄生者"，角无所用，故而老子说"兕无所投其角"。

"措"，范应元本、《释文》作"错"，蒋锡昌认为"当据改"。然而帛书甲本作"楬"，为"措"之借字。《易·系辞上》："推而行之谓之通，举而措之天下之民谓之事业。"高亨注："措，施也。"后世措、施连用。措应作施行、运用解。"虎无所措其爪"，是说"善摄生者"，陵行即使遇见老虎，老虎也有爪无所用，故而"不避"。

后世将"避"改为"遇"，皆因"不避"兕虎，神乎其神，难以置信，即予之妄改。老子这么说，信不信由你，不必妄加篡改。

"入军不被甲兵"之"被"，蒋锡昌、高明等人皆言"河上本作'避'，均因音近而误"。其实本书所依之《道藏》河上本为"被"。蒋锡昌说《广雅·释诂》："被，加也。"河上本注"兵无所容其刃"曰："兵刃无所加也。"就是说"善摄生者"，进入兵阵，士兵之刀锋箭刃，加被不到其身。这当然是一般人难以置信的神奇现象了！

老子设问："夫何故？"他的回答是："以无死地也。"

因为这里牵扯到了神异现象，历代注家的诠解多有不同，我们录出几种，供学人研究探讨：

《韩非子·解老篇》曰："圣人之游世也，无害人之心，则必无人害；无人害，则不备人。"这是从德行、德化方面说的。

严遵在《道德真经指归》卷九中说："摄生之士，超然大度，卓尔远逝，不拘于俗，不察于世，损形于无境，浮神于无内，不以生为利，不以死为害，兼施无穷，物无细大，视之如身；无所憎爱，精神隆盛，福德并会，道为中主，光见于外，自然之变，感而应之，天地人物，莫之能败。……神气相通，伤害之心素自为废……夫何故哉？声响相应，物从其类，兕虎不加无形，而五兵不击无质。摄生之士，贼害之心亡于中，而死伤之形亦亡于外也。"（《道藏》第12册第360页）这是从物人感应，性灵相通的角度说的。

王弼曰："善摄生者，无以生为生，故无死地也。器之害者，莫甚乎兵戈；兽之害者，莫甚乎兕虎。而今兵戈无所容其锋刃，虎兕无所措其爪角，斯诚不以欲累其身者也，何死地之有乎？……故物苟不以求离其本，不以欲渝其真，虽入军而不害，陆行而不可犯也。赤子之可则而贵，信矣。"（《道藏》第12册第284页）

王弼的诠解为：修道者视生为无生，不离本真，不会受害于兵戈兕虎，故而"无死地"。当代人高明认同这种观点，"因其修道务本而不入死亡之途"。这种观点与韩非子的德行德化说相通。

苏辙说："圣人常在不生不死中，生死且无，焉有死地哉？"

苏辙之后，一些注家赞成其说，予以引用。萧天石认为"其说得之"。

宋徽宗说："《易》曰：'通乎昼夜之道，而出入于死生之机者，物莫不然。'知死生之说而超然通乎物之所造，其惟至人乎？"（《道藏》第11册第871页）

王元泽曰："无死地者由其无生，彼无生者湛然常生而不自生，故未尝死未尝生，道至乎此。则虽其形有禅，而神未尝变，安得死乎？此中国之神圣，

而西方之佛也。……所有摄生必至于此，然后生常存也。"（《道藏》第13册第905页）

对于老子此章所涉及的神异现象，现当代一些注家大多予以回避而含糊其辞，如蒋锡昌说："养生之道奈何？曰：在于'少私寡欲'（十九章）而已。"高亨说："他主张人要避危险，保卫身体。"陈鼓应说："无死地"是"没有进入死亡的领域"。

也有直面老子真义的注家，如张松如引用《庄子·达生》一大段话后说："醉人全于酒，圣人全于天。全于天，依着天道行事，则外患不能入。"依着天道行事，发人深省，意味深长！

任法融对此作了颇为详细的解说，我们摘录几段：

闻知精于养生之道的人，十分中只有一分。他们恬淡无为，少私寡欲，心地善良，体性圆明，物我一体，无所不容，大慈大悲，毫无恶念。由于他们德行极高，且有善良的精神信息感应于外，或因练功已达上乘功夫，具有某种特异功能可以控制身外生命的意念及行为，……

有的住在深山密林中，功夫很深的人，终年与野兽打交道，但从未受伤残。

据《楼观先师碑石》载：魏废帝时，有张法乐隐居耿谷，乐道忘怀，尝有猛虎造室，恬然不顾，亦不加害，养奇禽千计，呼皆就掌取食，了无惊猜。魏文帝时，真人陈宝炽，密行于楼观，抱负弘阔，人莫能窥，出入山间，时见白虎训逐，因此文帝招访治理之道，并问驯虎之术，对曰："抚我则厚，虎犹民也；虐我则怨，民犹虎也，何术之有？"自原始时代，人心淳朴，性体清净，无含无欲，人与兽同居而互为相助，人无猎兽害命之心，兽亦无反伤人之举。此后由于人的情欲动、贪心起，欲猎兽以满口福，于是，禽兽与人结下了不可解的怨仇，故始有人害兽而兽伤人往还之报。这是一种精神信息的感应现象，并无神秘之处。（《道德经释义》第215—217页）

主旨评析

此章分两层，第一层通过数字比较着重指出"十有三"者，由于将生死看得太重，过分追求延长生命，但由于人生态度和方法不当，只向外求，生活厚养，或服食药饵，像秦始皇一样寻找仙丹妙药，反倒走向死亡之地。第二层主要描状"善摄生者"所达到的一种至高境界，从而获得"无死地"的效果。老子这里没有指出方法和途径，而着重强调"善摄生"的重要，让人们在他书中其他章节中去寻找，这也是老子行文之妙。

第五十一章

校订本

道生之，德畜之，物形之，势成之，是以万物莫不尊道而贵德。

道之尊，德之贵，夫莫之命而常自然。

故道生之，德蓄之，长之育之，亭之毒之，盖之覆之。

生而不有，为而不恃，长而不宰，是谓玄德。

意译

道产生万物，德畜养万物，万物各以不同的种性形成不同的状态，外趋内动之势使它们发展成熟。因此，万物对道没有不尊崇的，对德没有不珍贵的。

道之所以受到尊崇，德之所以受到珍贵，并没有谁下命令，道尊德贵也好，万物尊崇珍贵也好，这一切都是长久地自然而然这样。故而，道生万物，德养万物，在道和德的生养下，万物成长发育，达到平衡安定的稳定状态，以至盖藏覆灭，始而覆，覆而反，不断循环。

其间的主宰者道，产生了万物而不占有万物，有值得万物尊贵的作为，但却不恃功骄傲，长育了万物却不作万物的主宰，这种崇高节操和品性，叫做道之德、天之德、玄妙无比之德。

导读

（一）道生之，德畜之，物形之，势成之，是以万物莫不尊道而贵德。

这一段河上、王弼本相同，其他传本有"势"作"熟"者，显误。有将"万物"作"圣人"者，与后文不相应。有的传本无"莫不"二字，同帛书甲、乙本。

对内容影响颇大的是世传本之"势"，帛书甲、乙本皆作"器"。《老子》原本到底应该是哪个字，我们必须仔细辨析。

帛书出土之前，各家均按"势"解。出土之后也有按"势"解者，以陈鼓应为代表，论之甚详，言之成理。陈先生列举了三种说法：一是蒋锡昌的"环境说"——"'势'，指各物所处之环境而言"；二是陈柱的"力说"——陈鼓应又将其分为"外在的"自然力（同于"环境说"）和"内在的势能"；三是林希逸、严灵峰的"对立说"——"势则有对"，"彼此相资，互为利用"。（《老子注译及评介》第261—262页）

总归以上三种说法，势，即是外趋内动。这几近于马克思主义哲学的外因、内因说。势，有其值得深入研究的哲学内涵。

然而，自从帛书出土以后，一些注家认为"势"应为"器"：

张松如说："'器'就是器械，就是工具。万物各因'物'赋形，而又由'器'以成之也。"（《老子校读》第293页）

高明说："《周易·系辞上》'形乃谓之器'，韩康伯注：'成形曰器。'皆'形''器'同语连用。从而可见，今本中之'势'应假借为'器'，当从帛书甲、乙本作'器成之'。"

刘笑敢附和高说，认为"比较起来，帛书本'道、德、物、器'的排列更符合从高到低、从抽象到具象的逻辑关系"。

笔者可以十分肯定地说，张、高、刘的判断是错误的。"势成之"是讲大自然界的万物在道和德的生成化育过程中的外部环境的驱使作用以及内部质之构成的运动演化作用。这里的"势"是对自然界的万物生成起因、过程、规律的发现和描述，其哲理之深刻、意义之重大和深远，令人惊叹不已！若作"器"，不只和全章主旨无涉，而且读之、品之，令人顿觉意味索然！

王弼说："凡物之所以生，功之所以成，皆有所由。有所由焉，则莫不由于道也。故推而极之，亦道也。随其所因，故各有称焉。"

王弼所说的"凡物"，是指"莫不由于道"之"所因"而生成的自然界的万物，包括"人"。当然，从广义来说，也属于"器世界"。但此"器"，绝不等同于由人按自己的需求、喜欢用工具、器械所制造出来的器具、物品。这里我们必须将自然界生成之"器"与人工制成之"器"严格区别开来。

刘笑敢先生的"从高到低"之说，很明显"物"是指自然界生成之物，"器"则指人工制成之器。这个"器"怎么能说是"道生之，德畜之"呢？

故而，若将"势"作"器"就远远地离开了本章的主旨。仅就"器"的内涵，如上所述，就将问题搞得很复杂，那里还能突出道之德性、品格——"玄德"的主旨呢？

畜，养育也。《诗经·邶风·日月》："父兮母兮，畜我不卒。"

形，在这里作动词用，是说各样不同的物体生成不同的形状，即随物赋形。

成，完成、成功。《诗经·大雅·灵台》："庶民功之，不日成之。"

"是以万物莫不尊道而贵德"，此句有将"万物"作"圣人"者，不合本章文义。

（二）**道之尊，德之贵，夫莫之命而常自然。**

世传本有的个别字与河上、王弼本有差异，如"命"作"爵"，帛书本除"爵"字外，各句后均有"也"字。

据蒋锡昌先生统计，有37种传本作"爵"。加上帛书，有38种。

蒋先生认为第三十章有"民莫之令而自均"句，与此文"夫莫之命而常自然""谊近，'莫之命'即'莫之令'，'自然'即'自均'。可证'命'作'爵'者，决非古本，于谊亦难通也。"

高明先生引用朱谦之、纪昀、成玄英的论证认为："'爵'字在此作动词，有'封爵''赐爵'之意。""此之谓道德所以尊贵，非为世俗所封之品秩爵位，她以虚静无为，任万物之本能，按照自然规律而发展。此之尊贵，亦非世俗、品秩、爵位所能比也。"

其实，这几句是紧承"万物莫不尊道而贵德"的意蕴，是说"道之尊，德之贵"并没有谁给"万物"下命令，而是恒久地自然而然形成、存在，万物也恒久地自然而然地尊道、贵德，根本不需涉及世俗品质爵位的问题。故而，以蒋说为胜。

（三）**故道生之，德畜之，长之育之，亭之毒之，盖之覆之。**

帛书本及有的世传本无"故"字，"畜之"前无"德"字，"成之，熟之"为"亭之，毒之"。傅奕及范应元本"养之"为"盖之"。

有"故"无"故"，都不影响文义的顺延；有"故"，前后衔接更紧密。因为"道之尊，德之贵，夫莫之命而恒自然"，故而"道""德""恒自然"地生、畜、长、育万物。

"畜之"前到底应有"德"还是不应有"德"，刘笑敢认为：

> ……传世本显然是根据本章第一段的内容将"畜之"改为"德畜之"，以求一致，却造成了本段文义的改变。按照传世本，"德畜之"以下"长之、遂之、亭之、毒之……"的主语都是"德"，而帛书本的主语自始至终都是"道"。按照传世本，"道"的作用和"德"的作用分成两截，不合老子的基本思想。帛书本这一段"道生之，畜之，长之，育之……"与第一段"道生之，德畜之"形式上似乎不一致，但内容上毫无不妥，因为"德"的作用实际上就是"道"的功能的体现。

其实，"德畜之"以下"长之、育之"等的主语，是"德"与"道"两者。道与德不能截然分开。德是道的性能，二者是同时存在的。道是凭借着她的德性畜养、长育万物。如果按照刘笑敢的说法，取掉"德"字，只以"道"作主语贯通"长之、育之"等，那就是说万物在"畜之、长之、育之"等的全过程中不需要"德"起作用。那么"道"的德性怎么体现呢？

"道"的德性体现不出来，最后怎么能得出"是谓玄德"的结论？

河上本的"成之，熟之"，王弼本为"亭之，毒之"，二者谁为古本之旧？高明先生论证详实有理，照录如下：

> ……第一章"有名万物之母"，王弼注云："及其有形有名之时，则长之、育之、亭之、毒之，为其母也。"可见王弼所见《老子》作"亭之毒之"，不是"成之熟之"，与河上本不同。帛书甲、乙二本同作"亭之毒之"，足证老子原本即当如此。……从文义分析，"长""育"而谓体魄，"亭""毒"而谓品质，"养""覆"则谓全其性命耳。

关于"养之"，易顺鼎曰："《初学记》卷九、《文选·辨命论》注并引《老子》曰：'亭之毒之，盖之覆之'……'养之'当从所引作'盖'，亦因形近而讹。"又马叙伦曰："《老子》本作'故道生之，德畜之，长之养之，亭之毒之，盖之覆之'。"蒋锡昌亦曰："'养'当从易说作'盖'。十五章王注'蔽，覆盖也'。即据此文'盖之覆之'而言，亦其证也。"

笔者认为，"养之"与前面的"畜""育"义同，重复，又与"覆"不相配，任法融道长说，"万物的生长成藏皆由'道'和'德'造成"。

"盖之覆之"故应作"盖之"。指宇宙万物生、长、成、藏四个阶段中的"藏"。古代诗文中盖藏、盖覆常连用。如《礼记·月令》："（孟冬之月）命百官，谨盖藏。"唐元稹《酬郑从事四年九月宴望海亭》："忆年十五学构厦，有意盖覆天下穷。"

佛家有成、住、坏、空之说。成之熟之，相当于"成"；亭之毒之，相当于"住"；盖之覆之，近于坏灭；因为"覆"有覆灭和走向反面的意蕴。

老子这里极其深刻地指出宇宙万物的生、成、住、灭的必然过程和结果，莫不根源于道和德。

（四）生而不有，为而不恃，长而不宰，是谓玄德。

此段与第十章重出，解释同前。一般认为，第十章是以此章经文作注解而增入。高亨先生说："弄得文意不完备"。（《老子注译》第28页）

此段在本章是不可没有的重要部分，归结"道"的品格、德性是"玄德"。

主旨评析

本章主要是阐发道和德在宇宙万物生、成、住、坏发展变化过程中的作用，从而展现道与德的性能和高贵品格，提出了又一个创新概念——玄德，揭示了道与德的关系，将"德"论推向了制高点，同时揭示出了万物演化的必然过程和客观规律，颇具哲学和科学的研究价值，使我们看到老子这位屹立于东方的哲人，其思想的深邃和形象的高大无与伦比。

第五十二章

校订本

天地有始，以为天下母。

既知其母，以知其子；既知其子，复守其母，没身不殆。

塞其兑，闭其门，终身不勤；开其兑，济其事，终身不救。

见小曰明，守柔曰强，用其光，复归其明，无遗身殃，是谓习常。

意译

天地有本始，是天下万物的母亲。既知天地是万物之母，也就知道万物是天地的儿子。

既然知道万物是天地的儿子，又能守住万物的母亲，就会直到死亡也不会遭遇危险。

堵住你的眼，闭住你的口，一辈子都不要勤用它们；如果睁开了眼，张开了口，勤于应事接物，那就会到老死也不可救药。（老子强调修炼，这对世俗社会是不适用的。）

修炼到能看见构成万物的细小微粒，才算真的修到了明白四达的境地。守道要守柔守静，这才是真正的刚强。用道之光，复归于道之光明，给自身不遗留灾殃，这就叫做因顺常道，习以为常。

导读

（一）天地有始，以为天下母。

绝大多数传本"天地"作"天下"。第四十章说"天下万物生于有，有生于无"，万物和"始""无""道"的关系之中间环节是"天地"这个"有"，要直接说"始"以为天下万物之母，是不确切的，因为傅奕等本"以"字前有"可"字，即言"始""可以说为天下万物之母"。这样不论是文法还是逻辑关系，都情通理顺。说"天下"是"天下"之母，讲不通。

有的传本"天下"作"天地"，则"以"字前不能有"可"。因为天地这个"有"，本来就是万物之直接生母，没有什么可以不可以的问题。按理说，"天下"作"天地"最确切。萧天石先生认为"各本皆作'天下'，误。由首章'无，名天地之始；有，名万物之母'，可证"。

大多传本及帛书甲、乙本皆为"天下"，显误，必须校订。

（二）既知其母，以知其子；既知其子，复守其母，没身不殆。

老子反复申述母与子，即道与万物的关系，强调一个"知"字，是要人们搞清楚这二者之间的关系，然后落脚到"守"字上，叫人们不要本末倒置，丢失根本，这样才能"没身不殆"。殆，这里作危险解。

蒋锡昌认为：第三十七章"道常无为而无不为，侯王若能守之，万物将自化"，"亦此义也"。其实，不只是侯王要守道，即使天下万民，人人皆需守道。如果人人都具备了道的品格、德性——"生而不有，为而不恃，长而不宰"，将会自然而然形成一种和谐的社会关系，哪里还会有危险可言呢？

（三）塞其兑，闭其门，终身不勤；开其兑，济其事，终身不救。

这一章老子主要是讲修炼的，河上的注释较切近经义。"兑，目也。目不妄视。"兑，可以指口，因为"兑为泽"，象"说也"。兑是"说"字的一半。但"阅"字里亦有"兑"，说它为"目"，也切中高诱"兑"为"耳目鼻口"之训。

门，河上曰："口也，使口不妄言。"《管子·心术上》："洁其言，闭其门。"尹知章注："门谓口也。"

目不妄视，口不妄言，神不外驰，保精养气，这是道家和佛家静修的一种练功状态。

下面一句"终身不勤"是指目、口而言，并非河上所说的"身不勤苦"。这里丝毫没有反对劳作和"使民无知无欲""不劳而理"的意向。

"开其兑"之"开"，帛书甲、乙本均为"启"，因避汉景帝讳改"启"为"开"，二字义同。此句之"兑"，既指目，亦指口，用"泽"或"穴"义。

"济其事"之"济"，《尔雅·释言》："济，益也。"河上认为是"益情欲之事"。对于修身养性者来说，"情欲之事"，损精耗神。若纵欲无度，精竭神散，离道丧本，必然"终身不救"。"不救"即不可救药。

奚侗说："开其兑，则民多智慧；益其事，则法令滋彰；天下因以燔乱（炫惑扰乱），终身不能治也。"这种扩而大之联系到社会治理的说法，是因为没有仔细体味"终身"二字。"终身"，显然指人而言。老子此章四次用"身"，很明显侧重点在于谈论修身之事。像蒋锡昌、高明等学者认同奚侗的观点，将"塞兑""闭门"与愚民挂钩；任继愈又说老子是"不要知识，不要干什么事业"，……这些，都是对老子此章的误解。

（四）见小曰明，守柔曰强，用其光，复归其明，无遗身殃，是谓习常。

如何理解这里的"小"？老子书中用"小"字十处，五处为"小国"（第六十一章四处，八十章一处），一处为"小鲜"（第六十章），一处为"大小"（第八十章），都没有特殊的内涵。第三十二章"道常无，名朴，虽小"，及本章的"见小曰明"的"小"，不是一般"大小"的小，具有独特的深刻意义。

《管子·心术上》："道在天地之间也，其大无外，其小无内。"《关尹子·八筹》里也有"其大无外，其小无内"的论说。佛家又有"芥粒之中有三千大千世界"之说。

"三千大千世界"，是言宇宙之广阔无边。根据天文学家的观测研究，确认银河系中，像太阳这样的恒星有一千亿颗之多，而银河系之外还有许许多多类似银河系的星系。真是天大无边，其大无外呀！天文学家用最现代化的望远镜，望出去100亿光年那样远，也还没有看到边。（光年是个什么概念？一光年是946080000万公里。）

再说"小"，一切物质是由分子构成的，是物质的最小微粒，分子，人的肉眼已经看不到了。分子再分割就是原子。现代科学发现原子有109种。原子是由中间一个原子核和外面围绕它旋转的电子组成。如果把原子放大到十层楼那么大，原子核只有黄豆那么大，围绕原子核旋转的一个或几个、十几个电子仅有微粒那么大，原子内部，空空如也。原子核里有质子、中子等粒子。再分割是所谓的基本粒子。现在已发现有900多种基本粒子。……再分割下去的那些粒子，"寿命"通常只存在万分之一秒，甚至百万分之一秒，刚看见，它就消失了。佛家讲"万物本空，空而妙有"，已得到现代科学的验证。道家讲的"其大无外，其小无内"，与佛家不谋而合。

粒子究竟有多少小？用电脑的信息储存就可以说明白。电脑的硬盘能储存大量信息，如一块像水果糖一样大的芯片，就可以把大英图书馆的藏书的内容都全部装下。但这是不是科学发展到了极致了呢？不是！以后还可以生产出更小的芯片，而且可以装下更多的信息，甚至在一个原子的体积大小的芯片中装下一个大英图书馆的所有藏书的内容。大英图书馆有多少藏书呢？有三千万册藏书。这三千万册图书该有多大的体积？可想而知。这么大的信息量用水果糖甚至更小的芯片就能储存下，那构成信息的微粒不知要小到什么程度？简直无法想象！这"其小无内"的概括，何其精到准确？

"其大无外，其小无内"，"微粒中有三千大千世界"，古人是如何察知的？那时可是没有任何的科学仪器呀？然而，《老子》第二十一章却能为我们解疑释惑。"道之为物，惟恍惟惚。惚兮恍兮，其中有象；恍兮惚兮，其中有物；窈兮冥兮，其中有精；其精甚真，其中有信。"我们在前面已经解释了老子所说的象、物、精、信。信，就是我们今天所说的信息。老子是惚兮恍兮、窈兮冥兮中从具有德性的孔道中看到的，所以老子说"见小月明"。修炼要修到"见小"的境地，才能明观一切，明达一切。"明"，就是第十章"明白四达"的"明"，第十六章"知常曰明"的"明"，知天、知地、知人、知宇宙。

一般认为"小"是祸起萧墙的萌芽，或大祸临头的先兆，只是沾着个边儿，不是老子所指的真正的"小"。

蒋锡昌说："此小与三十四章'可名于小'之'小'同谊，谓抟之不得之道也。'见小曰明'，犹言见道曰明也。""小"是道的本质属性。

"守柔曰强"之"柔"，在老子书中单独用者六次，"柔弱"合用者五次，各处用义略有差别。此处之"柔"，是从练功修身的角度说的，和第十章的"专气致柔"、第五十五章的"骨弱筋柔而握固"之"柔"义同。（道家修炼，"握固"因法门不同，有不同的姿势。《养性延命录》曰："固者如婴儿之拳，以四指压拇指也。"《导引经》曰："拘魂门、制魄户名曰握固，与魂魄安门户也。"《苏枕良方》曰："握固，以两拇指掐第二指手纹，或以四指都握拇指，两手柱腰腹间。"）"守柔"就是"握固内守"，此能健身延寿。老子说："柔弱者生之徒"（第六十七章），"柔弱胜刚强"（第三十六章），"天下之至柔驰骋天下之至坚"（第四十三章），故而"守柔曰强"。

关于"用其光"之"光"，蒋锡昌说："'光'谓智慧，'明'谓道。'用其光，复归其明'，言用其智慧，复返于道也。"萧天石说："光不可作智慧解，老子不重智慧，尤

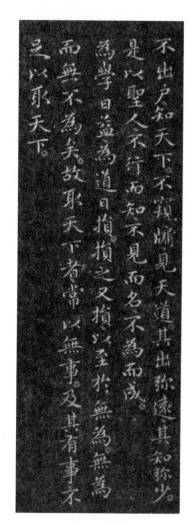

晋 王羲之书

不主用智慧。于此所谓光者，乃神也。"

要解准"光"之所指，必先搞清"其"指代者为何物。"用其光"的前两句为"见小曰明，守柔曰强"，"其"不可能指代"柔"，因为"柔"不是实质性的东西，只能指代"小"。如前所述，"小"是"道"与"大"相互依存的另一极的属性，指的是构成宇宙万物的极细小的微粒，老子是用"光"来体现的。我们在诠解第四章"和其光，同其尘"时已作了较充分的阐释。和光同尘是"天人合一"的真境界。能"用其光"，必已与"道"合其光。用现代科学的语言就是光与声的振幅、频率相谐、共振，而相应相合。因为与"光"相应相合了，自然"复归其明，无遗身殃，是谓习常"。

王弼、河上等本为"习常"，有些世传本为"袭常"，帛书甲本为"袭常"，因此，许多注家认为"习"当为"袭"。其实，古代习、袭相通。《左传·襄公十三年》："先王卜征五年，而岁习其祥，祥习则行。"杨伯峻注："'习'，一本作'袭'。习与袭通用。""袭"作因袭解。一般认为"袭常"是因顺常道之意。若作"习"，既有因顺常道之义，又有习以为常之义。贯通全章，二义皆通。

"习常"用习以为常义者如《逸周书·常训》："民生而有习有常，以习为常。"再如《左传·昭公十六年》："君幼柔，六卿强而奢傲，将是以习，习实为常"。

老子此章讲塞兑、闭门、守柔、用光，因循常道，习以为常，"复归其明，无遗身殃"，情通理顺，故应以"习常"为上。

高明认为"王本作'是谓习常'，旧注释为'习修常道'，不确。"而力推朱谦之"释'袭常'乃韬光隐明之意，颇有见地，甚贴切《老子》本义"。但仔细逐读全章，老子毫无韬光养晦之意，而是"用其光，复归其明"，分明是通过守柔、守母、见小、见明，耀光畅明，以求得实现"无遗身殃""没身不殆"的目的。

主旨评析

本章主要讲通过塞兑、闭门的精修，因循常道，习以为常，以达到守母见道的目的，取得"无遗身殃""没身不殆"的结果，特别是达到"见小曰明"的至高境界。

第五十三章

校订本

使我介然有知，行于大道，唯施是畏。大道甚夷，而人好径。

朝甚除，田甚芜，仓甚虚；服文彩，带利剑，厌饮食，财货有余，是谓盗夸；盗夸，非道也哉！

意译

假使我坚定而有智，必然要行走在大道上，唯恐误入邪路。大道很平坦，而人们总是爱走捷径小路。

朝廷十分污秽肮脏，致使田园荒芜，仓库虚空；然而，朝廷的当权者还穿着文饰华美的衣服，佩着锋利的宝剑，酒足饭饱而厌食，钱财货物用不完，这就是强盗的夸饰炫耀。这种行径，是背"道"而驰的啊！

导读

（一）使我介然有知，行于大道，唯施是畏。大道甚夷，而民好径。

介，世传本一般多解为"小"，通芥。《孟子·万章上》："非其义也，非其道也，一介不以予人，一介不以取诸人。"这里的介，指一颗芥粒。《释文》曰："介，微也。"介然，《列子·杨朱篇》有"无介然之虑"。老子这一句是假设句，"介"按"小"解，意思为假使我稍微有一点儿知识，就会"行于大道"。

河上注"介"为大，正好相反。解说甚为牵强。

《荀子·修身》："善在身，介然必以自好也。"介然作坚决、坚定解。按此义，第一句话的意思是：假使我坚定而有智，即"行于大道"。

帛书甲本为"介"作"挈"，高明力证应为"挈"，"引申为持握或掌握"，于文义不顺。

蒋锡昌说："我""代人主自称也"。

既是假设，不必一定代指人主，可指任何人。其实，老子还是说自己，只不过是把自己作为阐发观点的由头罢了。

"唯施是畏"的"施"，作邪解。《淮南子·要略》："接径直施"，

187

高诱注："施，衺也。"王念孙疏证《广雅·释诂》引《古今注》云："邪、斜并与衺同。"这一句的意思是，只怕走邪路。有将"施"作"弯路"解者，与后文"民好径"不相应。好径之"径"，指的是捷径。

帛书甲本残，乙本作"他"。高明认为："他"与"迆"字，"古皆同音，均假为'迆'"，"迆"同"迤"。《尚书·禹贡》："岷江导江，……东迆北会于汇。"与"施"义同，但是，作"他"容易被误解，以"施"为谊。再则，高明举证《禹贡》的例子，"迆"是说岷江水曲折流动而"北会于汇"，也与"民好径"不相应。

夷，平也。各本相同。

民，有个别传本作"人"，奚侗曰："'人'指人主言，各本皆误作'民'，与下文谊不相属。"蒋锡昌等认为："奚氏谓此'民'当改作'人'，指人主言，是也。"

其实人、民在这里都是泛指，并非专指人主。老子用的是比喻。过去人多步行，爱走近道、捷径。尽管大道甚平，为了少走路，还是选择小径。"人"可以包括人主在内，人、民相比较，还是以"人"为佳。

这两句的意思是，修大道的人少，贪图眼前利益而走小道的人多。

（二）朝甚除，田甚荒，仓甚虚；服文彩，带利剑，厌饮食，财货有余，是谓盗夸；盗夸，非道也哉！

朝，指朝廷，古代君王及官吏处理政务的地方。

除，河上注："高台榭，宫室修。"王弼注："朝，宫室也；除，洁好也。"陆希声说："观朝阙甚涤除，墙宇甚雕，则知其君好土木之功，多喜游之娱矣。"这种解释，也说得通。不过却将此段的意蕴割裂了。

第二种解释，以《广雅》为据，"涂，污也"，"除"通"涂"。指朝廷政治污秽、昏暗，因此才造成田地荒芜、仓廪空虚的后果。这样，文从字顺。

尽管"田甚芜，仓甚虚"，粮食生产不景气，人民生活得不到保证，然而却有"服文彩，带利剑，厌饮食，财货有余"的人。这是哪些人呢？不用说，肯定是朝廷里的有权势者。他们不顾老百姓的死活，穿着华美的衣服，佩着锋利的佩剑，酒足饭饱，不劳而获，夸耀着他们的财货富有，这完全是盗贼行径，所以老子说"非道也哉"！

老子将朝廷靠掠夺获取财富的有权势者，直斥之为盗贼，可见他对这些人恨之入骨，而对处于水深火热的平民哀怜之情的深切。有人说老子是站在奴隶主立场上说话，从此章可以证实，老子完全站在人民大众的立场上。

"盗夸"，是说作了盗贼还夸耀自己的所得和富有，老子将上层统治者描写得多么穷形尽相啊？这是对上层统治者毫无掩饰、鞭辟入里的痛骂啊！

"彩"，有作"綵""采"者；"财"，有作"资"者，意思没有大差别。

"盗夸"，有作"盗跨"者，非是。《韩非子·解老篇》作"盗竽"。"竽也者，五音之长者也。故竽先则钟瑟皆随；竽唱则诸乐皆和。今大奸作，则俗之民唱；俗之民唱则小盗必和，故'服文采，带利剑，厌饮食，而资货有余'者，是之谓'盗竽'矣。"韩非子作"盗竽"，是说最高统治者为强盗头子。上行下效，"大奸作则小盗随，大奸唱则小盗和"。这样诠释，自有其深刻性。但仔细品读老子文义，本来讲得直截了当，明白晓畅。若作"盗竽"，就显得迂曲。特别是老子这里谴责的对象主要是上层统治者，没必要牵扯"俗之民"。若将"俗之民"与上层统治者并论，就会鱼目混珠！

主旨评析

本章通过人们不行大道，好走捷径、邪路的比喻，尖刻地抨击了上层统治者不顾民众"仓甚虚"，忍饥挨饿的情境，自己却"服文采，厌饮食，带利剑"，耀武扬威，显示自己"资货有余"的背道行径，直斥这是"盗夸"，将统治者叫做强盗，何等尖锐深刻！显示了老子鲜明的人民性立场。

老子出关　范曾绘

第五十四章

校订本

善建者不拔，善抱者不脱，子孙以祭祀不绝。

修之于身，其德乃真；修之于家，其德乃馀；修之于乡，其德乃长；修之于国，其德乃丰；修之于天下，其德乃普。

故以身观身，以家观家，以乡观乡，以国观国，以天下观天下。吾何以知天下之然哉？以此。

意译

善于建立的人，就像大树，根扎入土地很深，是拔不掉的；善于抱持的人，抱道合一，永不脱离。因此，子孙世代对其祭祀不会断绝。

以"道"修身，其德性就会纯真；以"道"治家，其德性就充足有余；以"道"治乡，其德性就源远流长；以"道"治国，其德性就盈满丰盛；以"道"治天下，其德性就博大广普。

故而，要以自身观察了知他人之身，以一家观察了知他人之家，以一乡观察了知其他之乡，以一国观察了知其他之国，以天下观察了知天下。我怎样知道天下其所以这样的原因呢？就是由于我以点及面，由小到大，由少到多观察了知的结果。

导读

（一）善建者不拔，善抱者不脱，子孙以祭祀不绝。

建、立相连，善建者即言善立者。不拔，是拔不下来。整句的意思是善于立的人像大树一样，根扎进土地里，拔不下来。以此比喻修道的坚定不移，矢志不渝，根基深厚。

关于"抱"，第十章有"载营魄抱一能无离乎"，第十九章有"见素抱朴"，第二十三章有"圣人抱一为天下式"，第四十二章有"万物负阴而抱阳"。善抱即言善于抱一、抱道。能抱一、抱道不脱离，就是与道合一了。这当然是达到了修道的至高境界。

本句中的"以"字十分重要，作"以此"解，承接上下文。意思是因为能坚定不移地修道，而且达到了抱道合一的境界，以此子孙祭祀永不停止。

帛书本为"不绝"，是不断绝的意思，代代延续。

（二）修之于身，其德乃真；修之于家，其德乃馀；修之于乡，其德乃长；修之于国，其德乃丰；修之于天下，其德乃普。

老子出关　范曾绘

这一节紧紧承上。"修之于身"，"之"指代"道"，即言以道修身。

身，指人的个体而言，若能以道修身，当然会其德乃真，因为德是道的性能，道的精华。

"修之于家"，是说以道治家。韩非子曰："治家者，无用之物不能动甚计，则资有馀"。其实，"德有余"不仅局限于资财，更重要的是家风，如对外善不善、内部合不合、亲不亲等等。《易》："积善之家，吉庆有馀。"吉庆，必以"德"来获取。以道治家，必为人也善。

"修之于乡，其德乃长"，即言以道治乡，一乡之内其德乃长，此"长"为长短之长。"长"比"有馀"更进了一步。

"修之于国"，"国"有作"邦"者，如竹简本、韩非子《解老篇》，然帛书乙本却作"国"，为避刘邦之讳，说明乙本抄写在刘邦当权之世。若要恢复古本之旧当作"邦"。若要便于后世阅读，应作"国"。春秋战国时期的诸侯分治，叫诸侯国，而不叫诸侯邦。"其德乃丰"，"丰"是丰富，比线形的"长"又更进一步。

"修之于天下"，对"天下"有人仅理解为单指周王朝。其实在《老子》一书中"天下"是广普概念，如"天下皆知美之为善""天下之物""天下之至柔"……

"其德乃普"，帛书乙本作"博"，高明引《论语·雍也》等著述力证"当从帛书乙本"。古语常有"普天之下"之说，而无"博天之下"之言，还是以"普"为佳。

这一段老子用层进的方法铺叙道与德对修身、治家、治乡、治国、治天下的重要作用。

（三）故以身观身，以家观家，以乡观乡，以国观国，以天下观天下。吾何以知天下之然哉？以此。

此段各本大致相同，无重要差异。但历代各家解释却说法不一，至今没有一种解释被普遍认可。

河上注曰："以修道之身观不修道之身，孰亡孰存也。"蒋锡昌认同这种观点："孰得孰失，熟存熟亡也。下四句文谊，依此类推。"陈鼓应则认为"河上注迂曲，姑备一说"。

王弼的解释比较含混。

韩非《解老篇》云："修身者以此别君子小人，治乡、治邦、莅天下者，各以此科适观息耗，则万不失一。"

林希逸说："即吾一身可以观他人之乡，推之于国家天下皆然。"（《道藏》第12册第716页）

韩、林之说颇贴近老子本义。"以身观身"，就是以一人之身，观天下人之身。即我们说的"解剖麻雀"、举一反三、由一得十的调查研究获取典型的方法。"以家观家"，就是由一个家，而观知全乡所有之家。由此类推，由点及面，由小范围到大范围，最后到晓知天下。

所以老子说："吾何以知天下之然哉？以此。"

主旨评析

这一章主要讲认知"天下"（今天说世界）的方法是由点及面、由小及大、由下及上。老子的认知不是仅凭主观想象，而是靠"观"，特别是"修"；"修"与"观"都是实践，而是有实践的过程，由此总结出身与身、家与家、乡与乡、国与国、天下与天下之间的同一性、差异性，而认知"天下之"所以"然"。老子的这些思想与马克思主义哲学甚为相近，值得很好地品味和深入的研究。

此章未言"道"，但却不离道。修身、修家、修乡、修国、修天下，都是以道而修德。德是道的性能，道是德的灵魂。

第五十五章

校订本

含德之厚者，比于赤子，骨弱筋柔而握固，未知牝牡之合而朘作，精之至也；终日号而不嗄，和之至也。

和曰常，知常曰明。益生曰祥，心使气曰强，物壮则老，谓之不道。不道早已。

意译

含德深厚的人，好比初生的婴儿，筋骨柔弱，两手四指压拇指握着拳头，不知道男女交会之事而"小牛牛"常常勃起，这是精气充足到了极点；整天呼号而声不嘶哑，这是"和气"充盈到了极点。

知道了天地万物以"和气"为养的道理的叫做"知常"，知道了天地万物生存、运行恒常形态和规律的叫做明白四达。相反，不按事物生存运行恒常规律而追求长生的会遭灾殃，使心制气者叫做勉强。以有为之法使身体过分强壮的反倒会容易很快衰败，这叫做背"道"而驰。背"道"而驰的会早早夭亡。

导读

（一）含德之厚者，比于赤子，骨弱筋柔而握固，未知牝牡之合而朘作，精之至也；终日号而不嗄，和之至也。

"含德"，包含德性。"厚"，深厚。"比于"的"于"在这里作"之"解，指代德性深厚的人，好比"赤子"。

"赤子"指婴儿。《尚书·康诰》："若保赤子，惟民其康乂。"孔颖达疏："子生赤色，故言赤子。"高明说："老子常以道深德厚之人比作无思无虑的赤子。"如第十章："专气致柔，能婴儿乎？"第二十八章："常德不离，复归于婴儿。"

"握固"是四指压住大拇指握拳，这是道家练功时的一种姿势，有固精作用。婴儿时常为这种握拳状态。

牝牡之合，即男女交合。朘，男性婴儿之生殖器。河上注曰："赤子不知男女之合会，而阴作怒者，由精气多之所致也。"阴，即指朘。怒，指勃起。婴儿生殖器勃起，完全是自然生理现象。

号，呼号。"终日号"，老子说的是婴儿的非正常情况。正常情况下婴儿吃饱了就睡觉，饿了，身体不舒服，受惊，孤独，就会呼号哭闹。

嗌，一些注家经过考证，属于衍文。

嗄，嘶哑。语义明确好懂，又不伤害老子的文义，绝大多数世传本皆为"嗄"，说明已取得广泛认可。

"和之至也"的"和"指的什么？高明认为是"由于赤子元气淳和，故而终日号哭，而气不逆滞"，"和气"指的元气，这是对的，这正符合《太上养生胎息气经》说的"凡服气法，存心如婴儿在母胎，十月成就，筋骨和集，以冥心息念，和气自至"之和气。但却不是第四十二章"冲气以为和"的和气。那和气是指万物负阴抱阳，阴阳二气交合摇涌鼓荡的"和"之动势、过程。

（二）和曰常，知常曰明。益生曰祥，心使气曰强，物壮则老，谓之不道。不道早已。

婴儿之"和气"即元气，是父母阴阳交感之精血和合所成；而父母阴阳交感之精血又与天地万物负阴抱阳和合之气相应。"和"是人与自然生存的常态，也包含着他（它）们生存运行的恒常规律，所以老子提出了"和""常"的关系问题。第十六章的"知常曰明"，其根本还在于"知和"。"和"是事物的和谐统一，是"道"的一个方面的属性、常态与变化规律。"和"是内在，"常"是外相。知"常"不知"和"，不能算是真明。"明"，不只是刘笑敢说的明智，而是老子说的"明白四达"——知天知地知人知宇宙。

但帛书、竹简本说"和曰常"，"和"与"常"有联系，然而，却有差别，不能等同。而世传本作"知和曰常"，"知和"怎么能叫"常"呢？这显然文理不通。那么这句话古本到底是怎么说的，难以确断。笔者猜想，很有可能是"知和曰知常"，意思为知道了"和"才能知道"常"，然后接世传本的"知常曰明"，就比较合情合理了。

益生、心使气，皆有为之举，非一任自然之"和"与"常"。婴儿乃赤子之心，无思无虑，无念无欲，元气充盈，为"和之至"，完全合"道"。相反，有为强行的"益生""心使气"是背"道"而驰，"谓之不道"。

强与壮是柔与弱的反面，属于背道、不道，故而老子说"物壮则老"。"则"，犹即、立即。"则老"，犹言易老，很快地老。正对着最后一句"不道早已"。"早已"是说早死，早完蛋。

主旨评析

这一章老子以婴儿的无思无虑即无心，作合"道"的榜样。婴儿又因其元气充足而保持"精之至"与"和之至"的理想状态。

如何保持住这种"和"的常态？那就要知和、知常才能明。可是与此相反的违背自然的"益生""心使气"，是有思有虑有欲有心的成人强行而为，破坏了顺其自然的"和"的状态与变化规律，结果"物壮则已，谓之不道。不道早已。"

第五十六章

校订本

知者不言，言者不知。

塞其兑，闭其门，挫其锐，解其纷，和其光，同其尘，是谓玄同。

故不可得而亲，亦不可得而疏；不可得而利，亦不可得而害；不可得而贵，亦不可得而贱；故为天下贵。

意译

真正得道的人秘而不宣，夸夸其谈的人未得道也不知"道"。

（修道者）堵住他的眼，闭住他的口，挫断他为功名利禄奋进的锐志，解脱他尘世这事那事的纷扰，能达到与日月和其光，与天地同其尘，这就是玄妙之和同。

因此，（天地人我，浑然一体），不分亲，也不分疏；不分利，也不分害；不分贵，也不分贱；故而为天下人所尊贵。

导读

河上《道藏》本此章将五十五章"物壮则老，谓之不道。不道早已"作开头，又将第五十六章"以正治国"至"吾何以知天下之然哉？以此"数句作为收尾，显系误抄，故录文时改正之。

（一）知者不言，言者不知。

"不"，帛书甲、乙本皆为"弗"，义近。

"知"，陈鼓应引严灵峰文，将"知"解作"智"，又据河上、王弼之注，疑河、王二本"知"原作"智"，但帛书甲、乙本皆作"知"。

作"智"作"知"，都能解通。

修炼有成的人当然是智者了，智者是不会夸夸其谈的。因为他"行"的是"不言之教"（第二章），知道"无为之益"（第四十三章）、"多言数穷，不如守中"（第五章）；故王弼注上句曰"固自然也"。

相反，夸夸其谈的"言者"是不明智之举。因而王弼注下句曰"造事端也"。不该言说的你不要说，说得多了会惹出事端。

同时，修道也有修道的戒律。特别是修到了高层次的人，都是密而不宣，谨言慎语，法不轻传，知而不言，玄机不露，顺应自然。相反，轻言轻语，爱在人前炫耀的人是不知"道"之真正玄奥所在的。

有许多注家认为"道"不可言，所以说老子这里的"知者不言"是指真正知"道"的人不言"道"。"言者不知"，是说"言""道"的人"不知""道"。然而，老子的一部《道德经》，处处都在言"道"，难道老子成了"不知""道"的人了吗？

因此，足以证明老子此处所说的"知者不言，言者不知"指的不是"道"，而指的是修道所达到的玄奥秘境。那么，这玄奥的境界是什么？如何修得？下一段，老子作出了回答。

（二）塞其兑，闭其门，挫其锐，解其纷，和其光，同其尘，是谓玄同。

"塞其兑，闭其门"，在第五十二章中已作过解释，三、四、五、六句在第四章也作过解释，均不再重复。六句联结在一起，是这一章行文的需要，并非重复。

"塞其兑，闭其门，挫其锐，解其纷"的四个"其"，指代的是修炼之人；而"和其光，同其尘"的两个"其"，指代的是"道"以及由"道"所生天地日月、星辰的大自然之光、之尘。这是真正的"天人合一"。因此老子说："是谓玄同。"

高明认为："所谓'玄同'，王道谓'与物大同又无迹可见'，高亨谓'玄妙齐同'，蒋锡昌谓'无名之同'，犹同道。蒋说是。"

这些都讲得十分含糊不清。是什么同"道"呢？如果指的是"人"，又是什么样的人能同于"道"呢？你能同吗？我能同吗？都不行。只能是修炼到极高层次的高人。

同"道"又是怎样同的？修炼层次再高的人也不能等同于"道"。"道"是宇宙的总根源、总根据，谁能等同得了？只能是"和其光，同其尘"。用现代科学的概念来说，就是修炼到极高

元　赵孟頫楷书《道德经》

层次的人，性空了，心性所变化、发射出的声能、光能的波段、频率、振幅与道所生的大自然信息发生共鸣、共振了，这才"同"了，"合一"了。难道这些不是太玄妙了吗？玄妙之同，不就是"玄同"吗？

（三）**故不可得而亲，亦不可得而疏；不可得而利，亦不可得而害；不可得而贵，亦不可得而贱；故为天下贵。**

有些传本此段开头无"故"字，河上、王弼本有，帛书、竹简本皆有。按文义当有。因为修到极高层次的人，他们的心性已空，"空"到无人我、无亲疏、一切众生平等的境界，故而，"不可得而亲，亦不可得而疏；不可得而利，亦不可得而害；不可得而贵，亦不可得而贱"。

三对组合句，河上本第一对下句之首有"亦"字，王弼本全无。但傅奕、范应元、顾欢以及帛书甲、乙本、竹简等本，三对组合句后句之首，皆有"亦"字。有"亦"字，读起来节奏感强，有起伏，顺理成章。

帛书甲、乙"贱"作"浅"，显误。

达到了与"道""玄同"的境界，就具有了道的德性与品格，怎能不为天下人既尊且贵呢？

主旨评析

这一章集中描述修炼到极高层次的圣人或含德之厚者的修炼法要、过程、境界、结果、德性，层次分明，结构严整。"塞其兑"等句，在此章中占有重要的地位，重出第四章中，十分必要，也足以显示其重要。

第五十七章

校订本

以正治国，以奇用兵，以无事取天下。

吾何以知其然哉？天下多忌讳，而民弥贫；民多利器，国家滋昏；人多智巧，奇物滋起；法物滋彰，盗贼多有。

故圣人云：我无为而民自化，我好静而民自正，我无事而民自富，我欲无欲而民自朴。

意译

以正道来治国，走邪道是用兵打仗夺天下，而真正有效的是以天下无事、国泰民安来获取天下民心。

我怎么知道这个道理的呢？君王、侯王的禁忌、约束越多，民众就越来越贫穷；君王、侯王喜欢用兵打仗，民众投其所好，家有利器越多，国家就会滋生争斗打闹的祸乱；人们的"智慧"、技巧越多，各种奇珍异宝之物就会滋生泛滥起来；用奇珍异宝装饰的君王、侯王的仪仗、祭祀用品得以滋生彰显，农事受到干扰，民众越来越贫穷，盗贼就会越来越多。

因此圣人说：我行无为之道，民众就会自然而然地变化而归从；我好安静不扰民，他们就会自然而然走正道；我让国家安定无事，民众得以各从其业，自然而然都会富裕起来；我能喜欢别人不喜欢的东西，不崇尚虚华，民众自然而然地会纯真朴素。

导读

（一）以正治国，以奇用兵，以无事取天下。

"正"，有作"政"者，非是。正，就是端正、正直。老子是说治国者自己首先要端正、正相，走正道。因为"上梁不正下梁邪"，正人先正己。"以正"，即用正。

"治"，帛书甲、乙及竹简本皆作"之"。《战国策·齐策三》："故物舍其所长，之其所短，尧亦有所不及矣。"高诱注："之，犹用也。"

"用"与"治"义近。

马叙伦认为:"河上'治'作'之'。今作'治'者,后人据别本改也。"

刘笑敢引用丁原植、魏启鹏,特别是廖明春的论证,"楚简本、帛书甲、乙本皆作'之',绝非偶然,是'之'字不误之证。后人不明'之'有'用'义,遂改为治,唐人又避李讳改为'理'。原当作'之'。"

通过引证可以看出有"唯帛书、竹简是从"倾向的刘笑敢是同意丁、魏、廖的论证的。但他却说"高明、李零分别读帛书甲、乙本的'之'为'治',本书从高、李之说"。刘笑敢是坚持要恢复《老子》古本之旧的学者,既然《老子》古本为"之",为何要一改初衷"从高、李之说"?因为若作"之",虽为《老子》古本之旧,但在当今人读来,就十分费解了!读"治"是对的。这说明为了传统文化的"古为今用",如《老子》书,如果后世传本对古本中的生僻或费解的字、词作了改动,既相传有年,又不伤害老子本义,何必一定要恢复古本之旧呢?

"奇",帛书甲、乙本作"畸",二字古通。孔子曰:"畸人者,畸于人而侔于天。"成玄英疏:"畸者,不耦之名也。"用兵在于出奇制胜。但老子这里所说之"奇"却非此义。而是与前一句的"正"对语,作"邪"解。"以奇"是说"用邪"——走邪道,以此去用兵打仗,这是制造事端,非正道。

"以无事取天下",首先是不以"用兵"夺取天下,这就无战事。更重要的是"以正治国"。

高明说:"'无为''无事'本义相同,皆道之核心。""无事"是"无为而治"的结果,国泰民安,这样自然会获取天下民心。这和第四十八章最后一节的意思完全一致,可参看前面的诠解。

(二)吾何以知其然哉?天下多忌讳,而民弥贫;民多利器,国家滋昏;人多智巧,奇物滋起;法物滋彰,盗贼多有。

"吾何以知其然哉",意思是说:我怎么知道"以无事取天下"的道理呢?下面老子用四对排比句作出了回答。

"天下多忌讳",有说"天下"专指君王,此说有理。因为本章是专论君王、侯王治国之道的。君王、侯王喜欢什么、提倡什么就会形成一种社会倾向、社会风气,这就是"以正治国"的重要。一旦形成了社会的不良之风,如"天下多忌讳",避忌、顾忌、猜忌等的束缚、制约,人民群众失去了自主、自由，生产劳动、商贸经营的积极性得不到充分发挥，其结果必然是民众越来越贫穷。如果君王及其下属无忌讳，就是"我无事"，放开了民众的手脚，其结果必然是"民自富"。

"弥"，作更加解。《论语·子罕》："仰之弥高，钻之弥坚。"

竹简本此句为"天多忌讳，而民弥叛"，刘笑敢认为应以"叛"为是，这是刘先生忽略了后文"我无事而民自富"的原因。应以"贫"为是。

"民多利器"，蒋锡昌认为"民"当作"人"，"指人主而言"。但帛书甲、乙、竹简本皆作"民"。"利器"，第三十六章指精锐的兵力和锋利的武器，而本章专指武器。"民多利器"，一则说明人主好战，二则说明社会不安定，多有窃匪盗贼，民藏利器以防身护家。民多利器，打架斗殴，相互残杀的几率就高，势必引起国家滋生昏乱。

"人多智巧"，"人"有作"民"者。这里的"人"与前句的"民"，无大差别，都是泛指平民百姓。"智巧"，有作"利巧""智""伎巧""知慧""智慧""知惠"者，帛书乙本残，甲本作"人多知"，竹简本作"人多智"。

高明说："综合王弼与河上公两注、成玄英之疏以及遂州本经文四个方面考查，足以证明经文首句当为'人多知巧'"，"如将帛书《老子》中的借字都换作本字，经文当作'人多智巧，而奇物滋起'。"

"奇物滋起"，如河上公注："谓刻画宫观，雕饰章服，奇物滋起；下则化上，饰金镂玉，文绣采色，日益滋甚。"形成社会上层花天酒地、铺张浪费的风气，与"民弥贫"形成鲜明的对照。

"法物滋彰"，今世传本大多同王弼本作"法令滋章"，但帛书乙本残留"物滋章"三字，竹简本为"法物滋章"，说明古本为"法物"，"法令"为后人所改。

河上公注："法物，好物也。"不确切。此处"法物"特指古代帝王用于仪仗祭祀的器物。《后汉书·光武帝纪下》："益州传送公孙述瞀师、郊庙乐器、葆车、舆辇，于是法物始备。"李贤注："法物谓大驾卤簿（按：古代帝王驾出时扈从的仪仗队）仪式也。"古时天子出行有大驾、法驾、小驾三种。"法驾"可以印证"法物"存在之真确。按河上原注的意思，"法物""滋生彰著，则农事废，饥寒并生，故'盗贼'多有也"。

前面的"以无事取天下"，是正说。后面的四对排比句是反说，极力用事实说明有为、多事所造成的不良社会效果，来回答"吾何以知""以无事取天下"的所以然之缘由。

（三）故圣人云：我无为而民自化，我好静而民自正，我无事而民自富，我欲无欲而民自朴。

"故圣人云"，帛书乙本、竹简本为"是以圣人之言曰"。高明、刘笑敢认为后者符合老子用语的习惯。其实，二者从意思说，没有差别，不必为此多作考究。

"我无欲"，帛书乙及竹简本皆作"我欲不欲"，高明认为："'我欲不欲'与'我无欲'义有差异，非仅用语之区别。严遵《指归》云：'人主诚能欲不欲之欲，则天下心虚志平，大身细物，动而反止，静而归足，不拘不制，万民自朴。'王弼注亦谓'上之所欲，民从之速也。我之所欲唯无欲，而民亦无欲而自朴也。'从而足证老子原文当如乙本作'我欲不欲而民自朴'。今本皆有脱误。"

老子悟道　佚名

高说言之有理。

老子这里所说的"圣人云"，很可能是借圣人来说他的话。所谓"我"也可以说是"你""他"，实则是对君王、侯王而言：只要你能无为而民自化，只要你能好静而民自正，只要你能无事而民自富，只要你能欲不欲而民自朴。

主旨评析

这一章是老子的政治论。他从正反两方面来阐发"以正治国""以无事取天下"的重要。最后给君王、侯王提出了四点希望和要求，切中要害，实为治国之方略与要则。

201

第五十八章

校订本

其政闷闷，其民淳淳；其政察察，其民缺缺。

祸兮，福之所依；福兮，祸之所伏；孰知其极？其无正。正复为奇，善伏为妖，人之迷，其固日久。

是以，圣人方而不割，廉而不害，直而不肆，光而不耀。

意译

有的执政状态看起来很沉闷，可民众却十分淳朴；有的执政状态看起来明察秋毫，结果民众却缺吃少穿。

灾祸啊，福气依存在里面；福气呵，灾祸却潜伏在其中。谁知道灾祸变福气、福气变灾祸何时是尽头啊？它是没有定数的。正又转变为奇，善又转变为恶，人们迷惑不清，这本来日子已经很长久了！

因此，圣人与众不同，方正而不割人，有棱角而不伤害人，正直而不恣肆放纵，光亮而不刺人眼目。

导读

（一）其政闷闷，其民淳淳；其政察察，其民缺缺。

"淳淳"，河上本作"醇醇"，王弼本为"淳淳"，其他文字完全相同。帛书及另外一些传本，"闷闷""缺缺"，异文颇多，实在难以确证那个为老子祖本之旧。但仔细研究品读，河上与王弼本易懂且切近老子的思想，这大概也是河上、王弼二本后世流传较广泛的原因。

"醇"与"淳"都作质朴敦厚解，而"淳"更明白易懂。

对此段的解释，河上、王弼二本都颇贴近老子的文义，而以王本更佳。王弼注曰："言善治政者，无形……无事，无政可举，闷闷然，卒至于大治，故曰'其政闷闷'也。其民无所竞争，宽大淳淳，故曰'其民淳淳'也。""立刑名，明赏罚，以检奸伪，故曰'其政察察'也。殊类分析，民怀竞争，故曰'其民缺缺'。"

第二十章"众人察察，我独闷闷"，《汉语大词典》解释"闷闷"为"愚昧、浑噩貌"。老子真的说他愚昧、浑噩吗？非也！实则"察察"是对所谓的明智的众人的反语性批评。他对众人不识时势、盲目乐观的所谓明察，内心非常烦闷，无言以对，只能是闷不作声。实际他十分清醒，是真正的"察察"。因此，这一章的"其政闷闷"，并不是愚昧、浑噩，而是王弼所说的"善治政者无形……无事，无政可举，闷闷然，卒至于大治"。"闷闷然"，也是一种表象，仅是"无为而治"给人的一种外在感觉，不是真的愚昧、浑噩。

"醇醇"，《汉语大词典》也解释为"愚昧浑噩貌"。它引用朱谦之的校释："武内义雄曰：'敦、遂二本醇醇作蠢蠢。'……又《淮南子·道应训》引作'纯纯'，纯纯即惇惇，亦即钝钝，要之皆愚而无知之貌也。"

武内义雄、朱谦之等人，对"老子有愚民思想"先定了调，然后再千方百计去求证。王弼等本作"淳淳""惇惇"，为何不予以举证呢？

这两句，蒋锡昌先生的解释切中老子本义："言圣人清静无为，其态昏昏默默，故其民亦应之以敦厚朴实也。"

后两句"察察"之义，各家解释较为一致。但"缺缺"则认识不一。《汉语大词典》引高亨《老子正诂》曰："缺缺，借为狯。《说文》：'狯，狡狯也。'狯狯，诈也。"蒋锡昌《老子校诂》："缺缺，机诈满面貌。"

其实这里的"缺缺"是指统治者"立刑名，明赏罚，以检奸伪"，引起民众"竞争"，四分五裂，造成道德的缺失、生产受到破坏，民不聊生，缺吃少穿。怎么会民众都变成"机诈满面"呢？民众始终受当权者的左右，是受害者，少数人会应时而变得狡狯机诈，绝大部分人质朴醇厚的品性不会改变。

（二）祸兮，福之所依；福兮，祸之所伏，孰知其极？其无正。正复为奇，善伏为妖，人之迷，其固日久。

老子的祸福之论，对后世影响极大，只要是稍知时务的人，大概都知道这句话，尽管也许不知为老子所说。

世间的万事万物无时无刻都处在运动、变化中，其事理的两极如祸福、有无、正奇、善恶、好坏等等，都毫不例外。它们不只是正向的发展，而且会逆向变动。老子发现了这一事物的变化规律。因为始终是发展变化的，没有定数，谁能说清遭祸者就永远遭祸，得福者就永远得福呢？由此，老子提出问题，又明确作了答复："孰知其极？其无正。"意思是说：谁能知道祸福的归向呢？它是没有定数的。

"极"，在这里作"尽头""终了"解。《诗经·唐风·鸨羽》："悠悠苍天，何其有极？"郑玄："极，已也。""孰知其极"，意即谁知道祸福到头来归向何处呢？

"正"，朱谦之引《玉篇》"正，长也，定也"，他认为："此作定解，言祸福依伏，孰知其所极？其无定，即莫知其所归也。"言者极是。

当今许多注家将"其无正"作疑问句，帛书乙本"正"后有"也"字，将此句作肯定语，足证作疑问句之误。

朱谦之认为："傅本'正'下有'衺'字，与'邪'同。又奚侗改'正'为'止'，谓天下之一治一乱，其始卒若环，无止境。说虽可通，但嫌以意改字……为校勘家所不取。"言之成理。

"正复为奇"之"正"，朱谦之依景龙碑本作"政"，实非。"正"与"奇"对，和前面的祸、福相应合。

河上本之"善伏为妖"，"伏"，帛书乙本及世传他本皆作"复"。"妖"，有作"訞"，有作"祅"者。《玉篇·言部》："訞，巧言也。"与"妖"义近。《国语·晋语六》："辨祅祥于谣。"祅，指灾祸。亦与"妖"义近。妖，指妖怪，为丑恶的事物，与善相对。

正奇、善恶，同祸福一样，在相互变化，永无定数。老子以他锐利的哲学思辨能力，已经看得清清楚楚，可当时的人们，却长久处在迷惘中。所以老子叹息曰："人之迷，其固日久！"

老子说事物正反两方面的相互转化没有定数，是不是就是不可预测、无法判断呢？

第三十章"物壮则老，是谓不道，不道早已"。"壮"，是老子所说的事物发展到鼎盛之极的表现。以人为例，据现代科学研究，一般38岁是人强壮至极的转折点，此后就会慢慢走下坡路变老。这就是说由正向反的转化是有条件、有规律的，可以经过观察判断而得知。

老子对"物极必反"的哲理多有论述：第九章"金玉满堂，莫之能守；富贵而骄，自遗其咎"；第二十五章"大曰逝，逝曰远，远曰返"；"甚爱必大费，多藏必厚亡"；等等。

老子既说事物正反相互转化是有条件的，也可以观察得知，但却又说"孰知其极？其无正"，没有定数，这不是自相矛盾吗？

恰恰说明这是老子辩证思想的深刻性、灵活性、完备性。

事物正反两方面的转化，因个体与个体存在的客观条件和主观能动因素的千差万别，其转化的时机和状态是没有定数的。如人强壮之顶点一般说为38岁，但各人的具体情况千差万别，有的长寿，有的早夭，难以等同。正反转化的规律是铁定的，但也可以通过观察、研究而认识、把握。老子辩证法思想的精髓正在这里，在于认识这个规律，更好地发挥主观能动性。正出于此，才有了最后一段精彩的论述。

（三）是以，圣人方而不割，廉而不害，直而不肆，光而不耀。

这一段，老子用圣人的作为来阐发他所要讲的深刻哲理，全用甚为浅显的比喻。

"方而不割"，是说圣人处事既方正有原则，但却像方形的器物，不割他人的身手，把握好"物极必反""过犹不及"的"度"。

"廉而不害"，"廉"，作"棱角"解。《礼记·月令》："（孟秋之月）其器廉以深。"孙希旦集解："器廉以深者，外有廉隅，而其中深邃，象金器之严肃而收敛也。"比喻圣人的方正、刚直，有棱角，但却不伤害人。"害"，王本作"刿"，《礼记·聘义》："廉而不刿，义也。"郑玄注："刿，伤也。"伤与害义同。

"直而不肆"，"肆"作放纵、恣肆解。《左传·昭公十二年》："昔穆王欲肆其心，周行天下。"《论语·阳货》："古之狂也肆，今之狂也荡。"意思是说圣人不一味地恣肆端正、正直，能把握住"度"，该弯曲时即弯曲，"曲则全"，这就是直与曲的辩证法。

"光而不耀"，"耀"作显示解。《国语·楚语下》："耀之以大利，不仁以长之。"韦昭注："耀，示也。"耀，又作炫耀、夸耀解。意思是圣人有光而不显示，不炫耀、夸耀。耀，有作爥者或曜者，义同。

四句话表述一个中心——方、廉、直、光，都要把握住适合外部环境的合宜的"度"，才能避免走向反面而受挫败。老子用圣人的作为，来阐明这一"人迷固久"的哲理。

主旨评析

第一段，老子举出两种不同的为政模式，都产生了反向的社会效果。由此老子转入正反两方面相互转化的哲学命题。但老子没有停留在单纯的理论探讨上，而是重在应用。故而，最后一段，他以圣人正确的做法、行为，来启示人们，如何适度地把握、调控正反转化的规律，以避免正面向反面转化的发生，或减少或延缓转化的几率。

第五十九章

校订本

治人事天莫若啬。夫唯啬，是以早服。

早服谓之重积德，重积德则无不克，无不克则莫知其极；莫知其极，可以有国；有国之母，可以长久。

是谓根深固柢，长生久视之道也。

意译

治理国家，养护身体，侍奉上天，没有比俭啬更为重要的了。只有俭啬，以此才能早得道，早有国。

早得道、早有国就是重积德，重积德就会无往而不胜，无往不胜就无法估计其力量的极限；无法估计其力量的极限，就可以具有掌管国家的条件；具有了掌管国家的根本条件，就可以国固邦宁、长治久安。

这就像大树一样，蔓根深，直根更牢固，此即长生久视的道理、道路啊！

导读

（一）治人事天莫若啬。夫唯啬，是以早服。

第一句河上、王弼等通行本与帛书乙本（甲本残）完全相同，说明《老子》古本如此。

"人"，御注、邢玄等本作"民"，但依本章最后一句"长生久视之道"可以看出，"治人"包括着"治身"的要义，"人"若为"民"，则不符合老子的本义。"治人"实则包含着治世、治国和治身、修身两个方面。

"事"，是侍奉、遵奉的意思。《易·蛊卦》："不事王侯，志可则也。""事天"，即言遵奉天。《老子》第十六章"天乃道"，第二十五章"天法道"，将天与道等同看待，且道高于天，所以这里的"事天"，即遵奉天、遵奉道，也就是从事于道——修道。

"啬"，节省、节俭。《韩非子·解老》："圣人之用神也静，静则少费，少费之谓啬。"河上注曰："啬，爱也。治国者，当爱民财，不为奢泰：治身者当爱精气，而不为放逸。"与韩非的解说义近。

王弼认为："啬，农夫。农夫之治田，务除去殊类，归于齐一也。"朱谦之依武内义雄、易顺鼎的观点，从敦煌、遂州二本将"啬"作"式"，因之认为："此云'治人事天莫若式'，乃就法式而言。"很明显，王弼的"归于齐一"说与朱氏的"法式"说，去老子的清静无为、顺其自然的思想相去甚远。

故而，第一句的意思是：治国治身，供奉上天，没有比俭啬更好的了。

"早服"，帛书乙本为"蚤服"，"蚤"通"早"。"服"，河上解为"得也"，"爱精气则能先得天道也"。马王堆汉墓帛书《道原》："明者故能察极，知人之所以不能知，服人之所不能得。""服"即为"得"之意，犹言"得人之所不能得"。因"啬"才能"得"，不"啬"就会失去。"啬"与"服"，是因果关系，不能完全等同。因之，河上等世传本所说的"是谓"不确，当依帛书乙本改为"是以"。

"夫唯啬，是以早得"意为：只有治国、事天爱惜民众的资财，治身啬精保气，就能得到所要得到的。

韩非将"服"作服从解，比较勉强。还有将"服"作"复"者，亦非。

老子言"得"，是直奔结果。接着论说具体的层面。

（二）早服谓之重积德，重积德则无不克，无不克则莫知其极；莫知其极，可以有国；有国之母，可以长久。

老子认为，君王、侯王治国理民不贪婪、不劫掠民财，而爱惜节省，就会得到民众的拥戴，这当然就是"重积德"；同样的道理，用以治身修身、修道，啬精保气，不大耗，不枉费，渐合于道，获得"长生久视之道"，这更是"重积德"。

国君、修道者因为重积德，就会"得道多助"，无往而不胜。《易·既济·九三》："高宗伐鬼方，三年克之。"高宗，殷商高宗；鬼方，古代匈奴。极，是顶点、边际、尽头。"无不克则莫知其极"，就是不知道其力量有多大，水平有多高，难以估量。这样的人，当然可以为侯王、为君王，据有国家。

老子这里将治国和修身紧密地联系在一起。君王、侯王应该是修道者、修身者，成为道德高尚者，成为力量不可估量的无往而不胜的人，这样的人才可以掌管国家。这就是老子心目中的圣人，黄帝、尧、舜一类人。

《韩非子·解老》曰："所谓'有国之母'，母者，道也；道也者，所以有国之术；所以有国之术，故谓之'有国之母'。夫道以与周旋者，其建生也长，持禄也久。故曰'有国之母，可以长久'。"

韩非说"母者，道也"，是对的。但是说"道也者，所以有国之术"就错了。老子前面不是说："重积德则无不克"吗？怎么能归结为"有国之术"呢？老子的理想是圣人凭着自己的德高道厚而"无不克则莫知其极"，"可以有国"，并不是凭着什么"术"类的谋略"与世周旋"而"有国"。春秋时期的"五霸"，大都凭的方术谋略而称雄，都为时不长。老子所期望的是像黄帝、尧、舜一样的人，以道以德有国，这样不失根本，而"可以长久"。

（三）是谓根深固柢，长生久视之道也。

柢，同蒂，指花或瓜果与枝干相连的部分。据蒋锡昌先生统计有46个世传本作"蒂"。

《韩非子·解老》作"柢"（dǐ），"树木有蔓根，有直根。直根者书之所谓'柢'也。'柢'也者，木之所以建生也。蔓也者，木之所以持生也。德也者，人之所以建生也。禄也者，人之所以持生也。今建于理者其持禄也久，故曰'深其根'；体其道者其生也长，故曰'固其柢'。柢固则生长，根深则久视，故曰'深其根，固其柢，长生久视之道也'。"言之有理。

"长生久视"成为后世道家修炼的常用名词。长生，才能久视；久视，才能久治。但久视不等于久治。

主旨评析

高亨先生认为"这一章是老子的人生论和政治论"，准确。他又认为老子"主张回到没有阶级、没有人剥削人、人压迫人的原始社会。那么，就必然反对统治者过奢侈荒淫的生活，而提倡俭啬"。这也分析到位。有人单从政治的角度理解，那老子为什么不在结尾时说国固邦宁或长治久安而偏用"长生久视"呢？老子用词的深远意蕴是不难看出的。老子全章在强调不管是什么人做什么事，治民治国也好，修身养性也好，都要俭啬，重积德，这样才能早得道、早有国，无往不胜。有道者有国，内人民拥护，外四邻和睦，自然会身心安泰，延年益寿，怎能不长生久视、长治久安呢？

第六十章

校订本

治大国若烹小鲜。

以道莅天下，其鬼不神，其神不伤人，圣人亦不伤人。

夫两不相伤，故德交归焉。

意译

治理大国，好像烹饪小鱼。

用"道"来治理天下，鬼怪就不灵了，没神气了，神不伤害人，圣人也不伤害人。

鬼、神、圣人、众人，彼此互不伤害，而都以应有德性归之于道。

导读

（一）治大国若烹小鲜。

烹，帛书乙本及景龙、敦煌、范应元等本作"亨"。烹、亨、享古通。《易·大有卦》："公用亨于天子，小人弗克。""亨"通"享"。又《易·鼎卦》："以木巽火，亨饪也。圣人亨以享上帝，而大亨以养圣贤。""亨"通"烹"。

"鲜"，这里泛指鱼类。小鲜，指小鱼。

河上注曰："烹小鲜不去肠、不去鳞、不敢挠，恐其糜也。""挠"，作"搅动"解。《文子·道德》："以智生患，又以智备之，譬犹挠水而欲求其清也。""挠"，表示有为。老子所要强调的是治国无为，因此他取譬于"烹小鱼"。小鱼肉嫩，经不起搅动。不搅动之意很重要。河上摸准了老子用意的要节，故而后世注家多有依从，这是对的。既说对了就不必再翻新义。注老解老关键在准，在深，不在所谓的"新"，新的发现，必须要准。

"大"，在此句中无实在意义。治大国和治小国没有多少差别，只要指导思想对头，都是"小菜一碟"。大，只是起对比烘托作用。

（二）以道莅临下，其鬼不神，其神不伤人，圣人亦不伤人。

老子出关　范曾绘

"莅"，河上唐本作"蒞"，帛书乙本作"立"，通行本有作涖、莅，这些字古通。

《易·明夷卦》："明夷，君子以莅众。"孔颖达疏："君子能用此明夷之道以临于众。"莅，作临视、治理解。

"以道莅天下"，就是用道治理天下，这样就国泰民安。蒋锡昌先生说："天下无道，民情忧惧，祈祷事起，而鬼乃以人而神。天下有道，民情安乐，祈祷事绝，而鬼亦以人而不神。""不神"，就是不灵。

民谚曰："家和邻不欺。"国安家和，人民康乐，"鬼"没有可乘之机，也就无法显示神通，神气不了啦，不灵验啦。

"其神不伤人，圣人亦不伤人"，意即：不只神不伤人，圣人也不伤人。因为神和圣人都是保护众人的。

（三）夫两不相伤，故德交归焉。

世传本这两句除有的将"德"作"得"外无大别。帛书甲本残缺较多，乙本除缺"不"和句末有虚词"也"外，其他同河上本。

"两不相伤"，自古以来解释不一。笔者以为，鬼为一方，因道临天下，鬼想伤人而无力伤人。无力伤人，更无力伤神圣。神圣是一方，他们保护所有的人，都不伤人。众人是一方，当然不会去伤害鬼与神圣。鬼与神圣两不伤人，众人又不伤鬼与神圣，此谓"两不相伤"。那就是彼此和平相处了。这就是第三十七章所说的

"道常无为而无不为。侯王若能守之，万物将自化"；第三十六章所说的"执大象，天下往。往而不害，安平泰"；四象安和，天下太平。

老子这里将"道"看得至高无上。宇宙间万事万物因"道"而有，而存在。鬼、神、圣、众人，都由"道"来统治。王弼使用"道治"这一概念是有见地的。"道"不是虚无缥缈的东西，它是老子所看到的"其中有物""其中有象""其精甚真""其中有信"的客观存在。它是宇宙及宇宙间万物生成的总根源。

一切的一切，都是由"道"生成，最后都归之于"道"。归于道等于归于民，因为道是民众获得最大利益的保证。所以老子此章最后说"故德交归焉"。义即鬼、神、圣、众人，以其两不相伤的德性而"交归"于"道"。

"德"若作"得"，意即以其两不相伤得以交归于"道"。德与得相比较，以"德"义长。帛书为"德"，想必古本如此。

历代注家就此章而判老子为"有神论"者有之，判为"无神论"者亦有之。二十世纪五十年代末就此曾有过一场大辩论。实则，这是老子研究的误区。总观《老子》全书，其重点在讲以"道"和"德"为核心所延伸的宇宙科学、社会哲学、生命哲学，至于有神、无神，只是随文所涉而已，不必就此大动干戈，大作文章。

老子没有否定神的存在，第四章说"象帝之先"，本章说"神不伤人"。仅此而已。

主旨评析

这一章不是高亨先生所说的"是老子的政治论"，而是老子的"道至高无上论"。中心思想在强调一个重点，只要以道治理天下，因任自然，无为而无不为，就像烹饪小鱼，不要乱翻搅折腾，即使是厉鬼也无计可施，一切邪恶都退避三舍，人、神、圣人、鬼互不相伤，皆归于道，就天下太平了。"道"是至高无上的，威力无穷！

第六十一章

校订本

大国者下流，天下之交，天下之牝；牝常以静胜牡，以静为下。

故大国以下小国，则取小国；小国以下大国，则取大国。故或下以取，或下以聚。

大国不过欲兼畜人，小国不过欲入事人，夫两者各得其所欲。故大者宜为下。

意译

大国要像水下流一样谦恭卑下，天下之水都在下流之处交汇；交汇之处，都是天下最空旷的溪谷所在。雌柔常常以静定胜过雄强，这都是静定为下的缘故。

故而大国对小国谦恭卑下，就能取得小国的拥护而归附；小国对大国谦恭卑下，就会取得大国的接纳和保护。因此，有的以谦下而获取归附，有的以谦下而得以被接纳。

大国不过是要兼并包容小国，小国不过是想觐见大国受大国役使而求得保护，这样双方都满足了各自的欲望。所以，特别是大国要谦恭卑下。

导读

（一）大国者下流，天下之交，天下之牝；牝常以静胜牡，以静为下。

此段河上、王弼本全同，其他世传本各有差别，历代特别是近现代注家多有辨析，但无根本性的不同，我们无需重复。

"下流"即向下流。什么物质向下流呢？液体。世间最常见、量最大的液体是什么？水。所以老子这里说的"下流"就是指的水。"上善若水"（第八章），大国也应该"若水"，作水一样的"上善"。

"天下之交"，是说天下之水不是各流各的，最后都要交汇在一起。长江的无数支流汇为长江，黄河的无数支流汇为黄河……水流千转归大海，水总是在下游处交汇。故而"下流"又包含有"下游"的意蕴。这亦可见老子用词之妙。

"天下之牝"，"牝"一般指动物的雌性。此句之牝，特指溪谷。《大戴礼记·易本命》："丘陵为牡，溪谷为牝。"溪谷皆为低处。水向低处流，这是它的性质决定的。"天下之牝"，紧接前句，是说天下之水都在低下处交汇。

老子这里极言"下"之崇高的品格和德性。第十五章老子赞扬"古之善为士者"的胸怀"旷兮其若谷";第十四章说"上德若谷"。谷虽低虽下,但它博大空虚,包含广阔。大海是最大的"谷","以其善下之故能为百谷王"(第六十六章)。

本句语义连贯,顺理成章。只因既往注家未能体味出老子的深义,诠解多不到位。帛书甲、乙本问世,"天下之牝"在"天下之交"前边,高明认为"今本文次倒误","帛书甲、乙本之行文次序,不仅体现出哲理博深,语言明畅,而且经文所论意旨""历史背景非常清楚"。

高明先生主张采用帛书甲、乙本将"天下之牝"放在前面,讲了很多道理,但遗憾的是他没有深思这一章的主旨是讲大国与小国如何以"谦下"而和平相处的问题,不是要大国以"谦下"成为"天下之牝",成为"天地根"。这从本章后文的"大国不过欲兼畜人,小国不过欲入事人"可以得到印证。

"兼畜人",是兼容畜护,而不是消灭夺取。"入事人",就是进入大国的保护圈,以大国为保护伞,事奉大国。在这里就像小溪流汇入大江河一样,"天下之交"的以水为喻多么重要!怎么能移到"天下之牝"后面去直言雌雄的交合呢?"牝常以静胜牡,以静为下",意思已经十分明确,还需要前面冠以"天下之交"吗?

这一段分作两层,前者以水为喻,后者以牝、牡交合为喻,都是极力强调"谦下"的重要。大国、小国都要自谦,首先是大国。

注解《老子》文,必须前后照应,照应全章,照应全书,以老解老,才能符合老子的本义。

(二)故大国以下小国,则取小国;小国以下大国,则聚大国。故或下以取,或下以聚。

此段各本不同有三处:

其一,聚,王弼及帛书等本皆为"取"。古取、聚通用。《左传·昭公二十年》:"郑国多盗,取人于萑苻之泽。"王引之《经义述闻·春秋左传下》:"取,读为聚。"反之,聚亦为取。取,第四十八章"取天下常以无事"、第五十七章"以无事取天下"之"取",义同,是以"道""无为"取天下。取,为获得、获取天下民心;而不是以兵器、计谋、奇巧夺取天下。

此章老子极言以自谦敬下获取天下,也就是以崇高的道德获取天下。前面用两个比喻说明了"谦下"的作用和力量,紧接着以"故"转到下一段,揭示"谦下"的结果:大国以"谦下"对待小国,就会获取小国的入觐、朝贡。王弼解曰:"小国附之矣。"而小国如果以"谦下"的态度对待大国,就会取得大国的兼容和保护,王弼曰:"大国纳之矣。"大小国都以谦下取得各自之所欲。

213

从文义看，河上等本的"则聚大国"之"聚"，仍为"取"义。帛书甲、乙本此句皆为"取"，可见《老子》古本原为"取"。

其二，帛书甲、乙本"则取大国"，"取"后有"于"字。高明认为："今本夺失一'于'字，则经文全非，均当据帛书甲、乙本经文订正。"

按照我们前面的分析诠解，无"于"字，文从字顺，根本不存在"经文全非"的问题。后文的"两者各得其所欲"，就是指的大国、小国各有所取，语义十分明确。如果"取"后加"于"字，就颇为费解了。

其三，河上等本的"故或下以取，或下以聚"，王弼及帛书甲、乙等本为"故或下以取，或下而取"，应从河上。"以"此处同"而"。《礼记·月令》："（孟夏之月）其器高以粗。""或下以取"，是"大国以下小国，则取小国"的再强调。"或下以聚"的"聚"作"聚合"解，是"小国以下大国，则取大国"的再强调。是说不论大国、小国都要自卑谦下，才能"各得其所欲"。

（三）大国不过欲兼畜人，小国不过欲入事人，夫两者各得其所欲；故大者宜为下。

兼畜，有的径直解释为兼并、并吞。但老子为什么用"兼畜"？畜，在这里是容纳、容留的意思。《左传·襄公二十六年》："获罪于两君，天下谁畜之？"杜预注："畜，犹容也。"春秋时期，周室衰微，诸侯争霸，并不是大国完全消灭、并吞小国，而是作小国的盟主，起统领的作用。所以老子用"兼畜人"。小国怕大国兼并，又怕别的小国侵凌，寻求大国的庇护，向大国入贡朝觐，所以老子用"入事人"。这当然是不平等的交往。但老子为了避免兼并过程中残酷的战乱杀戮，他采取正视现实的态度，也主张小国自卑谦下，入事大国，以保持大小国之间和平共处的局面。为了消除大国骄横的作为，他在本章最后一句特别强调"大国宜为下"，以实现大小国之间平等往来，"各得其所欲"，互利互惠的美好愿望。

然而，现实社会并没有按照老子期望的方向发展，战国时期的诸侯兼并很快上演，烽烟四起，这是历史的必然。但老子的思想价值并没有磨灭。中国也是大国

主旨评析

这一章用我们今天的话说就是讲处理国际关系的外交政策、外交路线。老子从比喻入手，言天道下流下胜。因此，人道交往，特别是处理国际关系，也要谦恭自下，才能取得自己的所欲取。谦下，不只是一种达到目的的手段，一种斗争策略，而是一种人生态度，你有与人为善、一心交好的思想，才能真正做到谦恭自下。同样处理国际关系，必得有相互交好的愿望，才能做到谦恭自下。谦恭自下，是一种德性，切合于道。

第六十二章

校订本

道者，万物之奥。善人之宝，不善人之所保。

美言可以市，尊行可以加人。人之不善，何弃之有？

故立天子，置三公，虽有拱璧以先驷马，不如坐进此道。

古之所以贵此道者何？不曰求以得，有罪以免耶？故为天下贵。

意译

道是万物的主宰。它是善人的珍宝，不善之人也能得到它的保护。

美好的言辞在市场交易中能发挥作用，合于道的尊贵行为却能影响人、增益人，起到教化作用。人有过错、罪恶，可以教化，哪里有顽固不化可以遗弃的人呢？

因此，树立天子，设置"三公"时，虽然有奉献拱璧在先、奉献驷马在后的隆重礼仪，却不如跪着以"道"去作为献礼。

古代之所以贵重此道的原因是什么呢？不是说：有求"道"的就可以得到，有罪的就可以获免吗？所以，"道"为天下所有人所贵重。

导读

（一）道者，万物之奥。善人之宝，不善人之所保。

奥，历来有多种解释：有说奥通隩（yù）、燠（yù），有暖义。故而王弼说："奥犹暖也，可得庇荫之辞。"

《广雅·释诂》："奥，藏也。"河上依之，认为"道为万物之藏，无所不容也"。

实则，此处之奥作"主"解。《礼记·礼运》："人情以为田，故人以为奥也。"郑玄注："奥犹主也。田无主则荒。"道生万物，第五十一章老子说："道生之，德畜之，物形之，势成之"，所以，道是万物之主，毫无疑义。

帛书甲、乙本"奥"皆作"注"。注作灌注解，万物的精、气，皆由道

215

所灌注，也讲得通。

但高明说："注"当读为"主"，却没有史料根据。他认为："《老子》原文当犹帛书甲、乙本作'道者万物之主也'，'奥'字乃后人之所改。"此说实为臆断。

关于"所保"，蒋锡昌说："善人化于圣人之道，益进于善，故道为善人之宝。不善人化于圣人之道，可以改善，故道为不善人之所保。盖天下之人，无善与不善，唯在圣人之以道为化。四十九章所谓'圣人无常心，以百姓心为心，善者吾善之，不善者吾亦善之'。"

蒋锡昌先生的诠解颇为到位，唯"天下之人，无善与不善"之论，不够精确。因为天下之人，有善与不善之分，这是客观存在。只是圣人对待不善之人，以教化、救度为目的，"常善救人，故无弃人"（第二十七章），这完全同于佛教的"众生平等""放下屠刀，立地成佛"的论述。在老子和佛陀眼里，将善人与不善人同等对待，同样得到保护。故说"道"为"不善人之所保"。但却不是说没有善与不善人之分。

（二）美言可以市，尊行可以加人。人之不善，何弃之有？

"市"，为交易、出售。《易·系辞下》："日中为市，致天下之民，聚天下之货，交易而退，各得其所。"老子说"美言可以市"，是将"美言"比作货物来出售。王婆卖瓜，自卖自夸。只要用美好的语言将货物推销出去，能用还是不能用，那就不管了。

"尊行"，是说值得尊敬的行为，为人之榜样。"加人"，不是"见重于人"，而是增益于人，影响于人。《说文》曰"加，增加也。"《论语·述而》："加我数年，五十以学《易》，可以无大过矣。""加"，增加的意思。

"不善"之人，受"尊行"的影响、增益，改过从善，故言"何弃之有"。老子这里是贬"美言"而重"尊行"。

（三）故立天子，置三公，虽有拱璧以先驷马，不如坐进此道。

"拱璧"，有作"珙璧"者。拱，指两手或两臂合围的径围。《左传·僖公三十二年》："尔何知？中寿，尔墓之木拱矣。"拱，描状璧之大。珙，《玉篇·玉部》："珙，大璧也。"此处拱、珙义同。但老子用语善于形象表述，当以"拱"为是。帛书甲、乙本作"共之璧"，显系误抄。

"驷马"，指一车套四马。帛书甲、乙本均作"四马"，其义不够确切。

216

古代立天子，置三公（周时指太师、太傅、太保）举行仪式，先献大璧，后献套四马的车，表示仪式的隆重。

但在老子认为，"不如坐进此道"。"坐"，同于今天的跪。古代人铺席于地，两膝着席，臀部压在脚后跟上，谓之"坐"。现代日本、韩国还沿袭着中国古代的生活习俗。这里的"坐进"即为跪进。进，此处作"献"字用。老子这里是说进宝不如进道。

"道"在此处很重要。帛书甲、乙本"此"字后无"道"字，模糊了文义。

（四）古之所贵此道者何？不曰求以得，有罪以免耶？故为天下贵。

王弼及帛书甲本"所"后有"以"字，语义更为明确。

老子出关 范曾绘

"不曰"，王弼等世传本为"不曰"，帛书甲、乙本皆为"不胃"。胃通谓，同曰"义"，应以"不曰"为是。

"求以得，有罪以免"，对应着前文的"善人之宝，不善人之所保"。善人尊道贵德，有"求以得"，"得"为"德"，以"道德"为"宝"；不善人有罪能改，故而能得以赦免，道为其"所保"。古人为什么贵重此道？就因为这个缘故。所以"此道"也为天下人所普遍贵重。

主旨评析

这一章紧承前两章的主旨，进一步阐发"道"的性能和作用。它不仅能满足"善人"之所求而视之若宝，而且能度化"不善人"改恶从善，"有罪以免"，成为他们之"所保"。故而，道不只为古代人所贵重，而且应该为当世人从上到下都来珍重。尊道贵德，这是老子的殷切希望！

第六十三章

校订本

为无为，事无事，味无味。

大小、多少，报怨以德。

图难于其易，为大于其细；天下之难作于易，天下之大作于细。是以圣人终不为大，故能成其大。

夫轻诺必寡信，多易必多难；是以圣人犹难之，故终无难。

意译

为以无为，事以无事，味以无味。

不必去争大小、争多少，而要报怨以德。

面对困难，从容易处下手；要做大事，从细微处开始。天下的难题、难事，必定是由容易处着手完成；天下的大功、大事必定是由细微处开始而告成。所以，圣人始终不妄自尊大，反而能成就他的大目标、大事业。

啊，轻率的许诺必然因为办不到而失信于人，把事情看得过分容易，反倒遭遇困难会更多而手足无措；所以，圣人总是充分估计困难，敢于面对困难，因此困难被一个一个地克服掉而"终无难"。

导读

（一）为无为，事无事，味无味。

本句世传本皆同，帛书乙本多残，无缺残的甲本将"味"作"未"，显系误抄。

"为无为"，即第三章"为无为则无不治"和第六十四章"辅万物之自然而不敢为"之意。"无为"，并不是无所作为，或完全不为，而是"辅万物之自然"的有为，而不是违背自然的妄为。

"事无事"，即第四十八章"取天下常以无事"之意，是说君王要获取天下民心，须做"无事"之事。

"味无味"，与第三十五章"道之出口，淡乎其无味"义同。品味"无味"，就是要了知真道。

这句的中心意思是：君王治国，民众做人，都要"为无为，事无事，味无味"，了道合道。

这句的首字"为""事""味"皆作动词用，意思是为的是无为，从事的是无事，品味的是无味。

（二）大小、多少，报怨以德。

姚鼐、奚侗、马叙伦等，或认为"大小、多少"句无解，或认为此句下脱简，或认为"报怨以德"当在第七十九章"和大怨"之上，"错入此章"。

其实不然。老子为文，文约而义深。"大小多少"是紧承上文教人们要了道、合道的意思，从而指出：世人在"为无为，事无事，味无味"的过程中，不要争大小、争多少，而是要"报怨以德"，这才符合于道。

为什么要这样呢？后边一段老子接着就具体阐发大小、多少变化之理。

（三）图难于其易，为大于其细；天下之难必作于易，天下之大必作于细。是以圣人终不为大，故能成其大。

这一段世传本有的字不同，于义无大碍。帛书本"图难""为大"下为"乎"字，以世传本"于"为是。两个"天下"后有"之"字，无"之"字，不影响文义。

帛书"天下之难""天下之大"下无"事"字，世传本多有。高明认为：帛书"乃顺绪前文，前文既言'图难于其易，为大于其细'，均无'事'字，此亦当与前文一律，足证'事'字乃浅人妄增，当从帛书"。言之成理。

"细"指微小，与大相对。《左传·襄公四年》："吾子舍其大而重拜其细，敢问何礼也。"

这一段阐发难易、大小变化之理，文义显豁明晰。

难事要从易处做起，难就能变为易。大事要从小事做起，小就会变为大。圣人不争大、不争多，报怨以德，故能成其大。

（四）夫轻诺必寡信，多易必多难，是以圣人犹难之，故终无难。

此段河上与王弼本相比较，唯最后无"矣"字，而同帛书甲本（乙本残）。帛书乙本"诺"为"若"（甲本残）。

"轻诺必寡信"，是说轻率地许诺，却不能实现自己诺言的人，必然失信于人。在君王，就会失信于民。他们不明难易、大小、多少相互变化之理，把事情多看得太容易、太简单，又不能从易、从小、从少处做起，结果就会将"易"变成"难"，所以老子说"多易必多难"。因此，圣人"犹难之"，凡事都慎重对待，易事、小事也当作难事、大事来做，难事就会变成易事，故而"终无难"。这是难与易、小与大的辩证法。

主旨评析

这一章顺延前一章"道为天下贵"的思想，告诫人们，特别是君王，要体道、味道、合道，不必争大小、多少，要"报怨以德"，认识、明了难易、多少、大小相互变化之理，像圣人那样"终不为大"而"能成其大"，重视困难而"终无难"。

此章的中心是讲难易、多少、大小相互转化之理，如何正确对待、处理这些转化？其旨要在于效法圣人，明道、了道、合道，"报怨以德"，才能达到自己的目的，实现自己的理想，无往而不胜。

各段之间的内在联系十分紧密，并不只是像有的人所说，是"相近"内容的"集锦""荟萃"，而"缺少一个中心论题"。

第六十四章

校订本

其安易持，其未兆易谋；其脆易破，其微易散；为之于未有，治之于未乱。

合抱之木，生于毫末。九层之台，起于累土。千里之行，起于足下。

为者败之，执者失之；圣人无为故无败，无执故无失。

民之从事，常于几成而败之；慎终如始，则无败事。是以，圣人欲不欲，不贵难得之货；学不学，复众人之所过，以辅万物之自然而不敢为。

意译

事物处于安定状态容易执持、把握，事情没征兆的时候容易想办法去处理、解决；物体硬脆容易破损，物体微小容易消散；在事情没有发生的时候就要妥当处置，在动乱没有发生之前就要及时治理。

两臂合抱粗的大树，是从细小的嫩芽长成的；九层高台，是以一堆堆的土累积起来的；千里路程是从起点一步步走完的。

违背自然规律的人必然失败，强行执持处于急速运动状态的物体必然把握不住而失去。圣人不违背规律妄为，故而没有失败；不强行执持动态之物，故而也就没有东西失去。

一般民众干事情，常在将要成功的时候而失败；相反，慎终如始，能坚持到底，就没有失败的事情。因此，圣人要那些有贪欲的人不要的东西，不看重那些难以得到的货物；学那些一般人不愿学的东西，不重犯众人所犯的过错。适应万物发展变化的自然规律，不敢妄作妄为。

导读

（一）其安易持，其未兆易谋；其脆易破，其微易散；为之于未有，治之于未乱。

"其安易持"，是说事物处于安稳状态时，容易执持、把握。假若动荡起来，执持可就难了。这是一个比喻，为后一句"其未兆易谋"蓄势铺垫。

"其安易持，其未兆易谋"，是说处事要防患于未然，早发现，早解决，把祸患消灭在未有征兆的时候。这就要求人有极其敏锐的察觉能力，即为通常所说的"先见之明"。我们一般人所说的把问题要解决在萌芽状态，而老子要求的是"未兆"，即未萌芽，这在一般人是很难做得到的。

"其脆易破"，也是一个比喻。这和老子柔弱胜刚强的思想是一脉相承的。"破"，有的传本作"伴"、作"判"，按事理以"破"为是。据蒋锡昌统计有42种传本作"破"，帛书甲、乙本均残。

"其微易散"，也是比喻。是说任何小的事物微细、微小的时候都容易消散、化解。

以上常识性的事理用之于人事，就是"为之于未有，治之于未乱"，和"未兆易谋"是一个意思。总体思想是防微杜渐，防患于未然，这是从反面说的。

（二）合抱之木，生于毫末。九层之台，起于累土。千里之行，起于足下。

这一段的三双对句，似乎是民间谚语的集锦。老子将其连缀在一起，来说明凡事须由小事做起，积小成大，积少成多，干事情要有恒心毅力，有志者事竟成。这是从正面说的。

三联对句明的是一个理，但却不是一回事。第一联说的是树木之生长——由小到大；第二联说的是人工建造——由低到高，由少到多；第三联说的行走——由近到远。

"千里之行，始于足下"，这是后世引用最多的名言。然而帛书甲本为"百仞之高，始于足下"，乙本为"百千之高，始于足下"，将造作之举和行路之事扯在了一起，使第一联和后面的二、三联极不相配。可见帛书本绝非《老子》原文之旧。当从河上、王弼等世传本。

（三）为者败之，执者失之；圣人无为故无败，无执故无失。

此段帛书甲、乙本多有残缺，互补后与世传本相较，文义相同。唯"是以"后几句句尾有"也"字。

河上、王弼等本无"是以"二字。其实，圣人无为未必因为自己或别人"为者败之，执者失之"的前车之鉴，而是他依"道"行事，"辅万物之自然"。前后并不是直接的因果关系。所以，无"是以"更为合理。

奚侗认为"四句与上下文义不相属"，但仔细体味，与上下文是贯通一气的。

前面两段除"其脆易破，其微易散"，"合抱之木，生于毫末"讲自然之理外，其他几联的"持""谋""为""治""起""行"，都是讲人的"有为"。可见老子所说的"无为"，并不是什么都不做。

但老子为什么在此段的前两句说"为者败之，执者失之"呢？这不是前后矛盾吗？老子之文，大都言简意赅，要读者仔细体味。他所说的"为"，是"为之于未有，治之于未乱"。然而，一般人却在动与乱产生之后去为、去执、去治，因而"败之""失之"。

圣人是依自然之理，"安"而"执"，"未兆""未乱"而"谋"而"治"，故而动、上下文逻辑、事理关系十分顺畅、贯通，怎么能说是"谊不相属"呢？

（四）民之从事，常于几成而败之；慎终如始，则无败事。是以圣人终不欲，不贵难得之货；学不学，复众人之所过，以辅万物之自然而不敢为。

"几成"，帛书甲、乙本为"其成"，马叙伦认为："'其'即'几'也，'其'、'几'古通。《诗经·楚茨》'如几如式'，《毛传》曰：'几，期也。'此其例证。"

最后一大段，世传各本没有大的差别，河上本之"终不欲"，当依王弼、帛书甲乙等本改正为"欲不欲"。

开头一句讲的是一般民众干事情，因无恒心、无毅力，半途而废，功亏一篑，到几乎快成的时候放弃了，故而败之。反过来，如果能慎终如始，坚持到底，"则无败事"。老子这里讲的是有为，而且是不断地为，坚持到事成之后的为，并不是不为。

那么"不为"的是什么呢？是"欲不欲"，不为贪欲而为；"不贵难得之货"，要的是贪欲之人不要的东西。

"学不学"，是说要学习一般人不愿学、没有学的东西。

"复众人之所过"的"复"，这里作颠覆、倾覆解。《左传·定公四年》："初，伍员与申包胥友，其亡也，谓申包胥曰：'我必复楚国。'"杨伯峻注："复即覆，倾覆也。""颠覆""众人之所过"，就是说不犯众人所犯的过错。

老子最后归结为"以辅万物之自然而不敢为"。辅，依附，顺应。"万物之自然"是什么？就是"道"。

"欲不欲"，是按道行事；"学不学"是学习众人不学的"道"。

"不敢为"是不敢妄为，不敢违背自然规律的盲动之为，并非不为。

统观此章，是老子对他"无为而无不为"思想的具体阐释。

主旨评析

这一章与前两章紧密承接，总体思想是贯穿着第六十二章开头的"道者，万物之奥"，教人们学道、懂道、体道，依道行事。依道行事，就要防微杜渐，防患于未然；要从小事做起，从细微处着眼，不要因小失大；要善始善终，不要半途而废；"欲"别人之"不欲"，不贵难得之货，不争难得之名；学别人不愿学的道德，不犯众人所犯的过错。一切都依从万物自然之理，不敢妄为，不能背道而行。

第六十五章

校订本

古之善为道者，非以明民，将以愚之。民之难治，以其智多。以智治国，国之贼；不以智治国，国之福。

知此两者，亦楷式。常知楷式，是谓玄德；玄德深矣远矣，与物反矣，然后乃至大顺。

意译

古时候善于行道的人，不是教民众智巧精明，而是教他们敦厚纯朴。民众其所以难以治理，是因为他们中有些人智巧计谋太多。因此，用智巧之法治国家，是国家的盗贼；不用智巧之法治理国家，则是国家的福德。

知晓"以智"和"不以智"治国，会有两种不同结果，也是一种法式、楷模。时常清醒地知晓这种法式、楷模，就是"玄德"；玄德行之长久、深远，人们就会返璞归真，与万物"欲益己"的品性背道而驰。然后道行天下，一切皆归之顺利。

导读

（一）**古之善为道者，非以明民，将以愚之。民之难治，以其智多；以智治国，国之贼；不以智治国，国之福。**

"古之善为道者"，世传本皆同，帛书乙本无"善"字，大意相同。帛书甲本"古"为"故曰"，使句读发生了变化，恐属误抄，或错改。

"善为道"是什么意思呢？河上本注曰："善以道治身及治国"，言者甚是。

"非以明民"是什么意思呢？河上本注曰："不以道教民明智巧诈也"，亦言之成理。

"明"，和后面"将以愚之"的"愚"字对应。老子所说的"愚"，并不是愚蠢无知，而是指的淳朴敦厚。《孔子家语·问玉》："《诗》之失愚，《书》之失诬。"王肃注："愚，敦厚。"《说文》："愚，戇也。"即为人戇直。联系《老子》第二十章"我愚人之心也哉"，解"愚"为敦厚是对的。谁也不会认为老子愚蠢无知。

《老子》第二十章说"众人昭昭，我独昏昏；众人察察，我独闷闷"。昭昭，即明智；察察即清楚。所谓的"昭昭""察察"，是反其意而用之。所以本章老子所说的"明"，也不是真正的明白、清楚，而指的河上所说的"明智巧诈"。

王弼说："明谓多见巧诈，蔽其璞也；愚谓无知守真，顺自然也。"其说亦得老子的真义。

"民之难治，以其智多"。帛书甲、乙本皆无"多"字。高明认为："所谓'愚'者，即憨厚淳朴之谓，而无智多智少之别。""所谓'以其智多'或'以其多智'，皆由后人改"。

《老子》第十九章首句"绝圣弃智"之"智"，我们前面分析认为是打上引号的所谓的"智"，实则是巧伪多诈的"智"，不是真正的聪明才智。"智多"，亦是贬义，犹言我们今天讽刺一些爱使鬼点子、爱耍小聪明的人，说他们是"聪明过度"，"鬼点子太多"一样。"智多"，肯定是指一部分"智多"之人，不会指所有的民众。

这两句说民众，后句说君王。"以智治国"，是指以巧智伪诈治国，绝不会指责正当的聪明才智。正当的聪明才智和"善为道"是不矛盾的，保持着淳朴敦厚、为国为民不为私。而单纯以所谓的"智"治国，多用权术机诈，使民众受灾受害，故老子痛斥为"国之贼"。相反，"不以智治国"，则为"国之福"。

（二）知此两者，亦楷式。常知楷式，是谓玄德；玄德深矣远矣，与物反矣，然后乃至大顺。

"此两者"，指"以智"和"不以智"及对应的"贼"与"福"。

"楷式"，王弼、帛书甲乙等本为"稽式"。但世传本多为"楷式"。据蒋锡昌先生统计有五十二种传本作"楷式"。故而他认为"'稽'为'楷'之借字"。

《礼记·儒行》："儒有今人与居，古人与稽，今世行之，后世以为楷。"孔颖达疏："楷，法式也。言儒者行事，以为后世楷模法式。"

马王堆汉墓帛书《经法·四度》："周迁动作，天为之稽。""稽"作法式、准则。

楷、稽相通，但楷模、楷式意味明显，通俗易懂，当依世传本作"楷"为是。

"常"，帛书甲、乙本皆作"恒"，有的传本作"能"。古本可能为

225

"恒"，但作"常"通俗易懂，又不失原义。

所谓玄德，就是天之德、道之德，"生而不有，为而不恃，长而不宰"（第五十一章）。"不以智治国"，即会依道治国，而且以此为法式、通则，那就可说是"玄德"了。

将这种"道之德""物之德"践行、发挥得越深越远，就会进入化境，将"物性"融化为"人性"，所以老子说"与物反矣"，转化为"人"的自觉、自主的精神、意识形态，最后"乃至大顺"，一切皆自然而然地获得大顺大利！这里，老子将"道"的"物"性之"形而下"与"人"的精神、意识之"形而上"，水乳交融地统一在一起了！"道"就是一个"形而上"与"形而下"的统一体。"道"的"形而上"这一面，包容了非常丰富、广阔的内涵，就是历世以来人们常说的"道""大道"。"形而上"的"道""大道"，因为有作为一切"生命体"的"本源"的"粒子"为内质，一下就鲜活了起来，无处不在处处在，成为宇宙万物生成、发展、演变的总根源，总根据！

河上本注曰："玄德之人，与万物反异，万物欲益己，玄德施与人也。"

如果人主具有像"道"一样"为而不持，长而不宰"的"玄德"之品性，又以此作楷模来治世，天长日久，影响深远，民众也会返璞归真，整个社会风气皆会"乃至大顺"。大顺是一切皆顺利。

主旨评析

这一章是老子的政治论，主要是对最高统治者说的，老子要求君王以道治国，为国为民不为己，给民众树立良好的榜样，以德化民，使民返璞归真。行之日久，影响深远，蔚然成风，社会发展将一切皆顺，这是国家、民众的福德。相反，若"以智治国"，施行计谋巧诈，败坏社会风气，那就是"国之贼"了。

陈鼓应说："本章的立意被后人普遍误解，以为老子主张愚民政策。其实老子所说的'愚'乃是真朴的意思。他不仅期望人民真朴，他更要求统治者首先应以真朴自励。所以二十章有'我愚人之心也哉'的话，这说明真朴（'愚'）是理想治者的高度人格修养之境界，但这主张和提法，容易产生不良道的误导。"（《老子注释及评介》第315页）

第六十六章

校订本

江海所以能为百谷王者，以其善下之，故能为百谷王。

是以圣人欲上民，必以言下之；欲先民，必以身后之。

是以圣人处民上而不重，处前而民不害，是以天下乐推而不厌。

以其不争，故天下莫能与之争。

意译

江海其所以能使众多河流汇集归往而成为百谷首领，因为它善于处在低下的地方，所以能成为百谷首领。

因此，圣人要处在民众的上位当首领，就必须谦恭卑下；想要处在民众的前面领先，就必须言行一致、身体力行，把自己的利益放在民众的后面。

所以，圣人居处在民众之上，民众不觉得负担繁重；居处在民众的前面，民众不受伤害，也就没有灾祸。因此，民众乐于推举他当头领而不厌烦。

因为圣人欲争不争，故而天下民众无人能和他争。

导读

（一）江海所以能为百谷王者，以其善下之，故能为百谷王。

此段诸本个别字有差异，于句义影响不大，无须详校。帛书甲、乙本"谷"皆作"浴"，当为借字，以"谷"为是。《说文》："泉出通川为谷。""王，天下所归往也。"

《老子》第三十二章言："譬道之在天下，犹川谷之于江海。"亦是说川谷归于江海，就比如天下归于道。道和江海的品性都是"善下"。老子在许多章中都赞颂"善下"。"其下不昧"（第十四章）、"高以下为基"（第三十九章）、"大国者下流""大者宜为下"（第六十一章）、"强大处下"（第七十六章）、"下者举之"（第七十七章）……

因此，江海"居下""善下"，故"能为百谷王"。道性"善下"，故为天下万物的总根源、总根据。所以，这里论江海，也就是在论道。

（二）是以圣人欲上民，必以言下之；欲先民，必以身后之。

王弼等世传本无"圣人"二字，帛书甲、乙本皆有，说明河上本为古本之旧。蒋锡昌先生统计有51种传本有"圣人"二字。"民"字，有的世传本作"人"，帛书甲、乙本皆为"民"，应从之。"必以"，有的世传本作"以其"，帛书甲、乙本皆作"必以"，高明认为"以帛书义长"，即以"必以"义长。

"上民"，是说在民众之上；"先民"，是说在民众之先、之前。圣人要处在民众之上，就必须谦恭卑下。老子这里所说的"言"，是"言善信"（第八章）的"言"、"信言不美"（第八十一章）的"言"，亦即言行一致的"信言"。就是说以信言表示谦下。

老子重"行"不重"言"。第二章说"行不言之教"，第三十二章说"强行者有志"。此章他在"必以言下之"后，即强调"必以身后之"。就是强调光说不行，必须身体力行，付之行动。

"必"在这里很重要。可见"必以"当为《老子》原文。

（三）是以圣人处民上而不重，处前而民不害，是以天下乐推而不厌。

此段河上、王弼本完全相同。其它世传本有的无"圣人"二字，有的"民"作"人"；帛书甲本"处前"句在"处民上"句之前，而乙本同河上、王弼本。比较而言，还是以河上、王弼本为优。

"重"，是轻重之"重"。整句是说因为圣人能谦下对民，乐居民后，即使他居处在民众之上，民众也不觉得负担重。老子在"不重"前省了"民"字，从后句"民不害"可以证得。

"害"，作损害，伤害。《国语·楚语上》："子实不睿圣，于倚相何害。"韦昭注："害，伤也。"此处说"不害"，是说圣人居处在民众之前，民众不受伤害。或作祸患、灾害。

正因为圣人居处在民众的上面民众不觉得负担重，居处在民众的前面民众不受伤害而不觉得是祸患、灾害，所以普天之下的民众乐意推举、推崇圣人，而不厌烦。

老子这里所说的"圣人"，是指三皇五帝之类的人，并不是泛指一些注家所说"君王"或"最高统治者"。"圣人"，是老子理想中的"君王"。

（四）以其不争，故天下莫能与之争。

老子并不是说圣人完全无私、无争，而是在自己之私与民众的利益发生矛盾时，能放弃一己之私，有争而不争，欲"上民必以言下之，欲先民必以身

老子出关 北宋 晁补之画

后之"，所以能"退其身而身先，外其身而身存"，"处民上"而民不觉得负担重，"处前"而民不觉得是祸患、灾害，从而"乐推而不厌"。因此，"不争"的意思是"有争不争"，或"欲争不争"。这和第七章的意思并不矛盾。所以，河上、王弼等世传本的"以其不争"，与结句对应十分顺当。

主旨评析

此章是老子的政治论，又是人生论，亦包括着处人处世的方法论。老子以江海其所以能为百谷王，是因为它处下、善下作比喻；而圣人也有此"言下""身后"的品性，得到了"天下乐推而不厌"的结果；从而希望君王治世也能像江海、圣人一样。这显然是政治论。其实一般人处世，也应该这样，谦恭卑下，遇事能让先别人，自己处后，必然会得到大家的拥戴。这是人们都应该具有的人生态度。这是人生论，亦包含着为人处世的原则和方法。

229

第六十七章

校订本

天下皆谓我大，似不肖。夫唯大，故似不肖。若肖，久矣，其细也夫。

我有三宝，持而宝之。一曰慈，二曰俭，三曰不敢为天下先。

夫慈，故能勇；俭，故能广；不敢为天下先，故能成器长。

舍其慈，且勇；舍其俭，且广；舍其后，且先：死矣。

夫慈，以陈则正，以守则固。天将救之，以慈卫之。

意译

天下人都说我"大"，这说得像，又不像。只有说"大"，因此是像又不像。假若真的像"大"，时间长了，（物相化了）就变为"小"了。

我有三个法宝，要执持着它当宝贝一样。第一个叫慈爱，第二个叫节俭，第三个叫不敢争权争利抢在前面。

首领对下属慈爱，就能激发下属作战勇敢，做事有勇气。首领带头节俭，就会大家效仿，蔚然成风，广为普及，国富民强。首领见权见利能不抢在前面，因此能成为天下万民的官长。

如果舍弃了慈爱而要求民众做事有勇气、兵士作战勇敢，舍弃了节俭而希望国富民广，舍弃了后其身而在权利面前抢先，那就是死路一条。

只有坚持慈爱，陈兵防卫就是正道，坚守防御就能城池牢固。因为不主动攻击别人，杀伤别人，合契于道，上天将会救助你，以慈爱护卫你。

导读

（一）天下皆谓我大，似不肖。夫唯大，故似不肖。若肖久矣，其细也夫。

"天下皆谓我大"，王弼、古楼观等本"大"前有"道"字，帛书甲本此句残缺，乙本无"道"字。到底该有还是不该有，为什么？从古至今，无有注家辨析。

按文义，若有"道"字，则不通，颇费解。其实，老子所说的"大"即指"道"。第二十五章"故道大、天大、地大、王亦大"，第三十四章"大道氾兮"，"万物归焉而不为主，可名为大"，将"道"同于大。"大"，就是"道"的代号。"天下皆谓老子""大"，就是说老子如"道"，无形无迹，虚无缥缈，难以描状。"似不肖"，即言像又不像。

老子怎么能和"道"划等号呢？当然不能。但他却能代表"道"，了"道"，知"道"，若"道"，因此他又进一步说"夫唯大"，故而"似不肖"，像，又不像。

王弼注曰"肖则失其所以为大"，只言"大"，不言"道"，说明他所据古本无"道"字，"道"为后世注家所加。

河上注为"老子言天下皆谓我德大，我则佯愚似不肖"。将"大"解为"德大"，这就太"实"了。如说老子"德大"，那完全合乎老子的实际，怎么能像又不像呢？老子用得着佯装愚痴而"似不肖"吗？

老子像"道"，又不是道，故而"似不肖"。"若肖"，即成为实在之物，可以描状，就会酷似，这样，天下人看得久了，成为真实的存在，那不就"其细也夫"，将"大"变为"小"了吗？细，作微小解。

这一段严灵峰认为可移到第三十四章"故能成其大"之后，陈鼓应同意严的判定，他说："本章谈'慈'，这一段和下文的意义毫不相应，显然是他章错简。"萧天石在他的《道德经圣解》中干脆删去了本段。究竟是不是错简？我们在诠解结尾两句时再详作讨论。

（二）我有三宝，持而保之。一曰慈，一曰俭，三曰不敢为天下先。

"持而保之"，有作"持而宝之"，或"宝而持之"，蒋锡昌说："范谓韩非、王弼、傅奕同古本，则范见傅、王二本并作'持而宝之'，当据改正。"蒋说有理。"持而宝之"的意思是拿着当宝贝，或当宝贝持有着。

"慈"，帛书甲、乙本原作"兹"，是假借字。"慈"，就是对人慈善，佛家说慈悲，对人要慈悲为怀。有了慈悲心，才能施，才能舍，处处事事将别人的利益困苦放在前面，而去拯救。这是一种很高的人生境界。当今社会上做慈善事业的慈善家，就是继承和弘扬着老子"慈"的思想。

"俭"，帛书甲、乙本原作"检"，亦是假借字。俭，是奢侈的对立面。老子把节俭当作一个重要的法宝，他是看到了当时上层统治者的骄奢淫逸、挥霍浪费，造成老百姓的穷苦和不满，引起动乱，有感而发。后世治国治家提倡克勤克俭，这是"俭"的思想之影响、发扬。

"不敢为天下先"，是第六十六章"欲先民，必以身后之"的进一步阐释，是说事事处处都把自己的利益放在民众的后面，凡事先为别人着想。

以上三宝，基础是"慈"，首先对别人要有慈悲心、同情心。核心是抑制私欲，唯此才能俭，才能"不敢为天下先"。

（三）夫慈，故能勇；俭，故能广；不敢为天下先，故能成器长。

"夫慈"，王弼等本无"夫"字。蒋锡昌先生统计38种世传本有"夫"字，帛书甲、乙本皆有。

老子这里所说的"慈"主要指上层首领特别是君王对下属、对民众的慈爱。

慈爱所产生的结果，就会下属、民众作战时勇敢，做事时有勇气。

"俭，故能广"，各本基本相同，唯帛书乙本"故"误作"敢"。

《韩非子·解老篇》说："智士俭用其财则家富，圣人宝爱其神则精盛，人君重战其卒则民众，民众则国广。"

"不敢为天下先"，"天下"即指天下万物。"故能成器长"，"成"即成为的意思，与"为器长"相同。器，指万物。故能成为万物之长，前后呼应，顺理成章。

如按俞樾的观点，"成""器"连读作"大器"解，前后文即不对应。难道老子让他理想中的"圣人"仅作"大器"之长吗？

（四）舍其慈，且勇；舍其俭，且广；舍其后，且先；死矣。

此段"舍"，有作"捨""释"者，"舍"后有的传本无"其"字，皆不影响文义。帛书甲本脱"舍其俭且广"句，乙本与河上、王弼本基本相同。

勇当以慈为本，广当以俭为基，先当以后为宗旨。如果背离、舍弃这些治世、处事的准则，就只有死路一条。

（五）夫慈，以战则胜，以守则固。天将救之，以慈卫之。

"以战则胜"，河上、王弼今本相同。有的传本作"以阵则胜"，有的作"以陈则正"。帛书甲、乙本，用字有别，但义为"以战则胜"。

毕沅认为"依义当作'敶'字"，"敶"通陈，又通阵。朱谦之认为："'胜'字《道藏》王本作'正'，知王本原亦作'以陈则正'也。"

高明认为："'战'与'陈'、'阵'，'胜'与'正'，古读音相同，义亦相近，可互为假用。'以陈则正'，即'以战则胜'，甲、乙本用本字，今本则用借字。"

高明的"相同""相近"说，找不到例证。其实，"陈"与"战"、"正"与"胜"，意不同，义亦不近，不能互为假用。

按老子的思想应为"以陈则正"。陈是陈兵，作战斗的准备，不主动出击，这才是"正"，合于道。慈，不只是对自己一方慈善，对对方也要慈善。战争要打起来，双方都会有伤亡。陈兵而不战，就避免了伤亡。这是普世之慈。

有些注家解释这里的"慈"，是"对百姓慈爱，用于攻敌就战无不胜"，这是仅从一方着眼的狭隘的"慈"。

第三十一章有言曰："胜而不美，而美之者是乐杀人。"老子追求的不是"胜"，亦不是"勇"，而是"正"。

第三十一章又说："战胜，以丧礼处之。"胜了不是高兴、庆贺，而是以"礼处之"。其原因是"杀人之众，以哀悲泣之"。老子主张，不论敌我，只悲"杀人之众"，凡是战争中被杀的人，都要以慈悯之心对待。

"以守则固"，是说防守固若金汤，双方谁也杀不了谁，就避免了伤亡。

今本"天将救之"，帛书甲、乙本均作"天将建之"。高明认为"似较今本'天将救之'义胜"。其实老子的思想是抑强救弱，第七十六章"强者死之徒""强则不胜""强大处下"，他着眼的不是强大、建立，而是同情弱者，救助弱者，所以说以"天将救之"义胜。

老子最后为什么扯出"天"来？这是照应篇首的"天下皆谓我大"之"大"。第十六章说"王乃天""天乃道"，第二十五章说"天大""地法天""天法道"，老子将天、大、道视为一体。首尾紧密呼应，充分说明开头一段是本章的有机组成部分，并不是有些注家所说的为他章文字串入此章，也不能如陈鼓应引严灵峰所说"可移到三十四章'故能成其大'句下"。其实，第三十四章老子是论"道"的，若移其后，老子就将自己和"道"划等号了，岂不是自以为大，自我称大了吗？

天将救谁呢？就是救"以陈则正，以守则固"的有慈悲心的一方。

最后一句，河上、景福、敦煌壬本等多出"以善"二字，其他世传本及帛书甲、乙本皆无，应从之。

"以慈卫之"，帛书甲、乙本皆作"以兹（慈）垣之"。垣，指城墙，乍一听似乎很形象。但"天将救之"，天怎么能说筑城护卫？因此还是应为"以慈卫之"。即言天用慈爱之心来护卫"以陈则正，以守则固"者。

主旨评析

老子在第二十章将自己与"众人"作比对，说："我独若遗，我愚人之心也哉"，"我独昏昏"，"我独闷闷"，"我独顽似鄙，我独异于人"，连用六个"独"。充分说明他在当时社会中的独一无二，并且名盖天下。

所以这一章的开头他说"天下皆谓我大"。孔子当时在社会上影响之大恐怕是天下皆知，可他特地"入周"问"道"于老子。老子训斥孔子说"去子之骄气与多欲、态色与淫志"，孔子不但不反感生气，回去还对学生夸赞说："吾今日见老子，其犹龙乎！"说老子像龙一样来去无踪，形迹隐显，难以捉摸。

天下皆谓老子大，看来不是一句虚语。老子是不是就自以为大，自我称大呢？老子回答得不同凡响：像，又不像。只有大，所以才像又不像。如果像，那就自以为大了，日子久了，不是会变成小吗？

老子不自以为大，不自显形迹，在天下人的心目中，永远是大。时至今日，谁能说老子不大呢？他的道德五千言在世界范围的广为流传，名冠中外，能说不大吗？

所以，这一章的主旨是老子的自述。他以"似不肖"的"大"，为天下奉献"三宝"。三宝的核心是"慈"。

第六十八章

校订本

古之善为士者不武，善战者不怒，善胜敌者不与争，善用人者为下。

是谓不争之德，是谓用人之力，是谓配天，古之极也。

意译

古代善于做文明、道德的贤能之士不轻易动用武力，善于作战的明士对敌不怒，善于制胜敌手的退让而不争，善于用人的常谦恭自下。

这就叫做不争的德行，这就叫做善于用人所产生的力量，这就叫做合于天道，这是古人做人做事的最高准则。

导读

（一）古之善为士者不武，善战者不怒，善胜敌者不与争，善用人者为下。

"古之"二字，王弼等本无有，河上、傅奕、景龙等少数本有，帛书甲、乙本皆无。是否该有，最后再作论定。

"士"、蒋锡昌说"'士'，君也"，陈鼓应说"这里作将帅讲"。

高明说："蒋氏谓其专指国君言，恐未确定。此所谓'士'者，乃谓国君及其所属官卿而握有军权者，泛指精于战略战术守道之士，则以仁慈、智谋用兵……非恃之于武力，先陵人也。"

高先生言之有理。后世有一句俗语，"君子动口不动手"，是老子"善为士者不武"的最通俗的诠释。

士，就是有德守道的"君子"，泛指一切思想行为高尚的人。"士""君子"，都是对这类人的尊称。老子认为，这类人重道德，讲文明，慈悲为怀。

当然，老子这里所着重反对的是杀人过多的战争，"不武"某种程度上说可以理解为不动武力打仗。但也包含着"君子动口不动手"的意蕴。

"善战者不怒"，各本相同。怎样才能不怒呢？必须是对任何人都慈悲为怀，这一点是很高的要求，一般人实难做到。因为只有在利害冲突面前，真正看淡了的人才能做到。他慈悲，眼中无敌不树敌，怎么怒得起来？

老子降格以求，他知道一般人做不到"不怒"，所以他说"善胜敌者不与争"。你眼中有敌，树立了敌人，抑制不住发怒了。那就要怒而不争。老子这个说法就太理想化了。你可以怒而不争，但敌对方不行。他强势进攻，兵临城下，怎么办？只能是据城固守。

"善胜敌者不与争"，"不与争"，王弼等本作"不与"。

据蒋锡昌先生统计，"与"作"争"的传本有42种，王弼在此句下又注为"不与争也"，河上注为"不与敌争而敌自服"，可证原文当为"不与争"或"不争"。

（二）是谓不争之德，是谓用人之力，是谓配天，古之极也。

"是谓不争之德"，是对本章前三句的总结。"不武""不怒"，其根本在于"不争"；因看淡权利而不争，才会不怒、不武。

由此句"不争之德"，可证前边的"不与"应为"不争"或"不与争"。

"是谓用人之力"，对应前边"善用人者为下"。头领用人能够谦恭自下，下属宾服，能为其卖力，这就是"用人之力"。此句帛书甲、乙本作"是谓用人"，很明显，意思不全，可能抄录时脱漏。

"是谓配天"，朱谦之云："配，合也。《庄子·天地篇》：'尧问于许由曰：啮缺可以配天乎？'成《疏》：'配，合也。尧云啮缺之贤者，有合天位之德。'"

老子说"善为士者"不武、不怒、不争、为下，是不争之德、用人之力，合于天道，是古代做人、做事、打仗、用兵、用人的最高准则，古人将此发挥到了极致。

俞樾、马叙伦等人认为最后一句的"古"字属衍文，应冠于下一章之首句上。但帛书甲、乙本皆同于河上、王弼等世传本，可见原本《老子》如此。落句的"古之"，紧紧照应首句的"古之"，说明开头有"古之"二字。

主旨评析

《老子》的基本主题是谈德论道，反复强调人们特别是君王做人做事要符合于道。"天法道"（第二十五章）、"天乃道"（第十六章），前一章说"天将救人"，这一章又说"是谓配天"，合于天道，是古代做人做事的最高准则。天道救人，卫之以慈。所以此章接续前章，仍在宣扬一个"慈"之。只有对人慈善，才会"不武""不怒""不争""为下"，而合于天道，是谓配天，这也才是古之极则。

第六十九章

校订本

用兵有言："吾不敢为主而为客，不敢进寸而退尺。"是谓行无行，攘无臂，执无兵，乃无敌。

祸莫大于轻敌，轻敌几丧吾宝。故抗兵相加，则哀者胜也。

意译

用兵者说过："我不敢主动进攻别的国家，只是处在客位作防守；不敢前进一寸，而甘愿后退一尺。"这就是所说的：前进而实际不进；不伸胳臂攻打别人，也就不会卷起衣袖伸出胳臂；不用兵器，也就没有执持武器的士兵；这就是不树立敌人，也就没有敌人。

最大的祸患没大于轻视敌方而盲目主动进攻对方的了。轻敌而主动妄进，这几乎完全丧失了我的"三宝"。丢弃了以慈为核心的三宝，故而举兵相互侵凌，最后的胜利属于必定有慈悯同情心的一方。

导读

（一）用兵有言："吾不敢为主而为客，不敢进寸而退尺。"是谓行无行，攘无臂，执无兵，乃无敌。

"用兵有言"，傅奕本"兵"后有"者"字，高亨据之增添。按下句"吾不敢"判断，"兵"后有"者"字，句义完满。义为"用兵的人有言"。但《老子》文本中多有此类省略句，妄增"者"字，恐非原文面貌。

有人说"用兵有言"是"指古兵法"。古兵法多为第三人称，"吾不敢"为第一人称，此说难以成立。

关于主、客、进、退，苏辙的解释简捷明确："主，造事者也；客，应敌者也。进者，有意于争者也；退者，无意于争者也。"

"吾不敢为主而为客，不敢进寸而退尺"，实则是老子假借古之用兵者之名而阐述他自己的主张。

后面四句紧紧扣着一个"退"字。"行无行"即言行进而实不进，实际未行。

"攘无臂"，第三十八章有"攘臂而扔之"句，两处"攘"字义同。《广韵》："揎（卷袖）出臂曰攘。"攘臂，就是卷起袖子，伸出胳臂。这完全是一副打架斗殴的姿态。然而，这里说的是"不敢进寸而退尺"，是不行不进不打仗，当然也就不会伸胳臂挽袖子。这就是"攘无臂"的真义。

"乃无敌"，王弼等本"乃"为"扔"，帛书甲、乙本皆为"乃"字。严遵、傅弈等世传本及帛书甲、乙本，此句均在"执无兵"句后。

楼宇烈《王弼集校释》说："扔"字疑当作"乃"，"观王弼注文说'言无有与之抗也'之意，正释经文'乃无敌'之义。故似作'乃无敌'于义为长。"高明认为"楼氏之说似校旧注贴切"。楼、高二人所说，可以依从。

"执无兵"，是说无兵器可执持。退而不进，不去打仗，当然也就不执持兵器。

不执持兵器，不去作战，当然也没有敌人可以面对，最后一句为"乃无敌"，顺理成章。

后一句全说的是退而不战。刘兆英先生说："十二个字，其中战略、战术、战果全有了。"既退而不战，还说什么战略战术战果？"乃无敌"是退兵免战而无敌，并不是敌方束手就擒而自己无敌于天下，像毛泽东所说的"全无敌"。若如此，那不是在宣扬"好战"吗？

（二）祸莫大于轻敌，轻敌几丧吾宝。故抗兵相加，则哀胜也。

"轻敌"，傅弈同帛书甲、乙本作"无敌"，而王弼本等世传本同于河上。

陶邵学认为："王弼注曰：'非欲以取强无敌于天下也'。则王本亦作'无敌'，今作'轻'字，殆后人所改。"

蒋锡昌说"陶说恐非"，而高明则认为"陶说甚是"。

其实，王弼的解释自相矛盾，他说"非欲以取强无敌于天下"，这完全符合老子的思想。他又说："不得已而卒至于无敌，斯乃吾之所以为大祸也。"那就是说老子在玩花招，讲权术。我本不想无敌于天下，但"不得已而卒至于无敌"天下。若如此，老子所讲的"慈"，所讲的"不敢进寸而退尺"，全是糊弄人、迷惑人的假话。

前文的"乃无敌"，是不树敌而没有敌人。这里"祸莫大于无敌"之"无敌"，却是"不得已而卒至于无敌"于天下的"无敌"，前后矛盾，怎么讲得通？

作"轻敌"则前后文义连贯。因"轻敌"而强取妄进，不行退让之道，无慈无爱，所以老子说"轻敌几丧吾宝"。

"宝"，有的注家认为指的是"道"。其实，是指第六十七章所说的以"慈"为核心的"三宝"。"夫慈，以陈则正"，接着第六十八章又说"善为士者不武"，和这一章的"不敢进寸而退尺"，"乃无敌"，前后连贯，一脉相承。总体思想是讲慈善，要和平，不打仗，不杀人。

帛书甲、乙本，只能说是较古传本，无人能证明它们就是《老子》的初始写本，不能因为它们皆作"无敌"就断定众多世传本之"轻敌"是"后人改动"。

轻敌，必然是骄军。"骄军必败"，这几乎是一条铁定规律。因此，老子说"故抗兵相加，则哀者胜也"。

抗兵即举兵。《仪礼·既夕礼》："甸人抗重出自道，道左依之。"郑玄注："抗，举也。"

相加，是强加，侵凌。《论语·公冶长》："我不欲人加诸我也，吾亦欲无加诸人。"抗兵相加，即是说举兵相侵凌。"相加"，傅奕及帛书甲、乙本为"相若"，高明认为："王弼注：'加，当也。'按'加'字无相当、相等之义，显然是'若'字之误。"

按老子的思想，并不是一定要敌对双方势力相当才"哀者胜"，相若不相若不是必备条件，而是"柔弱胜刚强"（第三十六章）、"柔弱处上"（第七十六章）、"柔之胜刚"（第七十八章）。王弼注"加，当也"是错解，不能依之将"加"作"若"。

"哀"，《说文》曰"闵也"。闵，《说文》曰"吊者在门也"。祭吊死者，因慈爱而怜悯哀伤。此处之"哀"，即第三十一章"杀人之众，以哀悲泣之"之"哀"，因慈悲、怜悯而哀伤。哀、慈互为因果关系。就是有人性的同情心。杀人不眨眼的刽子手，心如铁石，何以能哀？

所以，本章的"哀"，就是六十七章所说的"慈"；"哀者胜"，就是说作战双方，有哀、慈之心的一方，因"哀"而深得民心，迟早会取得胜利。

有将以"哀"作"襄"、作"爱"解者，非是。

主旨评析

这一章的核心就是要和平，不要战争。老子所言的进与退也不是战略、战术性的进、退辩证之用。毛泽东所讲的"敌退我进，敌进我绕"，完全是战略战术。而老子所说的进、退是只退不进，是息兵休战不树敌。这是老子的军事观，同时也是老子的人生观、政治观，珍爱生命，以慈爱为本，治军治国。

第七十章

校订本

吾言甚易知，甚易行；天下莫之能知也，莫之能行也。

言有宗，事有君。

夫唯无知，是以不我知。知我者希，则我者贵。是以圣人被褐怀玉。

意译

我的话很容易知晓，很容易实行；但天下没有人能知晓，没有人能实行。

我的言论有宗旨，做事有遵循。

可叹的只是人们不知道这些，因此不了解我。了解我的人太少了，所以大都不知道我。因为知道我的人太少了，因此，少数知道我的人，就显得很珍贵。所以，圣人穿着粗布衣服，怀里却揣着宝玉。

导读

（一）吾言甚易知，甚易行；天下莫能知，莫能行也。

老子说他的话很容易明白，很容易实行；然而，天下却没有人能知晓，没有人能实行！这是他对自己的思想、学说不能为世人遍知、不能为世人所用的无奈叹息。很可能是尹喜问道时老子所发。

此段的后一句，蒋锡昌云："按王注：惑于躁欲，故曰'莫之能知也'；迷于荣利，故曰'莫之能行也'。是王与傅、范二本同，当据改正。"

高明认为："蒋说甚是，帛书甲、乙二本均如此，乃为《老子》原本之旧。"

其实，帛书与河、王二本语义没有根本性差别，不必全改。

（二）言有宗，事有君。

这是老子的自我表白。他非常自信地说：我所说的话，所论及的事，都是有根据、有来历、有主有本的。

宗，根本，本旨。《国语·晋语四》："爱亲明贤，政之干也；礼宾矜穷，礼之宗也；礼以纪政，国之常也。"韦昭注："宗，本也。"

君，《说文》曰："君，尊也。""古文象君坐形。"

其实，宗、君义同。宗，即宗主；君，犹主脑。都指的是本源，至高无上的总根源。蒋锡昌说："宗，主也。君，亦主也。主者何？即道是也。此言圣人之教，虽千言万语，然其宗旨，总不离道，故知易，行亦易也。"

所言极是。

（三）夫唯无知，是以不我知。知我者希，则我者贵。是以圣人被褐怀玉。

王弼注曰："故有知之人，不得不知之也。"

不能因为王弼注中的"有知之人"，而用来判定经文中的"无知"为"有知"。

"无知"又同"不知"。何以天下不知？王弼说"唯深"，河上说："是我道德之暗昧，不见于外，穷微极妙，故无知也。"

老子说的"无知"，并不是骂人"愚蠢无知"。有的注家将"无知"理解为"都是些愚蠢的家伙！太无知了！"老子不会那么情绪化，怎么能像个泼妇骂街的样子？

老子说："吾言甚易知，甚易行"，是老子自己的感觉，因为他知、他懂、他在行。世上任何事理，懂的人觉得易，而不懂的人就觉得难。何况老子之"道"，微妙玄通，两千五百多年来，读老子、研究老子的书籍汗牛充栋，可是能真知、真懂老子的究竟有几人！

"知我者希"（同稀），是老子的感叹。也是对当时情况的真切描述。物以稀为贵，所以老子说"则我者贵"。

则，作仿效解。《易·系辞上》："河出图，洛出书，圣人则之。"

两句话的意思是：知晓我的人少，仿效我的人也少；有少数仿效者，值得宝贵。

"是以圣人被褐怀玉"，河上公注曰："被褐者，薄外；怀玉者，厚内。匿宝藏怀，不以示人也。"其实老子不是"匿宝藏怀，不以示人"，而是有宝不被世人所知所用而叹息"知我者希"，进而感叹"则我者贵"。老子西游入秦，最后讲经说经，留下了《道德经》五千言，就是将所怀之玉，示之于世人，留传数千年。

主旨评析

老子深知他的学说的珍贵，故而将其比作"宝""玉"。这一章主要是感叹他的学说不被人知，但他并不因此而伤悲。他穿着粗布衣服，十分平凡，但却怀里揣着宝玉。玉是千年万代不朽之物。他说"圣人被褐怀玉"，实则是以"圣人"自比。经过数千年历史的检验，谁能说老子不是圣人？

第七十一章

校订本

知不知，上；不知知，病。

圣人不病，以其病病，是以不病。

意译

清醒地知道自己还有很多东西不知道，这是上德上智之人；相反，原本不知道，却装作全知道，这是一种病。

圣人不患这种病，因为他厌恶这种病，所以不得这种病。

导读

（一）知不知，上；不知知，病。

河上本注云："知道言不知，是乃德之上；不知道言知，是乃德之病。"

河上将"知"作"知道"解，这是对的。今人有的为了出新解作"智"，将两句译为"聪明看上去好像不聪明，这样最好；不聪明却好像很聪明，这就是毛病了"。这完全变为第三者感觉的角度了。

其实，老子说的是被评论者的主体行为。老子所评论的是截然不同的两种人：

一种是清醒地知道自己所不知的东西，这是上德、上智之人。河上解为"知道言不知"，这错解了老子本义。

"知之为知之，不知为不知"，这是实事求是的态度。而"知道言不知"，这就显得虚伪而装腔作势了，老子不会称赞这种人为"上"。

另一种是本来不知道却假装什么都知道，老子尖锐地批评这种人的滑稽可笑行为是一种"病"。

后世一些注家将这里的"病"多作"毛病"解，算是没有离题。但老子批评得很重，直言为"病"。是一种很难疗治的心理病、思想病、精神病。

《说文》曰："疾，病也。""病，疾加也。"即言病是疾之加重也。

这两句世传本多同河上、王弼本，少数世传本同帛书甲、乙本，两句句末皆有"矣"字。

（二）圣人不病，以其病病，是以不病。

朱谦之认为：

韩非《喻老篇》引"圣人之不病，以其不病，是以无病也"，傅、范本作"夫唯病病，是以不病；圣人之不病，以其病病，是以不吾病"，遂州本无"夫唯病病，是以不病"，同此石。今案《广雅·释诂三》："病，难也。"《论语》"尧、舜其犹病诸"，孔注："犹难也。""圣人不病，以其病病，是以不病"，与第六十三章"是以圣人犹难之，故终无难"义同。第六十三章以事言，此则以知言。《庄子·让王》"学而不能行谓之病"，亦以知言，即此章"病"之本义。诸本文聱（按：拗口难读），既云"夫唯病病，是以不病"，又云"以其病病，是以不病。"傅、范本更聱，绝非《老子》古本之旧。钱大昕曰："'夫唯病病，是以不病；圣人不病，以其病病，是以不病'，石本但云'是以圣人不病，以其病病，是以不病'。此类皆远胜他本。"是也。

高明认为："朱氏之说甚是。帛书甲、乙本'人'下有'之'字，作'是以圣人之不病，以其病病，是以不病'，《老子》原文当如此。"

文本当依朱、高等人之说，校订之。

关于"病病"的解释，高明说"乃是动宾结构的短语"，这是对的。但他依从朱谦之、蒋锡昌的观点，认为"病"作难、忧、患、困义，引申为"惧怕困扰"。蒋锡昌将"圣人不病，以其病病"译为"圣人无此病者，以其患此病也"，一个"患"字，本要说"以此病为祸患"，却很容易叫人误解为"得了此病"。

高明译为："圣人其所以没有困扰，因他害怕困扰，故而才避免了困扰。""惧怕困扰"，已距"病病"的距离十分遥远了。

为什么他们的翻译不能到位？因为他们对"病"字，特别是前一个"病"字理解、解释不到位。

后一个"病"是名词，解释如前所述。前一个"病"字为动词，是不满、厌恶的意思。《左传·宣公十年》："公谓行父曰：'澄舒似女。'对曰：'亦似君。'澄舒病之。自其厩射而杀之。"

所以，应该译为：圣人其所以没有这种病，因为他厌恶这种病，因此不得（或作"不患"）这种病。

主旨评析

这一章老子主要批评那些不懂装懂的人，特别是对于"道"，老子把这看作是一种病。可见他对其厌恶之深切。

这种病，一般人容易患，最高统治者更容易患。因为他手中有至高无上的权力，他若演起"不知"却装作"知"的滑稽剧来，下属当笑也不敢笑，只能一本正经地应和。这种病，便病入膏肓，难治了！

老子以"知道自己之不知"的清醒者作对比，并以圣人之"病病"——厌恶这种病——作为疗病之法。圣人不得这种病，因为他厌恶这种病。

老子以厌恶的情绪对待这种病，说明老子是人不是神。

第七十二章

校订本

民不畏威，则大威至矣。无狭其所居，无厌其所生。

夫唯不厌，是以不厌。是以圣人自知不自见，自爱不自贵。故去彼取此。

意译

如果民众不畏惧政权的威力，那么巨大的威力、威胁就到来了。当权者不要没尽头地削小民众的居所，也不要无休止地压迫民众的生存空间。

只有不压迫民众，因此民众就不厌恶当权者。所以，圣人有自知之明，他不自我表现；重爱自己，但却不把自己看得过分显贵。他去除那些固执己见、自以为贵的东西，却选取的是自知自爱。

导读

（一）民不畏威，则大威至矣。无狭其所居，无厌其所生。

"民不畏威"，帛书甲、乙本"威"皆作"畏"。

威、畏古通用。畏作威用，如《尚书·皋陶谟》："天明畏，自我民明威。"孙星衍疏："畏，一作威。明威，言赏罚。"威作畏用，如《国语·晋语八》："栾书实覆宗，弑历公以厚其家，若灭栾氏，则民威矣。"韦昭注："威，畏也。"

但帛书甲、乙本"畏畏"连用，语义不明确，特别是面对现代人，还是以"畏威"为优。

"威"，指的什么？河上曰："威，害也。人不畏小害，则大害至。"这是从人的生存、生命角度诠解的，所以又说："民畏死亡也。畏之者当保养精神，承天顺也。"河上所说的小害、小威和大害、大威，全指的天威。

王弼说："清静无为谓之居，谦后不盈谓之生。虽其清静，行其躁欲，弃其谦后，任其威权，则物扰而民僻。威不能复制民，民不能堪其威，则上下大溃矣。天诛将至，故曰'民不畏威，则大威至'。'无狎其所居，不厌其所生'，言威力不可任也。"

王弼之"天威将至"，说的是"天威"，但同时又说"民不能勘其威"，"威力不可任"，已指出上层特别是最高权力执掌者，不能任意施加威权，以至于达到"物扰而民僻""民不能勘其威"的程度。这样势必官逼民反，而"上下大溃矣"。王弼说"天诛将至"，实则是人威降临。

王弼已将这段文字解释得十分清楚，后世的许多注家，都没有王弼说得全面而透彻。

其实，"民不畏威，则大威至矣"，并不是威胁民众的话，而是直接提醒、警告当权者。"威不能治民，民不能堪其威"，必然使"民不畏威"。第七十四章"民不畏死，奈何以死惧之？"民众连"死"都不畏惧，何以畏惧"威"？上层统治者"狭"民众之"所居"，"压"民众之"所生"，到了民居无所居，生无所生的时候，即"苛政猛于虎"，"民不能堪其威"，则冒死发威，聚众造反，这就必会"大威至矣"。这个"大威"，首先指民众造反的巨大威力。对统治者来说是生死存亡的大威胁。王弼说"天诛将至"，实则是民众"替天行道"，顺应了社会、自然的发展规律。

开头一句"大畏（威）"后有"将"字，高明依据王注认为"天诛将至"即经文"大威将至"，"可从帛书为是"。但据老子论述的语气，不是"将至"，而是"必至"，应以没有"将"字为是。

"狭"，王、傅、范等本作"狎"。《说文》曰："狎，犬可习也。"为戏狎之意。帛书甲本作"闸"。《说文》曰："闸，开闭门也。"

朱谦之云："作'狭'是也。"

狭作窄、小解。《墨子·备实》："维置突门内，使度门广狭。"狭与广相对，为窄。

"无狭其所居"，意思是不要将民众的居住处所挤压得越来越窄小，也就是不要让民众居无所居。这正是老子此章此句的真正意蕴。

"无厌其所生"的"厌"，此处读为yā，通压，是压迫的意思。《说文》："厌，笮也"，"笮，迫也。"又《礼记·深衣》："带，下毋厌髀，上无厌胁。"此处两个"厌"，皆指一物压在另一物上。"无厌其所生"，就是说当权者不能压迫民众，使他们无法生存。

经过上面的一系列分析，可以看出此段前后两句的因果对应关系十分密切，是不可以分开的有机组成。然而，刘笑敢先生却认为：

帛书甲本下句"毋狎其所居"前有分章的圆点，这似乎就提供了另一种可能性，古本这里和下文原来不属一章。但是，如果这两句不属此章，是否可以属上一章呢？可以独立成章呢？仍然殊为费解。对此类问题，我们一方面可以寻求一种解决之道，另一方面应该持一种"知不知"的态度，即承认古书年代久远，无从查对。我们的解释难免有暂时的、推测的成分，避免作绝对自信的断言。

笔者认为，不能唯帛书是从。科学的态度，应该是对者从之，错者弃之。能作出准确判断的就不要含糊其词，让读者无所适从。

（二）夫唯不厌，是以不厌。是以圣人自知不自见，自爱不自贵。故去彼取此。

"夫唯不厌"的"厌"，义同"无厌其所生"的"压"。

"是以不厌"的"厌"，是嫌弃、憎恶的意思。

老子说"夫唯不厌，是以不厌"，就是说只因为你不压迫民众，所以民众不厌弃你。

"是以圣人自知不自见，自爱不自贵"，世传本基本相同，帛书甲本多残，乙本两句后皆有"也"字。

接连三章老子最后都是以"圣人"为榜样，老子告诉人们特别是君王，应该怎么做。即如此章，因为圣人会明白"夫唯不厌，是以不厌"的道理，而极力处理好上层与下层的关系，他有自知之明，不自我表现；既看重自己却又不把自己看得过分贵重而去压迫民众。

"去彼取此"，"此"是指圣人的这种正确做法，"彼"不用说就是与之对立的会引起民众厌恶、唾弃的做法。

主旨评析

这一章充分展现了老子思想的人民性。他完全站在民众的立场上说话。他严正地警告上层统治者，你不要没尽头的削小民众的住所，也不要无休止的压迫民众的生存空间。民众如果到了居无所居、生无所生的地步，他们是不畏惧你政权的威力的。假若他们聚众造反，就是"大威"来临，无法阻挡。秦末的农民起义，很快验证了老子的警言。

唐代名相魏徵极富哲理的"载舟覆舟"之论，其思想源头在于老子。《老子》是中华文化、哲学、政治等多学科领域的思想库、智慧源，由此可见一斑。

第七十三章

校订本

勇于敢则杀，勇于不敢则活。此两者或利或害。天之所恶，孰知其故？

天之道，不争而善胜，不言而善应，不召而自来，繟然而善谋。天网恢恢，疏而不失。

意译

人好逞匹夫之勇就会被杀死，不逞匹夫之勇就会活命。这两种做法和结果，一个是得利，一个是受害，天道所厌恶的，谁能知道其中的缘由呢？

大自然的法则和规律是：不争不抢反而容易胜利，不用多说话反而容易得到应合，不需召唤反而民众自动地归往，还是宽缓地善于做善行善事的谋划为好。天如大网，广阔无边，虽然疏松，但对善恶之区分，却不会有丝毫的差错。

导读

（一）勇于敢则杀，勇于不敢则活。此两者或利或害。天之所恶，孰知其故？

《说文》解释古篆字"勇"，有从"力"者，有从"戈"者，有从"心"者，充分说明老子这里的"勇"，非单指军事。上战场打仗，勇者容易被杀。日常生活中好凭匹夫之勇行强者，也容易受死。由此，老子第七十六章说"坚强者死之徒"，其倾向性是十分鲜明的。他是赞成"勇于不敢"者，所以说"则活"。第七十六章也说"柔弱者生之徒"。前后思想是连贯照应的。

河上、景龙等本的"知此两者"，王弼等世传本及帛书甲、乙本皆无"知"字。有"知"字，与上下文衔接不顺畅。

"此两者或利或害"，接"天之所恶，孰知其故"，顺畅自然。

老子说"天之所恶"，实指天道所恶，也是他的所恶。为什么这样说？因为前面"杀""活"两种做法和结果，老子已作了明确的判断。"孰知其故"的设问，是为了强化他的思想倾向，引起人们特别是执权柄者君王的深思。文行至此，势、义已足，接着的"是以圣人犹难之"，不仅显得多余，而且淡化和削弱了老子的鲜明倾向和明确判断。

今人奚侗、马叙伦认为此句为第六十三章文句重出，蒋锡昌、高明等赞同，对照帛书甲、乙本，其说甚是。

（二）天之道，不争而善胜，不言而善应，不召而自来，繟然而善谋。天网恢恢，疏而不失。

老子前面说"天之所恶，孰知其故"，是感叹世人之不知。紧接着他就给以明确的回答：

能够顺应天道的人，不争夺、不争抢却容易取得胜利，不用多说却能得到别人的回应，不用召唤却吸引民众自来归顺，才能够缓然从容而好好地谋划，善事善行。

前面的两个"善"，是容易的意思。《史记·河渠书》："自澄引洛水至商颜山下。岸善崩，乃凿井，深者四十余丈。"张守节正义："言高原之崖岸，土性疏，故善崩毁也。"

"善谋"之"善"，包含两层意思：一层是说妥善地、好好地谋划。《左传·成公二年》："无德以及远方，莫如惠恤其民而善用之。"另一层意思是说说"善谋"非"恶谋"，这是天道的品性。

文中的"繟"字，《汉语大词典》注音 chǎn。《说文》曰："繟，带缓也，从丝，单声。"河上注："繟，宽也。"作宽缓解，文义可通。

"天道恢恢"与"天网恢恢"，其义相同，是说天地自然之道，广阔无垠，有它自己的运行规律和存、舍、去、留的选择。网洞虽然稀疏，但鸟飞不出，鱼漏不掉，故而后世发展为成语，将"失"，改为"漏"，专指作恶的坏人不可能逃掉法律的制裁。实际老子是说天道如大网，对善恶的鉴别判断，不会有丝毫的失误，而且是"损有余而补不足"（第七十七章）。

正因为如此，所以老子说"不争而善胜，不言而善应，不召而自来"，你不要着急去争，去讨要、去征服，而是要像天道一样宽缓地去做善行善事的谋划，一切都会自然而然地获得好的结果。

因果之说，过去也曾被指责为主观唯心论，可是无数事实的验证，从长远看，它是符合客观规律的，也是合于天道的。"恶有恶报，善有善报；若还不报，时间未到。"绝对是长期实践经验的总结。

主旨评析

这一章是讲柔弱与刚强的利害关系，老子的倾向十分明确，提倡柔弱，并且从一死一活的高度来认识，给人生的去向选择，以郑重的警示和忠告。为什么？老子认为是"天之道"，是不可抗拒和逃避的法则和规律。顺应了它，就会"不争而善胜，不言而善应，不召而自来"。

如果不能顺应，对于恶人"天网恢恢，疏而不漏"，一定会得到惩罚。

第七十四章

校订本

若民恒不畏死，奈何以死惧之？若使民常畏死，而为奇者，吾得执而杀之，孰敢？

常有司杀者。夫代司杀者，是谓代大将砍。夫代大将砍者，希有不伤其手矣。

意译

假使民众恒常不畏惧死亡，怎么能用死来恐吓他们呢？假若让民众恒常畏惧死亡，而作恶的人你对他说："我必得捉住杀了他，谁还敢再作恶？"

对作恶的人，常常有执掌杀伐的人，不需要别人代替他们来执掌。代替执掌杀伐的人，这叫做代大将砍杀；而代替大将随意砍杀，很少有不伤他的手的啊！

导读

（一）若民恒不畏死，奈何以死惧之？若使民常畏死，而为奇者，吾得执而杀之，孰敢？

"若民恒不畏死"，世传本"民"有作"人"者，"民"后又有"常"字者。帛书甲本此句残，乙本为"若民恒且畏不畏死"，很明显，"且"后之"畏"字为衍文，属抄写之误。取掉"畏"字，此句为"若民恒不畏死"。

此章开头两联都应该是假设疑问句。因为老子这里不是述史，不是在赞美民众"不畏死"的精神。只是说假若民众常常不畏惧死亡，你如之何能用死来恐吓他们呢？

"惧"，这里作恐吓，威胁。《左传·庄公十九年》："吾惧君以兵，罪莫大焉。"

"若使民常畏死"，河上同王弼等世传本，但有的传本作"若使人常不畏死"，或作"必畏死"，那就讲不通了。帛书甲本作"若民恒是死"，意为假若民众常常横竖是死的意思，也是解不通的。而乙本作"使民恒且畏死", "使"有假若的意蕴,与河上、王弼等本的"若使民常畏死"的意思是一致的,而河、王等本的句义更为明确。

"为奇者"的"奇",作"诡异不正"解。《周礼·天官·宫正》:"去其淫怠与奇衺之民。""为奇者",即是指作恶者。

"吾得执而杀之",意谓:假使民众常常怕死,而那些作恶的,我将抓住他而杀死他,谁还敢再作恶呢?回应开篇两句,假使民众不怕死,你用死来威胁恐吓,能起什么作用呢?

前后两联,很可能都是老子回答尹喜或其他问道者问题之语。"吾",是老子假设的"自己",其实是指具有最高权力的君王。因为君王才有随意杀人的权力。逐读下文,我们就领悟到此篇老子的真义,是在指责君王随意杀人的作为。

（二）常有司杀者。夫代司杀者,是谓代大将斫。夫代大将斫者,希有不伤其手矣!

"常有司杀者",河上本注曰:"司杀者天,居高临下,司察人过,天网恢恢,疏而不失也。"

河上将"司"用作动词,作"执掌"解。《国语·楚语下》:"颛顼受之,乃命南正重司天以属神。""司杀者天",意为执掌杀伐权力的是天。君王无权,也不必随意杀人。

王弼等世传本此句末多一"杀"字。意为常有执掌杀伐的来杀作恶的人,与河上本文字有别而意思相近。

后世注家多将"有司"连读,指朝廷的执法机构。这也说得通。《尚书·大禹谟》:"好生之德,治于民心,兹用不犯于有司。"

"常有司杀者",即谓恒常有执掌杀戮的（人、天或机构）来杀伐为非作歹的。天（指自然法则）杀也好,合乎法度的杀也好,这是应该的。而"代司杀者,是谓代大将斫","大将"是主杀的,《墨子·迎敌祠》:"五步有五长,十步有什长,百步有百长,旁有大率,中有大将。"大将是指古代军队中的中军主将,亦指主帅。他有杀伐之大权,杀伐应该由他来执掌,而不应由别人来取代。而取"代大将斫者",老子认为"希有不伤其手矣"!"希"同"稀"。"希有"即少有。

从对后文的分析中,可以确定:

其一,"司"作动词用,作"执掌"解,合乎老子本意,前后意蕴通达。

其二，"常有司杀者"作为本章承前启后的文句，情通理顺。而帛书甲、乙本，此句前有"若民恒且必畏死"句，显为衍文，不能依高明先生之诠证去增补。

主旨评析

这一章的主旨是对最高权力占有者滥杀无辜的指责。开头用一个假设句说：如果民众恒常不畏惧死亡，怎么能用死亡来恐吓他们呢？

第二句反说：假若民众恒常怕死，对于那些作恶的人，统治者可以恐吓说："我要抓住他杀了他，看以后谁还敢作恶。"这种威吓，可能会起作用。

但是，老子不以此为然。他认为，对恶人的惩罚"常有司杀者"。而君王随意杀人，是代司杀者杀；代司杀者杀，犹如"代大将砍"；而"代大将砍者，希有不伤其手矣"。老子在警示君王，不要随意"司杀"。

老子像　明　文徵明绘

第七十五章

校订本

人之饥，以其取食税之多，是以饥。

百姓之不治，以其上之有以为，是以不治。

民之轻死，以其求生之厚，是以轻死。

夫唯无以生为者，是贤于贵生也。

意译

人类其所以发生饥荒，是因为贪求过度，取食途径过多，放松了农田耕种，故而发生饥荒。

百官其所以不积极治理社会，是因为君王私欲过重，独断专制，故而社会失治。

民众其所以轻死，是因为他们求生的欲望太重，故而轻死。

人不只单纯为了活着而活着，而应该有更多更高远的追求，这样就胜过了单纯的厚生、贵生。

导读

（一）人之饥，以其食税之多，是以饥。

"人"，王弼、河上等今之世传本作"民"，严遵、易玄、邢玄、遂州等少数传本作"人"。帛书甲、乙本皆作"人"，高明先生认为：当从帛书。唐代避太宗讳，改经书中之"民"为"人"。后世依例复原，误改"人"为"民"。

"以其上食税之多"，帛书甲、乙本皆作"以其取食税之多"。高明先生认为："从甲、乙本经文分析，'以'字为介词，在此表示事之所因；'其'字为代词，作句中主语；'取'字为动词；'税'字为宾词；'食'字乃'税'之定语。""今本误'取'字为'上'，以'食'为动词，释为由于统治者吞食的租税太多，因而陷入饥荒。词谊牵强，亦非《老子》原文之旧，均当据帛书勘正。"（《帛书老子校注》第193页）

251

北大汉简作"取食术之多",接近帛书本,词义明确通俗,当从之。

笔者认为,老子重农,不足为奇。民以食为天。古代生产方式落后,粮食产量低,闹饥荒是常有的事。如果人们谋生求食的途径繁多,特别是上层统治阶级贪图享乐,忽视农田耕种,缺少粮食,人们就会受饥饿。

故而,"人之饥"非"民之饥","人"在这里是泛指众人、一般人、人类,并不是专指民众。

这一段不是专对君王说的。后世传本将"人"作"民"、将"取"作"上",是因为多将《老子》看作是写给君王的教科书而误读误解。

(二)民之难治,以其上之有以为,是以难治。

"民",帛书甲本作"百姓";乙本作"百生",有误。高明认为:"今本多作'民',与前文将'人'字写作'民'的原因相似,误以'百姓'为唐时避'民'字讳所改。后人改回时,误将'百姓'与其他更变字一起改为'民'字,从而搞错。《老子》原本当如帛书甲、乙本作'百姓'为是。"民,当作"百姓"。

元　赵孟頫书

上古时"民",不只泛指人,而且特指平民百姓,与君、官对称。如《易·系辞下》:"上古结绳而治,后世圣人易之以书契,百官以治,万民以察,盖取诸夬。"《诗经·大雅·假乐》:"宜民宜人,受禄于天。"朱熹传:"民,庶民也。"

上古时民又指臣——有官位者。如《易·系辞下》:"阳,一君而二民,君子之道也。阴,二君而一民,小人之道也。"韩康伯注:"《经》云民而注云臣,臣则民也。《经》中对君故称民。"

上古时"百姓"也指百官,《尚书·尧典》:"九族既睦,平章百姓。"孔传:"百姓,百官。"《大戴礼记·保傅》:"此五义者既成于上,则百姓黎民化绪于下矣。"清陈鳣《对策》："古所谓百姓即百官，故《尧典》或与黎民对言，非若今之以民为百姓也。"

王弼、河上等诸多世传本"民之难治"，帛书甲、乙本"难治"作"不治"。"不治"是指"百姓之不治"。这里的"百姓"非平民百姓，而是特指"百官"。"不治"是不去治理，并非高明先生所说的"不可治"。

百官何以"不治"？是因为"其上有以为也"。"有以为"，今之世传本多作"有为"。《老子》第三十八章曰"上义为之而有以为"，"有以为"是指带有私自目的之作为，总体上是"有为"，此二者本质一致。

君王"为之而有以为"，为什么百官"不治"？

《慎子·民杂》说："君臣之道，臣事事而君无事，君逸乐而臣任劳。臣尽智力以善其事，而君无与焉，仰成而已。故事无不治，治之正道然也。"

《申子·大体》说："君设其本，臣操其末；君治其要，臣行其详。"

《吕氏春秋·任数》说："因者君术也，为者臣道也……君道无知无为，而贤于有知有为，则得之矣。"

此三者都说的是君臣有别，各执其责；君应无为，臣该有为。如若君王专制独裁，权力独揽，百官只好袖手旁观，而不做不治！

这和前一章的"代大将砍"，其思想意蕴是一脉相承的。

河上、王弼等诸多世传本，将"百姓"作"民"，"不治"作"难治"，是误解了《老子》此章此段。

（三）民之轻死，以其求生之厚，是以轻死。

有许多世传本"民"作"人"，如景龙、苏辙、吴澄、磻溪等。而河上、王弼皆同帛书甲、乙本，为"民之轻死"。按文义，当为"民"。如前所证，首段言"人之饥"，二段言"百姓之不治"，此段言"民之轻死"，所指主体皆不同，故而有"人"、"百官"（百姓）、"民"之别。前一章首句言"民常不畏死"，而不谓"人常不畏死"，都是特定性称谓。

"以其求生之厚"，傅奕本作"以其上求生生之厚"，范本作"以其生生之厚"。易顺鼎认为"求生"当作"生生"，且以严灵峰的观点为据，"当有此'上'字"。高明指出"易氏生生之说既不可信，严氏增字之举更加错误。帛书甲、乙本此文同作'以其求生之厚也'，'生'字不重，也无'上'字，足证王弼、河上诸本所载经文不误。"

高氏之说有理。此处的"其求生之厚"的"其"，就是指代的民众。民众不像君王、百官那样生活有保障，总是在饥饿、贫寒的求生存中作着拼死的挣扎，所以他们轻死。是因为"求生之厚"而轻死。君王、百官也是"求生之厚"，但他们多因生活优裕而恋生怕死。二者有天壤之别。

以上三段，所指有三个不同的主体，说的也不是一种事，但却有紧密的内在联系，都是因为过分的厚生贪欲所致，故而老子最后归结说：

（四）夫唯无以生为者，是贤于贵生也。

第五十章说："人之生，动之死地亦十有三，夫何故？以其生生之厚。""生生之厚"也就是指的"求生之厚"。而老子所追求的人生境界是"生而不有，为而不恃，长而不宰，是谓玄德"。把个人的生死存亡看得很轻。因此他说"夫唯无以生为者"，意思是说人活着不只是单纯为了活着而活着，而应该有更多更高远的人生追求，以至于达到"玄德"的境界。

第七章说"外其身而身存"；第九章说"功遂身退天之道"；第十三章说"吾所以有大患者为吾有身，及吾无身吾有何患？"老子追求的是将生死置之度外，依天道生存，"外其身"反而"身存"，所以他说"是贤于贵生也"。

"贤"在此作胜过解。《仪礼·乡射礼》："若右胜，则曰右贤于左；若左胜，则曰左贤于右。"郑玄注："贤，犹胜也。"

主旨评析

这一章老子从三个不同的主体和角度主要讲人生应该有怎样的追求和境界：一、人不要因贪欲而取食多途；二、君王不能为了满足自己的私欲而专权专制；三、民众不要为了过分厚生而轻死。都应该"唯以生为者"，这样才胜过"贵生""厚生"，"外其身而身存"，顺应"天之道"，以达到"玄德"的境界，颐养天年。

第七十六章

校订本

人之生也柔弱，其死也坚强；万物草木之生也柔脆，其死也枯槁。

故坚强者死之徒，柔弱者生之徒。

是以兵强则不胜，木强则竟；强大处下，柔弱处上。

意译

人活着的时候身体柔软，死了以后身体就变得僵硬了。万物，如草木，生存的时候形体是柔韧的，死了以后就形体枯萎干硬了。

故而，坚强的东西是死亡的一类，柔弱的东西是生存的一类。

因此，出兵逞强就不会胜利，树木坚强表明它们的生命要终止完结。万物像树木一样，强大的永远居处在下面，柔弱的却居处在上面。

导读

（一）人之生也柔弱，其死也坚强；万物草木之生也柔脆，其死也枯槁。

世传本有将"人"作"民"者，按文义当为"人"。帛书甲、乙本皆作"人"。世传本有将"坚强"作"刚强"者，帛书甲、乙本皆为"坚强"，应以"坚强"为是。

帛书甲、乙本"坚强"前有"筋肕"一词。高明先生详细论证应有此二字，"指人死后尸体变为僵硬而言。今本脱'筋肕'二字，语义晦涩不明，旧注多妄生议论，皆不可信。"

其实，有"筋肕"二字，会使文义失去准确。第一句言"人之生也柔弱"，是说人在活着的时候身体柔软，第二句是说人死了以后身体就变成坚硬的了。这两句老子原本都省略了"身体"一词。整个身体都僵硬了，血液也凝固了，何止"筋肕"。故而"坚强"用"筋肕"来修饰限定，一是多余，二是不准确。

世传本皆无"筋肕"二字，可证此二字为帛书甲、乙本抄录者妄加。甲、乙本因为马王堆墓主所藏，一定会相互参照，同有之处，不一定都是老子原本之旧。

"万物草木之生也柔脆"，世传本河上、王弼、楼古、庆阳、磻溪、易玄、司马诸本句首有"万物"二字，帛书甲、乙本皆与之相同。

蒋锡昌先生说："万物二字当为衍文。盖'柔脆'与'枯槁'，均指草木而言之。"

高明先生认为："'柔脆'与'枯槁'形容万物生死之不同现象。'柔脆'如'柔弱'，乃物之生态，'枯槁'乃物之死态。二者不仅形容草木，自然界之动植物皆多如此。""蒋说不确，当从帛书甲、乙本为是。"

高说言之成理。此段前一句是说"人"，后一句是说"万物"，当然包括"人"。"草木"是说万物时的特别举例，因为草木死后的枯槁最明显、最常见，故而说"万物"时特别提出"草木"。

有"万物"二字此段普世之理更鲜明、更强烈。

（二）故坚强者死之徒，柔弱者生之徒。

老子此章的主旨在于强调"兵强则不胜"，是用"柔弱"之生，来对比"坚强"之死，从而突出"坚强者死之徒"的这个侧重点，因此"坚强"句在前，顺理成章。"故"是说由上文事实之对比，得出了"坚强者死之徒，柔弱者生之徒"的论断。由此也可以看出这是老子的话并非古谚或成语。

这两句河上、王弼等世传本除句尾无"也"字外，与帛书乙本完全相同，可证甲本"柔弱"后之"微细"为衍文。

（三）是以兵强则不胜，木强则竟；强大处下，柔弱处上。

"竟"，河上、傅奕、景龙、易玄、邢玄、景福、楼古、敦煌庚、敦煌辛等50多种世传本皆为"共"。王弼本作"兵"，《道藏》王本亦作"共"。强本成疏曰："譬树木分强，故枝条共压其上，亦犹梁栋宏壮，故椽瓦共压其上也。"朱谦之先生引用后说："知成所见本亦作'共'，故缴饶穿凿其辞。"

宋人黄茂才曰："《列子》载老聃之言曰：'兵强则灭，木强则折。'列子之书，大抵祖述《老子》之意，且其世相去不远。'木强则折'，其文为顺。今作'共'，又读为'拱'，其说不通，当以《列子》之书为正。"

其后俞樾、易顺鼎、奚侗等又引《文子·道原篇》《淮南·原道训》亦作"兵强则灭，木强则折"为证，力主"共"应作"折"。

蒋锡昌又以《老子》第四十一章有"至柔不可折"的文句认为："即据此文而言。"其实，"至柔不可折"，不能反证至坚至强之物如木、如铁，易折或可折。

朱谦之、陈鼓应等今世之注家大都主张"共"或"兵"应为"折"。

马王堆帛书出土后，甲本作"恒"，乙本作"竟"。

查《说文》，"竟，乐曲尽为竟"，即完结之义。人或草木之完结，即生命的终止，就是死亡。因此，作"竟"，符合本章文义。

又古"竟"与"竞"相通。《逸周书·度训》："扬举力竞。"王念孙《读书杂志·逸周书一》："竞，古通作竟。"有强劲之义。因此，"共""兵""折"皆非，以帛书乙本之"木强则竟"为优，此可能是原本之旧。

高明认为"共"字与"恒""竟"古读音相同，在此均当假借为"烘"。"木强则烘"，"犹言木强则为樵者伐取，燎之于炷灶也。"此说亦为终尽完结之义，那有"竟"字直截了当，根本不需要假借他字。

"木强则竟"，就是说草木坚强即会完结死亡，这与前文的"坚强者死之徒"，"兵强则不胜"，丝丝相扣，紧密照应。

最后两句老子以树木的生长形状为根据，阐发他的思想，"强大处下，柔弱处上"。老子一贯倡导和赞美柔弱："专气致柔，能婴儿乎"（第十章），"柔弱胜刚强"（第三十六章），"守柔曰强"（第五十二章），并称颂"天下之至柔"的极细微粒能"驰骋天下之至坚"（第四十三章），等等。

老子的这一思想影响着后人的处世，人们总结出了"柔能克刚"的极富经验性和哲理性的生活处世信条，它是屡试不爽的极富指导性的真理。

主旨评析

这一章老子以人和草木的生死存亡为事实依据，来对比柔弱与坚强的优劣和上下，而着重在指出"坚强者死之徒"，"兵强则不胜，木强则竟"，"强大处下"，这有一定的道理，也符合大自然的生存现象和发展规律。但也有一定的片面性。观之于今世，人不强受强人欺侮，国不强受强国侵略，屡屡发生。如何处理好柔与刚、弱与强的辩证关系，这仍是一个极富实践意义的哲理命题。

第七十七章

校订本

天之道，其犹张弓也。高者抑之，下者举之；有馀者损之，不足者补之。故天之道，损有馀而补不足。

人之道则不然，损不足而奉有馀。孰能以有馀奉天下？唯有道者。

是以，圣人为而不恃，功成而不居，其不欲见贤也。

意译

自然之理数、规律，就像拉弓射箭一样。举得高了，就压低一些，低了就举得高一些；用力过大了，就减损一些；用力不够，就补足一些。自然的理数、规律，就是这样减损有馀的，补给不足的。

人类的表现却截然相反，是减损不足的而贡奉给有馀的。谁能用有馀的奉献给不足的？只有有道德的人。

所以，圣人作了奉献而不执持为己有，功成业就而不居功自傲，这些思想行为是不想显示自己的才德啊！

导读

（一）天之道，其犹张弓也。高者抑之，下者举之；有馀者损之，不足者与之。故天之道，损有馀而补不足。

这一段前面几句老子运用比喻，是说自然之理、自然之规律，就像射箭拉弓一样，要击中目标，举得高了，就要将箭头压低一些；如果压得过低了，就要举高一些；用力大了就要减损一些，用力不足就要补足。

由前面的比喻得出了结论：自然之理，自然的存在发展、变化规律是：减损有馀而补给不足。这个结论是怎样总结出来的？是由张弓的比喻。因此，帛书甲本在"天之道"前有"故"字，世传本皆无。按文义当有。

这实则是老子关于事物存在和发展不平衡与平衡的辩证关系的论述。马克思说："平衡总以有什么东西不平衡为前提，就是说，协调始终只是消除现存那个不协调的运动的结果。"马克思强调的是不平衡为经常性存在，消除不平衡是经常的运动过程，而求得平衡是目标、结果。

老子此处所阐发的哲理与马克思的观点是一致的。"损"和"补"是一个经常存在现象、过程，是不是能达到一箭中"的"协调平衡的目的，那还是个未知数。但老子希望的是经过不断地"损"和"补"，去求得"有余"与"不足"的差异缩小，或者是达到均衡。因此，引出了他此章的下文。

（二）人之道则不然，损不足而奉有余。能有余以奉天下，唯有道者。

老子的用意在于以"天之道"进而引出"人之道"。

这里的"道"，不只指"理"、指"规律"，着重在于揭示当时社会的客观存在："损不足以奉有余。"老子特别用了个"奉"字。是指下对上、民对官、贫对富、臣对君的贡奉。很明显，老子对这种违背"天之道"的不平等的社会现实是不满的。"则不然"，表现出了老子鲜明而强烈的政治态度和感情色彩。

河上、王弼、楼古等世传本"以奉有余"帛书乙本作"而奉有余"。"以"与"而"，何者为是？蒋锡昌先生说："《老子》'以'字作介词用者有后置之例，说详一章。"（如第一章的"以观其妙"，第六十一章的"以静为下"等。）

"以"有"用"的意思，是说"用"不足者的财币、货物来"奉"给有余者，意味、语气深重；用"而"字，为连词，表转折，义为然而、却。意思是说，本来应该补不足，相反，不但不补，却"损不足""而奉有余"。这样，语气不但深重，而且强烈。故而，应从帛书乙本。

"能有余以奉天下"句，"能"前，世传王弼等本和帛书甲、乙本皆有"孰"字，作设问句，语气强烈。无"孰"字，平铺直叙。

谁能用有余来贡奉天下民众？老子十分肯定的回答是"唯有道者"。此句的读法非常重要。从"唯"处停顿，文义为：只有有道者。若从"唯有"处停顿，文义为：只有修道的人。显然，老子的本意应为前者。"有道者"是指有道德修养的人，当然也包括修道者。

"有道者"指的什么人呢？老子下文说：

（三）是以，圣人为而不恃，功成而不居，其不欲见贤也。

"恃"在这里是"持"的意思。《楚辞·九章》"悲回风"："从容以周流兮，聊逍遥以自恃。"姜亮夫校注："恃，借为持。""为而不恃"，犹言作出了贡献不持为己有，这正好与"功成而不处"（或"弗居"）句式、语义相对应。"不居""不处"，犹言功成之后不以功劳而自居。"处"与"居"相比较，以"居"语义更为明确。后世的"不居功自有""不居功自傲"，可能由老子此义翻出。

"其不欲见贤"，世传今本，大同小异。帛书乙本"其"前有"若此"二字，

259

高明先生认为："《经传释词》卷七：'若，犹此也。'连言之则曰'若此'，或曰'此若'。'若此其不欲见贤也'，是针对前文'弗有''弗居'而作之结语，犹言此乃是圣人不愿显露自己才智之道理。从文义分析，当从帛书为是。"

其实，按文义以无"若此"更直截了当。前两句说"圣人为而不恃，功成而不居"，这种高风亮节的行为、风范，以"其"来指代。这种行为、风范的思想根源是"不欲见贤"。

"见"为"现"的古字，作显现、显露、显示用。《易·乾》："九二，见龙在田。"高亨注"即今之'现'字。"

河上对此句的注解曰："不欲示人知己之贤。"符合老子本义。

"贤"指才德，故后世有贤人、贤士、贤女、贤夫、贤王等称谓。《尚书·大禹谟》曰："克勤于邦，克俭于家，惟汝贤。"

主旨评析

这一章既是老子的政治论，也是老子的天道论、人生论，而重点在于指责当时社会政治的失衡与不公——"损不足而奉有馀"。全章分为三个层次：

第一层次以张弓射箭为比喻，揭示了"天之道"的规律和理数是"损有馀而补不足"，以达到万事万物的均衡发展。怎样达到这种均衡？犹若张弓一样，"高者抑之，下者举之；有馀者损之，不足者补之。"这种抑、举、损、补的做法和过程，是一个由不平衡求得平衡的客观存在，是自然界万事万物得以正常发展的规律，也是符合规律的理数，显现着不平衡到平衡反复和不断演进的辩证关系。

第二层用"天之道"和"人之道"来对比，截然相反，是"损不足而奉有馀"，不是求得社会政治的平衡，而是加大不足与有馀者之间的反差，结果会严重失衡，这是违背"天之道"——自然规律和理数的作为。

第三层是老子的理想。他的理想集中表现为由他所塑造的"圣人"。圣人在《老子》书中出现有32次之多。这有实指的一面，如黄帝、尧、舜等先祖，而更贴切的是他对社会理想人物的集中塑造。

第七十八章

校订本

天下柔弱莫过于水，而攻坚强者莫之能胜，以其无以易之。

柔胜刚，弱胜强，天下莫不知，莫能行。

故圣人云：受国之诟，是谓社稷主；受国不祥，是谓天下王。

正言若反。

意译

天下万物柔弱的性能莫有能超过水的，能攻破坚强东西的没有能胜过它的，因为它的性能没有什么东西可以替代、改变。

柔胜过刚，弱胜过强，天下人没有不知道的，但是却没有人去实行。

因此圣人说：能忍受国家的耻辱、人民的辱骂，这才真的叫做"社稷主"；能承受国家的大灾大难，才真的叫做"天下王"。

这本来是正面的话，一般人不理解，却看作像反面话一样。

导读

（一）天下柔弱莫过于水，而攻坚强者莫之能胜，以其无以易之。

"天下柔弱莫过于水"景龙、楼古等世传本大多同于河上，王弼本为"天下莫柔弱于水"，帛书甲、乙本与之相同，因而高明先生认为"王本确为《老子》原本之旧"。其说可从。"天下柔弱莫过于水"，语义明确，可作"天下莫柔弱于水"的诠解。译为白话是说：天下没有比水更柔弱的东西了。

"而攻坚强者莫之能胜"，河上、王弼等本之"能胜"，傅奕、严遵等本作"能先"，帛书甲、乙本此句皆有残损。"胜"与"先"二者孰是，难以确证。高明先生从音韵的角度考察，认为"胜""先""二字古音同，通假。从下文'水之胜刚'、'弱之胜强'二句证之，此当从王弼本作'莫之能胜'为是，'先'乃'胜'之借字"。言之成理。

"以其无以易之"，王弼本为"其无以易之"，帛书乙本作"以其无以易之也"。蒋锡昌、高明均认为"其"前应有"以"字。按文义，天下没有

261

比水更柔弱的东西了；能攻坚强的东西的没有能胜过水的。因为它的攻坚力量没有什么东西能替代得了。"以"在这里既表原因，又承接上文，王弼等脱"以"字，当补。

关于"易"字的解释，劳健云："诸本互异，'易'之解亦各自为义。……今取诸本互勘，解如慢易，与上文相实，义长，不宜作两'以'字。"

张松如云："劳取范本。解如慢易，口译当作'真是不能小瞧它的呀'，义自通达。而今验之帛书，甲、乙两本俱有两'以'字，将何得其解？奚侗曰：'击之无创，刺之不伤，斩之不断，焚之不然，天下固无有可以变此水之物也。'朱芾煌曰：'水虽由人曲折转变，而人终无以变易其趋下之本性，此其所以至柔至弱，而能胜彼至刚至强也。'凡此又皆为王弼注及玄宗御注作补充。今用帛书及傅本，则自当取此变易之义也。"

其实，河上之注"夫攻坚强者无以易于水"，是说天下能攻破坚强的都不如水，就如河上本的"天下柔弱莫过于水"，这正好是河上对"易"字的注脚，根本没有容易的意思。

王弼注曰："无物可以易之。"是说水的柔弱之性，攻坚强的力量，是没有什么东西可以替代得了的。这与河上注解其义相通。《易·系辞下》："上古穴居而野处，后世圣人易之以宫室。""易"作替代、更换解。

劳键作"慢易"，非是。张松如作"变易"，为老子本义。

（二）柔胜刚，弱胜强，天下莫不知，莫能行。

"柔胜刚，弱胜强"，楼古、易玄等大多世传本同河上本，句前有"故"字，而王弼本作"弱之胜强，柔之胜刚"，句次颠倒，且多二"之"字。按"柔弱"一词来判断，河上等本应为《老子》原本。帛书甲、乙本语序与河上等完全相同，可证河上本不误。

王弼、帛书等本句前无"故"字。按文义，此段为前段的又一层意蕴的进一步陈述，并非因果关系，应无"故"字。至于"之""也"虚词的有无，对文义没有太大的影响。

关于"胜"字，诸多注家仅作"战胜"解，实则老子的本意侧重点在于强调柔弱胜过刚强，优于刚强。这是从事物长远的发展变化和战略、战术角度讲的，历史上事例甚多。但若仅从"战胜"讲，还是强胜弱者多。

后世有以弱胜强的事例、战例，却没有形成格言。然而"以柔克刚"，"柔能克刚"，却成为格言，被人们作为座右铭，指导着自己的行动。弱小是人们要舍弃的状态，强盛是个人、集体、家和国普遍追求的目标。老子的话充满辩证法，我们后世人也要以发展的眼光去辩证地对待。

"天下莫不知"，有些世传本作"天下莫能知"，而王弼等大多数传本同河上。保存较好的帛书乙本为"天下莫弗知也"，义同"莫不知"。

"不"与"能"，文字稍异，而意味却相去甚远，二者绝对不能混淆。

（三）故圣人云：受国之垢，是谓社稷主；受国不祥，是谓天下王。

本段世传本与帛书本彼此相较，多在虚词之有无，意思无有差别。

"垢"，当为"诟"，骂也。"受国之垢，是谓社稷主；受国不祥，是谓天下王。"是说：能够忍受、承受国人的羞辱或指责，甚至辱骂，这才叫作真正的"社稷主"；能忍受承担国家的灾难、灾害，这才叫作真正的"天下王"。因为能忍辱负重。

这里老子引用的是圣人之言，到底是那个圣人，出自何处？抑或是老子假借圣人之言而说自己的话，现在我们皆无从考证。

（四）正言若反。

最后老子说：圣人的这些言论是正面的话，一般人不理解，听起来好像反面一样。

河上公注："此乃正直之言，世人不知，以为反言。"

释德清说："乃合道之正言，但世俗以为反耳。"

高延第说："此语并发明上下篇玄言之旨。凡篇中所谓'曲则全，枉则直，洼则盈，敝则新'，柔弱胜强坚，不益生则久生，无为则有为，不争莫与争，知不言，言不知，损而益，益而损，言相反而理相成，皆正言若反也。"

孙中原说：

高氏把"正言若反"看作老子全书中那些相反的言辞的一种概括，这是颇有见地的。我们看《老子》中有大量这种形式的话：

大成若缺（最圆满好似欠缺）；大盈若冲（最充实好似空虚）；大直若屈（最正直好似枉屈）；大巧若拙（最灵巧好似笨拙）；大辩若讷（最好的口才，好似不会辩说）。（第四十五章）

明道若昧（明显的道，好似暗昧）；进道若退（前进的道，好似后退）；夷道若颣（平坦的道，好似崎岖）；上德若谷（崇高的德，好似卑下的川谷）；大白若辱（最光彩好似卑辱）；广德若不足（最大的德，好似不足）；建德若偷（刚健的德，好似怠惰）；质真若渝（质朴纯真，好似不能坚持）；大方无隅（最方正，反没有棱角）；大器晚成（贵重的器物总是最后制成）；大音希声（最大的形象，看来反而无

形）。（第四十一章）

老子就是从这些大量同类现象中概括出"正言若反"这个普遍原则的。这里连句子的结构都是类似的。在上述第四十五章的五个判断中，成和缺、盈和冲、直和屈、巧和拙、辩和讷本来是彼此相异的、互相排斥的、对立的，但是在某种条件下，某种意义上（这里是加了一个"大"字，以作为区别的标志），表示某种特定事物的概念就和它的对方具有了同一性，二者互相包含，互相融合，互相渗透，彼此同一、一致。这样，在同一个判断中（在这里只有四五个字），就包含了对立概念的流动、转化，体现了概念的灵活性。当然，这种灵活性是有条件的。老子中的话也只在一定条件下才有意义。下面将要涉及的例子也应作如是观。老子已经在一定程度上将辩证思想导向消极一面，如强调贵柔、守雌、无为、不争。我们在发掘老子思想中的合理因素时，不可忽略其消极一面。但是，辩证法或辩证逻辑告诉我们，人的任何一句话总有相对性和局限性，对古人的话也不能过分苛求。对上述第四十一章"明道若昧"等十二个判断，也可以作类似分析。黑格尔在评论赫拉克利特的辩证思维时说："理性在他物中认识到此物，认识到在此物中包含着此物的对方。"老子的上述判断，也体现了这个思想。（孙中原：《老子中正言若反的朴素辩证思维原则》，《中州学报》1981年第3期）

主旨评析

这一章通过水的特性在讲柔和刚、弱和强之间的辩证关系时，着重强调柔能克刚，弱能胜过强。老子认为，这类事例、这个道理"天下莫不知"，但却没有人能做到。然后他引用圣人的话，来赞扬能够忍辱负重，承受国家的大灾大难，以柔克刚，以弱胜强，可以叫作"社稷主""天下王"的君主。这本来是从正面说的话，然而人们不理解，觉得好像反面的一样。他这里告诫人们，正话要正解，不能被反面的现象迷住了眼睛。

第七十九章

校订本

和大怨，必有馀怨，安可以为善？

是以圣人执左契，而不责于人。

故有德司契，无德司彻。天道无亲，常与善人。

意译

应和已经发生的大怨，必然会有长久的、无尽的遗怨，这样哪里可以做到善呢？

因此，圣人作为宗主方执持着可以索债、索租、索税的左契，而不追究偿还方的责任。

故而，有德的人实施的是契信，无德的人施行的是剥夺。黄帝说："天之道无亲无私，常常给予的是善人。"

导读

（一）和大怨，必有馀怨，安可以为善？

这一段河上与王弼本全同，今世传本大都相从。

对于这段的解释，河上曰："杀人者死，伤人者刑，以相和报也。""任刑者失人情，必有馀怨及于良人。""言一人吁嗟，则失人心，安可以和怨为善也。"

其大意为：恶人作恶，应该报以刑杀，必生大怨遗留给后人，这哪里是做善事呢？

河上的解释，与后文对不上口，因而后世注家多不认同。

王弼注曰："不明理其契，以致大怨已至。而德以和之，其伤不复，故必有馀怨也。"

王注紧扣下文的"圣人执左契"为解，后世多依从之。然而，王说之"德以和之，其伤不复"，既与老子的思想不合，也与下文的"有德司契"相抵触。老子的"道德经"，强调的就是道和德，焉能"以德和之"而会"其伤

265

不复"？大怨产生的根本原因就在于失德失信于民，才惹起民怨沸腾。

这里关键的问题是"和"字该怎么解？

一般解释为和解、调和、调解，其实"和"在这里取"合"义，为应和、附和，即置大怨于不顾，所以才"必有馀怨"。

《礼记·郊特牲》："阴阳和合万物得。"孔颖达疏："和，犹合也。"又《易·中孚》："鸣鹤在阴，其子和之。"《商君书·更法》："论至德者不合于俗，成大功者不谋于众。"

"馀怨"，后世注家皆作"遗留之怨"解，如"尚未解决的矛盾""剩馀的仇怨""馀留的怨恨"等。其实，这里的"馀"作未尽、不尽、长久解，即言没完没了的怨。《现代汉语大词典》即以老子这里的"馀"作"长久"义的例证。《易·坤》："积不善之家，必有馀殃。"馀殃就是祸害无穷。馀怨与馀殃其义相近。老子所说的"馀"，不是轻描淡写，而是强调怨之深重难消，故而他接着说"安可以为善"，意思是说这哪是"为善"，而是在作恶。就是说，"应和""大怨"，必然"余怨"无穷，这不是行善，这是作恶。这是说，对产生"大怨"的作恶行为，不能应和，而是要反对，谴责。

（二）是以圣人执左契，而不责于人。

世传本有无"而"字者，有将"人"作"民"者，但大多同于河上、王弼本。帛书甲、乙本此两处同于河、王二本，唯"契"作"介""芥"，属假借字。

"契"，符节、凭证、字据等信物，不专指税契，古代契分为左右两半，双方各执其一，用时将两半合对以作证信，即今天的合同。"左契"，古时常用作索偿的凭证。《史记·田敬仲完世家》："公常执左券，以责于秦、韩。"《说文》："券，契也。""契，大约也。"《易》曰："后代圣人易之以书契。"《礼记·曲礼下》："献粟者执右契。"王弼注："左契，防怨之所由生也。"

老子说"圣人执左契"，以圣人为索偿方，这是合于古制的。

春秋时楚国的习俗以左为尊。老子是楚人，也以左为贵、以左为尊。第三十一章："君子居则贵左，用兵则贵右；吉事尚左，凶事尚右。"此章说"圣人执左契，而不责于人"，是对圣人不争之德，德怨两泯、物我浑化的高尚思想境界、道德行为歌赞；是以"执左契"者为贵为尊的。

"责"，诸多注家皆以《说文》"责，求也"为解，还有作"债"解者，皆非。"责"在这里是问责、追究责任的意思。并延伸为责令、谴责、惩处。《史记·绛侯周勃世家》："勃不好文章，每找诸生说士，东乡坐而责之：'趣为我语。'其椎少文如此。"此责作责令、督促解。《管子·君臣》："文姜通于齐侯，桓公闻，责文姜。"此处作责备，谴责解。《史记·李斯传》："夫贤主者，必且能全道而行督责之术也。"司马贞索隐："督者，察其罪，责之以刑罚也。"

无德的"执左契"者，对于失信者一般会追究失信之过而责令其改正，违抗者会予以谴责，对峙者会给以惩罚。

然而圣人则完全相反，只把左契当作一种守信的凭证，守信则好，不守信也不问责，而是以德化人。正如老子在第四十九章说："圣人无常心，以百姓心为心。善者吾善之，不善者吾亦善之，德善。信者吾信之，不信者吾亦信之，德信。圣人在天下，歙歙焉，为天下浑其心。百姓皆注其耳目，圣人皆孩之。"

德善、德信，是圣人的作为，也是老子的思想和追求。圣人执左契无所求，他不是单纯做一个讨债者。这样，不落怨，也不会"和怨"，那当然是"可以为善"。

（三）故有德司契，无德司彻。天道无亲，常与善人。

河上、王弼等本段首无"故"字，而世传他本如景龙、楼古等大都有，帛书甲、乙本皆有，应从之。

契、彻二字帛书甲、乙本皆用假借字，应以河、王二本更正。

《说文》曰："司，臣司事于外者。"意思是说朝廷、官府的大臣、官员对外掌管某项事业，实施某种权力，因而后世有司徒、司空等官职和某某"司"的政府机构名称。

前文说"契"是符节、凭证、字据等信物，它体现着守信和失信两个方面。"有德司契"，是说有德的权力执掌者追求的是信用，是德信；相反，"无德司彻"。

"彻"，指的什么？历代注家所解不一，而大多以《广雅·释诂》"彻，税也"为解。"无德司税"，从文法、文义讲都是不通的。实则此处的"彻"，应作"剥""取"解。《诗经·豳风·鸱鸮》："迨天之未阴雨，彻彼桑土，绸缪牖户。"毛传："彻，剥也。"（孔颖达疏：毛以为鸱鸮自说作巢至苦，言己及天未阴雨之时，剥取桑树根的皮缠绵其牖户，乃得成此室巢。）

因而，"有德司契，无德司彻"，真正的意思是说：有德行的当权者实施的是信誉，无德行的人实施的是剥取。

最后一句引用的是黄帝《金人铭》中的话。现代诸多学者认为老子哲学思想的源头是黄帝，形成了后世的"黄老之学"。

"天道无亲"，是说宇宙大自然没有妻子、儿女、父母之类亲属关系，无家无室，对待天下万物，不偏不爱，公正平等，但却是非、善恶分明，"常与善人"。与，是给予、帮助。

天道是不是有这样鲜明的倾向性？我们无法作出科学的判断，但黄帝、老子这样的圣人借此来宣传惩恶扬善的思想，是无可厚非的。佛家、道家所讲的"恶有恶报，善有善报，若还不报，时间未到"的因果律，和黄帝、老子"常与善人"的思想完全一致。这对于既往人类社会的安定和谐曾起过积极作用，对于当今的社会发展，也是有益无害的。

"常"，未残的帛书甲本作"恒"。但出自《孔子家语》的黄帝《金人铭》传本作"常"，应该依从。

主旨评析

这一章的主旨在于教导人们，特别是当权者、财物占有者要与人为善，多施与，不索取，做个善人，不要做恶人。

老子游江南　范曾绘

第八十章

校订本

小国寡民，使有十百人之器而不用，使民重死而不远徙。

虽有舟车无所乘之，虽有甲兵无所陈之，使民复结绳而用之。

甘其食，美其服，乐其俗，安其居，邻国相望，鸡犬之声相闻，民至老死不相往来。

意译

土地狭小、人口稀少的小国，假使有十倍百倍才能的人而得不到任用，假使民众害怕死亡而不愿意迁徙。

虽然有船、有车却没有人来乘坐，虽然士兵有铠甲、有刀矛却没有地方陈列，让民众恢复到远古结绳记事的时代。

民众以他们粗糙的食物为甘甜，以他们简单的服饰为华美，以他们惯常的习俗为快乐，以他们昏暗低矮的居所为安适，邻国相互观望，鸡鸣狗叫的声音都听得见，但却由生到死，不互相往来。

导读

（一）小国寡民，使有十百人之器而不用，使民重死而不远徙。

起首一段，世传本多有字词差别。河上、王弼二本基本相同，但河上从"什佰"处断开，其后多"人"字。帛书出土，乙本除"什佰"作"十百"外，其他文字与河上完全相同，因而高明先生认为："河上本此节经文保存最完整，其他今本多有讹误。"

"人之器"不是指兵器，也不是指"人工之器"，而是指人的器识、才能。《礼记·王制》："瘖、聋、跛、躄、断者、侏儒，百工各以其器食之。"郑玄注："器，能也。"《老子》第四十一章所言"大器晚成"，指的是人才。这里言"使有十百人之器而不用"，是说即使有十倍、百倍人的才能，在"寡民"的"小国"，是不得其用，或为无所其用，也就是说派不上用场，才能得不到施展、发挥。

老子这里用假设句，表明所谓"小国寡民"不是实有，而是以此为论，来阐发他对"小国寡民"的看法。从"寡民"二字，我们可以看出，"小国"并非老子的理想。在这里的"小国"，大材不得其用，正表明老子对"小国"的态度。

紧接着说"使民重死而不远徙"，是老子对这样的小国中人的生存状态和封闭保守的批评。

"重死"，过于看重死亡，即怕死。老子并不称赞"重死"者，故而第十三章说"及吾无身，吾有何患"，第七十四章说"民不畏死，奈何以死惧之"。

重死、怕死的人都是小器量、小心胸，这就是"小国寡民"的特点。贪生怕死，老子怎么能予以赞扬呢？

"不远徙"，世传今本大都相同，帛书甲、乙本皆作"远徙"，语义完全相反，究竟何者为是？高明先生认为：

"远徙"之"远"字，非作远近解的副词，而是作"疏""离"解的动词。《广雅·释诂》："远，疏也。"《国语·周语》"将有远志"，《晋语》"诸侯远己"，《论语·学而》"远耻辱也"，"远"皆训"离"。乙本道经"不远其辎重"，甲本作"不离其辎重"，"远""离"二字互用，则取离别之义。帛书甲、乙本"使民重死而远徙"，犹言使民重死而离别迁徙，即使民重视生命而避免流动。因后人误识"远"为远近之义，又疑"使民重死"与"远徙"义不相属，故于"远徙"之前增添"不"字，改作"不远徙"，结果则与《老子》本义相违，造成大谬。遂州本"使民重死而不徙"，经义虽同帛书，但亦非老子原文，而为后人所改。故今本均当据帛书甲、乙本勘正。

高先生的分析十分牵强！如按其解："帛书甲、乙本'使民重死而远徙'，犹言使民重死而离别迁徙"，语义晦涩，易遭误解。"离别迁徙"是什么意思？可以理解为"不迁徙"，也可理解为"离别乡土而迁徙"，使读者难辨一是！

还是世传本"不远徙"，即"不愿意远离乡土而迁徙"语义明确。《易·系辞下》曰："近取诸身，远取诸物，于是始作八卦。"《楚辞·哀郢》："去故乡而就远兮，遵江夏以流亡！"在老子那个时代，"远"作远近、边远义者常见。

"重死"和"不远徙"都是老子对"小国寡民"保守状态的着意刻画，字里行间都透出他对这种状态并不赞同。

（二）虽有舟车无所乘之，虽有甲兵无所陈之，使民复结绳而用之。

此段河上与王弼本相较除"人"作"民"外其他全相同，别的世传本与其文字有些差别，"车"作"舆"，但文义无大别。和帛书甲、乙本相较，帛书二本无"虽"字，"舆"作"车"，"舟"假作"周"，甲本"舟舆"作"车周"，其他同河上本。

前文说有十倍、百倍人的才能者不用，因此这里说虽有船、有车却没有人乘御，虽有兵器、士兵却没能陈设、施展。

甲兵，既作铠甲和兵器解，也作披铠甲的士兵解，这里二者的意蕴皆有。《诗经·秦风·无衣》："王于兴师，修我甲兵，与子偕行。""修我甲兵"，意思是说整修我的铠甲和兵器。《荀子·王制》："故不战而胜，不攻而得，甲兵不劳而天下服。"末句是说披甲的士兵不用打仗而天下服从。

"陈"是陈设、陈列的意思，但以"施展"解为佳。《商君书·禁使》："得势之至，不参官而诘，陈数而物当。"高亨注："施展手端。"

"虽有甲兵无所陈之"，是紧接舟车无所乘说：虽有兵器、士兵，也没有地方陈设，不能施展。

这样的"小国寡民"，人才不得其用，舟车无所乘，甲兵无所陈，结果让民众恢复倒退到"结绳记事"的远古落后时代。

从"使民复结绳而用之"这一句，也可看出"小国寡民"并不是老子的理想。

（三）甘其食，美其服，乐其俗，安其居，邻国相望，鸡犬之声相闻，民至老死不相往来。

傅弈、范应元本段首有"至治之极民各"六字，高明先生认为这是依《史记·货殖列传》所引"稍作改动"而成，校之帛书甲、乙本，六字为衍文。

今之世传本"安其居，乐其俗"，《庄子·胠箧篇》引文及帛书甲、乙本皆作"乐其俗，安其居"，高明先生认为"食""服""俗""居"，"是《老子》原来的次序，今本已有错乱"。高先生言之有据。

《说文》："甘，美也。""甘其食"之"甘"，是以食为甘美。《淮南子·泰族训》："仪狄为酒，禹饮而甘之。""甘其食"，是说以他们所用的食品为甘美，即不挑剔食物之义。

"美其服"，是说以他们所穿的衣服为美，并不是说追求华美。

"乐其俗"，也是说以他们所形成的习俗为乐。

271

"安其居"，是说以他们所住的居处为安乐。

总之是满足现状，不求进取。因而"邻国相望，鸡犬之声相闻，民至老死不相往来"。其封闭、落后、保守的状态可想而知。他们不愿迁徙，是不愿意走出国门半步。

从这段老子的描述，可以清楚地看出，他不是歌赞，而是惋惜、遗憾！"鸡犬之声相闻，民至老死不相往来"！

然而，老子在其他章节却说："以其终不自为大，故能成其大"（第三十四章）；"执大象，天下往"（第三十五章）；"治大国若烹小鲜"（第六十章）；"圣人抱一为天下式"（第二十二章）；"周行而不殆，可以为天下母"（第二十五章）；"侯王得一为天下贞"（第三十九章）；"取天下常以无事"（第四十八章）；"修之于天下，其德乃普"（第五十四章）；"天下莫能与之争"（第六十六章）；"孰能有余以奉天下"（第七十七章）；"受国不祥，是谓天下王"（第七十八章）；……

这些论说的都是"大""天下"。他的《道德经》五千言，除了劝人修道修德而外，就是告诫君王以道以德治天下，求得天下的太平安宁。"天下"者，"大"也！老子并不是着眼于"小"，看重"小"。

陶渊明的《桃花源记》根据此章，描绘了一个封闭保守的寡民小国，并以此为理想来诠解《老子》，实则是一种误解！

主旨评析

这一章的主旨是说"小国寡民"不可取。既然不可取，老子为什么会偶发奇想论及"小国寡民"呢？我猜想老子常有怀古之论，如"知古之道以御今之有"，"能知古始是谓道纪"（第十四章）；"古之善为道者"（第十五章）；"古之所以贵此道者何"（第六十二章）……而远古皆为部族小国，因此前来问道的人可能向老子提出：那是不是恢复到"小国寡民"的时代才好呢？

这样才引起了老子对"小国寡民"生存状态的推想、描状。这不是老子的理想，也不是老子的政治论，实则是老子对这种社会状态夸张化的批评。"邻国相望，鸡犬之声相闻，民至老死不相往来"，是老子对这种极度封闭锁国的落后陋习的讥讽。后世，也从来没有人将"鸡犬之声相闻，老死不相往来"作称赞义而用之。

第八十一章

校订本

信言不美，美言不信；智者不搏，搏者不智；善者不多，多者不善。

圣人不积，既以为人己愈有，既以予人己愈多。

天之道，利而不害；圣人之道，为而不争。

意译

守信的话不华美，华美的话不守信；明智的人不搏取，搏取的人不明智；善良的人财物不多，财物多的人不善良。

圣人不积累财货，尽量用财物帮助别人，自己反而越富有；将财物给予别人，自己的财物却越多。

大自然的运行规律是利益人而不害人；圣人的处世法则是为别人而不与别人争斗。

导读

（一）信言不美，美言不信；智者不搏，搏者不智；善者不多，多者不善。

世传今本有的"善者"句在"知者"句之后，与帛书甲、乙本相同，高明先生认为："今本文次颠倒，经义重叠。前言'信言不美，美言不信'，后又言'善言不辩'或'善者不辩'，前后经义重复，其中必有讹误。甲、乙本同作'善者不多，多者不信'，正与下文'圣人无积，既以为人，已愈有；既以予人矣，已愈多'文义联属，足证今本有误。"

高先生言之有据、有理。

"信言"就是诚实不欺之言，守信之言，真实之言。"不美"是说不美化、无伪饰，实实在在。

"美言"是指好听的话，往往多有伪装、虚套，花里胡哨，不真实，有欺诈。

"搏"，作争斗、搏斗解。《关尹子·柱》："以我之精，合彼之精，

273

两精相搏而神应之。"

"智者不搏",是说智者不以财物而争斗、搏夺。反其义,即是因财物而争夺者为不明智。

"善者不多,多者不善",是说善良的人财物不多,财物多的人多数不善良。当然,老子的观点在今天不会得到一些人的认同。但在春秋时期,统治者和奴隶主的财物都是剥削掠夺而得,老子的这一观点,极其尖刻,也极其富于进步意义、富于人民性。

(二)圣人不积,既以为人己愈有,既以与人己愈多。

本段世传本文字差别不大。帛书甲本多残,乙本与河上、王弼本相较,"不"作无,"愈"作"俞","与"作"予",意思相同,不必改动流传已久的河上、王弼本。

"不积",就是不积存财物。

"既"在这里作副词用,是全、都的意思。《穀梁传·襄公六年》:"家有既亡,国有既灭。"《国语·齐语》:"故拘之以利,结之以信,示之以武,故天下小国诸侯既许桓公。"

"既以为人己愈有",是说全都用以为别人,自己会更加富有。

元 赵孟頫书

"既以与人己愈多","与"通"予"。全都用来给予别人,自己的财物会更多。

这其中的道理就是第七十九章最后的结语,"天道无亲,常与善人"。

(三)天之道,利而不害;圣人之道,为而不争。

本段世传本大都同于河上,帛书甲本全残,乙本"圣人"作"人",同赵孟頫本。究竟"圣人"与"人",二者何为是?

高明先生认为:"老子所谓'为而不争',正是指'人之道'言,'圣人之道'乃是无为不争,如第二章'是以圣人居无为之事',第二十章'众人皆有以,我独顽似鄙'。'有以'即志有为,'似鄙'乃无为无欲。足证《老子》原作'人之道',帛书不误，今本'圣'字乃为浅人所增。"

其实不然。《老子》第五十一章曰："道生之，德畜之，长之育之，亭之毒之，盖之覆之。生而不有，为而不恃，长而不宰。是谓玄德。"这里的"为而不恃"，其理同于"为而不争"。

第三十七章说"道常无为而无不为"，第四十八章又说"损之又损，以至于无为，无为而无不为"。圣人"无为"，并不是什么都不做，只是"为而不恃""为而不争"罢了。

人之道，应该"为而不争"，这是理想状态。但实际并非如此。因此第七十七章云："人之道则不然，损不足以奉有馀"。老子在此章怎么会说"人之道，为而不争"呢？世上为名为利、为钱为财而争斗的例证屡见不鲜。只有"圣人"，才会"为而不争"。若以"人之道，为而不争"来概括当时的社会状貌，于事理、于实际、于逻辑都是不通的。

帛书多有误抄漏录之处，我们绝不能唯帛书是从。

主旨评析

这一章老子通过言的信与不信、美与不美，智者与不智者对财物的搏与不搏，以及善者与不善者占有财物和给予财物的不同结果之间的辩证关系的论述，称赞圣人的"不积"，"为而不争"，其结果是"为人己愈有，予人己愈多"，以此来劝谕世人，效仿圣人，与人为善，多施舍，少索取。充满了朴素的忘我精神和辩证哲理。

下编　奥义解密

《老子》的现代科学意义

　　一部独具特色玄奥难懂的《老子》，历世以来，研究者多从哲学社会科学的角度去探秘，殊不知其中有天文学、物理学、生命学等自然科学方面的诸多论述，若与现代科学挂钩分析，实在非常吻合，令人叹为观止！

一、宇宙生成论

　　老子在第十四章和第二十五章中说：

　　　　视之不见名曰微，听之不见名曰希，搏之不得名曰夷。此三者不可致诘，故混而为一。一者，其上不皦，其下不昧，绳绳兮不可名，复归于无物。是谓无状之状，无物之象，是谓惚恍。随之不见其后，迎之不见其首。

　　　　有物混成，先天地生。寂兮寥兮，独立而不改，周行而不殆，可以为天下母。吾不知其名，字之曰道，强为之名曰大。大曰逝，逝曰远，远曰返。

　　"惚恍"是什么样子呢？就是一种似有非有、似无非无的状况。难以言说，难以描状。所以老子说"不可致诘，故混而为一"。

　　按伽莫夫"宇宙大爆炸"[①]"奇点"，有极高的温度，温度又极度升高，发生了大爆炸。这"奇点"之说，与老子"混而为一"之说，何其相似？

　　老子说"一者，其上不皦，其下不昧"，这"一"是"上"（即往前）与"下"（往后）的分界点。往上"不皦"，是不明不清的，老子说"绳绳兮不可名，复归于无物"。按照"大爆炸"理论一般的表述认为，那时物质以中子、质子、电子、光子和中微子等基本粒子形态存在，是无形的。老子描述为"无状之状，无物之象，是谓惚恍"。这就是老子所说的"复归于无物"的"无"。

　　这"无物"的"无"，不是什么都没有，而是"有物混成，先天地生。寂兮寥兮，独立而不改，周行而不殆，可以为天下母"。"无物"是"无状

277

之状，无物之象"，不是什么都没有，实则是"有物混成"。按"大爆炸"理论，基本粒子，不是一种，是许多种"混成"在一起。

这真是叫人惊奇感叹不已！在2500多年前，没有现代高科技仪器设备的条件下，老子怎么能知道宇宙生成之前这些情况？尽管是"惚恍"，"吾不知其名"，他还是颇为肯定地说："有物混成，先天地生。"

在宇宙生成之前太空是浩渺无垠的，对于这种"浩渺无垠"的"无状之状，无物之象"，老子说"吾不知其名，字之曰道，强为之名曰大"。这个"大"，是"无状之状，无物之象"的外在形态；而"道"是其"内质"，就是老子说的"有物混成，先天地生"，"周行而不殆，可以为天下母"的"物"。这个"物"，就是混合而成的许多基本粒子。这些"先天地生"的基本粒子，自古及今，其性能不变，无处不在处处在，当然"可以为天下母"。按照现当代科学理论，宇宙间什么东西不是由基本粒子构成的？两千五百多年前老子对宇宙的生成、万物的构成就做出了如此独到而惊人的描述。

"宇宙大爆炸"理论，是由1904年生于俄国敖德萨，后来移居美国的科学家伽莫夫在1948年提出来的。"大爆炸"理论，"在星系的起源和各向同性分布等方面"，"还存在一些未解决的困难问题"，而且是一种猜想和假说；但有哈勃望远镜作观测实证，渐渐得到大多数科学家的普遍认可。

老子对宇宙生成之前的"无"和"道"的描述和结论，与"大爆炸"理论是不谋而合的。"无，名天地之始"（第一章），老子毫不含糊地在其书的开篇就这么肯定地说。这个"无"，可以说是"道"的代名词。

"有，名万物之母"，这个"有"指的是什么呢？特指"天地"，这是个大"有"。宇宙形成之后，有了地球，也有了地球人老祖宗所说的"天"。"天"下之"地"上，有形有质的万物，都是在天地产生之后逐渐形成的，当然天地这个大"有"就是"万物之母"了。

老子是怎么知道这宇宙的生成过程的？老子在第二十一章最后一段说："自古及今，其名不去，以阅众甫。吾何以知众甫之然哉？以此。"第十六章说："万物并作，吾以观其复。"

老子是"观"到、"阅"到的，现代天文学家是靠哈勃望远镜观测到的。老子是靠什么"观"到、"阅"到的？后文我们再作探讨。

二、物质构成论

《老子》第二十一章说："道之为物，唯恍唯惚。恍兮惚兮，其中有象；惚兮恍兮，其中有物；窈兮冥兮，其中有精；其精甚真，其中有信。"

二十世纪五十年代末、六十年代初，关于老子的哲学思想有过一场大辩论，集中在"道之为物"的"物"。一方认为此"物"基本上是物质性的，一方认为是精神性的。其实，二者是很难截然分开的。

"道之为物"，是说道作为可见的东西是"唯恍唯惚"，并不是一个人的肉眼能看得到的有形之实体，而是一个影像。似有非有，似无非无。这是总的概括。接着老子就具体描述他见"道"的过程及"道"的基本特性。

"恍兮惚兮，其中有物"，这个"其"是老子独具慧眼所见的画面、视域，即"道"的影像，有方、有圆，也可能是彩色，也可能是黑白。这个"物"与"道之为物"的"物"一样，都是指"可见的东西"，并不十分清晰，故仍说"恍兮惚兮"。

"其中有象"是初始观看的大致感觉。进而仔细观察，为"其中有物"。这物象可能是无生命，也可能是有生命；有生命者包括人和动、植物。如果是人，就会有意识性活动，那就不单纯是物象，即包含了人的意识形态。这仍然在"惚兮恍兮"中看到。

"窈兮冥兮，其中有精。"窈、冥，昏暗的样子。关于"精"，二十世纪五十年代末冯友兰在题为《关于老子哲学的两个问题》中认为"精"是"极细微的气"，这和笔者在《老子》第四章解释"和其光，同其尘"的"尘"时说的"尘"是"比喻构成物质的肉眼看不见的更细微粒，就是现代已经发现的质子、电子、轻子、光子、中微子、夸克之类"，不谋而合。

老子"窈兮冥兮"中所观到的"精"，是从"有象"中的"象"观察出来的。这"精"是构成"象"的极细、极小微粒，是"物"之质，"道"之特性，散则为气，聚则成形，处在变动状态。肉眼看是"无"，实际是真真正正、实实在在的"有"。

在老子眼中，这个"精"十分重要，是体"道"的关键所在，故而他又不厌其烦地重复了一句，"其精甚真"，这里也不再说"惚兮恍兮"了，而是板上钉钉，确真无疑。

"其中有信"的"信"，河上本曰："道匿功藏名，其信在中也。"王弼曰："信，信验也。"据此高亨说："信，道的运行有规律，应时而验，就是信。"卢育三说："信，当训为神。"一般研究者对"信"无解。其实，老子此段由"物""象""精""真"，最后落脚到"信"，可见"信"之重要。

在先秦、两汉文献中，"信"有多种含义和用法：如"信誓"，《诗经·卫风·氓》曰"信誓旦旦，不思其反"；"守信用"，《左传·宣公二年》

"贼民之主不忠，弃君之命不信"；"真诚不欺"，《论语·学而》"为人谋而不忠乎？与朋友交而不信乎"；"符契，凭证"，《墨子·号令》"大将信人行，守操信符。信不合，及号不相应者，伯长以上辄止之"。

这些，都是人类社会的行为和事物，往往要用语言文字来表达，属于意识形态范畴。老子所说的"信"，当然包含了这许多方面的内容。这样老子所说的"道"，既是物质的，又是精神的，是物质和精神的统一体。

笔者认为"信"类似于今天所说的"信息"。《庄子·大宗师》曰："夫道，有情有信，无为无形。"郭庆藩疏曰："明鉴洞照，有情也；趋机若响，有信也。"朱谦之解《庄子》的"有情有信"说："'情'亦当为'精'，'有情有信'即此云'其中有精，其中有信'。"我们综合以上诸家诠解，"其信在中"也好，"信验""趋机若响"也好，都包含有"信息"传达的意思。

老子在第二十一章还说："自古及今，其名不去，以阅众甫。吾何以知众甫之然哉？以此。"

"其名不去"，是说道、天地、万物"自古及今"其信息仍存留在宇宙之间，因此老子才能"以阅众甫"。就是像过电影一样，一幕一幕地观览它（他）们从初始到后续演变的过程及其表现特征。

"吾何以知众甫之然哉？"老子说，我怎么能知道天地万物起始发展自然而然的变化过程？"以此"，就是说他是从"孔德之容"这个通道（即眉间穴——天目）观察而来的。

"道"是物质和精神的统一体，也就是说"道"的实质是物质性的，属于形而下；另一方面，又包含着意识形态，这是形而上。然而，人的意识、精神，皆由人的心脑思维活动所形成。心脑思维活动，实则是心脑细胞、神经组织的粒子运动，这实际也是一种物质性活动。思维活动的结果，形之于语言、文字，显现于书籍、荧屏等载体，也是一种物质性的转化与传递。其间，意识、精神始终和物质紧密地联系在一起。

因此，佛家《心经》说："观自在菩萨，行深般若波罗蜜多时，照见五蕴皆空，度一切苦厄。舍利子，色不异空，空不异色，色即是空，空即是色，受、想、行、识，亦复如是。"这里是说色、空、受、想、行、识，其实质都是一样的。这和《老子》第二十一章所说的"物""象""精""信"之浑然一体完全相同。

心脑思维的过程，就会产生心脑电波，向外传送，同时就会与外界物体以及未知的信息源发出的电波有选择地发生同谐共振作用，相互感应。这就是信息的传递与接收。这种信息的传递与接收，都要靠电子、光子之类的微细粒子做介质。所以，从根本上说，意识、精神也是由物质构成的，其传递与接收过程也是一种物质性活动。这是宗教哲学物质、意识一元论的理论内核、理论根据。

《老子》第三十二章说："道常无，名朴，虽小，天下不敢臣。"

"朴"，《说文》释为"木素"。有人说"朴"是未分割的圆木，没有《说文》诠释得到位。"木素"，用今天的话说就是木之"质"，是构成木的元素。老子说"小"，其实就是微粒、元素，"其小无内"的一种存在。无所不包的"道"是大，但它却常常是以人的肉眼看不见的微粒——朴——小的状态存在着。

综合以上分析，老子所说的物质构成是极小微粒，与现代科学所说的物质构成完全一致。英国科学家道尔顿于十九世纪初提出近代原子学说，他认为物质是原子构成的。但是，因为物理学的不断发展，人类对物质构成的认知逐渐深入，目前认为构成物质的最小最基本的单位是基本粒子。

三、有无相生论

《老子》第二章说："有无相生，难易相成，长短相盈，音声相和，先后相随，常也。""有无相生"，老子是作为自然界和人类社会的普遍原理、普遍规律提出来的。按照逻辑推理，"无"是绝对生不出有形质的"有"，但老子却毫不含糊地说"有无相生"，就是说有能生无，无能生有。

笔者认为老子这里所说的"无"，包括第一、十一、四十、四十二、四十三章皆是特指性的"无"，全不是什么都没有的"无"，而是指人类肉眼看不见的"无"，是一个具有特定内涵的概念。譬如，水沸了冒出的水汽，冬天空气中的水汽凝结为雾气，这都是人的肉眼能看得见的。但水汽再蒸发为更小微粒的水汽，进而分解为"氢"（H）、"氧"（O）粒子，那就完全用肉眼看不见了。这是不是什么都没有了？绝对不是，只是"有质无形"罢了。对于这种"有质无形"的状态，老子用"无"来概括。在当时没有高科技仪器观测的条件下，只能如此概括；即使在今天，也恐怕没有更合适的词来替代。然而，今天有了高科技，对老子所说的"无"，就要给以准确的认识和解释。

物理学上所说的"真空态"，是指物质存在的最低能态。物理意义上的"真空"，并非"一无所有"。再则，宇宙还存在着大量"暗物质"。2014年

9月20日，世界著名物理学家、诺贝尔奖获得者美籍华人丁肇中教授再次公布最新研究结果："证明暗物质存在的6个特征目前已有5个得到证实"②。

《老子》第四十章说："天下万物生于有，有生于无。"河上本注曰："万物皆从天地生，天地有形位，故言生于有。"所以，第一章老子说"有，名万物之母"。"天地"这个"大有"生了万物，当然是"万物之母"。而"有生于无"指的什么？指的"无，名天地之始"（第一章）。"天地之始"是"无"的状态。就是第二十五章说的"寂兮寥兮，独立而不改，周行而不殆，可以为天下母。吾不知其名，字之曰道，强为之名曰大"。这是从宇宙、天地之生成说的。

推及人世间万事万物，都有生灭灭生、从无到有、从有到无的过程和现象。这是一个普遍规律，所以，老子说"常也"。

四、粒子传播力论

《老子》第四十三章说："天下之至柔，驰骋乎天下之至坚，无有入于无间。"

第七十八章有"天下莫柔弱于水"之句，可证此章之"至柔"，以水为喻；但却不能说"至柔"就是水，等同于水。因为水不能"驰骋乎天下之至坚"，如"至坚"之金石。

这里关键在于对"驰骋"的理解。陈鼓应解之为"驾驭"，《汉语大辞典》解之为"役使"，二解相近。按此章的文义"驰骋"应取本义，"驰骋乎天下之至坚"，就是说在天下最坚硬的东西（如金石之类）中自由驰骋。

为何必须作此解？因为紧接着有"无有入于无间"句。"无有"可以入于天下任何无间隙的坚硬之物，而自由驰骋，所以此章的"至柔"不能指水，而指的是"无有"。

那么，"无有"指的什么？一般注家论者都将"至柔"解作"道"，"道无坚不摧"。"无有"即"无形"，"无有"也就指的"道"。但老子为什么不直接说"道"呢？因为老子并不把"至柔""无有"与"道"完全等同起来。

"道"是无处不在处处在，它不只是"至柔"，同时也是"至坚"。

河上曰："至柔者水，至刚者金石；水能贯坚入刚，无所不通。"王弼曰："气无所不入，水无所不出。"两家都没有深思细想，不管是水还是气，都能"贯坚入刚""无所不入""无所不出"吗？对于这样明摆着的自然物相之理，老子观察得十分精细，也思考得非常明彻。故而他说"无有入于无间"，而不是水、气入于无间。因此，这里的"无有"必须深入、仔细研究，到底指的什么？

难怪历来的注家对"至柔""无有"解释不能到位，历史局限使然也。

"无有"怎么能入于没有间隙的"至坚"之物呢？这从事理和逻辑都是讲不通的。但老子就这么描述。也只有这么描述才符合他所"观"、所"阅"到的真实状况。在老子当时和以后的两千多年，能"入于无间"的用肉眼看不见的东西，只能用"无有"来描述。

然而，在科学技术高度发展的今天，就大不一样了。电子、光子你说这是"有"还是"无有"？现在可以肯定地回答：有。但谁能用肉眼看得见？可是经过现代高科技处理以后却能在电视机、电脑、手机中成像，显现于屏幕，人们就完全可以用肉眼观赏了。

这时，我们再看老子的描述是何等的精细准确！电子、光子是不是"天下之至柔"？它们是不是在"至坚"的电脑一类器物中自由纵横驰骋？它们是不是来去自由地出入于没有间隙的"至坚"之物？

今天，电子成像，各种粒子的穿透力、传播速度，在物理学中是一个很复杂的问题，老子当时肯定不知道。但"无有"（就是现在的粒子）"入于无间"，在"至坚"之物中"驰骋"的现象，老子当时早就发现了，今天的科学技术只是验证老子的发现真实不虚。后世的注家、研究者不懂，只能是做隔靴搔痒之谈。

我们今天在研究老子的时候，不光要看到其哲学、政治、社会、文化、生命学的意义，还要发掘其科学的义理、作用和价值。

五、光能感应论

《老子》第五十六章说："塞其兑，闭其门，挫其锐，解其纷，和其光，同其尘，是谓玄同。"

前四句的"其"，指代的是修炼之人；而"和其光，同其尘"的两个"其"，指代的是"道"以及由"道"所生天地日月、星辰的大自然之光、之尘。这是真正的"天人合一"。因此老子说："是谓玄同。"

高明认为："所谓'玄同'，王道谓'与物大同又无迹可见'，高亨谓'玄妙齐同'，蒋锡昌谓'无名之同'，犹同道。蒋说是。"

这些都讲得十分含糊不清。是什么同"道"呢？如果指的是"人"，又是什么样的人能同于"道"呢？你能同吗？我能同吗？都不行。只能是修炼到极高层次的高人。

同"道"又是怎样同的？修炼层次再高的人也不能等同于"道"。"道"是宇宙的总根源、总根据，谁能等同得了？只能是"和其光，同其尘"。用现代科学的概念来说，就是修炼到极高层次的人，性空了，心性所变化，心脑发射出的声能、光能的波段、频率与道所生的大自然信息发生共振、共鸣了，这才"同"了，"合一"了。难道这些不是太玄妙了吗？玄妙之同，不就是"玄同"吗？这是"道"的"形而上"的一面。

老子这里所说的"和其光，同其尘"，"尘"是指像尘土一样的小微粒，实则是今天物理学中所说的粒子。当时没有粒子这个概念，老子只能用"尘"来表述。

汽车驶过，扬起尘土，我们用肉眼看得见。其实每日每时空气中都在降尘，只因微粒细小，肉眼看不见。老子这里所说的"尘"，是以肉眼能看见的"尘"，比喻构成物质的肉眼看不见的更细微粒，就是我们当今时代科学已经发现的质子、电子、轻子、光子、中微子、夸克之类。老子当时虽然不知道这些名词，但"更细微粒"他肯定是发现了。这在古代老子不是仅有，我们再举数例：如《关尹子》及《管子》中的"其大无外，其小无内"说，天大到没有边际，物质小到无法分割。再如人体经络、穴位，西医解剖难以发现，而中国古代先贤却准确无误地总结出了成套学说。还有佛教说的"芥粒中有三千大千世界"等不可思议的论断，当今都在渐渐被科学研究破解或证实。

老子所说的"光"，就是太阳、月亮发出的光。按照现代物理学的说法，"光子运动对应的能量形式是光能，光能是由太阳、蜡烛等发光物体所释放出的一种能量形式"。随着光的传播，"光能"是可以相互感应的。"人"和太阳、宇宙信息之光，修炼到极高层次的高人就能发生能量感应、信息沟通。

哎呀！老子在那么个科学技术十分落后的时代，能做出这些超人之上、符合现代科学理论的论述，实在是太神奇、太高明、太伟大了！"玄之又玄，众妙之门"，我们什么时候才能真的读懂参透呢！

注释

①【英】史蒂芬·霍金著，许明贤、吴忠超译《时间简史——从大爆炸到黑洞》，湖南科学技术出版社，1992年。

②《诺贝尔奖华人丁肇中2014暗物质最新发现灵魂是暗物质视频曝光【图】》，网文，发布时间：2014-09-21 23：45：17，高盛军事整理。

（此文发表于《弘道》2016年第1期，"道教论坛"转载后又被多家网站转载，感兴趣者插图多幅，以印证文本观点，可谓是影响颇大。）

老子所说之"道"新解

从庄子、韩非子始，两千五百多年来，研究注解《老子》的著述，难以计数，关于老子所说的"道"，仁者见仁，智者见智，各有说辞，难求一致；但认为"道"是宇宙及宇宙间万物的本体、本源，总根据、总根源，一般研究者却是没有异议的。然而，"道"究竟是什么？为什么说它是宇宙的本体、本源？这些问题却罕有论及！笔者诵读《老子》，幸有一得之见，发表出来，求教于方家、读者。

一、"道"之实在性

《易·系辞上传》曰："一阴一阳谓之道。""形而上者谓之道，形而下者谓之器。"器，是一般人眼睛看得见的有形体的实在之物，后世对有形之物统称"器世界"。而"道"（包括阴阳），是一般人眼睛看不见的无形体的虚无的存在，因此，后世的研究者就将其视之为精神性的存在，是哲学性的思辨、推理或假设。

但是，作为学术的、科学的研究，老子所说的"道"，是不是仅仅是形而上的精神、意识？近世以来，有的学者已关注到老子"道"的实在性问题，如我国台湾新儒家代表人物陈鼓应的《老子注译及评介》书前论文"老子哲学系统的形成"，开首就探讨"实在意义的'道'"。然而，陈先生却认为"道"的"无形"，是老子的"预设"。"不能从存在的观点（exi-stentialviewpoint）来处理它，只能从设定的观点（hypotheticalviewpoint）来讨论它。"①陈先生没有认识到"无形"本身就是一种真实的存在，并不是老子的主观"预设"。

网络上关于"老子之道"的相关论文已有两万多篇，这些论文，与我体悟、研究所得，多有不同。有些论文也认为老子的"道"，具有实在性。遗憾的是，它们没有在《老子》文本中寻找答案，而是从既往普遍认为"道"是宇宙万物的总根源、总根据的共识推导出，"道"既然能生万物，也就必然和万物一样具有实在性。

其实，《老子》第二十一章就明确指出，"道之为物，惟恍惟惚"，是说"道"作为"物"，与一般人眼睛能看到的宇宙间有形体的万物不同，它是"惟恍惟惚"的。"惟恍惟惚"是什么状况呢？

紧接着老子说："惚兮恍兮，其中有象；恍兮惚兮，其中有物②；窈兮冥兮，其中有精；其精甚真，其中有信。自古及今，其名不去，以阅众甫。"物、象、精、信，都是真实的存在。

冯友兰先生根据诸多古文献资料证明老子所说的"精"是"极细微的气"③，这和笔者在拙著《老子辨正》④第四章解释"和其光，同其尘"的"尘"时说的，"尘"是"比喻构成物质的肉眼看不见的更细微粒，就是现代已经发现的质子、电子、轻子、光子、中微子、夸克之类"，不谋而合。

"尘"指的是什么呢？尘者尘土，就是空气中降落的细小微粒。汽车驶过，扬起尘土，我们用肉眼看得见。其实每日每时空气中都在降尘，只因微粒极细极小，一般人的眼睛看不见。老子所说的"尘"，是以能看见的"尘"，比喻构成物质的看不见的更细微粒，几近于我们现代已经发现的基本粒子之类。老子当时虽然不知道电子、光子这些名词，但"更细微粒"，他肯定是发现了。"和其光，同其尘"，内涵极其丰富，概括极其精准。

对于"道"的这种极小微粒的形状和性能的体验和描状，在古代老子不是仅有，我们再举数例：如《关尹子》及《管子》中的"其大无外，其小无内"说，天大到没有边际，物质小到无法分割。再如人体经络、穴位，西医解剖难以发现，而中国古代先贤却准确无误地总结出了成套学说。还有佛教说的"芥粒中有三千大千世界"等不可思议的论断，当今都在渐渐被科学研究破解或证实。一般人眼睛看不见的极小微粒的实在性，是毋庸置疑的。

浩渺无垠、大无边际的宇宙以及宇宙万象，没有不是由微小的基本粒子构成的。"其大无外"的宇宙，"其小无内"的粒子，这就是既大又小的"道"的"物"之形态的一种真实存在。无处不在处处在，处处都有"无状之状，无物之象"的"道"之存在。

老子"窈兮冥兮"中所观到的"精"，是从"有象"中的"象"观察出来的。这"精"是构成"象"的极细、极小微粒，是"物"之质，"道"之特性，散则为气，聚则成形，处在变动状态。一般人眼睛看是"无"，实际是真真正正、实实在在的"有"。这就是老子所说的"有无相生"的事实根据。

《易·系辞上传》说："精气为物。"气是极其细微的物质，是构成物质世界的元素。

《素问·气交变大论》说："善言气者，必彰于物。"气与物是一个统一体，由于其极其细微，故谓之"无形"，但并非气不存在，只不过肉眼难辨而已。

老子既说"尘"，也说"气"。第四十二章曰："万物负阴而抱阳，冲气以为和。"尘和气，虽为细小微粒，但还不是老子所说的能够体现"道"的性能的所谓的"无"。关于"无"，老子多次描述。

第一章说："无，名天地之始；有，名万物之母。"这是说在天地产生之前，宇宙是一片"无"的状态；天地产生之后，这是可见的两个大"有"，才渐渐产生了万物。

老子在第十四章和第二十五章中说：

视之不见名曰微，听之不见名曰希，搏之不得名曰夷。此三者不可致诘，故混而为一。一者，其上不皦，其下不昧，绳绳兮不可名，复归于无物。是谓无状之状，无物之象，是谓惚恍。随之不见其后，迎之不见其首。

有物混成，先天地生。寂兮寥兮，独立不改，周行而不殆，可以为天下母。吾不知其名，字之曰道，强为之名曰大。大曰逝，逝曰远，远曰返。

按伽莫夫"宇宙大爆炸"[⑤]理论，宇宙大约在150亿年以前，所有物质都集中到一点，这个点叫作"奇点"，有极高的温度，温度又极度升高，发生了大爆炸。这"奇点"之说，与老子"混而为一"之说，何其相似？

老子说"一者，其上不皦，其下不昧"，这"一"是"上"（即往前）与"下"（往后）的分界点。往上"不皦"，是不明不清的，老子说"绳绳兮不可名，复归于无物"。按照"大爆炸"理论一般的表述认为，"爆炸之初，物质只能以中子、质子、电子、光子和中微子等基本粒子形态存在。宇宙爆炸之后的不断膨胀，导致温度和密度很快下降。随着温度降低、冷却，逐步形成原子、原子核、分子，并复合成为通常的气体。"[⑥]这些，都是无形的。老子描述为"无状之状，无物之象，是谓惚恍"。这可视之为老子所说的"复归于无物"的"无"。"无物"是"无状之状，无物之象"，不是什么都没有，实则是"有物混成"。按"大爆炸"理论，基本粒子不是一种，如老子所说，是许多种"混成"在一起。

这真是叫人惊奇感叹不已！在2500多年前，没有现代高科技仪器设备的条件下，老子怎么能知道宇宙生成之前这些情况？尽管是"惚恍"，"吾不知其名"，他还是颇为肯定地说："有物混成，先天地生"云云。

老子所说的"无"，是指一般人眼睛看不见的"无"，是具有特定内涵的特指性的"无"，实则是真实存在的粒子，就是"其精甚真"的"精"，是实实在在的"有"。

二、"道"之玄奥性

玄，《诗经·豳风·七月》"载玄载黄"，《易·坤卦》"天玄而地黄"[⑦]，皆指的是黑色。夜晚的天，黑咕洞洞的，深奥莫测。《老子》书中12次用了"玄"字，都有深奥、玄妙的意思。我们前文论述了老子"道"的实在性，虽说"道"实有、实在，但终归是看不到、听不见、摸不着的"无状之状，无物之象"，这本身就体现出了"道"的玄奥性。

对于老子的"道"之"玄奥性"，历来的研究者没有异议。但为什么说老子的"道"玄奥？玄奥都表现在哪些方面？却很少有人深入地探究。

第一章前半篇是宇宙生成论，后半篇为宇宙感知论。"道可道，非常道；名可名，非常名。无，名天地之始；有，名万物之母。故常无欲，以观其妙；常有欲，以观其徼。此两者同出而异名，同谓之玄；玄之又玄，众妙之门。"

感知者的主体肯定是人，"故"承前半篇宇宙生成论之关于"道"和"万物"而转为说人。老子说道、说万物，目的、重点是要说人。

天地生成之始，是一种看不见摸不着的混沌状态，老子用"无"来命名。万物中作为有灵性的人，要感知这种状态的存在和奥妙，只有"常无欲"才能进入像佛、道两家长期修炼所能达到的"空""无"境界。只有进入这种境界才能使其身心发生变化，获得极高的功能，从而"观"到"无始"的妙境。老子经过长期修炼获得了这种功能，达到了这种境界，他惚兮恍兮中观察出了"道"的微妙，才提出了"道"这个被他强名地赋予了特定内涵的概念。世界上古往今来只有老子在没有科学仪器设备的情况下，感知到宇宙万物生成的因缘，才将涵盖世界本原、本体的"道"奉献给了人类。

对"观"，历代注家基本无解，有解也言不中"的"。自伏羲"仰观象于天，俯则观法于地"以来，佛、道两家无不讲"观"。"观"，对于认识宇宙、天地、万物具有特殊的意义，是出发点，也是目的、过程、结果。《心经》曰："观自在菩萨，行深般若波罗密多时，照见五蕴皆空"，讲"观"讲"照"。道家的《太上老君说了经》开篇就是"若夫修道，先观其心"；《太上老君内观经》通篇就讲一个"观"字。这些"观"，都是讲的内修，这是道家修炼的基本功夫。道家始祖老子，由内观修持，获得"观"的超人功能，走向对宇宙奥秘的探索，著写《老子》，作社会的哲学、科学、政治学、生命学等方面的论述，摒除神秘色彩，而人间化、世俗化，成为人类社会发展指向的思想、精神宝库和财富。

"常无欲"，是修炼状态；"常有欲"，是生存状态。有欲则为生计、事业奔波，只能用肉眼观察到有限的物相，这就是"常有欲，以观其徼"。

"徼"，边际。有边际的东西是有限的。而"妙"是难以言说的无限。有欲和无欲对举相较，老子所强调的当然是无欲了。只有无欲，才能观察到无限的奥妙。

"此两者同出而异名，同谓之玄；玄之又玄，众妙之门。"

"此两者"所指，历来众说纷纭。河上为"无欲""有欲"，王弼为"始""母"，还有指"常无""常有"、"道"与"名"、"可道"与"常道"、

"无名"与"有名"、"妙"与"徼"的，等等，使读者无所适从。为什么长久以来不能统一？关键是没有将"此两者"找准。笔者认为，"无"与"无欲"对应，"有"与"有欲"对应，两两承接。"此两者"即指"无""无欲"、"有""有欲"。它们都同出于"道"。

"异名"好理解。难点在于"同谓之玄"。"玄"作何解？河上公曰："玄，玄天也。谓有欲之人与无欲之人同受气于天。"王弼曰："玄者，冥也，默然无有也。"认为"玄"等于"无"。《说文》曰："玄，幽远也。"《广雅》曰："玄，远也。"远则小，小到至极就看不见了。《释名·释天》："天，又谓之玄。"天是幽远的、无形的，几于"无"，几于"道"。古人所说的"天"，几乎等同于今天所说的宇宙。汉扬雄《太玄·玄摘》："玄者，幽摛万类而不见形者也。"⑧扬雄将天看作宇宙本体。

"玄"与"妙"合而为词曰"玄妙"。"妙"通"眇"，细小、微小也。"常无欲，以观其妙"，"妙"就是精微奥妙。所以老子这里所说的"玄""妙"，就是他所"观"得到的"道"，在"无"的状态下的细小微粒。这种微粒聚则成形，显示出"物"之形状；散则为气，显示"无"的状态。这和现代科学的物质构成以及分子、粒子、电子、光子学说非常吻合。

小而无形能构成"大"，老子说"故道大，天大，地大"。"道"，唯有大曰"大道"，无有"小道"之说。"道"的小由"无""朴"来体现。何大何小，老子界定分明。大与小，相反相成。这是老子关于"大"与"小"的辩证法。

老子这里指出了宇宙演化和人生修炼的路径：道——无——有——无欲——玄——玄之又玄——众妙之门，见"道"，得"道"。万物形成和人类生存的路径：道——无——有——有欲——徼——玄，在有限的时空里，通过有效的手段（如当代通过科学手段的电子成像、电脑、网络等）"玄之又玄"，进入"众妙之门"。请看，老子将如今信息时代电脑、电信的"玄奥"也早早预言了、描述了、概括了！

此时再看"此两者"能仅仅是单指"始"与"母"、"无名"与"有名"、"妙"与"徼"一类名目吗？

无欲、有欲之人都要观察感知宇宙的玄奥，目的和出发点是相同的，但过程和结果却截然不同。关键在于能不能"玄之又玄"。有人将这里的"之"作动词解，意即从"玄"到"又玄"。实则"之"作连词，意为"玄而又玄"，不断地"玄"，是延续层进的。"玄"在这里由虚无空旷的天，引申为虚无和"空"了，对应着前面的"无""无欲"。老子这里已经说得十分明了，只有玄之又玄，也就是虚而又虚、空而又空，才是"众妙之门"。

289

老子"道"之玄奥性，人如何能体悟得到？从根本上说在于"玄之又玄"地修炼。第十章曰："涤除玄览，能无疵乎？"何谓"玄览"？河上本注曰："心居玄冥之处，览知万事，故谓之玄览也。"《气功传统术语词典》解释说："玄览，心识也，心有杂念，若疵瑕之在心，故心宫不静。涤除其杂念萦思，则心境无尘，无疵无瑕。"南怀瑾先生释曰："这是说到了道智成就的时候，澡雪精神还需洗炼，必须达到法天法地而曲成万物而不遗的纯粹无疵，才能返还本初，合于自然之道。到此才能心如明镜，照见万象。物来则应，过去不留。洞烛机先，而心中不存丝毫物累。"⑨三种见解，说的不同层次、不同境界，皆言之有理。《老子》语言的高度概括性，义涵的深邃性、包容性，常使不同时代、不同的人读出不同的理解和感悟来，历久弥新，这正是它的魅力所在。

笔者认为"玄览"就是"内观"，即静坐中的反观内照，不断排除杂思妄念，不留疵痕。也就是像悬着一面镜子一样，无疵无瑕地反观内照。

第六章曰："谷神不死，是谓玄牝。玄牝之门，是谓天地根。绵绵若存，用之不勤。"

诸多注家将"谷神""玄牝"当作女性生殖器，认为老子是以此比喻、烘托"一"或"道"之最高、最根本的作用。这完全属于误解！

全真教南宗白玉蟾所著《紫清指玄集》曰："头有九宫，上应九天，中间一宫，谓之泥丸，亦曰黄庭，又名昆仑，又名天谷，而神居之，故谓之谷神。"这里的"神"，不是神鬼之神，而指"神识"之神，精、气、神之神，性灵之神。

关于"玄牝"，全真教南宗始祖张伯端《悟真直指》云："谷神之动静，即玄牝之门也。这个门在人身为四大不着之处，天地之正中，虚悬一穴，开阖有时，动静自然，号之曰'玄关一窍'，又号之曰'众妙之门''玄牝之门'，是为天地之根，盗机妙用，须从此处立基。""玄关窍并无真位，但能修得其境，自能见得此窍，此窍能开能合，故曰门。"

老子修炼肯定达到极高境界，所观到的宇宙奥秘常人是无法想象的。他通过他洞开的"玄牝之门"，通天彻地，惚兮恍中看到了宇宙生成的根源——道，故而他才说"玄牝之门，是谓天地根"。

"绵绵若存"是特讲修炼中的呼吸之法的。"用之不勤"，是说功夫练到一定程度呼吸几乎停止了，当然"不勤"了。

第三章"虚其心，实其腹"，第四章"和其光，同其尘"，第五章的"多言数穷，不如守中"，都是讲修炼的，一条线贯通下来，老子及其编纂者的真意不是灼然显见吗？

老子为什么不集中地明讲这些修炼诀则、法要，而要暗藏玄机呢？那当然有其用心，我们实难确知。依我的猜测：一是修炼之学玄而又玄，集中讲不但读者不感兴趣，反而会引起误解；二是老子将这些玄机用与社会现实有关的大道理包裹起来，看不透者可另作他解。这就是《老子》为什么仁者见仁、智者见智的深层原因。由于老子采取了这种独特的论述方式，从而大大增加了容易引起人们普遍关注的哲学、社会学、政治学、道德观、人生观、宇宙观等方面的内容，使其思想、价值领域更深更广更丰富，这也成为它后世研究者层出不穷，历久不衰，随世常新，进而发展为世界显学的重要根由。这也正是老子之学的玄妙所在。

三、实在性与玄奥性高度的有机统一

道的实在性，这是道的"物"之性能的一面；因道有物质性能，才能生出宇宙万物，成为宇宙万物的总根源、总根据。

另一方面，道又是玄奥的，它无形无象，与人类的精神、意识、灵性之无形无象具有同一性。人的意识、灵性千差万别，有善有恶，有美有丑，有聪明有愚痴……在世俗社会，靠民俗、道德、纪律、法律等来维系人与人，人与集体、与国家之间的关系、秩序，来促进社会政治经济、文明的发展、进步，一般说没有玄奥性可言。因为，人的精神、意识，都要通过言、行来表现。没有言行表现，对社会不发生作用，不产生影响，可以视作不存在。道的玄奥性，只是对于修炼者群体和学术探讨才有实在的意义，这些本文不作深入探讨。

修炼者人群和宗教团体，是人类社会文明发展的必要组成部分，几千年的世界历史已经证明其存在的合理性。修道者终生都在道的玄奥中浸泡、冲刷、磨炼。至于学术探讨，不仅对修炼者至关重要，而且对于世俗社会也十分必要。如果一个社会、国家对"道"的玄奥性置若罔闻，甚至粗暴地加以排斥，那就显得太没有文化水准了！只能说是科学理论研究的缺失！我们国家发射探索宇宙"暗物质"的卫星，在贵州喀斯特天坑架设"观天巨眼"，就说明对宇宙奥秘，包括对"道"的玄奥性探索的高度重视。

在《老子》文本中，不仅有对道的实在性与玄奥性的充分论述，而且认为二者是有机的统一。这种统一，在不同情况下有其多样化的不同表现和作用。

其一，意识是心脑细胞粒子活动的产物。

第二十一章，老子在描述了"道之为物"的"象""物""精""真"之后，落脚到"其中有信"，可见"信"之重要。

在先秦、两汉文献中，"信"有多种含义和用法：如"信誓"，《诗·卫风·氓》曰："信誓旦旦，不思其反"；"守信用"，《左传·宣公二年》："贼民之主，不忠；弃君之命，不信"；"真诚不欺"，《论语·学而》："为人谋而不忠乎？与朋友交而不信乎？"；"符契，凭证"，《墨子·号令》：

"大将信人行，守操信符。信不合，及号不相应者，伯长以上辄止之。"

这些，都是社会人文类的行为和事理，往往要用语言文字来表达，属于意识形态范畴。老子所说的"信"，当然包含了这许多方面的内容。这样老子所说的"道"，既是物质的，又是精神的，是物质和精神的统一体。

"信"类似于今天所说的"信息"。《庄子·大宗师》曰："夫道，有情有信，无为无形"。郭庆藩疏曰："明鉴洞照，有情也；趋机若响，有信也。"朱谦之解《庄子》的"有情有信"说："'情'亦当为'精'，'有情有信'即此云'其中有精，其中有信'。"

我们综合以上诸家诠解，"其信在中"也好，"信验""趋机若响"也好，都包含有"信息"传递的意思。

"道"是物质和精神的统一体，也就是说"道"的实质是物质性的，属于形而下；另一方面，又包含着意识形态，这是形而上。然而，人的意识、精神，皆由人的心脑思维活动所产生、形成。心脑思维活动，实则是心脑细胞、神经组织的粒子活动，这实际就是一种物质性活动。思维活动的结果，形之于语言、文字，显现于书籍、荧屏等载体，也是一种物质性的转化与传递。其间，意识、精神始终和物质紧密地联系在一起。近年，给机器人输入既定程序，具有了人的思维能力，可以和高明的棋手对弈，这无可辩驳地说明了意识的物质属性。

"道"的内质是粒子，粒子具有生成宇宙万物的动能、动势，因此"道"才具有了活性。意识、精神的活力，来源于粒子。由人的意识、精神活动所创造、生成的信息产品，就今天的网络来说，再由粒子来传递、传播，这一切，实则皆是物质性的活动。

历来的研究者，大都是沿着《易经》"形而上者谓之道"的思路、定位，仅仅认为"道"是精神性的。没有看到老子的哲学论断是以坚实的科学认知为基础的。道，作为宇宙、万物生成的总根源、总根据，基本方面在于它的物质属性，而不是在于它的精神属性。这与马克思主义的物质第一性的观点是完全吻合的。老子所说的"道"，其所以被古今中外的名流大家所认可，就在于它的高度概括性、玄妙性、真实性、科学性。

说"道"是粒子，一般研究者、读者必定会不以为然，甚至会嗤之以鼻，认为这是贬低了"道"至高无上的地位。实则不然。粒子是"道"的实质、根基，是"道"的一个重要方面。而"道"的另一方面，意识、精神、空灵，有生成宇宙万物的粒子作内核，一下子就鲜活了起来，生机勃勃！譬如现在的电视、电脑荧屏，五光十色，变化万千，绚丽多姿，精彩纷呈，皆是由人脑的粒子运动，凭借电子、光子制定程序而成像，就是物质与精神的统一之作用的结晶，这就是老子所说的

"道"。老子所说的"此两者"之一的科学路径，经过"玄之又玄"，已经进入了"众妙之门"，这实际也就是得了"道"。古往今来，宇宙万物，人类社会的演进、变化、活动，一切的一切，都统统为"道"所包容，所涵盖，形容下、形而上相统一，内涵极为丰富、广阔。所以，说"道"是粒子，对"道"的地位、作用、品格，只会是提升，而不会是贬低，从而显露出了"道"的真面貌！

中科院院士、前中国科学技术大学校长朱清时近期在恒南书院的一次学术报告中说："科学家们现在已经开始认识到了，意识是一种量子力学现象。""大脑中有海量的电子，它们处于复杂的纠缠状态。意识就是大脑中这些处于纠缠状态的电子在周期性的坍缩中间产生出来的。这些电子不断坍缩又不断被大脑以某种方式使之重新处于纠缠态。这就是现在量子意识的一种基本观念。这个假说在解释大脑的功能方面已经开始有一些地位了，形成了量子意识现象的基础。"[⑩]朱院士称之为"量子意识"。而"量子纠缠""电子的波函数的坍塌"，已经在科学实验中得到证实。

英国剑桥大学教授彭罗斯和美国一位教授哈梅罗夫认为："在人的大脑神经元里有一种细胞骨架蛋白，是由一些微管组成的，这些微管有很多聚合单元等，微管控制细胞生长和神经细胞传输，每个微管里都含有很多电子，这些电子之间距离很近，所以都可以处于量子纠缠的状态。在坍缩的时候，也就是进行观测的时候，起心动念开始观测的时候，在大脑神经里，就相当于海量的纠缠态的电子坍缩一次，一旦坍缩，就产生了念头。"[⑪]"念头"，就是意识。意识是电子活动所产生的，电子是构成物质的元素，意识当然也就是物质性的东西了。

当然，这仅是说意识属于物质性活动的一面，而老子所说的"道"的意识、精神性内涵以及修炼者的空、无境界中的奥妙，那还是难以尽言的。这也许是当代和未来科学难以探索穷尽的课题。

"道"的物质属性以及科学性，是可以论说的，"道"与科学，二者可以互参互证，但"道"终归不等同于科学，一个靠科学仪器检测，一个靠心灵感悟，是两股道上跑的车，有本质的不同。"道"包含科学，包容科学。"道"的内涵和境界，有一部分，或者说"道"的物质属性的这一面，可以用科学仪器检测，得以实证。然而，玄奥性这一面，科学是无能为力的。

人的意识、精神，虽是人的心脑细胞组织系统活动的产物，具有物质属性，但人的意识、精神，却具有科学仪器难以完全检测得到的超强功能，有待于人类通过修炼去开发。

世界没有面貌、性情完全相同的人。为什么？因为表达个人具体性状的那一部分基因，每个人都是不同的。这也决定了人的意识、精神、性情的差异性。人的基因与人的意识、精神、性情融为一体存在于人的身心。老子说"谷神不死"（脑泥丸，又称天谷，"谷神"即指神识之神），佛教说历生历世性灵不灭，这些，与基因有着什么样的关联，现在尚说不清楚。但，"道"的玄奥性，都可以将这些统统包容。

意识、精神的物质性存在，是"道"的形而下的"器"的一面；而意识、精神的空、无境界的玄奥性，是"道"的形而上的哲理性境域，对于修炼者来说，是穷劫难尽的追求，就是老子所说的"玄之又玄，众妙之门"，别无他途。

其二，"无有"的巨大穿透力。

《老子》第四十三章说："天下之至柔，驰骋乎天下之至坚，无有入于无间。"

第七十八章有"天下莫柔弱于水"之句，可证此章之"至柔"，以水为喻；但却不能说"至柔"就是水，等同于水。因为水不能"驰骋乎天下之至坚"，如"至坚"之金石。

这里关键在于对"驰骋"的理解。陈鼓应先生解之为"驾驭"，《汉语大辞典》解之为"役使"，二解相近。按此章的文义"驰骋"应取本义，"驰骋乎天下之至坚"，就是说在天下最坚硬的东西（如金石之类）中自由驰骋。

为何必须作此解？因为紧接着有"无有入于无间"句。"无有"可以入于天下任何无间隙的坚硬之物，而自由驰骋，所以此章的"至柔"不能指水，而指的是"无有"。

那么，"无有"指的什么？一般注家、论者都将"至柔"解作"道"，"道无坚不摧"。"无有"即"无形"，"无有"也就指的"道"。但老子为什么不直接说"道"呢？因为老子并不把"至柔""无有"与"道"完全等同。

"道"是无处不在处处在，它不只是"至柔"，同时也是"至坚"。

河上曰："至柔者水，至刚者金石；水能贯坚入刚，无所不通。"王弼曰："气无所不入，水无所不出。"两家都没有深思细想，不管是水还是气，都能"贯坚入刚""无所不入""无所不出"吗？对于这样明摆着的自然物相之理，老子观察得十分精细，也思考得非常透彻。故而他说"无有入于无间"，而不是水、气入于无间。因此，这里的"无有"必须深入、仔细研究，到底指的什么？

难怪历来的注家对"至柔""无有"解释不能到位，历史局限使然也。

"无有"怎么能入于没有间隙的"至坚"之物呢？这从事理和逻辑都是不可能的。但老子就这么描述。也只有这么描述才符合他所"观"、所"阅"到的真实状况。在老子当时和以后的两千多年，能"入于无间"的用肉眼看不见的东西，只能用"无有"来描述。

然而，在科学技术高度发展的今天，就大大不一样了。电子、光子你说这是

"有"还是"无有"？现在可以肯定地回答：有。但谁能用肉眼看得见？可是经过现代高科技处理以后却能在电视机、电脑、手机中成像，显现于屏幕，人们就完全可以用肉眼观赏其所组成的图像之"驰骋"了。

老子所说的"无有"，是一个特指性概念，有特定的内涵，具有"物"的性能，有极强的穿透力，并且是意识、信息的传播载体。

这时，我们再看老子的描述是何等的精细准确！电子、光子是不是"天下之至柔"？它们是不是在"至坚"的电脑一类器物中自由纵横驰骋？它们是不是来去自由地出入于没有间隙的"至坚"之物？

今天，电子成像，各种粒子的穿透力、传播速度，在物理学中是一个很复杂的问题，老子当时肯定不知道。但"无有""入于无间"，在"至坚"之物中"驰骋"的现象，老子当时早就发现了，今天的科学技术只是验证老子的发现真实不虚。后世的注家、研究者不懂，只能是做隔靴搔痒之谈。

我们今天在研究老子的时候，不光要看到其哲学、政治、社会、文化、天文、生命学的意义，还要发掘其科学的义理、作用和价值。

注释

①陈鼓应《老子注译及评介》，中华书局，1984年5月，第43页。

②"惚兮恍兮，其中有象；恍兮惚兮，其中有物"，此为王弼本。河上本两联次序颠倒。见文物出版社、上海书店、天津古籍出版社新编影印本《道藏》第12册第6页、第277页。

③见《关于老子哲学的两个问题》，1959年6月12、13日《人民日报》。

④王西平《老子辨正》，三秦出版社，2015年10月。

⑤【英】史蒂芬·霍金著，许明贤、吴忠超译《时间简史——从大爆炸到黑洞》，湖南科学技术出版社，1992年。

⑥百度百科"《大爆炸宇宙论》"。

⑦见《易·系辞下传》。

⑧《汉语大词典》，汉语大词典出版社，1995年2月第二次印刷，第六册，第978页。

⑨南怀瑾《老子他说》，国际文化出版公司，1991年12月第一版，第141页。

⑩朱清时"恒南书院"讲话：《量子意识，现代科学与佛学的汇合处》，百度快照，发布：净山：2015/8/24

⑪同⑩

（此文发表于《宗教哲学》2017年第3期刊首，在笔者的新浪"博客"发表，得到国内外读者的高度好评。）

论王弼解"老"之正与误

王弼的《老子》注本，多为后世的老子研究家所遵从，特别是近现代的众多注老名家基本皆以王弼传本为依凭，以王弼的注解为准则，来阐发自己的"新见解"，著作持续不断，论文多得难以计数。王弼"注老"，可以说堪称"经典"。

从版本的角度说，王弼、河上、傅奕、帛书、楚简诸本，各有优长，可以互参互证，以求《老子》最初写本的真确，不是此文论说的重点。此文着重就注解而言。王弼"注老"，其"经典性"，可与河上比肩，不可否认。然而，我敢说两大家对老子所说的道、无、朴、自然、无为、道法自然等概念的真正内涵与这些概念之间的关系，没有真正参准、吃透，可以说是对《老子》文本的节要之处，没有真正读懂！因而，正、误并存，模糊了《老子》重要概念的真义。正确的一面，应该明确肯定，误解之处也必须指出，以免受其"经典性"的误导，再持续不断地延续下去。

拙文以1988年北京文物出版社、上海书店、天津古籍出版社协作出版的影印本《道藏》第12册中的"山阳王弼《道德真经注》"为据，试图评说王弼解"老"之正与误，特别是对老子所说的道、无、朴、道法自然等概念的注解，求教于当今的老子研究专家和广大老子研读者。

因为针对的是王弼的整部著作，涉及的问题较多，在写法上与一般论文不同，看起来比较分散；但集中到"正与误"之分辨，也有其集中点。

一、从对"朴"的注解说起

《老子》第三十二章开头说："道常无，名朴，虽小，天下不敢臣。"（影印本《道藏》，缺"朴，虽小"三字，应为漏抄）

我是从"道常无"的"无"字后断开。然而，王弼是从"名"之后断开，说"道常无名"。就是这个不同的断法，直接关乎对老子所说的"朴"的内涵之理解。

"道常无名，朴虽小"，这样一直延续了两千年左右的习惯断法，表现不出"道常无名"与"朴虽小"二者之间的事理与逻辑关系。两个短句，各说各，互不相干，"前言不搭后语"。老子这样的智者，能如此行文吗？

中国新文化运动的引领者之一胡适，"读'道常无名朴'为句"，蒋锡昌批评说："非特有背'老'意，抑且昧于古训，断不可从。"①

296

　　张松如先生认为："此章或以'名'字断句，'朴虽小'连读；或以'朴'字断句，'无名朴'连读，义均未安。"②他又举出王夫之《老子衍》读作"道、常、无名、朴虽小，天下不敢臣"以及蒋锡昌"道常"即"常道"的说法，他认为王、蒋二位将"道""常"并列为两个哲学范畴，不合老子此章文义，提出他的新见："道恒无名，朴，虽小，而天下弗敢臣。"这样，又依从了河上、王弼、帛书的文句、文意。

　　他们这样那样一次次变换，事理、逻辑、文法都不通、不顺，最后谁也没有找到一个最佳的解决方案。为什么？因为他们都没有从"道常无名""朴虽小"这七个字的独特含义与内在联系去考虑。

　　王弼解释说："道无形不系，常不可名，以无名为常，故曰道常无名也。朴之为物，以'无'为心也，亦无名。故将得道，莫若守朴。夫智者可以能臣也，勇者可以武使也，巧者可以事役也，力者可以重任也。朴之为物，愦然不偏，近于无有，故曰莫能臣也。抱朴无为，不以物累其真，不以欲害其神，则物自宾而道自得也。"③

　　细读这段论说，只有"道无形""朴之为物，以无为心"的论断为确言，其他都是值得质疑、商榷的。

　　《老子》第二十五章说"吾不知其名，字之曰道，强名之曰大"，没有说"不可名"，更没有说"常不可名"，老子在第一章明确地说"道可道"，"名可名"，不是"不可名"。自从老子"字之曰道"以后，"道"就有了名了，不能再说"道常无名"了。如果老子说"道常无名"，就是自我否定。王弼说"以无名为常"，这是对老子本义的极大误解！王弼没有真正搞清楚第三十二章开头这段话老子究竟要说什么，所以，他就将"道"和"无名"扯在了一起，"故曰道常无名也"。一部《道德经》八十一章，"道"字出现了六十八次，几乎章章都在论说"道"。若无"道"这个"名"，如何论说"道"？

　　当然，这不只是王弼，早于王弼的河上本注解曰"道能阴能阳，能弛能张，能存能忘，故无常名"。④"无常名"，更是文理不通！难道今天叫"道"，明天就不叫"道"了？他们都将"无名"作为"道"的特性、本质。这就从根本上错解了老子所说的"道"，他们都不知道老子所说的"道"究竟是什么？诚然，千古以来，确实没有人能够真正说清楚这个争议不断、有着五花八门之解的难题！老子所说的"道"，究竟是什么？后文再做简单论述。（笔者有《老子所说之"道"新解》一文，论之较详，发表于台湾国际性刊物《宗教哲学》2018年9月号，网上能够调出，可供参阅。）

　　其实，老子第三十二章开头，根本不是要说"道""无名""有名"的问题，而是要说道、无、朴三者的实质、特性以及它们之间的关系问题："道"

常常是"无"的状态；这种"无"的状态叫作"朴"（名"朴"）；"朴"虽小，天下不敢以它为臣仆，或"不敢当作臣仆"，这实则是要说"道""无""朴"之大、之高的显赫地位，不可"小"视。

王弼在他的解释中，两次明确指出"朴之为物"，是说"朴"是"物"。这与河上本对道与朴的认识、判断是相近的："道、朴虽小，微妙无形，下不敢有臣使道者。"

说"物"，才能以大、小论之；也才能说有形、无形。将道、将朴，视之为"物"，王弼与河上本有共同的见地，实足可贵！因为《老子》第二十一章开头一句就斩钉截铁地说"道之为物"，毫不含糊。十分遗憾的是，这两大"注老"名家，都没有真正搞清楚道、朴作为"物"是什么形状，是个什么东西，于是就作出不中肯綮、思维逻辑混乱的阐发。

王弼说"朴之为物，以'无'为心也"，他看出了"道常无，名朴，虽小"中"朴"与"无"的关系，也把"朴"与"无"作为独立概念明确地提了出来。也说"朴"作为"物"，是"以'无'为心"的。但是"以'无'为心"的这个诠释不准确。以"心"之微妙，来表明"朴"之小，这算不错。"小"，确实是"朴"的内质。但"无"不是"朴"的内质，老子是用"无"来描状"道"的状态的，是一个特指性概念。是说"道"是人的肉眼看不见的"无状之状，无物之象"（第十四章），实则是实实在在的"其精甚真，其中有信"（第二十一章）的"有"。所以，第二章说"有无相生"。第三十二章开头老子说"道常无"，根本不是要说"道""常无名"的问题。王弼沿袭河上本的注解，也将"道"和"无名"扯拉在一起，误导了老子研究几千年，现在，应该是纠正的时候了！

王弼说："朴之为物，以'无'为心也，亦无名。故将得道，莫若守朴。"从"无名"怎么能得出"故将得道，莫若守朴"的结论？原来从"修道"到"得道"，需要"无心""无我"，这就是王弼解说的"以无为心"。以无为心，与"朴之为物"有什么联系？它们怎么能都是"亦无名"呢？难道"守朴"，就是守"无名"吗？没有名字和没有名利，是两码事，是要加以严格区分的。

此章"天下不敢臣"之后，老子说"侯王若能守之，万物将自宾"，这里叫侯王要守的，很明显就是"守朴"。因此，我们就必须对老子所说的"朴"作准确、全面的解析。

"朴"，繁体为"樸"。查郭店楚简为繁体。繁体"樸"，《说文》释为"木素也"。素，《汉语大词典》释为"原始；根本；木质"，以《尚书》《鹖冠子》等典籍为证。引《尚书大传》卷一下曰："定以六律、五声、八音、七始，著其素，簇以为八，……"郑玄注："素，犹始也；簇，犹聚也。"又认为"素"是指"带有根本性质的物质或构成事物的基本成分，如元素"等。⑤所以，用今天的话来说就是木之"质"，是构成木的元素。元素当然是"小"。老子说"名朴，虽小"，是有文献根据的。老子所说的"小"，其实就是微粒、元素，是管子、关尹子所说的"其小无内"的一种存在。无所不包的"道"是大，但它却常常是以人的肉眼看不见的微粒——朴——小的状态存在着。朴，表示道的内质，也是一种实有的存在，它们都是"物"。

但老子叫守道、守朴，并不是叫守"物"。而是用"朴"来表"道"的内质，就是指事物的原本、质朴。对人来说，就是素朴、朴实、厚朴，故而，《老子》第十五章有"敦兮其若朴"、第十九章有"见素抱朴"、第二十八章有"复归于朴"、第三十七章有"我无欲而民自朴"等论述。这些，都是指人的心性、品德之"朴"。

《老子》之行文，中间的跳跃性、用词的多义性随处可见。如果不能仔细捉摸，就很难领悟其中的真义。此章开头老子用"朴"来表"道"和"无"内质之小，但却说"天下不敢臣"，实则是说道、无、朴它们的性能大、作用大、地位高。侯王若能坚守素朴、朴实、厚朴的人生品格，为百姓做出榜样，就会起大作用，获得高信誉，万物都将会自然而然地自己宾服而来归附。王弼说"抱朴无为，不以物累其真，不以欲害其神，则物自宾而道自得也"，这完全是正确的。"物自宾"，实则就是王弼所说的"智者可以能臣也，勇者可以武使也，巧者可以事役也，力者可以重任也"，这些都是"物自宾"之后智者、勇者、巧者、力者为侯王所用的调遣自如情状。可是，王弼却将其释之为"朴之为物，愦然不偏，近于无有，故曰莫能臣也"，表现出他的思维不清，言不中"的"了！

从王弼的解释看不出他所说的"名"，究竟指的是名分、名利还是名字、名称。如果指名分、名利，与"朴虽小"对应，还可勉强讲通。这就牵扯到第一章"无名天地之始"的解释和断句问题。

第一章开头曰："道可道，非常道；名可名，非常名。无，名天地之始；有，名万物之母。"王弼完全依从河上本，从"无名"处断句，王弼说："可道之道，可名之名，指事造形，非其常也，故不可道、不可名也。""凡有皆始于无，故未形无名之时，则为万物之始。及其有形有名之时，则长之、育之、亭之、毒之，为其母也。言道以无形无名始成万物，万物以始以成而不知其所以，玄之又玄也。"⑥

王弼已经看出了"凡有皆始于无"，"有"指的什么，只能是指有形的天地、万物。就是说在天地产生之前，是"无"的状态。那时，没有人类，当然

299

没有名字，说"未形无名时，则为万物之始"，可以讲得通。王弼所说的"无名"，在第一章不是指的名分、名利，而是名字、名称。近现代的众多老子研究者，也都是将"无名"视为没有名字、名称。2018年《人文杂志》第8期发表的林光华《以道化欲，以朴化名再论〈老子〉之自然及其对恶的克服》一文说："'无名'首先是对'道'的描述。'无名'是不去的'常名'，因为无名，所以长久。'道'字只是个勉强的命名。"这篇专题文章竟提出了"以朴化名"的口号。他们都将名分、名利与名字、名称混淆在一起了！这些误解的源头，皆在于王弼的误导！

王弼认为"有形有名之时，则长之、育之、亭之、毒之，为其母也"，就是说"有形有名"是万物之母。这完全是不符合宇宙万物生成、社会发展演进的妄论。有形的天地万物，早在数亿万年以前就产生了，可是，给天地万物起名、命名，却是在人类文明产生以后的事，怎么能将有形和有名扯拉在一起，画上等号，认为这是万物之母？"有形"是"万物之母"，"有名"却绝对不是"万物之母"。以王弼为代表，将《老子》第一章中的"有，名万物之母"，错误地断为"有名，万物之母"，延续了数千年！

从"无""有"处断句的，由宋代司马光、王安石开始，后来有白玉蟾、叶梦得、俞樾、梁启超、侯外庐、高亨等。司马温公曰："天地，有形之大者也，其始必因于'无'；故'名'天地之始曰'无'。万物以'形'相生，其'生'必因于'有'；故'名'万物之母曰'有'。"（文物出版社、上海书店、天津古籍出版社新编影印本《道藏》第13册第845页）讲得入情入理。遗憾的是，却被庄子、河上、王弼这些注老、解老权威家们的强大的声音和气势压倒了！

人类文明产生之前，万物（包括人类）早就存在了，人类给万物起名，是在人类文明产生之后。这是明摆着的事实，老子怎么能说出"有名"是"万物之母"这样的昏话！天地产生以后，成为"有"，有了天地才有万物，"天下万物生于有，有生于无"（第四十章），所以用"有"来"名万物之母"，情通理顺。"有名"，是个什么东西？仅仅是个概念，不是实质性存在，它怎么能是"万物之母"呢？"有名"能生成万物吗？逻辑、事理，都是讲不通的。

老子所说之道和朴的内质，都是一种"无"的状态。这种"无"的状态，是"有物混成，先天地生。寂兮寥兮，独立而不改，周行而不殆，可以为天下母。吾不知其名，字之曰道，强为之名曰大"。（第二十五章）老子所说的"混成"之"物"，是"寂兮寥兮，独立而不改，周行而不殆，可以为天下母"，实则就是现代科学所说的构成宇宙万物的基本粒子，内质是"小"，混沌一片却是"大"。老子的这些论述，都可以在"宇宙大爆炸"、物质构成理论中找到根据，我们这里就不详论了。

王弼说："道以无形无名始成万物，万物以始以成而不知其所以，玄之又玄也。"说"无形""始成万物"，这是对的。说"无名""始成万物"，这是妄论。又解释"玄之又玄"是"万物以始以成而不知其所以"然，其实，老子的《道德经》，其核心理论就是在讲"万物以始以成"的"所以"然之理的，他却说"不知其所以"然，这充分说明王弼根本没有真正读懂《老子》！老子第1章说的"玄之又玄"，一是指修道的不断层进，二是探知宇宙奥妙的不断追求、途程永无止境。这些，都是在追求、探索奥妙的"所以然"的。"玄"在此处作动词用，是从玄到玄，玄而又玄，不断地"玄"，才能进入"众妙之门"。其指向是求知、可知的啊！可叹啊，王弼却将其导入不可知论了！

第三十二章中间一段说"始制有名；名亦既有，夫亦将知之（'之'字，王弼本为'止'）；知之，所以不殆。"（"知之"，有作"知止"者，非。）意思是说：从人类开始制订天地万物名称的时候起，万物就有了名称、名号，不是"常无名"。宇宙自然、人类社会一切存在、一切真理，都是要用组成语言文字的名称名号来表达。名称名号既然已有，（人，特别是侯王）就要知晓名、物之理；因为知晓了名、物之理，所以不会有危险。《老子》这里指出：知名、知理，对于人类，特别是执掌权柄者，十分必要！

宇宙万物有名字，有语言，有文字，是人类社会文明产生、发展的重要标志，如果一切都没有了名字，那将是一种什么样的景况、状貌啊？那将一切都会乱了套！

二、王弼所注解的"道"

《老子》第一章"道可道，非常道；名可名，非常名"，王弼注为"可道之道，可名之名，指事造形，非其常也；故不可道，不可名也。""有人"（笔者按：是指和我讨论此文的同行，此处不便点名）为王弼辩解说："'不可道，不可名'谈论的是'道本身'不可言说的特质；'字之、强名之'则是出自'人'的需求，人为了自身表达、沟通上的需求，不得已而'字之、强名之'，这是一种权便。如果《老子》认为道本身是'可名'的，为何第二十五章不开宗明义地说'有"道"混成，先天地生'，却要说'有"物"混成'、'吾不知其名'呢？为何不直接'名之'，而只能'字之'、'强名之'呢？"

《老子》没有说"道本身"具有"不可言说的特质"，而分明在说"道可道"。命名之后的"道"这个概念，就体现着"道"的实质、特质。

老子所说的"道"的实质、特质是什么呢？在第二十一章中有具象性的，既"恍惚"却又真切地描述与表达："道之为物，唯恍唯惚。恍兮惚兮，其中有象；惚兮恍兮，其中有物；窈兮冥兮，其中有精；其精甚真，其中有信。"象、物、精、信，这都是真实的存在，毫不含糊，言之凿凿。

第二十一章中"道之为物"的"物"，就是第二十五章开头所说的"有物混成，先天地生"的"物"。二者，本质是一个东西。对于"先天地生"的这个"物"，老子用"寂兮寥兮，独立而不改"来描述。按照现代科学仪器的观察发现，原子有109种。原子是由中间一个原子核和外面围绕它旋转的电子组成。如果把原子放大到十层楼那么大，原子核只有黄豆那么大，围绕原子核旋转的一个或几个、十几个电子仅有微粒那么大，原子内部，空空如也。老子描述为"寂兮寥兮，独立而不改"，非常精确！电子之类的粒子，不就是"先天地生""道之为物"的"物"吗？对这个"物"，老子"不知其名"，难以准确表述，所以才说"强名之曰'大'"。强名，绝不是"不可名"。

老子为什么给他"不知其名""可以为天下母"的"物"，"字之曰'道'，强名之曰'大'"呢？这里可以见出老子智慧之高，思考之透彻，用词之准确、精妙。"字之曰'道'"，是说这个"道"，不是"可以为天下母"的这个"物"之真名，只是一个"字"，真名是什么？他说"不知其名"。这当然不是"无名"，也不是"不可名"。老子说"强名之曰'大'"，是一个勉强的命名。所谓"勉强"，因为这只是从"有物混成，先天地生"的这个"物"的存在状态——漫无边际、茫茫一片说的。这个"大"，只能是一个暂时的命名，有待于后世去给它再定真名。这个真名应该是什么？老子不是仅从这个"不知其名"的"物"之存在状态来决定，而在于它的实质。这个"不知其名"的"物"之实质是什么？《老子》文本中多处点明：第五十二章的"见小曰明"，这个"小"，实质就是第二十一章中的"精""信"；第四章、第五十六章的"和其光，同其尘"，此"光"此"尘"，都是"小"；第一章的"以观其妙""同谓之玄"的"妙"与"玄"，还有第三十二章"道常无，名朴，虽小"的"朴"……都是指的"小"。"道"之大、"道"之小，老子赋予了其中的深意！

第二十五章"强名之曰'大'"之后，老子紧接着说"故道大，天大，地大，王亦大"，赋予"道"以极高的地位。第三十二章说"道常无，名朴，虽小，天下不敢臣"，"无"和"朴"都是"小"，此处又赋予"道"之"小"这一面以崇高的地位。"道"是既大又小的存在，同时又包含着极其丰富、深奥的"形而上"的精神和意识的内涵。它的内质是"物"，但绝不等同于"物"。老子怎么能将"有物混成"说成"有'道'混成"呢？老子说"吾不知其名"，这是大大的老实话！他"为何不直接'名之'"？因为当时没有高能科学仪器来观测，确实是说不准，不能妄自命名，而只能留待后世更为准确

302

地去命名！现当代科学已经确认宇宙万物的生成、构成元素，皆为基本粒子，这和《老子》书中所描述的"小"非常吻合！基本粒子，实质就是老子"不知其名"的"有物混成"的那个"物"。足以可见老子将此"物"，"字之曰道，强名之曰大"之高！之妙！科学的发现定名，丝毫不影响、也不需取代"字之曰道，强名之曰大"的判断，而是相互印证，相得益彰。为什么后世称颂老子是"圣人""大智慧"？他和一般人的区别，就在这里见分晓！老子完整的思想体系和他的丝丝相扣的用词、表达，是浑然一体、无懈可击的！

老子当时没有直接命名，一方面表现了老子治学的严谨科学态度；另一方面，他终究不是科学家，他要赋予所采用的"名"精神、意识方面的更为深刻、丰富、广阔的内容。他用"道"来揭示宇宙万物的生成构成、人类社会的形成演进、人的心灵、品格、道德等等，那是再也高明不过、后人无法企及的了！老子所说的"道"，极富现代哲学意义，早已站在了人类哲学史的峰巅！为什么《纽约时报》选取古今中外十位著名作家，老子能够排名第一？为什么《道德经》翻译语种、发行量跃居世界第一？为什么古今中外名人对其赞不绝口？为什么爱因斯坦的书架上有一本翻烂了的《道德经》？……这是值得我们当代哲学界深思的！

这些，王弼当时受时代的限制，不可能全然知晓，但我们今天在研究《老子》的时候，就不能不再做更深入的考究。

老子这样的大圣人、大智慧者，怎么能仅仅以"无名"来论"道"？要说"道"的实质是"无名"，就将"道"所包含的深奥的、丰富的哲学意涵和意义消解始尽了！

后世的众多老子研究者，其所以将"道"与"无名"画等号，甚至说"道"是老子的"预设"，是"什么也不是的X"，只是一个"慕状词"而已……首先，他们是对第一章"无，名天地之始"的断句，将"无"和"名"连在一起了。其次，是第三十二章开头的"道常无，名朴"，也将"无"和"名"连在一起了！几千年来，循循相因，固执为是，难以改变！这与王弼的解"老"之误，有极大的关系！再次，上溯到春秋战国时代，孔子或门徒在《易传》里，定义"形而上者谓之道"；所谓"老庄一贯"的庄子，又将老子所说的"道"全然"虚无"化了！以至现当代我国的老子研究专家们，都众口一词地认为"道家"就是一个"形而上学"！又将哲学看作是研究"形而上学"问题的学科。没有人对老子所说的"道"，去作现代科学的考究，我认为这是一个时代的缺失！因此，有必要从注"老"、解"老"的源头处正本清源。王弼解"老"，对后世的影响是直接的，此文有必要多费口舌。

第二十一章是老子描述他所见之"道"是怎样的状况的。老子说"道之为物，唯恍唯惚"，是说"道"作为"物"，是恍惚无形的，不可捉摸。王弼说"恍惚，无形不系之叹"，说"无形不系"是对的，这是对"道"存在状态的描状、表述。

其后，王弼注曰："以无形始物，不系成物，万物以始以成而不知其所以然，故曰'恍兮惚兮、惚兮恍兮，其中有象'也。"我们前文已经说过"恍惚"，是老子对"道"的存在状态的描状、表述，是老子观、阅到的真实存在的"有象""有物""有精""有信"，而且是"其精甚真"。老子连用四个"有"。这怎么能是"万物以始以成而不知其所以然"呢？《老子》此章之后文，正是要讲"万物以始以成"的"所以然"之事、之理的。

老子在"其中有信"之后曰："自古及今，其名不去，以阅众甫。吾何以知众甫之然⑦哉？以此。"

"自古及今，其名不去"，如何解释？河上本注曰："自，从也。从古至今，道常在不去。"这是切题的，只是没有讲透彻。王弼怎么解释的？他说："至真之极，不可得名，无名则是其名也。自古及今，无不由此而成，故曰'自古及今，其名不去'也。"

"至真之极，不可得名"，老子说"其中有精；其精甚真，其中有信"，此"精"、此"信"就是"至真之极"，老子分明说"其精甚真"，这不是"名"了吗？怎么能是"不可得名"？这都是在表"道之为物"呀！精、信有名，"道"也有名，怎么能说"无名则是其名也"？

王弼将"万物以始以成"的根底归结到"无名"上了！"无名"是个什么东西？它怎么能是"道"之"其名也"？语法、逻辑、事理，都是讲不通的！"道"之"名"是"道"，不是"无名"！

2016年2月21日"中国新闻网"有网文《2016年物理学家为什么会刷屏：新粒子或"现身"》（责任编辑：吉翔）（科普中国、卡卡新闻、央广、天极、环球等网均刊载同题文章）说："'闭关'多年的激光干涉引力波天文台（LIGO）终于在2016年听到了13亿年前两个黑洞相撞产生的'巨响'以及探测到此过程中的引力波。"

老子说"自古及今，其名不去，以阅众甫"，与现代科学的观测结果，何其吻合！老子说"以阅众甫"，就是像过电影一样，一幕一幕地观览它（他）们从初始到后续演变的过程及其表现特征。老子将现代科学今天所观测到的宇宙演变情况，在2500多年前，早就"阅"到了，论说了！这确实有些不可思议，难以置信，然而，《老子》之文却是真实不虚，言之凿凿。

"自古及今，其名不去，以阅众甫"，这是老子在"其中有信"之后所写。"信"，实则就是今天高科技所说的信息，信息皆有"名"，这绝对不是牵强附会。

河上本曰："道匿功藏名，其信在中也。"王弼曰："信，信验也。"据此高亨说："信，道的运行有规律，应时而验，就是信。"于省吾说："信"，当读为"神"，信、伸、神古通用。"精既甚真，故精之中有神也。"⑧一般研究者对"信"无解。在先秦、两汉文献中，"信"有多种含义和用法：如"信誓"，《诗·卫风·氓》曰"信誓旦旦，不思其反"；"守信用"，《左传·宣公二年》"贼民之主不忠，弃君之命不信"；"真诚不欺"，《论语·学而》"为人谋而不忠乎？与朋友交而不信乎""符契，凭证"，《墨子·号令》："大将信人行，守操信符。信不合，及号不相应者，伯长以上辄止之。"

这些，都是社会人文类的行为和事物，往往要用语言文字来表达，属于意识形态范畴。老子所说的"信"，当然包含了这许多方面的内容。这样老子所说的"道"，既是物质的，又是精神的，是物质和精神统一的存在。

笔者认为"信"类似于今天所说的"信息"。《庄子·大宗师》曰："夫道，有情有信，无为无形。"郭庆藩疏曰："明鉴洞照，有情也；趋机若响，有信也。"朱谦之解《庄子》的"有情有信"说："'情'亦当为'精'，'有情有信'即此云'其中有精，其中有信'。"我们综合以上诸家诠解，"其信在中"也好，"信验""趋机若响"也好，都包含有"信息"传达的意思。

这些高科技的新发现，王弼、河上本以及既往的注"老"名家，不具备像老子一样的观、阅功能，又没有现代高科技的认知，也就难怪他们只能做着隔靴搔痒之谈！

此章，老子最后归结说："吾何以知众甫之然哉？以此。"是"知"其然，不是"不知"其然。

王弼注"以阅众甫"曰："众甫，物之始也。以'无名'说万物始也。"众，指宇宙、万物；甫者，始也。这是对的。但"以'无名'说万物始"，这绝对是错！

王弼注"吾何以知众甫之然哉？以此"曰："此上之所云也，言吾何以知万物之始于'无'哉？以此知之也。""万物之始于'无'"，这是老子的真实确凿思想，王弼最后的这个归结，准确无误。非常可惜可叹的是，王弼将"无名"与"无"完全等同起来了！

"无"，在《老子》文本中，是一个具有特定内涵的极其重要的概念，特指性很强。它和"有"对应，老子说"有无相生"（第二章）。

老子所说的"道"，从现代科学的角度看，实质就是人的肉眼看不到的"粒子"，老子用特定的、特指性概念"无"来表达。粒子具有生成宇宙万物的基因、动能、动势，这可以《老子》第四十三章为证："天下之至柔，驰骋乎天下之至坚；无有入于无间。""无有"，也是特指性概念，与"无"完全相同。

第七十八章有"天下莫柔弱于水"之句，可证第四十三章之"至柔"，以水为比喻；但却不能说"至柔"就是水，等同于水。因为水不能"驰骋乎天下之至坚"，如"至坚"之金、石。

这里关键在于对"驰骋"的理解。陈鼓应解之为"驾驭"，《汉语大辞典》解之为"役使"，二解相近。按此章的文义"驰骋"应取本义，"驰骋天下之至坚"，就是说在天下最坚硬的东西（如金石之类）中自由驰骋。

为何必须作此解？因为紧接着有"无有入于无间"句。"无有"可以入于天下任何无间隙的坚硬之物，而自由驰骋，所以此章的"至柔"不是指水，而实质是指的"无有"。

那么，"无有"指的什么？一般注家、论者都将"至柔"解作"道"，"道无坚不摧"。"无有"即"无形"，"无有"也就是指的"道"。但老子为什么不直接说"道"呢？因为老子并不把"至柔""无有"与"道"完全等同。

"道"是无处不在处处在，它不只是"至柔"，同时也是"至坚"。它虽无形，但却不是"无有"。

河上本曰："至柔者水，至刚者金石；水能贯坚入刚，无所不通。"王弼曰："气无所不入，水无所不出。"两家都没有深思细想，不管是水还是气，都能"贯坚入刚""无所不入""无所不出"吗？对于这样明摆着的自然物相之理，老子观察得十分精细，也思考得非常明彻。故而他说"无有入于无间"，而不是水、气入于无间。因此，这里的"无有"必须深入、仔细研究，到底指的什么？

难怪历来的注家对"至柔""无有"解释不能到位，历史局限使然也。

"无有"怎么能入于没有间隙的"至坚"之物呢？这从事理和逻辑都是讲不通的。但老子就这么十分肯定地、毫不含糊地描述。也只有这么描述才符合他所"观"、所"阅"到的真实状况。在老子当时和以后的两千多年，能"入于无间"的肉眼看不见的东西，只能用"无有""无"来描述。

"无"，是什么状貌呢？是"无状之状，无物之象，是谓惚恍"（第十四章）。这"无物"之"无"，不是什么都没有，而是"有物混成，先天地生。寂兮寥兮，独立而不改，周行而不殆，可以为天下母"（第二十五章）。老子这些表述，过去没有高科技，确实难以理解。然而，在科学技术高度发展的今天，就大不一样了。电子、光子你说这是"有"还是"无有"？现在可以肯定地回答：有。但谁能用肉眼看得见？可是经过现代高科技处理以后却能在电视机、电脑、手机中成像，显现于屏幕，人们就完全可以用肉眼观赏了。

这时，我们再看老子的描述是何等的精细准确！电子、光子是不是"天下之至柔"？它们是不是在"至坚"的电脑一类器物中自由纵横"驰骋"？它们是不是来去自由地出入于没有间隙的"至坚"之物？

这些，老子当时早就发现了，今天的科学技术只是验证老子的发现真实不虚。后世的注家、研究者受时代局限，只能是做着隔靴搔痒之谈。

我们今天在研究老子的时候，不光要看到其哲学、政治、社会、文化、生命学的意义，还要发掘其科学的义理、作用和价值。

搞清了道、无、朴的内涵，它们之间的关系也就清楚了。《老子》一书，着重要讲的就是关乎"道"的问题，是以"道"为核心的。无、朴都是用来表"道"的。对于"道"这个无形、无状的真实存在，老子为了人们能够感知、确认，他是费尽了思索的。他用无、朴来表"道"，虽然与现代科学不完全相同，但仔细考察，却非常切近，就看我们今天的研究者能不能领悟到。

三、王弼所注解的"道法自然"

2004年8月31日《光明日报》王中江教授的《"道"何以要法"自然"》一文认为："'法'是'法则'，也就是'效法'，更恰当地说是'遵循'或'遵从'，'不违'与此同义。"将老子所说的"道法自然"的"法"，解释为"效法"。由此，引发了近多年来关于"自然"的大讨论。现当代的《老子》研究者普遍认为"道法自然"，是"道"效法"自然"，这是对老子本义最大的误解。"道法自然"，是老子思想体系的核心价值观念。"道"是宇宙万物（包括人类社会）生成、演进的总根源、总根据。自然，是自然而然。自然而然，是道的属性、性能，是"道"生成、演化宇宙万物、人类社会的法则、规律。"道"在生成、演化宇宙万物、人类社会的过程中，是"无为而无不为"，是"自然而然"的法则的体现。现当代所说的"自然"，一般指的是"自然界""大自然"，是对象化了的、有形体的存在；和《老子》所说的依附于"道"、万物而存在的"自然"性能——自然而然，是有本质性区别的，二者不能混同。

其所以现在的老子研究者普遍认为"道法自然"，是"道"效法"自然"，就是将老子所说的"自然"对象化了，看作是有形体的存在。这与王弼对"道法自然"的注解之缺乏准确定位有很大关系。《老子》第二十五章末段云："人法地，地法天，天法道，道法自然"，王弼注解曰："法，谓法则也。人不违地，乃得全安，法地也；地不违天，乃得全载，法天也；天不违道，乃得全覆，法道也；道不违自然，乃得其性。"

王弼旗帜鲜明地打出了"法，谓法则也"的旗帜。这即是说四个"法"全不是"效法"的意思。"人不违地"，就是人不违背地的法则，这是"人法地"；"地不违天"，就是地不违背天的法则，这是"地法天"；"天法道"，就是天不违背道的法则，这是"天法道"。从正面说，就是顺从，依从，遵从。"人法地""地法天""天法道"，就是人遵从地的法则，地遵从天的法则，天遵从道的法则。法则全是名词。换一种说法，就是人以地的法则为法则，地以天的法则为法则，天以道的法则为法则，法则也全是名词。根本没有"效法"的意蕴。问题在于王弼对《老子》所说的"四法"，没有完全吃透，后面，又背离了他"法，谓法则也"的正确判断，作了相反的解说！"道不违自然，乃得其性。法自然者，在方而法方，在圆而法圆，于自然无所违也。自然者，无称之言，穷极之辞也。"

王弼所理解的"自然"，不是"自然而然"。"自然者，无称之言，穷极之辞"是什么意思？"无称"，就是没办法称呼。说明王弼对"自然"没有搞明白。"穷极之辞"又是什么意思？这是含糊其辞！说"法自然者，在方而法方，在圆而法圆，于自然无所违也"，这明显是指的"道""在方而法方，在圆而法圆，于自然无所违也"。宇宙万物之"方"、之"圆"，都是由"道"所生、由"道"所成，怎么能说"道"法方、法圆呢？

说"道不违自然，乃得其性"，其实道性本身就是自然而然，不存在"道违自然"的问题。后文还说"故转相法也"，将"法"又全作动词用，与他所说的"法，谓法则也"，自相矛盾了！这样的"经典"注家，对后世的《老子》研究者产生了很大影响！

笔者认为《老子》所说的"人法地，地法天，天法道，道法自然"，四个法，全是名词。是说人、地、天、道的法则，都是自然而然。以人为起点，贯串"四法"。这样解释，是最合《老子》本义的。

人依靠地球提供的一切生存条件而生存，白天黑夜，阴晴雨雪，四时变化，这些自然而然的法则、规律，人能不依从吗？王弼说"人不违地，乃得全安，法地也"。人必得依从地的法则不违背，以地的法则为法则，才得安全。

地球承载着万物、人类的生存，受天（中国古人所说的"天"，实则就是宇宙）的影响极大。白天黑夜，阴晴雨雪，四时变化，地震、台风、干旱、洪水……或风调雨顺，或灾害连发，对这些人类、地球都难以控制的自然而然的法则，只能是顺从。王弼说"地不违天，乃得全载，法天也"。现在，地球大气污染，天气变暖，致使严重的自然灾害到处发生，地球已经难以"全载"人类、万物了！似乎是地球违背了天"自然而然"的法则，实则是人类违背了"道""自然而然"的法则。

"天法道"，河上说"道法清净不言，阴行精气，万物自然生长"。"道法"，即言道的法则，"自然生长"，就是自然而然地生长。这实际就是"道法自然"的解释。最后归结说："道性自然，无所法也。"说"道"没有"效法"的对象，也就不存在"效法"的问题。

"道"的性能、法则是自然而然，这是天地万物产生、发展、运行、变化的总法则、总规律。我们能感受到的"天"是日月星辰以及昼夜的黑白交替，永不停息地反复运转，自然而然，体现着"道"的特性，"独立而不改，周行而不殆"，没有谁能改变它，中止它。有的星体坠落，有的星体碰撞，那都是按照自然而然的规律自身在寻找平衡。这就是老子的"宇宙自然观"。

地球（包括属于自己的大气层）有阴晴、雨雪、雷电、旱涝、地震、潮汐、海啸等，它们都自然而然地时停时现，反复发作、变幻，以维持自身平衡，保持相对的稳定，人类对它们的作用微乎其微。

地球上的生命体（也就是老子所说的"万物"，包括人类）要靠日光、空气、水生长，同时受物竞天择、优胜劣汰的规律所支配，自然而然地自生自灭，虽然各自采取这样那样的方式以求改善自己的生存状态和延长自己的生存期限，但仍改变不了自然而然的生、灭法则。

人类是特殊的生命体，除了天地和其他物种所营造的环境之外，主要是社会环境；而社会环境又主要为社会制度所决定。考查人类社会制度的演变，由原始公社到奴隶制、封建制、资本主义、社会主义，凡是世界上较大的经济体国家，都经历了不同时限却几乎相同的这些发展阶段。为什么？就是"道"的自然而然的法则在起作用。尤其是苏联、东欧、中国市场经济的回归，充分说明自然而然的法则是难以跨越和不容违背的。人在这"道"的自然而然的运行法则面前，显得那么渺小！只能是顺其自然地顺应，不能强行去违扭。对这自然而然的社会发展规律，人是"主宰"不了的。主宰了中国两千多年封建社会的帝王在朝代更替时都想保住自己的皇位，可最后他们还是抵抗不住社会发展规律的巨大力量而消亡了！

这些，可以说是属于老子的"社会自然观"范畴。

老子关于"道"的理论，其预见性、概括性、客观性、规律性、科学性是无与伦比的。对于人类来说是如何吃透它、学习它、遵循它、顺应它的问题。

《老子》所说的"四法"中的"法"，全作法则解，情通理顺。

"道法自然"，不是说"道""效法""自然"，而是说道的法则是自然而然，"道"自己如此地不断演化宇宙万物的发展、生灭。这里边的内容实在是太丰富了！学问是太深、太大了！

四、"五千文"王弼注正、误举例

王弼注"老",不仅在道、朴、无、自然、无为、道法自然这些极富哲学意义的最基本概念上有正、有误,而且,对八十一章五千文的注解,多是正、误交杂。后文举例说明。

例1:第十章开头的"载营魄抱一,能无离乎?"王弼注曰:"载,犹处也。营魄,人之常居处也。一,人之真也;言人能处常居之宅抱一。"[⑧]其实,"载"是装载、承载的意思,是说人的身体承载着"营魄"。这里省掉了"身、体"。意即身体承载着营魄,合一不离。王弼说"营魄,人之常居处也"。这里必须先要搞清"营魄"是什么。

"营魄",河上本注为"魂魄"。魏源《老子本义》:"营,读为魂。"高亨先生按:"营与魂是一声之转。"实则,老子以"营"代"魂"取"虚"意。汉扬雄《太玄·图》:"极为九营。"范望注:"营,犹虚也。《易》有'六虚',故玄之变为九虚。"又《灵枢经·营卫生会》:"人,受气于穀,穀入于胃,以传与肺,五脏六腑皆以受气,其清者为营,浊者为卫。"《太上老君内观经》(新版《道藏》第11册)说:"动而营身谓之魂,静而镇形谓之魄。"古代早有灵魂的说法,大概老子不愿将自己的学说搞得过分玄虚,可能有意将"魂魄"表达为"营魄"。《易·系辞上》:"精气为物,游魂为变。""营魂"犹"游魂"。

按照传统和宗教的说法,人死后,魂即离体而去。而魄呢,"古指依附于人的形体而存在的精气、精神,以别于可游离于人体之外的魂"。(《汉语大词典》第12册第468页)《左传·昭公七年》子产曰:"人生始化曰魄。既生魄阳曰魂。用物精多,则魂魄强。是以有精爽至于神明。匹夫匹妇彊死,其魂魄犹能凭依于人,以为淫厉。"唐杜颜注曰:"魄,形也。"

但《说文·鬼部》"魄"桂馥义证引傅逊曰:"左氏所谓魄,不专指形而言。如下文所云'魂魄能依附于人'及前所云'夺伯有魄',皆非形也。"魄非形,魂非魄,说明人的体、魂、魄三者有别。俗语用"魂飞魄散"来形容人受惊吓后的精神状态,看来是有缘由的。

这里,我们要将"魂魄说"与"鬼神说"严格地区别开来。魂魄是人的一种生命现象,属于生命科学命题,值得深入研究。我们人类对于自身的生命现象知之甚少,出现一些奇异现象,往往导入神秘情境,迷而信之,皆由不明其理而造成。

老子所说的"载营魄抱一",实际就是"载精气神抱一"。这里所说的"神",不是神鬼的神,指的是神志。"能无离乎?"讲的是修身的过程,又是目的。第一步先要做到心神内守,志不外驰,忘我除妄,保精守气,混元归一。其目的在于魂魄与身体抱而为一，永不分离，这当然就是延年益寿了。

王弼说"营魄，人之常居处也"，这是讲不通的！营魄，怎么能是"人之常居处"呢？实际是人的身体为"营魄"的常居之处。载，也不能作"处"解，而是装载、承载。

例2：《老子》第三十七章曰："道常无为而无不为，侯王若能守之，万物将自化。化而欲作，吾将镇之以无名之朴；镇之以无名之朴，亦将不欲；不欲以静，天下将自正。"

这一章，王弼注得很简单，注"道常无为"曰"顺自然也"⑨，这大体不错。注"而无不为"曰"万物无不由'为'以治以成之也"，这完全正确。注"化而欲作"曰："作，欲成也"；又注"吾将镇之无名之朴"曰"不为主也"；这些都是含糊不清。说明王弼对这一章没有读明白。为什么读不明白，因为"将、镇"二字，自古解"老"者无解！

"将"字作"请"解。《穆天子传》："将子无死，尚能复来。"郭璞注："将，请也。"故而"吾将"就是"吾请"。请谁呢？请侯王。侯王若能按"无名之朴"行事，做出榜样，自然会对万民起"镇"的作用。

"镇"，不作镇压解，义为安抚、安定。《后汉书·皇甫规传》："遣匈奴以宫姬，镇乌孙以公主。"古有"镇抚"一词，《左传·昭公十五年》："诸侯之封也，皆受明器于王室，以镇抚其社稷。"

遗憾的是，历来注家不但对"吾"字多有误解而回避，且对"将"字一贯无解！大概都以为是老子"将镇"。

其实，河上本早就解为"王侯当镇抚以道德"。虽未将"镇"作安抚解，却将镇、抚合而用之。遗憾的是，也对"吾""将"无解。

谁"镇"呢？侯王，呼应前句的"吾将（请）"。谁"亦将不欲"呢？"万物"（民众）。民众因侯王按"无名之朴"行事，树立了榜样，起了"镇"的作用，他们也就将"自化"而"不欲"。

"不欲"，王弼本作"无欲"，非是。老子这里的"欲"是指非分之欲。"不欲"，是说不产生贪欲、妄欲。如果侯王、民众都没有非分之欲，而心神安然淳静，那么天下将自然而然地走上正途。

例3：《老子》第三十九章曰："昔之得一者：天得一以清，地得一以宁，神得一以灵，谷得一以盈，万物得一以生，侯王得一以为天下正。其致之：天毋已清将恐裂，地毋已宁将恐发，神毋已灵将恐歇，谷毋已盈将恐竭，万物毋已生将恐灭，侯王毋已贵以高将恐蹶。故贵必以贱为本，高必以下为基。是以侯王自称孤、寡、不穀，此其以贱为本耶？非乎！故数誉无誉。不欲碌碌如玉，落落如石。"

开头一段，老子连用七个"一"，说明在老子眼中"一"的重要。一般认为"一""几于道"，即接近于道，这是对的，因为"道生一"。而又有许多人将"一"等同于道，这就值得讨论了。因为"道生一"，说明老子不把"道"和"一"看作是一个东西，二者是有区别的。譬如说母生子，母子都是人，但母与子终归有区别，而不能完全等同。

"一"是一种统一、和谐、清静状态，是"道"的特性的一个方面。《易》曰："天下之动，贞乎一者也。"动，实则是事物对立面的矛盾运动。"贞乎一者"，即"正乎一者"。《易》也说以一为正。和老子说法相同，亦追求的是统一、和谐。老子说天、地、神、谷、万物、侯王"得一"以清、以宁、以灵、以盈、以生、以为天下正，是对这些物体的存在状态的描述，是对"一"的作用的表述，也是对这些物体保持统一、和谐状态的看重。

王弼解释曰："昔，始也。一，数之始而物之极也。各是一物之生，所以为主也。物皆各得此一以成。既成而舍以居成，居成则失其母，故皆裂、发、歇、竭、灭、蹶也。"[⑩]

说"一"是"数之始"，这是对的。又说是"物之极"，则语意含混。说"各是一物之生，所以为主也。物皆各得此一以成"，这也讲得通，因为老子说"道生一"。问题是后面的解释有误。他将事物的"裂、发、歇、竭、灭、蹶"的原因，归结为"既成而舍以居成，居成则失其母"。这里所说的"母"，指的是什么，他没有明确指出。从王弼对后文的解释，可以看出，他对此章老子文本的精义，没有读明白。

他说"各以其一致此清、宁、灵、盈、生、贞"。其实，老子是用"一"来表示宇宙、万物存在的统一、和谐状态，"一"并不是生成宇宙、万物统一、和谐状态的根本原始，而是"道"。

王弼后文的解释，"用一以致清耳，非用清以清也。守一则清不失，用清则恐裂也。故为功之母不可舍也，是以皆无用其功，恐丧其本也。清不能为清，盈不能为盈……"等，就都是"乱弹琴"了！为什么？因为他将《老子》原文中的"毋已"，错录为"无以"了！

河上本在"天毋已清将恐裂"句下注曰："天当以阴阳施张，昼夜施用，不可但欲安静无已时，恐发裂不为天也。""毋已"，高明先生释为"无休止，无节制之义"是对的。老子的深义在于：如果"天得一"，无休止、无节制地处在清静的状态，这就违背了"道"不断发展变化的法则、规律，而走向反面，"将恐裂"。为什么？按照马克思主义哲学原理，宇宙间万事万物其变化矛盾是根本的方面，统一、和谐、平衡不可能无休止地维持下去；物极必反，原来的平衡必然会被新的矛盾所打破，再求得新的平衡。老子的"毋已"

之论，正是讲的这个原理。

如果六个"毋已"全作"无以"，大都很难解通。如"天"句，假使天长地久地清朗而没有了阴雨风雪，将会是什么样子呢？老子能说天永远地清朗下去吗？再如"侯王"句，老子说让他们一直贵且高下去吗？假使这样，怎么能衔接下文？

《老子》"五千文"王弼注之正与误，还可举出更多例证，篇幅所限，恕不缀文。

王弼注"老"的经典性，不可否认，对后世的老子研究所发生的积极影响应给予足够肯定。但是，也不要完全迷信、盲从，不加分析，一概肯定。我们要以马克思辩证唯物主义的思想方法，来研究和对待古人和古典文献，首先必须读懂、吃透文本，这样才能谈得上正确地指导现实社会之用。

注释

① 蒋锡昌《老子校诂》，成都古籍出版社，1988年9月，第215页。

② 张松如《老子校读》，吉林人民出版社，1981年5月。

③ 文物出版社、上海书店、天津古籍出版社1988年影印本《道藏》第12册第279页。

④ 文物出版社、上海书店、天津古籍出版社1988年影印本《道藏》第12册第10页。

⑤《汉语大词典》，汉语大词典出版社，1992年6月，第729—730页。

⑥ 文物出版社、上海书店、天津古籍出版社1988年影印本《道藏》第12册第272页。

⑦ 王弼本作"状"，河上、帛书乙本及众多今本，皆作"然"。2011年2月中华书局第7次印刷的《新编诸子集成·帛书老子校注》说："《老子》原本当作'然'字，不作'状'字，因'然'字与'状'字形近而误。"所论极是。

⑧ 文物出版社、上海书店、天津古籍出版社1988年影印本《道藏》第12册第274页。

⑨ 文物出版社、上海书店、天津古籍出版社1988年影印本《道藏》第12册第280页。

⑩ 文物出版社、上海书店、天津古籍出版社1988年影印本《道藏》第12册第282页。

（此文在《弘道》2020年第3期发表时作为"特稿"刊登于刊物之首）

《老子》结构艺术与传本辨"真"

关于《老子》全书的结构，早年胡适认为是问答形式，由此判断成书较晚，在战国时期。近年刘笑敢认为八十一章只是有一个大体的安排。还有人撰写专文论述《老子》的逻辑结构，主要着眼于内容分析。最近徐山教授发表于《弘道》总82期的《〈老子〉结构分析》一文认为："全书分为九个段落"；"前三章：全书的总纲"；"后五章：全书的结语"；"从第四章起直至书末则以道论为主线多侧面的反复申述之"。

我在著写《老子辨正》一书时，深深觉得全书的结构非常缜密，是经过一番认真思考、精心安排，到了胸有成竹、水到渠成时，一气呵成。其思想智慧高度，结构艺术水平，非老子莫属。这是辨别《老子》传本真伪之首要的、根本的条件。我为什么这么说？我有我的根据和道理。下文将逐渐展开论述。

全书分3条纵线交织推进：首先是"道"论，其次是"德"论，第三条纵线是"修行"论。其他社会论、政治论、伦理论、军事论、经营论、文化论、人生论、生命论、国际交往论、辩证方法论、行为方式论等，尽皆交织、扭结在3条纵线中逐渐展开，形成了完整、严密、系统的思想体系。真是由表及里、前呼后应、丝丝相扣、无懈可击、天衣无缝！关于社会、政治、人生多方面的论题，属于"普世之用"，必然会引起人们的普遍关注和阅读兴趣，所以老子广泛涉猎，应述尽述。后文我们进行仔细分析。

一、关于"道"的不断"言说"

"道可道，非常道；名可名，非常名"，老子在整书开篇之首，就说他要"言说"的"道"，不是既往古典文献里所说的"道"；言外之意就是说他要赋予"道"以新的内涵。紧接着就说用"无"，来"名""天地之始"。"无"，是老子用来表"道"之存在状态的。就是说在天地产生之前，"道"是以"无"的状态存在着。用"无"来表"道"的存在状态，这当然是非同寻常，十分新鲜，同时也"非常"深奥难懂。他这里本来是要讲宇宙万物的生成的问题，但却不断遭到后世学人的误解。然而，老子不是故弄玄虚；他的八十一段五千文，有他的独特构想和编排。他要逐渐由抽象到具象由表及里地"言说""非常道"之"无"，究竟是什么？

第二章点出了"有无相生"，呼应第一章"无"与"有"两个特指性概念的提出，以防对其误解，但还是普遍将"无"，错认为"无名"！第四章说"道冲，而用之又不盈"，指出"道"是"无形"的存在。第十一章讲"有之以为利，无之以为用"，强调"无"的存在和作用。第十四章开头说"视之不见名曰微，听之不闻名曰希，搏之不得名曰夷"，再言"道"之"无"的看不见、听不到、摸不着的存在特征。紧接着说，"此三者不可致诘，故混而为一。一者，其上不皦，其下不昧，绳绳兮不可名，复归于无物。是谓无状之状，无物之象，是谓惚恍"，开始描状"道"之"无"的本质性内涵。其中，"混而为一"之说，和"宇宙大爆炸"理论的"奇点"说非常吻合！"奇点"是个凝聚为一点的"一"，是"大爆炸"之前和之后的"分界点"。之前是"其上不皦"，"皦"即明，就是说"不分明"。"其下不昧"，是说"大爆炸"之后，比较分明。但仍然是"绳绳兮不可名，复归于无物"。"绳绳兮"，表述时间像绳子一样前后延伸、延续，看不见、听不到、摸不着；"不可名"，是说难以准确描状，老子说"此三者不可致诘"，就是说不要刨根问底，实在难以说清。但是，老子还是想要说清，最后归结为"是谓无状之状，无物之象，是谓惚恍"，肯定地说是有"状"，且有"象"，只是"惚恍"而已。"惚恍"，为后文"言""道"，作了铺垫。

第二十一章直言"道之为物"，明确说"道"是"物"，只是"唯恍唯惚"。尽管是"恍兮惚兮"，"惚兮恍兮"，"窈兮冥兮"，却是"其中有象"，"其中有物"，"其中有精；其精甚真，其中有信"，"物""象""精""信"，真真切切，言之凿凿，毫不含糊。"精"，实则就是《管子》所说的"气之精"，就是比"气"更小的微粒。按照现代科学，比"气"更小的微粒，应该是什么东西，这不是可以推想而知吗？"信"是什么？由比"气"更小的微粒传递的"信"，不就是现代科学所说的"信息"吗！最后老子说"自古及今，其名不去，以阅众甫"。这和第十四章说的"绳绳兮不可名"是一回事。不是"不可名"，而是"其名不去"。"自古及今"，指的是从宇宙生成之前，到老子著书之时，漫长的演化发展过程所遗留的信息，"其名不去"。

第二十五章开头说"有物混成，先天地生"，这里的"物"，承接第二十一章"道之为物"之"物"；特别是要揭示第一章所提出的"无"与"物"和"道"的关系。这个"无"，指的就是"先天地生"的"混成"之"物"。这个"物"的存在特质是"寂兮寥兮，独立而不改"。按照现代科学仪器的观察发现，原子有109种。原子是由中间一个原子核和外面围绕它旋转的电子组成。如果把原子放大到十层楼那么大，原子核只有黄豆那么大，围绕原子核旋转的一个或几个、十几个电子仅有微粒那么大，原子内部，空空如也。老子说"寂兮寥兮", 这样的描述, 与现代科学仪器的观察发现, 相互对比, 非常精确! 极具科学性、真理性。原子构成宇宙万物, 永远是独立的存在, 其性能永不改变。老子说"独立而不改", 也非常精确! 紧接着说"周行而不殆", 意为不停而周遍地作用于宇宙万有, 构成并促成万物的生成、发展、变化, 无处不在处处在, 故而"可以为天下母"。这个"独立而不改, 周行而不殆"的、人的肉眼看不见的"物", 老子说"吾不知其名, 字之曰道, 强为之名曰大"。

"不知其名", 这是老实话。但他可以起一个名字呀, 为什么偏偏要"字之曰道"呢? 这里可以见出老子之智慧远远高于古希腊哲学家。古希腊哲学家探索宇宙万物生成之缘起, 先有水、火之说, 晚于老子200多年的德谟克里特创立了"原子说"。这和老子的发现是相同的。可他却直接说"原子", 这当然属于物理学的命题。所以, 后世称古希腊为"自然哲学"或"物理学哲学"。而老子却"字之曰道", "道"在老子著书之前, 《左传·桓公六年》有"所谓道, 忠于民而信于神也"之言; 《左传·成公十二年》"天下有道, 公侯能为民干城"之语; 这些"道"所指, 皆为道义、道德、道理之类的意涵。老子熟知中华古代文献, 他选取"道"来"字之曰道", 就是为了让他"不知其名"的那个"无"中之"物", 包含"形而上""形而下"两方面的丰富内容。从而, 就使"道"具有了现当代所说的"哲学意义", 是一个高度概括的既抽象又有实质性内涵的概念了, 远远超过了古希腊哲学家的纯物理学思维。

"字之曰道", 这不是他"不知其名"的那个东西之真名; 真名应该是什么? 他留待后世的哲人来定名。他说"强名之曰大", 是说在宇宙生成之前那个"混成"之"物"的茫茫无际, 又指宇宙形成之后的无处不在处处在, 因此他说"故道大、天大、地大、王亦大"; 但这只是那个"不知其名"的东西之外在特征, 只能是"强名"。而内在特质究竟是什么? 老子在第三十二章给以揭示。

"道常无, 名朴, 虽小, 天下不敢臣。"自古及今, 几乎所有注"老"者, 皆从"名"字后断开, 错解为"道常无名", 这也是"道"之"无名论"者的有力证据。从语义逻辑分析, "道常无名", "朴虽小, 天下不敢臣", 这两句毫无关系, 是各说各的。去掉"道常无名", 后面的语义, 已经十分完整、明确。其实, 老子这里是说"道"常常是"无"的状态; 这种"无"的状态叫作"朴"(名"朴"); "朴"虽小, 天下不敢以它为臣仆(或"不敢当作臣仆")。老子用"朴"来揭示"道""无"的存在内质是"小"。

"朴", 繁体为"樸"。查郭店楚简为繁体。《说文》释为"木素也"。素, 《汉语大词典》释为"原始; 根本; 木质", 以《尚书》《鹖冠子》等典籍为证。又认为"素"是指"带有根本性质的物质或构成事物的基本成分。如"元素"

等。所以，用今天的话来说，朴，就是木之"质"，是构成木的元素。元素当然是"小"。老子说"小"，其实就是微粒、元素，是管子、关尹子所说的"其小无内"的一种存在。无所不包的"道"是大，但它却常常是以人的肉眼看不见的微粒——朴——小的状态存在着。

我们一连串的诠解，可以分明地看出，老子为"言说""道"的"物"之外在形态和内在实质，所配置的"无""朴""一"等概念，形成了完整严密的思想体系。从内容来说，完全符合现代高科技的观测实证，极富现代科学与现代哲学意义！从行文来说，是步步推进，由表及里，丝丝相扣，天衣无缝，无懈可击的！

不止这些，其后，关于"道"还有非常精彩的"言说"。第四十章"反者道之动"，中国现代著名作家、文学研究大家钱锺书评价说："我一生读书为学得益最大的莫过于老子和黑格尔的辩证法。我认为，老子的'反者道之动'这五个字，抵得上黑格尔的千言万语。"①钱先生没有解释，但这却是他一生为学的真切感受，真实不虚。"反者道之动"这句精言警语，不只是我们前文指出的"有、无相生"的双向运动，还包含着宇宙万物阴阳两极的相互吸引、相互排斥的双向运动，既符合哲理、事理，又切合科学原理。

在"言说"了"道"的能动之"势"后，第四十二章水到渠成地"言说"，"道生一，一生二，二生三，三生万物；万物负阴而抱阳，冲气以为和"之"生"之"和"的宇宙形成、万物生成的天文学、生物学、生命学之重大命题。第四十三章，立即畅明"道"之动能、动势的根源——"无有"（"无"中之"有"），"入于""无间"之物，并在其中"驰骋"的生动图像。

第五十一章说"道生之，德畜之，物形之，势成之，是以万物莫不尊道而贵德"，老子提出了"道"生成"有形"之万物的能动之"势"这个概念，指的是"道生万物"过程中的内驱外动之"势"，是一个非常具有科学意义的概念。可是历来的《老子》研究者，有的错解，有的无视、无解！

还有第五十二章"天地有始，以为天下母"，"始"就是指的"先天地生"的那个"物"；这个"物"，就是"无"中之"有"的"道"；"道"常以"无"的状态存在着，老子"名"其为"朴"；"朴虽小，天下不敢臣"；因为它"以为天下母"。此章后文说"见小曰明"，"小"指的什么？实则就是指的人的肉眼看不见的"混成"之"物"——粒子。修炼要修到"见小"的境地，才能明观一切，明达一切。"明"，就是第十章"明白四达"的"明"，第十六章"知常曰明"的"明"，知天、知地、知人、知宇宙。

第五十六章说："塞其兑，闭其门，挫其锐，解其纷，和其光，同其尘，是渭玄同。"

"和其光，同其尘"，用现代科学的概念来说，就是修炼到极高层次的人，性空了，心性所变化、发射出的声能、光能的波段、频率、振幅与道所生的大自然信息发生共鸣、共振了，这才"同"了，"合一"了。难道这些不是太玄妙了吗？玄妙之同，不就是"玄同"吗？

"光""尘"，老子用来比喻"粒子"之"小"。老子当时确实不知"粒子"这个名字，他是费尽了心思，叫人们认识这个"小"。然而，事与愿违，众多研究者还是有眼不识"金镶玉"！

行文到此，老子关于"道"的一系列"言说"，已经十分圆满。尽管，表"道"的"无"中之"有"那个东西，仍然"不知其名"，且不断遭到误解；但他苦口婆心反复指明"道"的"物"质属性，却言之凿凿，板上钉钉，确凿无疑，不是什么都没有。绝非牟宗三、陈鼓应、刘笑敢等名家所说的"置定""预设"，更非郑开教授所说的"道""无"皆是"什么也不是的X"！

二、关于"德"的系列串讲

德，甲骨文字符，是十字路中心画了一个人的眼睛，上边有一短小的"指北针"，表示指向"北极星"的方向。古代没有"指南针"，以"北极星"定方位，并以此为正确方向。眼睛代表人，人之德性，有行为才能显现，要朝着正确的方向。甲骨文"德"字的创造，充分体现了古代哲人的聪明、智慧。这个字符，已经表明了"德"，是"人"之"德"，"人"是"德"的主体，"德"是"人"的属性，性能。"德"，完全是因人而有的、无形体的"形而上"存在，它本身不具备认知能力。关于"德"的字义及延伸，汪致正先生的《汪注老子》[②]一书第19—28页有详尽的论述，颇具研究与参考价值。

德，在《老子》书中是仅次于"道"的重要概念，是全书的第二条纵线。第二章"圣人处无为之事，行不言之教"，就是讲"圣人"之"德"；"万物作焉而不辞，为而不恃，功成不居"，是讲"万物"之"德"。虽然没有用"德"这个概念，却巧妙地竖起了人德、物德的标杆。第七章"圣人后其身而身先，外其身而身存"，是对圣人之德的进一步具体化。第八章"上善若水。水善利万物而不争，处众人之所恶，故几于道"，是对人德、物德的进一步阐发，同时暗示出人德、物德与道之关系。第十二章"五色令人目盲，五音令人耳聋，五味令人口爽；驰骋田猎，令人心发狂；难得之货，令人行妨"，讲一般人物欲膨胀的背德行径。第二十二章以物理喻事理，导入，"是以圣人抱一为天下式。不自见故明，不自是故彰，不自伐故有功，不自矜故长。夫唯不矜，故天下莫能与之争"之论，更进一步彰显"圣人"之"德"，为一般人树榜样。

在全书超过四分之一的篇幅中，论德而不用"德"这个概念，老子是为了突出"道"的地位，避免冲淡读者对"道"的关注。直到第二十三章说"从事于道者同于道，德者同于德，失者同于失。同于道者道亦乐得之，同于德者德亦乐得之，同于失者失亦乐得之"，才让"德"字亮相。其后，一些章节中也有论"德"不用"德"字的现象。这些"德"的含义，与老子著书之前的中国古典文献中之"德"的含义，基本相同。如《尚书·盘庚上》"汝克黜乃心，施实德于民，……汝有积德"，指善行，仁爱，仁政；《左传·成公十六年》"民生厚而德正"，指行为，操守等。

第三十八章出现了"上德""下德""有德""无德"之分级论等之论。这显然是讲"人"之"德"。因为人的思想意识千差万别，品德、行为、操守也千差万别。第二十八章有"常德乃足，复归于朴"的"常德"之说；第四十一章又有"广德""建德""质德"之说；常、广、建、质，都是修饰"道"的，与上、下、有、无之说同属于一个类型，都是讲"人"的"德性"、"德行"表现程度高低、持守时间长短问题的。唯独"玄德"一词，具有特殊的意义。

"生之，畜之，生而不有，为而不恃，长而不宰，是谓玄德"，第十章首出。"道生之，德畜之；长之，育之，亭之，毒之，盖之，覆之；生而不有，为而不恃，长而不宰；是谓玄德。"第五十一章重出。"常知稽式，是谓玄德。玄德深矣、远矣，与物反矣。然后乃至大顺。"第六十五章第三次出现。

"玄德"，是老子之前古文献中从来没有过的全新概念。"玄"字，《老子》文本中出现十二次，含义深邃，需得仔细琢磨。古人对"玄"的解释，没有统一的定论。河上公曰："玄，玄天也。谓有欲之人与无欲之人同受气于天。"张衡说："玄者无形之类，自然之根。"（《御览》引《玄图》）《广雅》曰："玄，远也。"《释名·释天》："天，又谓之玄。"扬雄《玄天·玄摛》曰："玄者，幽摛万类而不见形者也。"

"玄"无形，这一点是可以肯定的。"天"也无形，将"玄"看作天，也不无道理。但"无形"是不是什么都没有？我在网上看到一个署名"心智玩家"写了一篇《老子写〈道德经〉的时候，"妙"字不是"女"字旁，而是"玄"字旁》的文章，载于"百度百家"，说："请看后世写的篆书'妙'字"，"左边字符中的小点消失了，这两个小点是有大内涵了，后世书家已经不知其中的深意，就抹去了。但是，老子写《道德经》的时候，之所以会用到这个'妙'字，看中的就是这两个小点。""这两个篆书'妙'字中的'玄'字都点了小点，表示的意思就是'认识到了隐性世界'。""甲骨文的'玄'字的象形"字符中有"小点"。

《老子》第一章"玄之又玄，众妙之门"，第十章"玄览"，第十五章"微妙玄通"，第五十六章"和其光，同其尘，是渭玄同"，这些"玄"、"妙"、览、光、尘，都是用来明"道"的配套概念，都与"道"有关联。第十六章说"天乃道"，将"天"看作"道"。因此，老子所说的"玄德"，就是"道"之德，"天"之德。

从我们上面对"玄"的诠解，虽然"无形"，但却有肉眼看不见的"物"之属性，所以，"玄德"也包括了有形的"地"之德，"物"之"德"。老子这里是从"宇宙论"的层面、范畴谈"玄德"，不包括"人"之"德"。故而，第二章有"万物作焉而不辞，为而不恃，功成不居"之论。不包括人的"万物"以及"地"也都涵盖进"玄德"的范畴之内了。道、天、地、万物（不包括"人"），皆没有思想、意识，它们都是默默地奉献，"作焉而不辞，为而不恃，功成不居"，这种高尚品德，老子将其作为人类效法的"稽式"、楷模、榜样。

第六十五章说："古之善为道者，非以明民，将以愚之。民之难治，以其'智'多；故以'智'治国，国之贼。不以'智'治国，国之福。知此两者，亦稽式。常知稽式，是谓玄德。"老子所说的"愚"，并不是愚蠢无知，而是指的淳朴敦厚。《说文》："愚，戆也。"即为人戆直。《老子》第二十章"我愚人之心也哉，纯纯兮。"意谓戆直，纯正。

"智"，是指巧伪多诈的所谓"智"。"以'智'治国"，和"不以'智'治国"，这两种治国方式，会有两种截然不同的结果。老子说"知此两者，亦稽式"，楷、稽相通，意即楷模、楷式。治国方式的不同，在于统治者的有德、无德或上德、下德之别。如果统治者知晓了"此两者"的差别，就会选择以"淳朴敦厚"之法式、通则来治国，这也就是"稽式"。"常知"这个治国的"稽式"，这就叫"玄德"。

老子这里将君王、侯王治国的有德、无德纳入了"玄德"的层面和范畴，而且提升到"稽式"的高度。稽式，就是楷式、楷模。君王、侯王德行的有无、高低，这影响就大了。因此，老子这里就予以充分的论说："玄德深矣远矣，与物反矣，然后乃至大顺。"

君王、侯王有了"生而不有，为而不恃，长而不宰"的"玄德"，影响"深矣远矣"，万民效法，普遍具有了舍己为人、为公为国的德性，消磨掉一般有生命之"物"单纯谋生只为己的"物性"，然后才会国事一切顺利、顺畅。

由此，老子将人之德、物之德、天地之德，统统都融合到"玄德"的范畴之中，其实质就是道之德。老子的"德论"，也是由表及里，环环相扣，层次分明，水到渠成，形成了完整的思想体系。

三、关于修炼的明言暗语并系统阐解

　　既往，一般研究者很少着意于《老子》中关于修炼的论述，而多从社会、政治、人生等方面探讨。殊不知太史公所说的"老子修道德，其学以自隐无名为务"，即是说"修道德"是老子的人生之"要务"。老子的思想智慧其所以能够高出同时代的孔子等贤哲，就在于他的修炼有成。因此，他在著书行文过程中，会很自然地联系或者有意安排修炼的感悟和要妙。

　　第一章，前半篇是"宇宙生成论"，后半篇是"宇宙感知论"，何以感知？老子说"常无欲，以观其妙"。这里未说修炼，却暗里点出了修炼的至关要妙。第四章"挫其锐，解其纷，和其光，同其尘"，接应第一章，以挫锐、解纷来使第三章所说的"民心""常无欲"，最后达到"和其光，同其尘"的至高境界。这里已经将修炼之"纲要"揭示清楚了。只是从古至今，没有人能够看得出来！

　　第五章用天地、圣人无情无亲作缘起，引出下文修炼治身的要则。接着又以天地犹橐籥作比喻，形象地指出修炼之要在于意守丹田，中虚、心静、意空，精满而气足，长此以往，必能体道、得道。这些练养思想与第三、第四章一脉相承，层层分解，次第分明，逐渐深入，足见老子的用心。

　　第六章使用了"玄牝"这个特殊概念，至今没有人能够说清楚，我们这里也不好仔细辨析。但这一章是首次直接讲修炼。最后一句"绵绵若存"是特讲修炼中的入门之法在于呼吸。"用之不勤"，是说功夫练到一定程度呼吸几乎停止了，当然"不勤"了，这就将修炼之法，进一步具体化了。

　　第七、八、九章，讲人生德行、品质、境界，与修炼也不无关系。第十章，讲修炼的具体过程"载营魄抱一""专气致柔""涤除玄览"，最后达到"生而不有，为而不恃，长而不宰"与道合一的"玄德"境界。与以前各章所穿插、交织的诸多内容，皆和修炼不可分割。

　　第十一章讲"无"之为用，基本是论"道"的。第十二章，列举常人因对五种"目"所能见、"耳"所能闻、"口"所能食的"有"与"利"的过分追求所引起的不良后果指出，圣人则相反，"为腹不为目"，"去彼取此"，警示、引导人们要挣脱"有"的束缚，注重修身，清心寡欲，不为物累，不为利惑，以求明白四达，有益于社会人生。这就将修炼与社会政治之用紧密联系在一起了。

　　第十二章，通过对"宠辱若惊，贵大患若身"的诠释，提出了"及吾无身""以身为天下"的因"贵身"而"舍身"之非凡卓见，表现出老子"为天下"可舍身家性命的至高思想精神境界。此一境界，因修炼成道才能具有。这是老子的"人生论"。

　　第十三章转入论"道"。第十五章，通过对超常的、难以描状的"古之善为

士者"，实则是修炼者之品格、德性的形容、赞美，期盼世人"浊以静之徐清"，"安以久动之徐生"，以保"欲不盈"之"此道"，从而"弊不新成"，不产生流弊，不犯旧错而有新成。变化过程中的"静"是暂时的，而"动"是恒久的、根本的。

第十六章，以修炼的"致虚极，守静笃"作缘起，引入万物包括人的归根复命，死而复生，追求重生、新生的积极进取的活法；由此而推演到社会、人生、政治，只要能"知常"而顺应其规律，就会"没身不殆"，无往而不胜。这是老子的生命观、社会观。

第十七、十八、十九章，是老子的政治论，主要倡扬无为而治，任百姓之"自然"，对统治者的伪"圣"、巧"智"、假"仁"、假"义"提出批评，进而要"绝"之，"弃"之。

第二十章很特殊，是老子的独特经历和感受，面对现实所发出的失意与叹惋，可以说是一首别具一格的抒怀诗。从古至今，没有人能够看出这一章的真义，而认为是"扑朔迷离"！我的《老子辨正》③有较为详细的分析。

第二十一章，又转入讲"道"，这是非常重要的一章。

第二十一、二十二、二十三章，基本上是以物理喻事理，启迪人们运用辩证思维认识事物，不被表面现象所迷惑，而要看到其本质。

第二十五章，再转入"论道"，亦是特别重要的一章。

第二十六章，主要讲君主对待国家与民众的根本态度问题，是政治论。第二十七章，是老子的救人救世论，高屋建瓴！第二十八章，核心是运用对立统一的辩证法则来认识和分析人生、政治和社会问题，远见卓识，超拔盖世！第二十九章，由政治观引出了他的人性观和人生观。对于"人"这个有灵性的"神物"，要因势利导，防止过犹不及走向极端的强取而治之。这是对统治者的忠告！

第三十、三十一章，是军事论，主张以"道"制军事，反对战争，对"乐杀人者"给以严厉地指斥，体现了老子不同凡俗的军事思想及高尚的人道精神。

第三十二章，由论"道"引入侯王与道与民的关系，强调侯王必须守道、守"朴"万民才能归附而"自宾"。第三十三章，将乍看起来互不关联的四联格言，从内在事理逻辑，步步升华，最后归结到精神不死，集中地表现了老子的人生观。第三十四章，讲"道"的人格精神，及事功"小"与"大"的辩证法。主旨是"道格"。第三十五章，核心讲"大道"独特的治世作用。第三十六章，从物极必反、相互转化的辩证之理入手，延续前两章对道的品格、道的作用的论述而深入一步阐发"道"的德性。第三十七章，提出了"道常无为而无不为"的新命题，由此而引入侯王之治国；侯王若能执守此道，就能取得"无不为"的"万物将自化"的结果。连续六章，围绕"道格"讲"人格"。紧接着第三十八章，用大篇幅来论述人之德，次第而论仁、义、礼，归结为"失道而后德，失德而后仁，失仁而后义，失义而后礼；夫礼者，忠信之薄而乱之首"。实则是老子仍在强调"道"的重要，期望君主能够以道治国。

以上七章，从内容看，是密不可分的。然而，帛书、北大汉简却从第三十八章分出"德篇""道篇"。《道藏》影印河上、王弼本，皆不分篇。可以肯定，《老子》原本不分篇。

第三十九章，主要揭示宇宙间万事万物，特别是人事，不可能长久稳定不变的哲理，落实到"贵必以贱为本，高必以下为基"，从而尖锐地指出，末世之侯王企图以孤、寡、不穀的谦卑自称收取人心。老子一针见血地说"数誉无誉"！由哲理论落到政治论。

从第十七章开始，一直到第三十九章，皆没有直接讲修炼，但侯王治国，百姓做事，都受德性、心性所支配，与修炼有直接的关系。未讲修炼，则蕴含着修炼。

第四十章讲"道"之动能、动势，言简意赅。第四十一章，开头四句讲修道，其中"下士闻道大笑之"，含有深意。接着，用"正题反说"的方法描述修道者的品行、品格，最后归结"道隐无名"，以施与、施舍来定义道品、道格。第四十二章，开首明言"道生""万物"，呼应此前的"道论"，使"道"更加具有鲜活的面貌！后文转入政治论，戳穿上层统治者的虚伪面孔，以至痛骂其"强梁者不得其死"，与前一章的道、修道者，形成鲜明的对照。第四十三章，讲"道"的内质——"无有"（"无"中之"有"，实则就是现代科学所说的"粒子"）的穿透力、传播力。这四章，正处在全书的中心。我认为这是全书的高潮，是老子的精心设置，再没有人能有如此高的结构艺术水平！

从第四十四章到第四十七章，主要是人生论，扭结、交织着政治论以及反战思想、人道精神等，这些皆与人的心性修炼不无关系。第四十八章，延续前一章的思想，由修身延展至治国，落脚到"无为而无不为"，与道合契。第四十九章，讲圣人普世救人之"心"的至高境界，这无疑是因修炼有成之作为、善行。第五十章，将厚自养生与善摄生者对比，倡扬后者，为前者树立效法的榜样。

第五十一章，再论玄德，揭示了道与德的关系，将"德"论推向了制高点。第五十二章，讲修炼的"知子""守母"，"塞兑""闭门"所达到的至高境界——"见小曰明"。

第五十三章是"政治论"，直斥统治者是"盗夸"。

第五十四章，讲"修身"建"德"，由点及面观察社会事物的辩证方法。第五十五章，讲顺其自然修心养性的道理，不可违背"道法自然"的规律。第五十六章，讲经过长期的"挫其锐，解其纷"，逐渐达到"和其光，同其尘"的"玄同"境界，这是"天人合一"的真境界。这一章，是言道、修炼的总归结。

从第五十七到第六十二章，基本属于政治论，强调以"道"治国；第六十三到六十四章，讲行为方法，也要以"道"为主宰。各章之间的衔接，皆有讲究。第六十五章，还是政治论，仍提倡以"道"治国，反对以"智"治国。与前面不同的是，将"玄德"作为"稽式"、规范来体现"道"的作用和功能，从而"玄德"的地位提高到显赫的地位。这一章，是"德"论之总归。全书道、德、修炼三条主线已经分明。

从第六十六章到八十一章，是老子所要讲的，或者是问道者所问的问题之答复，不好插入三条主线的内容（我猜测怕影响三条主线的清晰度，且致使结构松散），涉及政治、军事、伦理、人生等，关乎君王治世、一般人处世诸多方面的"普世之用"，应述尽述。最后成书，按照"九九归一"之数，加以选择、编排。因为是"百科全书"，内容丰富广阔，不便总结，所以没有总结。

每一章（原本可能只是分段）的结构，大多是以物理喻事理，将事理展开论述，最后做出结论的"三段论"式。也有直接陈述的，不拘一格，灵活运用，由内容决定形式。

四、篇章结构与传本真伪辨析

第一，《老子》版本之真传可以确认。

《老子》版本，到现在为止，学界基本一致分为今本、古本两种：今本以王弼传本为代表，包括河上本，以傅奕本为参照；古本以帛书（甲乙）为代表，包括郭店楚简本、北大汉简本，以严遵《老子指归》为参照。到底哪个为真传？尚无定论。

我这次经过对《老子》全书结构仔细分析，可以肯定八十一章全文均为老子一人著写，结构安排精当、严谨、完整，语言表达精准、巧妙、深邃，风格、语气、情韵浑然一体，而且极具科学性、真理性，无懈可击，非老子莫属！除了老子，没有人能够写出这样的盖世华章！

因此，所谓"今本"才是最接近老子本义的真传"古本"。时下所说的几种"古本"，都是经过传抄者的一己之见改动了的传本，因为在大的格局上不合老子本义，不被研究者、广大读者普遍认可而埋没于尘土，或者失传！郭店竹简本，很明显，是选段、选句。马王堆帛书甲乙本、北大汉简本，将《道篇》《德篇》次序颠倒，致使其传播受限、受阻。这些所谓"古本"，特别是出土较早、抄写年代亦较早的帛书，最大的价值，一是八十一段之数，与今本完全耦合，说明《老子》之书，成书时就是一个完整的存在；二是其中的许多字、词、句式，保存了《老子》原本之"古"之"真"，对于校订今传《老子》版本使其还原复真，作用很大，推进了新时期的老子研究。高明的《帛书老子校注》、蒋锡昌的《老子校诂》、陈鼓应的《老子注译及其评介》、刘笑敢的《老子古今》等著述的出版，可以见证。我的《老子辨正》所校订出的"校订本"，就是吸纳了这些著述的高见而面世的。

我在版本校勘过程中，特别注意河上与王弼本之不同，仔细辨正，摘优而从。例如第三十九章"天无以清将恐裂"句中的"无以"，现传二本皆同。若作"无以"，按照全章文义根本讲不通，且文义也完全相反。可是，河上本在"天无以清将恐裂"句下注曰："天当以阴阳施张，昼夜施用，不可但欲安静无已时，恐发裂不为天也。""无已"，帛书、北大汉简作"毋已"，义同，即无休止，无节制。老子的深义在于：如果"天得一"，无休止、无节制地处在清静状态，这就违背了"道"不断发展变化的法则、规律，而走向反面，"将恐裂"。可以断定，河上本原来为"毋已"，"无以"是后世传抄者依照王弼本妄改。高明先生《帛书老子校注》认为："今本将'毋已'二字改作'无以'，尤其是将其中一个关键字'已'改作'以'则原义全失。""一字之差，本义全非。后人因讹袭谬，连绵千载各家注释皆各持己见自以为说，唯河上公注于此段经义较切本义。但是，刘师培则斥之曰：'河上本出于王本后，据误文生训。'可见主观成见之深。"这充分说明河上本早于、且优于王弼本之处。

无独有偶，河上第四十九章开头"圣人无常心，以百姓心为心"，语义不通。"常心"，就是平常心，亦即平常老百姓之心。"无常心"，那就是没有平常老百姓之心。前后语义矛盾！高明先生的《帛书老子校注》作了进一步的仔细分析：

> ……帛书乙本"圣人恒无心"，今本多作"圣人无常心"，"恒无心"与"无恒心"意义不同，其中必有一因词序颠倒而误。按老子一贯主张"知常"和"常知"，第十六章"知常曰明，不知常妄作凶"，第六十五章"常知楷式，是谓玄德"。"知常曰明"与"常知楷式"意义相近，皆谓深知自然永恒之法则。若"圣人无恒心"，焉能达到如此之境界。此句经文显然是今本有误。按河上公注："圣人重改更，贵因循，若自无心。"可见河上公原本亦作"圣人无恒心"。与帛书乙本同。可以肯定地讲，王弼以下今本作"圣人无常心"者皆误。……

这又一次证明，河上本早于王弼本；而且，见解独到，切近老子本义，实属难得。

还有第三十七章"化而欲作，吾将镇之以无名之朴"，《穆天子传》："将子无死，尚能复来。"郭璞注："将，请也。"古有"镇抚"一词，《左传·昭公十五年》："诸侯之封也，皆受明器于王室，以镇抚其社稷。"河上本解为"王侯当镇抚以道德"，虽对"将"字无解，却领悟了老子本义，是请侯王"镇"，此"镇"，不是镇压，而是镇抚、安抚，河上是说对说准了。而王弼解为"吾将镇之以无名之朴，不为主也"，以为是老子"镇"压，这就距离老子本义不沾边了，纯属错解！

再有第二十五章注解"道法自然"为"道性自然，无所法也"，一下就说清楚了"道"与"自然"的关系，高言中"的"。这在古今注老名家中是绝无仅有的，实属难得！

高明先生批评刘师培"可见主观成见之深"，然而，他对河上本"主观成见之深"甚于刘师培！在《帛书老子校注》序中，批评朱谦之[④]"王本劣于河上"之说，举出4个例证，得出结论："与河上本之讹误相比，犹如小巫见大巫"。4个例证：一是第五十一章之"成之熟之"，二是第九章的"功成名遂身退天之道"，三是第十三章的"何谓宠辱若惊，宠为上，辱为下"，四是第五十五章的"毒虫不蛰"；河上本的这些经文，与帛书不同，而王弼本皆同。高明先生认为，"经勘校证明，事实恰与朱说相反，此却成为河上本后于王本之铁证矣"。当然，高明先生也是尊重事实的。接着他说："诚如前文所述王本也并非尽善，同帛书《老子》校勘除多处与河上本存有相同的伪误之外有不及河上本者。"他举出两例后说："诸如此类皆因抄写致误。"很明显，对于王本之误，是轻描淡写；对于河上本之误抄误写，则用"铁证""小巫见大巫"，其偏向为王本护短的感情色彩何其浓重！

我认为，何、王二本，从传抄上来比较，很难定出先后、优劣，因为，皆经过千余年中他人之手；关键要结合注释，注释才是注家之真手笔、真思想。前面，高明先生所举的"无以""无已""无常心""常无心"之辨，我又增加了"吾将镇之以无名之朴""道法自然"之辨，何、王二本的"注文"，显然是原有，后人皆难以更改、作伪。这四处颇具哲学思辨意义的不同，就使河上领悟老子本义的精准程度高出王弼许多，这才是真正的"小巫见大巫"呢！

我们再以王莽至东汉初成书的严遵之《道德真经指归》进行比较。严遵本注"天无以清将恐裂"等五句曰："凡此五者，得一行之，与而不废，成而不缺，流而不绝，光而不灭。夫何故哉？性命自然，动而由一也。是故，使天有为，动不顺一，为高者卑，为清得裂。……"解说十分繁琐，不得要领。他归结天"将恐裂"的原因是"使天有为，动不顺一"；那就是说天要永远保持"一"，保持"清"，其所以保不住，是天"有为"，是天之"动不顺一"。这说明本该是

"无已"，而强作"无以"，是讲不通而硬讲，还是其理不通！

第四十九章开头，严遵本同王弼本之"圣人无常心"，注解曰："圣人建无身之身，怀无心之心，有无有之有，托无存之存。""无身之身"是什么？只能是"幻化身"。"无心之心"是什么？这是对"无常心"之硬讲，也是其理不通！

由此可以证明，河上本不仅早于王弼本，而且早于严遵本。《保定学院学报》2016年第3期刊登《〈老子河上公章句〉研究概述》一文，对河上传本的成书年代述说甚详。作者马莲认为"历来争议不断"，"但具体是西汉还是东汉，仍然没有一个确切的答案"。

根据我们以上的分析，河上传本中有两处非常节要的词句，与严遵本不同，而与帛书、北大汉简相同，说明早于严遵本。

关于河上丈人，《史记·乐毅列传赞》："太史公曰：乐臣公学黄帝、老子，其本师号曰河上丈人，不知其所出。河上丈人教安期生，安期生教毛翕公，毛翕公教乐瑕公，乐瑕公教乐臣公，乐臣公教盖公。盖公教于齐高密、胶西，为曹相国师。"魏晋之交的名流皇甫谧所撰《高士传》载："河上丈人者，不知何国人也。明老子之术，自隐姓名，居河上湄，著《老子章句》，故世号曰河上丈人。当战国之末，诸侯交争，驰说之士以权势相倾，唯丈人隐身修道，老而不亏。传业安期生，为道家之宗焉。"在"河上丈人"小传之后紧接着有其四传弟子"乐臣公"小传曰："乐臣公者，宋人也。其先宋公族，其后从赵。其族乐毅，显名于诸侯，而臣公独好黄老，恬静不仕。及赵为秦昭王灭，臣公东之齐，以《老子》显名，齐人尊之，号称贤师。赵人田叔等皆尊之。"之后，紧接着是"盖公"小传："盖公者，齐之胶西人也，明《老子》，师事乐臣公。汉之起，齐人争往于世主，唯盖公独遁居不仕。及汉定天下，曹参为齐丞相，……乃使人厚币聘之。公为言：'治道贵清静，而民自定。'遂推此类，为参具言之。参悦，乃避正堂舍之，师事之，齐果大治。及参入相汉，导盖公之道，故天下歌之。盖公虽为参师，然未尝仕，以寿终。"

汉惠帝刘盈即位，曹参继任萧何为相国，秉承"萧规曹随，休养生息"，为"文景之治"奠定了良好的物质和理论基础。此时正是帛书甲本流行的年代，皆为"德经"在前，"道经"在后，非《老子》真传原貌。战国终于公元前221年，此时，河上丈人的年龄当在40岁以上，至公元前188年，年龄约在70岁以上。这个时候，河上丈人推出他的《老子》传本，并加以注解，一现其真，正当其时。河上丈人此时仍在人间，证据有二：

其一，河上丈人一传弟子安期生，《列仙传》载："秦琅琊人，……卖药海边……始皇东游，与语三日夜，赐金币千百万，皆置之而去。……"现在青岛有秦始皇"望仙台"。说明安期生实有其人。河上丈人当然也是实有。

其二，《太平御览·逸民十》引嵇康《高士传》曰："河上公，不知何许人也，谓之丈人。隐德无言无德而称焉，安丘先生等从之，修其黄老业。"又《太平御览·道部八·道士》引晋葛洪《抱朴子》曰："安丘望之，字仲都，京兆长陵人也。修尚黄老，汉成帝重其道德，常宗师之，愈自损退。成帝请之，若值望之章醮，则待事毕，然后往。《老子章句》有安丘之学。……"汉成帝时的安丘望之等，曾从河上公"修其黄老业"。汉成帝即位是公元前33年，这说明河上丈人在西汉应世的时间颇长。"《老子章句》有安丘之学"，说明河上《老子注》已经传世。是否安丘望之在习读《老子章句》的过程中，有所加工修改，这只能存疑。但也完全可能。

《太平御览·道部四·天仙》引晋葛洪《神仙传》曰："河上公，莫知姓名也。汉孝景时，结草庵于河上。帝读老子经，……好其言，有所不解，闻公以问之。以素书二卷与帝曰：'读此析疑，勿示于非人。'公后仙去。"这与葛玄的《老子河上公章句·序》不同，《序》中讲述了一个河上公怎么显示神通感服汉文帝而传经授书，长410余字的神话故事。

葛洪是葛玄的侄孙，二人所说，大相径庭！一个纪实，一个是神话；一个说是汉孝景帝，一个说是汉孝文帝。到底该信谁？我以为，该信其孙。葛洪重儒学，又是医学家。葛玄讲了那么长的一个故事，显然有编造的嫌疑。因此，也为后世指斥河上《老子注》提供了证据。致使《汉书·艺文志》不载；唐开元七年，又有左庶子刘子元上奏："……此乃不经之鄙言，流俗之虚语。……岂非注者欲神其事，故假造其说耶？……"尽管如此，河上公为汉文帝或者汉景帝传经授书之事很可能属实，并河上公的《老子注》，皆难以泯灭，具有经久不衰的生命力。

那么，河上公到底是"何国人""何许人"？网上有《河上公，早期的〈道德经〉传人》一文言："在三门峡天鹅湖国家城市湿地公园，高高耸立着的迎祥阁就是为纪念河上公而修建的。河上公其人，据1985年编印的《三门峡市概况》记载：汉时，虢山顶曾建迎祥观，河上公居其上，注释经文，著书立说。唐宋诸代诗人骚客，多游于此，作诗纪念河上公。山上有明代万历年间石碑一块，上刻"汉文帝访河上公驻跸处"。现在建的迎祥阁，可能就本于此说。考诸民国《陕县志》，"丛载"卷里有："迎祥观，县西南三里鸡足山上（虢山又名鸡足山）。"⑤

《三门峡日报》2020年6月30日刊发的《河上公，鸡足山上的隐世智者》一文说："我市青龙湖与苍龙湖之间黄河边有一座小岛，叫召公岛，古称虢山岛，又称鸡足岛。这个小岛原是一座大山，伸入黄河。春秋时期因其处在虢国上阳城之西，犹如虢都门户，故名"虢山"。公元前399年，这里发生了一场特大灾害，"虢山崩，壅河"，《史记》记载，虢山崩后在青龙涧河与苍龙涧河两河口之间形成的一块岛状台地，后人称虢山岛，因其状如鸡足，故又名"鸡足岛"。历史上，汉文帝问道河上公的故事就发生在此。

《隋书·经籍志·志第二十九》载，各种注、疏、解《老子》书四十八种，列首者是："老子道德经二卷，周柱下史李耳撰，汉文帝时河上公注。梁有战国时河上丈人注老子经二卷，汉长陵三老毋丘望之注老子二卷。"将河上公与毋丘望之（即前之"安丘望之"）紧紧连在一起，二者是师徒关系，前文已有论证。四十八种注解《老子》书，七次出现"梁有老子道德经"。梁，古九州之一。《尚书·禹贡》："华阳黑水惟梁州。"华，指华山。梁，又指古国名，嬴姓，在今陕西韩城南，公元前641年被秦灭，秦改称少梁。战国时又改为夏阳，即魏国，公元前361年魏惠王迁都大梁（河南开封），从此魏也称为梁。梁，就是泛指河南开封到陕西华山一带。

《庄子·杂篇·寓言》曰："阳子居南之沛，老聃西游于秦，邀于郊，至于梁而遇老子。"阳子居即杨朱，魏人（一说秦人），要向南去"沛"拜见老子，因老子"西游于秦"，在"梁而遇老子"。这就是老子从"沛"入"秦"的途中。入秦，位于今河南灵宝县的函谷关是必经之地。关尹子迎接老子并请求老子著书之事，就发生在函谷关。著书肯定有一个完成的过程，在当地一定会发生影响；书成，也会留下传本。故而，《隋书·经籍志》七次出现"梁有老子道德经"，说明在这里传播之广，影响之大，扎根之深。

河上公就出现在"梁"地，与老子著书一脉相承。河上公注解《老子》处，原有"河上公庙"，唐玄宗到此，不仅写下《过老子庙》诗，同时还写有一首《经河上公庙》诗，曰："昔闻有耆叟，河上独遗荣。迹与尘嚣隔，心将道德并。讵以天地累，宁为宠辱惊。矫然翔廖廓，如何屈坚贞。玄玄妙门启，肃肃祠宇清。冥漠无先后，那能纪姓名。"而且有宰相张说、苏颋的《奉和圣制经河上公庙应制》诗各一首。

这些，充分说明河上公，即河上丈人（《易》曰"丈人，吉"，这是对有名望的年长者的尊称），实有其人；注解《老子》，实有其事；时间就在早期西汉，并非托名之作。至于所涂染的神话色彩，是葛玄等人不明真相的造作，现在应该一概割除、剥离。

后于"河上"的严遵，是成都蜀地修炼有成的传奇人物，隐居不仕，潜心著写《道德真经指归》，长篇大论，又以《周易》"天尊地卑"，阴八阳九定位篇、首之数，另出新见，希冀胜过河上本。但因对《老子》本义体悟不深，不能做到要言不烦，他所据传本又不真确，欲胜未胜，以至于传播受阻，上篇《道经》1—6卷最后缺失，只是在唐明皇"御注"中可以见到所缺失的极少部分注文。

到了三国曹魏，名门之后、书香世家、年少多才、英年早逝的王弼，"十余岁时，好《老子》"。他根据家藏传本，精心研读，避开修炼，从士人儒学的角度解"老"，成就了一家之言，著写了《老子注》《老子指略》，与河上本并行于世，各有所长，成为相互不可替代的"今本"。现在学界尽管多以王弼本为据阐解《老子》，但河上本的影响总是难以消除！

所以，确认老子版本之古之真，必须以河上、王弼两家参照为底本，再对照其他新发现的传本，以辨真伪。

现在我们可以得出结论：按照《史记·老子韩非列传》的记载："关令尹喜曰：'子将隐矣，强为我著书！'于是，老子乃著书上下篇，言道、德之意，五千余言而去，莫知所终。"《庄子·天下篇》也早有论定：关尹、老聃"建之以常、无、有，主之以太一"，即言著书之事。（郭店楚简《老子》，可证庄子之言实指老子著书）老子是"著书"，那就是自己一人撰写，绝非"集体创作"，而且一次性完成。根本没有现当代一些人所说的什么"经点化"、逐渐完善的过程。

可以确认河上、王弼本之八十一段文，就是《老子》原本之"古"之"真"，只是河上、王弼及其后世的传抄者，按照自己的理解作了一些字、词、句方面的加工，以应和当世的语言习惯，有改动适当者，但误抄错改者甚多！现在对照新发现的传本，经过仔细校勘，完全可以推出一个基本接近《老子》原意的真本，便于广泛传播。要说恢复原貌，那根本是不可能的事。我的《老子辨正》，做出了"复真"的初步尝试，在即将出版的《道德经易读及奥义解密》即按"校订本"解读。希望学界及广大读者批评指正！

第二，关于《老子》分章之讨论。

《老子》的分章，既往研究者的著述中多有涉及，也有一些探讨的文章，但是很少见。网上发现一个叫王垶的人，写了一篇《关于〈老子〉分章问题之管见》⑥，"摘要"说：

老子"著书"之说不确，在现知的古典书籍中，《老子》是最混乱的一本书。五千言，有的分"上下篇"，有的分"道经""德经"，有的分八十一章，有的分七十九章、七十二章、六十八章，还有的主张根据（《韩非子·解老篇》分为五十五章。一九七三年十二月马王堆三号汉墓帛书《老子》甲、乙本出土后，又发现帛书《老子》甲、乙本竟是《德经》在前《道经》在后，叫了一千多年的"道德经"，竟好像应该叫作"德道经"（确实有人主张这样叫）。所以如此混乱的根本原因，是《老子》原书就乱。

是《老子》"原书就乱"呢，还是因为后世传抄者甚多，大多读不懂，有不同的理解而搞得很乱？根据我们上文的分析，认真的读者一定会自己得出正确的答案。

遍阅1988年影印本《道藏》第12、13册所收各种《道德经》注本，一部分分章，一部分不分章，很明显是两大派。不分章者，依从王弼本；分章者，依从河上本。到底老子原本是分章呢还是不分章？我判断，原本不分章。因为庄子、韩非子的解老，看不出分章的痕迹。郭店楚简、帛书《老子》都不分章，只是分段。帛书甲本抄写时间在西汉刘邦称帝之前，乙本在之后；这是至今可以肯定做出判断的最早、较全的存本。西汉中期的北大汉简是迄今为止保存更为完整的存本，简上标有分段符号。再后就是严遵的《道德真经指归》⑦成书约在王莽时期或东汉初，《道藏》现存卷七至卷十三。"自序"之后有"君平说二经目"，定《道德经》上经、下经"七十有二首"，以"首"来论"分段"，强调了各段的独立性，这对理解、诠解《老子》本义来说，提供了方便。但这只是一家之言，没有引起关注。

分章起始于河上注本。河上公为西汉文帝传"道、德章句二卷"之说，为神仙家言⑧，不被后世认可。但河上《道德真经注》却流传了下来，最初《隋志》记载："老子《道德经》二卷，周柱下史李耳撰，汉文帝时河上公注"，未言"章句"。

我所见之唐时河上"敦煌手抄残卷"，不分章。宋《四部丛刊》本亦不分章，分章始自《道藏》。分章者谁？现亦无从稽考。我认为，分章比严遵之论"首"，又进步了许多。有了排序，既突出了各章的独立性，又明晰了各章的连贯性，使《老子》全书既眉目清晰，又完整系统。这虽非老子原本旧貌，却对后世的研究，提供了极大的方便，实际，也为广大的研究者和读者所认可。

徐山教授的《〈老子〉结构分析》，认为"明确论点而便于阅读是分章之利，但同时也应看到分章之弊"。所谓"分章之弊"，例证为第二十一章、第五十四章的章末的"以此"。"指示代词'此'所代替的内容，不是学者认为的出现在'故去彼取此'或'以此'的上文，相反地，该'此'所代替的内容均出现在'故去彼取此'或'以此'的下文。"

以第二十一章来说，最后用"以此"来强调"自古及今，其名不去，以阅众甫。吾何以知其众甫之然哉"，"以此"。这个"以此"，与"下文"第二十二章没有关系。第五十四章，最后的"以此"，指的是前文"以点及面，由小到大，由少到多观察了知"。这个"以此"与下文第五十五章，也没有关系。徐山教授发表于《弘道》2016年第1期（总66期）的《〈老子〉"故去彼取此"和"以此"辨正》一文，我看到后，曾撰写了《〈老子〉"故去彼取此"和"以此"之我见——与徐山先生商榷》，发表于《弘道》2017年1、2期合刊。曾经指出：《老子》文本三个章次中的"去彼取此"与两个章次中的"以此"，都是应该从上读，"徐文"所说的"造成了通行本《老子》分章中的一些文脉割裂现象"，实际是不存在的、无的放矢之空论。

我认为《老子》的分章，虽后世研究者所为，对老子本义没有伤害，相反，对老子研究有利无弊！只是《道藏》本每章又加了题目，如"体道第一"，多不准确，显系多余！

第三，讨论一下《老子》的分篇和书名问题。

其一，关于分篇：帛书乙本上下篇卷尾分别注有德"三千四十一"、道"二千四百二十六"，这是分篇的明显标识。略早于乙本的甲本，亦分德篇、道篇，文字缺失较多。八十一段之数，二本完全相同。这充分说明，今传河上、王弼本的八十一段之数，保存了《老子》原本之"古"、之"真"。北大汉简《老子》古本，标注有《老子上经》和《老子下经》的篇题，分别对应的是《德经》和《道经》，每段前均有分段符号，文字内容和篇章结构与以往所见各种版本有所不同。三种古本，都没有注文。有文献考定注文最早传本是严遵的《道德经指归》，论述繁多，对分篇、分章有论说，"自序"后附有"君平说二经目"：

> 庄子⑨曰：昔者《老子》之作也，变化所由，道德为母。效经列首，天地为象；上经配天，下经配地；阴道八，阳道九，以阴行阳，故七十有二首；以阳行阴，故分为上下；以五行八，故上经四十而更始；以四行八，故下经三十有二而终矣。阳道奇，阴道偶，故上经先而下经后；阳道大，阴道小，故上经众而下经寡。……⑩

这些论说，确实属于牵强附会，与老子思想实际，可以说是不着边际，故不被后人采纳。再如严遵解释"上德不德篇"之开首曰："天地所由，物类所以，道为之元，德为之始，神明为宗，太和为祖"，就有些"乱弹琴"，天地万物之元、始、宗、祖，到底何归？其所指是多元化，可以说是"指"而难"归"！因此，严遵的"指归"，只存留下"自序"及"下经"。它的价值，在于以"道经"为"上经"，恢复了《老子》以"道"为中心的地位。明确了不同于帛书甲乙及北大汉简。再就是"下经"对校订《老子》文本有参照作用。其解说也可供参考。

查《道藏》现存的河上本、王弼本，皆不分篇，各有《道德真经注》四卷，八十一段之数相同。足见原本不分篇，保存了古旧。八十一段之数，合于古训"九九归一"之说。《老子》的"混而为一"，"道生一，一生二，二生三，三生万物"的学说，就体现着"九九归一"的辩证思维。九，代表着众、繁，即代表万物。万物由"道"而生，所生万物又归于"道"，也就是归于"一"。大道至简，繁简一如。佛家、道家以及中华民族的文化传统，都以"九"为"吉祥数"。《老子》的八十一段之分，取义明矣！

现在《老子》注本，大都以道、德分篇，我的《老子辨正》也依从之。这样，似乎显得纲目清楚一些；但是，弊大于利。其一，以"道"为中心的主题被冲淡了，以"道"为主的纵线被切断了。特别是，第十章就提出了"玄德"这个重要概念，其后继续有论"德"之文，可是却不在"德篇"的纲目涵盖之下。这说明，分出"德"篇，只是从第三十八章首句"上德不德"处的"字面义"简单化地切割！实则，不是《老子》八十一段文脉走向、内容延展所需之分割！这就给后人深入、准确理解老子真义，制造了不应有的障碍！当然，真正地读明白了，视分如不分，也就无所谓分与不分了，因为，八十一章仍连接在一起。

其二，关于书名：《老子》书名，到底起于何时？至今无人考订。按现有文献，庄子（约前369—前286），所著《庄子》中，近五十次述及老聃，二十余次述及老子，又在一些篇章中老聃、老子同时出现，整部书中，又大谈老子之"道"，说明老子的"道"论对他影响之大、之深。明引、暗引《老子》二十多处，说明《老子》其书，他是尽皆阅读。但看不出书为何名。按刘向《说苑》所载，早于庄子的叔向所言："老聃有言曰：'天下之至柔，驰骋乎天下之至坚'"（约前380），亦称"老聃"。韩非子（约前280—前233）的"解老""喻老"，可算是《老子》书名之始，却也不是十分明显。稍晚的帛书甲乙本（前206—前169），未署书名。抄写于西汉中期的北大汉简，保存了"老子上经"和"老子下经"的篇题。这是《老子》书名的最早确证。东汉班固编撰的《汉书》所载《老子邻氏经传》《老子傅氏经说》《老子徐氏经说》，虽皆失传，可证西汉至东汉初年，《老子》是其书的定名。其所以称"经"，与汉武帝时尊诗、书、易、礼、乐、春秋为"六经"有关。

《道德经》之名，究竟起于何时？《道藏》载严遵之《道德真经指归》，《隋书·经籍志》作《老子指归》十一卷，说明严遵注"老"时，《道德经》之名，尚未流行。东汉，道教创立，尊老子为"道祖"，《道德经》当然成为诵读的首经。从而，《道德经》就取代了《老子》而广行天下。西方翻译，也都以《道德经》定名，以至于《纽约时报》将其列为全世界众书之首，时下又成为全世界翻译语种、销售量最大的书！这说明了什么？很值得我们中华民族的每一个人深思、研读！

注释

①网文《古今中外名人对老子和〈道德经〉的评价和感悟》，2014—08—09 22:48:54。

②汪致正《汪注老子》，人民出版社，2016年3月第一版。

③王西平《老子辨正》，2015年10月三秦出版社。

④朱谦之《老子校释》，中华书局"新编诸子集成"第一辑，1984年11月第一版。

⑤《河上公，早期的〈道德经〉传人》，天眼新闻，2020—04—15:07:00，《贵州日报》当代融媒体集团官方账号发布。

⑥王垶《关于〈老子〉分章问题之管见》，《社会科学辑刊》1986年第6期。

⑦1988年新版影印本《道藏》第12册，341—395页。

⑧东晋葛洪撰《神仙传·河上公》载："河上公者，莫知其姓字，汉文帝时，结草为庵于河之滨。帝读《老子经》，颇好之，……公乃授素书二卷，与帝曰：'熟研之，此经所疑皆了，不事多言也。余注此经以来，一千七百余年，凡传三人，连子四矣，勿以示非其人。'言毕，失其所在。"

⑨《指归》注释者唐人谷神子注："严君平者，蜀郡成都人也。姓庄氏，故称庄子。东汉章和之间班固作汉书，避明帝讳，更之为'严'。'严''庄'亦古今之通语。"《道藏》为《道德真经指归》，《隋书·经籍志》为《老子指归》。

⑩《指归》以《周易》解《老子》篇目。《周易·系辞上》说："天尊地卑，乾坤定矣。"地为八，天为九；地为坤，天为干；故八为阴，九为阳。《指归》谓之"阴道八，阳道九"。"以阴行阳"，即以阴为行，以阳为列，编为行列。纵为行，横为列，以阳九为行不可中分，只可以五、四相分，别为上下，故曰"以阳行阴，故分为上下"，即分为上下二经；上经众，以五为行，以八为列，"故上经四十而更始"；下经寡，以四为行，以八为列，"故下经三十有二而终矣"。

（本文"四、篇章结构与传本辨析"以"《老子》传本辨真"为题发表于《弘道》2022年第2期。）

老子心物一体思想论略

心、物，几近于现代科学所说的意识与物质，对这二者关系的研究，历来学术界高见卓论者多矣。笔者研读中常常生出一些见解，但多不可成文，难以与名流大家共论。只是在诠解《老子》文本过程中，感觉到老子对心与物的关系，虽没有专章专题的论述，然而可以清晰地看出老子是心物一体论者，形成了他独特的哲学思想体系，是完整的，科学①的，值得认真深入地研究总结。

马克思主义哲学认为：意识是社会存在的反映，存在决定意识；意识对存在具有能动的反作用。社会存在决定社会意识是第一位的，社会意识从属于社会存在，是第二位的。承认社会存在决定社会意识的立场、观点，是历史唯物主义，反之，则是历史唯心主义。

20世纪50年代末60年代初，对老子的哲学思想学术界曾经有过一场大讨论，争论的焦点，就是给老子的哲学思想定性，是唯物还是唯心，是进步还是反动。讨论的结果，没有得出真正符合老子思想实际的结论。为什么？因为老子的哲学思想与马克思主义的哲学有相通之处，但也有很大的差别，不能完全拿马克思主义哲学来硬套老子的哲学思想。马克思主义哲学主要是指导工人阶级革命运动和社会发展建设的理论，而老子哲学虽然十分关注人类的社会活动与实践，却提出了"道"这个涵盖人类社会与宇宙万象生成、发展及其探索不尽的玄奥的概念，我们必须从《老子》文本的实际出发，对其内涵和实质作出比较准确的定位与阐释。笔者在研读《老子》文本过程中幸有感悟，将自己的一得之见发表出来，供专家学者并广大读者批评指正。

一、"道"是心物一体的高度、完满概括

老子十分肯定地说"道"是"物"。

《易·系辞上》第五章曰："一阴一阳谓之道。"第十二章曰："形而上者谓之道，形而下者谓之器。"器，是一般人眼睛看得见的有形体的实在之物，后世对有形之物统称"器世界"。而"道"（包括阴阳），是一般人眼睛看不见的无形体的"虚无"的存在，因此，后世的研究者就将其视之为形而上的精神性的存在，是哲学性的思辨、推理或假设。

但是，作为学术的、科学的研究，老子所说的"道"，是不是就像《易·

系辞上》所说的仅仅是形而上的精神、意识？近代以来，有的学者已关注到老子"道"的实在性问题，如陈鼓应先生的《老子注译及评介》书前论文"老子哲学系统的形成"，开首就探讨"实在意义的'道'"。然而，他却认为"道"的"无形"，是老子"预设""设定"出来的，"我们可以直截了当地说，'道'只是概念上的存在而已"。他没有认识到"无形"本身就是一种真实的客观存在，并不是老子主观"设定"出来的概念，而为实有。

近年来，有些论文也认为老子的"道"，具有实在性。遗憾的是，他们没有在《老子》文本中找答案，而是从既往普遍认为"道"是宇宙万物的总根源、总根据的共识推导出——"道"既然能生万物，也就必然和万物一样具有实在性。

其实，《老子》第二十一章就明确指出，"道之为物"，即是说"道是物"。不过，"道"作为"物"，与一般人眼睛看到的宇宙万物不同，它是"惟恍惟惚"的。"惟恍惟惚"是个什么状况呢？

紧接着老子说："恍兮惚兮，其中有象；惚兮恍兮，其中有物；窈兮冥兮，其中有精；其精甚真，其中有信。自古及今，其名不去，以阅众甫。"物、象、精、真，都是真实的存在。

冯友兰先生根据诸多古文献资料证明老子所说的"精"是"极细微的气"，这和笔者在拙著《老子辨正》[②]第四章解释"和其光，同其尘"的"尘"时说的"尘"是"比喻构成物质的肉眼看不见的更细微粒，几近于现在已经发现的质子、电子、轻子、光子、中微子、夸克之类"，不谋而合。

"尘"是什么呢？尘者尘土，就是空气中降落的细小微粒。汽车驶过，扬起尘土，我们用肉眼看得见。其实每日每时空气中都在降尘，只因微粒极细极小，一般人的眼睛看不见。老子所说的"尘"，是以能看见的"尘"，比喻构成物质的看不见的更小微粒，就是我们现代已经发现的粒子之类。老子当时虽然不知道电子、光子这些名词，但"更细微粒"他肯定是发现了。"和其光，同其尘"，内涵极其丰富，概括极其精准。

对于"道"的这种极小微粒的形状和性能的体验和描状，在古代老子不是仅有，我们再举数例：如《关尹子·八筹》曰"其大无外，其小无内"，《管子·内业》曰"其细无内，其大无外"，皆言天大到没有边际，物质小到无法分割。再如人体经络、穴位，西医解剖难以发现，而中国古代先贤却准确无误地总结出了成套学说。还有佛教说的"芥粒中有三千大千世界"等不可思议的论断，当今都在渐渐被科学研究破解或证实。一般人眼睛看不见的极小微粒的实在性，是毋庸置疑的。

　　浩渺无垠、大无边际的宇宙以及宇宙万象，没有不是微小的基本粒子所构成。"其大无外"的宇宙，"其小无内"的粒子，这就是既大又小的"道"的"物"之形态的一种存在。无处不在处处在，处处都有"无状之状，无物之象"的"道"之存在。

　　老子"窈兮冥兮"中所观到的"精"，是从"有象"中的"象"观察出来的。这"精"是构成"象"的极细、极小微粒，是"物"之质，"道"之特性，散则为气，聚则成形，处在自然而然的规律性的变动状态。一般人眼睛看是"无"，实际是真真正正、实实在在的"有"。这就是老子所说的"有无相生"的事实根据。

　　同时，老子所见、所说之"道"又包含着意识。

　　第二十一章，老子在描述了"道之为物"的"物""象""精""真"之后，落脚到"其中有信"，可见"信"之重要。

　　在先秦、两汉文献中，"信"有多种含义和用法：如"信誓"，《诗经·卫风·氓》曰："信誓旦旦，不思其反"；"守信用"，《左传·宣公二年》："贼民之主，不忠；弃君之命，不信"；"真诚不欺"，《论语·学而》："为人谋而不忠乎？与朋友交而不信乎？"；符契[③]，凭证，《墨子·号令》："大将信人行，守操信符。信不合，及号不相应者，伯长以上辄止之。"

　　这些，都是社会人文类的行为和事理，往往要用语言文字来表达，属于意识形态范畴。老子所说的"信"，当然包含了这许多方面的内容。这样老子所说的"道"，既是物质的，又是精神的，是物质和精神的统一体。

　　"信"类似于今天所说的"信息"。《庄子·大宗师》曰："夫道，有情有信，无为无形。"郭庆藩疏曰："明鉴洞照，有情也；趋机若响，有信也。"朱谦之解《庄子》的"有情有信"说："'情'亦当为'精'，'有情有信'即此云'其中有精，其中有信'。"

　　我们综合以上诸家诠解，"其信在中"也好，"信验""趋机若响"也好，都包含有"信息"传递的意思。

　　"道"是物质和精神的统一体，也就是说"道"的实质是物质性的，属于形而下；另一方面，是"道"的性能的主要方面，既包含着意识形态，又有许多人类未知的值得不断探索的奥妙的东西，这是形而上。人的意识、精神，皆由人的心脑思维活动所产生、形成。心脑思维活动，实则是心脑细胞、神经组织的粒子活动，这实际就是一种物质性活动。思维活动的结果，形之于语言、文字，显现于书籍、荧屏等载体，也是一种物质性的转化与传递。这其间，意识、精神始终和物质紧密地联系在一起。近年，给机器人输入既定程序，具有了人的思维能力，可以和高明的棋手对弈，这无可辩驳地说明了意识的物质属性。

历来的研究者，大都是沿着《易经》"形而上者谓之道"的思路、定位，仅仅认为"道"是精神性的，只看到形而上的一面，没有看到老子的哲学论断是以坚实的科学认知为基础的。道，作为宇宙、万物生成的总根源、总根据，主要在于它的物质属性，但精神属性这一面，涵括的内容，极其丰富，人类需作无尽的探索。老子所说的"道"，其所以被古今中外的名流大家所认可，就在于它的高度概括性、玄奥性、真实性、科学性。

中科院院士、中国科学技术大学前校长朱清时在恒南书院的一次学术报告中说："科学家们已经开始认为，意识是一种量子力学现象，大脑中存在海量的处于量子纠缠态的电子，意识正是从这些电子的波函数的周期性坍塌中产生出来的。这些电子不断坍缩又不断被大脑以某种方式使之重新处于纠缠态。这就是现在量子意识的一种基本观念。"朱院士称之为"量子意识"。而"量子纠缠""电子的波函数的坍塌"，已经在科学实验中得到证实。

英国剑桥大学教授彭罗斯（RogerPenrose）和美国一位教授哈梅罗夫（StuartHameroff）认为："在人的大脑神经元里有一种细胞骨架蛋白，是由一些微管组成的，这些微管有很多聚合单元等，微管控制细胞生长和神经细胞传输，每个微管里都含有很多电子，这些电子之间距离很近，所以都可以处于量子纠缠的状态。在坍缩的时候，也就是进行观测的时候，起心动念开始观测的时候，在大脑神经里，就相当于海量的纠缠态的电子坍缩一次，一旦坍缩，就产生了念头。""念头"，就是意识。意识是电子活动所产生，电子是构成物质的元素，意识当然也就是物质性的东西了。

《老子》第四十二章开头说："道生一，一生二，二生三，三生万物。"人是由"道"所生的有灵性的"物"，"人"和宇宙万物的最大不同就在于有灵性，有意识。所以，老子论"道"的根本目的与归宿在于"人"。故而第四章说"挫其锐，解其纷，和其光，同其尘"，是要"挫"人的意识之"锐"，"解"人的意识之"纷"，以"和"道之光，"同"道之尘。挫锐、解纷的途径是"虚其心，实其腹"，即是说用"心"来"和"道之光，"同"道之尘。心和道必有相同的内质、元素，才能"和"，才能"同"。人是心物一体的，而"道"则是心物一体的高度、完满的概括。

当然，这仅是说意识属于物质性活动的一面，而老子所说的"道"的意识、精神性内涵以及修炼者的空、无境界中的奥妙，那还是难以尽言的。这也许是当代和未来科学难以探索穷尽的课题。

"道"的物质属性以及科学性，是可以论说的，"道"与科学，二者可以互参互证，但"道"终归不等同于科学，一个靠科学仪器检测，一个靠心灵感悟，是两个道上跑的车，有本质的不同。"道"包含科学，包容科学。"道"的内涵和境界，有一部分，或者说"道"的物质属性的这一面，可以用科学仪器检测，得以实证。然而，玄奥性这一面，科学是无能为力的。

人的意识、精神，虽是人的心脑细胞组织系统活动的产物，具有物质属性，但人的意识、精神，却具有科学仪器难以完全检测得到的超强功能，有待于人类通过修炼去开发。

世界没有面貌、性情完全相同的人。为什么？因为表达个人具体性状的那一部分基因，每个人都是不同的。这也决定了人的意识、精神、性情的差异性。人的基因与人的意识、精神、性情融为一体存在于人的身心。老子说"谷神⑤不死"（脑泥丸，又称天谷，"谷神"即指神识之神），佛教说历生历世性灵不灭，这些，与基因有着什么样的关联，现在尚说不清楚。但，"道"的玄奥性，都可以将这些统统包容。

意识、精神的物质性存在，是"道"的形而下的"器"的一面；而意识、精神的空、无境界的玄奥性，是"道"的形而上的哲理性境域，对于修炼者来说，是穷劫难尽的追求，就是老子所说的"玄之又玄，众妙之门"，别无他途。

二、以心感物，物为前提、基础

佛教《般若波罗蜜多心经》说："色不异空，空不异色，色即是空，空即是色，受想行识亦复如是。"这是典型的心物一体论。唯识学认为，一切事物都是由心识种子所变现。物质之外的诸外境相，都是根识缘不同的物质得以现起的相，种种相是观待心识而假立的，称为假相。连时空都是心的分辨执著的结果。《地藏菩萨本愿经·觉林菩萨偈》曰："应观法界性，一切唯心造。"佛教法眼宗等派别倡言"物由心造"。心、物二者，心是第一位的。但老子的心物一体观却与佛教截然不同：

其一，老子主张以心感物，那么物即为前提、基础。

《老子》第一章前半篇是宇宙生成论，后半篇为宇宙感知论。"道可道，非常道；名可名，非常名。无，名天地之始；有，名万物之母。故常无欲，以观其妙；常有欲，以观其徼。此两者同出而异名，同谓之玄；玄之又玄，众妙之门。"

感知者的主体肯定是人，"故"承前半篇宇宙生成论之关于"道"和"万物"而转为说人。老子说道、说万物，目的、重点是要说人。

天地生成之始，是一种看不见摸不着的混沌状态，老子用"无"来命名。万物中作为有灵性的人，要感知这种状态的存在和奥妙，只有"常无欲"才能进入像佛、道两家长期修炼所能达到的"空""无"境界。只有进入这种境界才能"观"到"无始"⑥的妙境。老子经过长期修炼获得了这种功能，达到了这种境界，他惚兮恍兮中观察出了"道"的微妙，才提出了"道"这个被他强名的赋予了特定内涵的概念。世界上古往今来只有老子在没有科学仪器设备的情况下，感知到宇宙万物生成的因缘，才将涵盖世界本源、本体的"道"的学说奉献给了人类。

对"观"，历代注家基本无解，有解也言不中"的"。自伏羲"仰观象于天，俯观法于地"以来，佛、道两家无不讲"观"。"观"，对于认识宇宙、天地、万物具有特殊的意义，是出发点，也是目的、过程、结果。《心经》曰："观自在菩萨，行深般若波罗密多时，照见五蕴皆空"，讲"观"讲"照"。道家的《太上老君说了经》开篇就是"若夫修道，先观其心"；《太上老君内观经》通篇就讲一个"观"字。这些，都是由内观修持，获得"观"的功能，而走向对世界奥秘的探索。特别是老子，进而作哲学、科学、政治学、社会学、生命学等方面的论述，摒除神秘色彩，而人间化、世俗化，著写出了《老子》，成为人类社会发展指向的思想、精神宝库和财富。

"常无欲"，是修炼状态；"常有欲"，是生存状态。有欲则为生计、事业奔波，只能用肉眼观察到有限的物相，这就是"常有欲，以观其徼"。

"徼"，边际。有边际的东西是有限的。而"妙"是难以言说的无限。有欲和无欲对举相较，老子所强调的当然是无欲了。只有无欲，才能观察到无限的奥妙。

老子所说的"欲"，就是指人的欲望；欲望当然是由人的心识所生。"有欲"之"观"和"无欲"之"观"，都有一个外境存在。"妙"也好，"徼"也好，都不是什么也没有。老子说以心感知宇宙无限的玄妙和有限的存在，那么，就是以无限的玄妙和有限的存在之客体为主观感知的前提、基础。老子这里既不同于马克思主义的唯物论，也不同于佛教的唯心论，而形成了他的心物一体论的独有特征。心识感知以物为前提、基础，从本质上说是靠近马克思主义的唯物论的。

其二，老子认为身体承载着心识，那么心识即是依附身体而存在。

第十章曰："载营魄抱一，能无离乎？专气致柔，能婴儿乎？涤除玄览，能无疵乎？爱民治国，能无为乎？天门开阖，能无雌乎？明白四达，能无知乎？生之，畜之，生而不有，为而不恃，长而不宰，是谓玄德。"

"载营魄抱一"，各家注解纷纭，颇难择一而从。"载"，装载、承载着"营魄"。这里省掉了"身、体"。意即身体承载着营魄，合一不离。孙怡让曰："自先秦西汉至今，释此书者，咸无异读。惟《册府元龟》载唐玄宗天宝五载语云：顷改《道德经》'载'字为'哉'，仍隶属上句。……唐玄宗此读，虽与古绝异，而审文校义，亦尚可通。"马叙伦也认为："'载'、'哉'古通，不烦改字。然以'载'字属上句读，是也。"[8]理由是"专气致柔"等"皆以四字为句，不得此独加一载字"。

这些，皆有故为新论、因文害义的味道。首句若去掉"载"字，就不成其为身体、营、魄三者合一不离了。失"体"之"营""魄"合一，那还成"人"吗？老子此章的重点是在论述"人"的修身修德呀！

《楚辞》有"载营魄而登遐兮"句，当是受老子的影响。

"载营魄抱一"，在六个排比句中起统领、统摄作用。"载"字冠首，就显得十分必要，决不能"属上句读"。

"营魄"，河上本注为"魂魄"。魏源《老子本义》："营，读为魂。"高亨先生按："营与魂是一声之转。"其实，老子以"营"代"魂"取"虚"意。汉扬雄《太玄·图》："极为九营。"范望注："营，犹虚也。《易》有'六虚'，故玄之变为九虚。"又《灵枢经·营卫生会》："人，受气于谷，谷入于胃，以传与肺，五脏六腑皆以受气，其清者为营，浊者为卫。"《太上老君内观经》说："动而营身谓之魂，静而镇形谓之魄。"古代早有灵魂的说法，大概老子不愿将自己的学说搞得过分玄虚，可能有意将"魂魄"表达为"营魄"。《易·系辞上》："精气为物，游魂为变。""营魂"犹"游魂"。

按照传统和宗教的说法，人死后，魂即离体而去。而魄呢，"古指依附于人的形体而存在的精气、精神，以别于可游离于人体之外的魂"。《左传·昭公七年》子产曰："人生始化曰魄。既生魄阳曰魂。用物精多，则魂魄强。是以有精爽，至于神明。匹夫匹妇彊死，其魂魄犹能凭依于人，以为淫厉。"唐杜颜注曰："魄，形也。"但《说文·鬼部》"魄"桂馥义证引傅逊曰："左氏所谓魄，不专指形而言。如下文所云'魂魄能依附于人'及前所云'夺伯有魄'，皆非形也。"魄非形，魂非魄，说明人的体、魂、魄三者有别。俗语用"魂飞魄散"来形容人受惊吓后的精神状态，看来是有缘由的。

这里，我们要将"魂魄说"与"鬼神说"区别开来。魂魄是人的一种生命现象，属于生命科学命题，值得深入研究。我们人类对于自身的生命现象知之甚少，出现一些奇异，往往导入神秘情境，皆由不明其理而造成。

老子所说的"载营魄抱一"，实则就是"载精气神抱一"。这儿所说的"神"，不是神鬼的神，指的是神志。"能不离乎？"讲的是修身的过程，又是目的。第一步先要做到心神内守，志不外驰，忘我除妄，保精守气，混元归一。其目的在于魂魄与身体抱而为一，永不分离，这当然就是延年益寿了。仍为人道，并非仙道，不是追求阴神出窍，灵魂飞升。

后文的"专气致柔，能婴儿乎？""涤除玄览，能无疵乎？""爱民治国，能无为乎？""天门开阖，能无雌乎？""明白四达，能无知乎？"都是讲修炼要达到的层次和境界。但这些都要以人的身体为前提、为基础来进行。没有人的身体，这一切都是无法进行的。人身体这个"物"的存在，是第一位的。一个"载"字，又一次体现了老子心物一体论的独有特征。

其三，关于"和光同尘"的微观考量。

第四章说"挫其锐，解其纷，和其光，同其尘"，第五十六章说"塞其兑，闭其门，挫其锐，解其纷，和其光，同其尘，是谓玄同"。

后世许多论者认为前后两章语句重出必有一章为衍文，岂不知重出是一种强调，说明重要，有重复的必要。

河上本注释："兑，目也，目不妄视。""门"，"口也，使口不妄言"。目不妄视，口不妄言，神不外驰，保精养气，这是道家和佛家静修的一种生活与练功状态。

"锐、纷二字皆指欲望而言。盖人欲之锐，可以起争盗，其纷可至乱心。故'挫其锐，解其纷'，……皆圣人所以减少人民之欲望"，"取法乎道之虚也"。

两句中的"其"，都指"人"。因为老子这里要讲"人"的修炼。

后两句的"其"是指代由道而生的宇宙、太阳等信息源。承接前两句，是人和其光，同其尘。光与尘，都是人的意识之外的"境"，都是物质性的客观存在。是人通过修炼，以"虚极""静笃"的空灵心念去"和"、去"同"。

挫锐、解纷都是人修炼中的节欲静心阶段，"和光""同尘"就进入到高层次、深境界了。如果能取得真成果，就可观得"道"之要妙了，就可看见肉眼看不见的东西了。

和光、同尘是"天人合一"的真境界。老子达到了这种境界的高层次，他在"惚兮恍"中用"天眼""观"到了宇宙生成的缘起，以及构成物质的微观世界，似乎清楚，又不清楚，只能作出"似""若""象""不知"之类不十分确定的表述。

用现代科学的概念来说，就是修炼到极高层次的人，性空了，心性所变化，由心脑意识发射出去的声能、光能的波段、频率与"道"所生的大自然信息发生共振、共鸣了，这才"同"了，"合一"了。这实在是太玄妙了！玄妙之同，不就是"玄同"吗？

《易经》说"大人者"[⑦]"与日月合其明"，和老子的"玄同"境界完全相同。

老子这里所说的"尘""光"，在宇宙中是基本粒子类的客观存在的"物"，这是前提；而人的心脑意识发射出去的声能、光能是去"和"，去"同"。当然，人的心脑意识发射出去的声能、光能，也是基本粒子所构成，才具备了能"和"能"同"的因子、条件。从根本上说没有构成物质的基本粒子，就没有宇宙万物，也就没有意识，所以，物质是根本。老子的"和光、同尘"说，是这一哲学理论的印证。

《道德经》和佛经、《圣经》最大的不同，就在于《道德经》是老子在世时撰著的书，全说的是"人的话"，而佛经、《圣经》是释迦牟尼、耶稣成佛、成上帝之后传授、默示的"经"，全说的是"神的话"。《老子》所言，关乎社会的、政治的、思想的、文化的、生命的，甚至科学的诸多方面，因此，在"富于社会实践性、应用性"以及广泛性的这一特征来说，老子的哲学思想与历史唯物主义哲学是相通的，相近的。

整部《老子》，把"道"放在至高无上的地位，"道"是宇宙万物产生的总根源、总根据。但老子言道、论道的出发点和落脚点却在于人，在于人的社会，在于社会的人，在于人的方方面面，在于社会的方方面面，可以说是无所不及。某种程度上可以说是人学、社会学、哲学等多学科的思想库、百科全书。全都是以人为本，以人与社会为核心的，显示了其广泛的社会实践性的普世之用。美国《纽约时报》把老子列为全世界自古及今最有影响力的十大作家之首。据百度贴吧"《道德经》对世界的影响与古今中外名家评价汇总"所载："在西方《道德经》的销量已经超越了《圣经》，跃居所有经典之上，现已荣登世界书籍排行榜榜首之位。"老子，不仅是中国的老子，而是全世界的老子。

道教产生之后，老子及《老子》逐渐被宗教化、神圣化，这一方面是历史的选择，另一方面，也说明老子和《老子》具有被宗教化、神圣化的充分条件。土生土长的道教，和从印度传入的佛教，在中国流传了几近两千年，虽然历经统治阶级的禁绝，但仍然屡禁不绝，这充分说明其存在的合理性、必要性。社会需要宗教，人民需要宗教。作为净化人类灵魂的宗教之功能之一，是政治、法制的补充，对社会文明、文化发展能够发挥独特的作用。当今世界，尽管某些极端组织，借用宗教在行凶作恶，有些教徒甚至头领在作恶，干坏事，那是对宗教的叛逆，是宗教的败类，不能代表宗教。承传人类文明、承载人民信仰、与社会政治和谐相处的宗教，将与历史长久共存。

注释

①关于《老子》所说的"道"之"科学性"，很少有人论及。个别论及者，皆言不中的。笔者撰写了《〈老子〉的现代科学意义》一文，发表于香港道教学院主办的《弘道》2016年第1期，可供参阅。

②《老子辨正》，三秦出版社，2015年10月

③符契：符节、符券、契约一类文书的统称。

④鸠摩罗什：东晋高僧。后秦皇帝姚兴赏给鸠摩罗什十二个宫女当夫人，跟他出家的徒弟们，也要讨太太。鸠摩罗什看这些年轻的出家人要跟他学，心想：我是被逼迫的，没办法啊。有一天，他把要讨厌太太的和尚找来，请大家吃面，大家很高兴，结果每一个碗里都有缝衣服的针。鸠摩罗什说："诸位请啦！""这怎么吃啊？"他说："你们不吃，我吃！"于是他把碗里的针都吃下去了。徒弟们都惊呆了！这就是有名的"罗什吞针"。

⑤谷神：指脑泥丸，又称天谷，是神识之神，非神灵、神鬼之神。

⑥无始：佛教术语。即没有开始。佛教认为，一切事物，如生死、时间等都是没有开始的。因果关系即建立在"无始"的理论基础上。

⑦大人：《易经·乾卦》"九五爻"曰："飞龙在天，利见大人。"《乾卦·文言》解释"大人"曰："夫大人者，与天地合其德，与日月合其明，与四时合其序，与鬼神合其吉凶。"从所表述的境界看，大人指的就是圣人、圣君、圣王，都是修炼、德行有极高成就的人。

玄门说 "玄"

　　《道德经》中，"玄"字出现了十二次，大都作名词或形容词用，如"同谓之玄""玄牝""玄牝之门""玄览""玄德""玄同"，等等。第一章中的"玄之又玄"，两个"玄"则作动词用。"玄之又玄"，就能进入"众妙之门"。这众妙之门，无疑即为"玄门"。玄门，后来成为道教的称谓之一。这"玄门"之称，究竟最早起于何时？我们现在无从确考。但就这一"玄"字，却有无尽的说头。

一、"玄"之由来

　　《说文》曰："玄，幽远也。黑而有赤色者为玄象。幽而入覆之也。"玄象，即指天象。古人观天象，观到极远处，黑咕洞洞的，什么也看不见了。故而，将黑色与玄连在一起。《易·坤》有"天玄地黄"之句，《诗·小雅·何草不黄》有"何草不玄，何人不矜"，《诗·豳风·七月》有"载玄载黄"之句，这都是从颜色的角度用"玄"的。金文中的"玄"字，是像一个立起的空心葫芦，顶部画以小竖，表示指向太空。这是象形人坐着观"天"。

　　老子所说的"玄"，是"玄"的本有义，即"幽远"。浩瀚的宇宙，幽远无尽，潜藏着神秘莫测的玄机奥妙，所以老子说"玄之又玄，众妙之门"。

　　有人从隶书"妙"字的偏旁，找到了甲骨文的"玄"字的象形根据。一个署名"心智玩家"写了一篇《老子写〈道德经〉的时候，"妙"字不是女字旁，而是"玄"字旁》的文章，载于"百度百家"，说："请看后世写的篆书'妙'字"，"左边字符中的小点消失了，这两个小点是有大内涵了，后世书家已经不知其中的深意，就抹去了。但是，老子写《道德经》的时候，之所以会用到这个'妙'字，看中的就是这两个小点"。"这两个篆书'妙'字中的'玄'字都点了小点，表示的意思就是'认识到了隐性世界'。"

　　"心智玩家"的分析，颇有价值！老子说"见小曰明"，这"两个小点"，何尝不是代表老子所"观""阅"到的微观世界，即"心智玩家"所说的"隐性世界"中的"小"呢？

　　我所根据的《说文解字》，是中华书局1963年12月第一版，"玄"字条目最后有"古文'玄'"字，与篆书中的"妙"字偏旁的"玄"是一样的。只是下面的圆圈下多了一个尾巴，与隶书相同。这完全可能就是甲骨文中的"玄"字。说明汉时许慎在著写《说文解字》时，见到过甲骨文中的"玄"字。

甲骨文是殷商时代文字，距今3600多年。还有人从"三星堆"的七个字符中的"S"形字分析认为："S符近似甲骨文的'玄'字（8），三星堆神树上的神出鬼没鸟的嘴上就叼一铜丝，尾羽穿孔系有'8'字形的铜丝钮。8形如绞丝、悬丝，其实也是宇宙气旋符，代表玄、神秘……S如绞丝，如气旋，在此具有'玄'的含意。什么人具有通天地与通玄的能力，自然是具有神灵的人了……"①

这虽是一家之言，却能见出"玄"字起源的蛛丝马迹。三星堆在四川广汉平原，一般认为，早于殷商一千多年，相当于夏朝。

再往上溯，传说中的人文始祖太昊伏羲氏创立八卦，开启了中华民族的文化之源。《易经》八卦，玄奥无比，虽有难以计数的研究著述，至今没有人能够说清八卦预测的道理！

中华文化，从源头上说，是玄奥文化。先民对宇宙万物的感知所显现的智慧，都深藏在神话传说和历史遗迹之中。"玄"的脉络和印迹，从起始就十分清晰。但，人们对"玄"的认识，一直处在感性层面。只有老子，才从理论上，也是从哲学的高度，对"玄"做出了系统、全面、深入具有说服力的准确把握和概括。

二、老子所说的"玄"

第一章的"玄之又玄"，如前所述。

第六章说："谷神不死，是谓玄牝；玄牝之门，是谓天地根。"关于"谷神"，一般认为指脑泥丸。至于"玄牝"，历来注家，大都说不清楚。全真教南宗始祖张伯端《悟真直指》云："谷神之动静，即玄牝之门也。这个门在人身为四大不着之处，天地之正中，虚悬一穴，开阖有时，动静自然，号之曰'玄关一窍'，又号之曰'众妙之门''玄牝之门'，是为天地之根，盗机妙用，须从此处立基。""玄关窍并无真位，但能修得其境，自能见得此窍，此窍能开能合，故曰门。"②

这是我所看到的有实修体验的比较准确的解释。"玄牝"这个概念，自老子始。"玄牝之门"，就是"玄门"。修炼之"盗机妙用，须从此处立基"。所以，老子在第一章之后，首涉修炼，点出了"玄牝"，指出了"玄门"。

第十章："载营魄抱一，能无离乎？专气致柔，能婴儿乎？涤除玄览，能无疵乎？……"这里的"玄"，是讲修炼过程、修炼功夫的。何谓"玄览"？就是"内观"，即静坐中的反观内照，不断排除杂思妄念，不留疵痕。也就是像一面镜子一样，无疵无瑕地反观内照。第十章的后半段说："生之蓄之，生而不有，为而不恃，长而不宰，是谓玄德。"玄德，是天之德、道之德，非上德、大德可比。圣人通过苦修，而具有玄德。对于一般人，修炼要积功累行，所重的就是道德。老子从圣人修炼的高度，给一般人提出了"德行"的高标准要求。

老子第五十一章"生而不有，为而不恃，长而不宰，是谓玄德"，重复出现。第六十五章曰："古之善为道者，非以明民，将以愚之。民之难治，以其智多。故以智治国，国之贼；不以智治国，国之福。知此两者，亦知楷式；常知楷式，是谓玄德。玄德深矣远矣，与物反矣，然后乃至大顺。"又对"玄德"，再次作解，再次强调，说明老子对修炼者的"德行"的要求，是何等的重视！说到底，就是第一章的"常无欲，以观其妙"。修炼者能不能做到"常无欲"？说起来容易，真正能够做到，实在太难了！有人说"人皮难脱，人欲难泯。"这是真知灼见啊！

第十五章开头说："古之善为士者，微妙玄通，深不可识。"是说修到较高层次，通玄啦！接着是对达到"玄通"层次的"善为士者"作了形象的描述："夫唯不可识，故强为之容：豫兮若冬涉川，犹兮若畏四邻，俨兮其若客，涣兮若凌释，敦兮其若朴，旷兮其若谷，浑兮其若浊。"

以上老子"强为"描述了"有道之士"（即"善为士者"）七个方面的德性：谨慎、小心、庄重、松弛、敦厚、虚怀若谷、深不可测。这些品性是老子对"有道之士"的赞美，也是对执政者理想人格的期盼，对自我形象的表述。因为老子有修道的切身感受，所以才描写得如此真切形象。

此章最有名，也是常被误解的是"孰能浊以静之，徐徐自清。孰能安以久，动之徐生"几句。德国哲学家海德格尔将其写成对联式的条幅，悬挂墙壁，横批是"天道"。他的理解是："谁能宁静下来并通过和出自这宁静将某些东西移动给'道'，以使他放出光明？谁能通过成就宁静而使某些东西进入存在？天道。"（转引自《海德格尔思想与中国天道观》第352页）这当然是隔靴搔痒。我们国家自古以来的诸多注家，也都没有将这几句真正读懂，解释五花八门。其实，这真正是讲修炼的过程和境界的。

谁能以静定使浑浊渐渐变清，谁又能在长久的安静中渐渐生出动来，那他就会成为"有道之士""善为士者"，具备上述七种品格和德性。修炼者在安静而深定的层次中，必然有静极生动的过程和结果，就是体内气机发动，不一定在动态中，也可能是睡眠中。这种修炼过程中动与静的关系，可以扩展到宇宙间万事万物发展变化过程中动与静的辩证关系；这种发展变化的过程、动静关系，就是规律，就是"道"。变化过程中的"静"是暂时的，而"动"是恒久的、根本的。

第十六章紧接着老子就说"至虚极，守静笃，万物并作，吾以观其复"云云，那是达到了"见小曰明"，"明白四达"，通天通地，通宇宙，通神明的至高境界。这就是第五十六章的"塞其兑，闭其门，挫其锐，解其纷，和其光，同其尘，是谓玄同"。"玄同"，在科学高度发展的今天，该如何作解？现在一般学者普遍认为，"玄同"就是同道。究竟怎么个同法，没有下文。

修炼层次再高的人也不能等同于"道"。"道"是宇宙的总根源、总根据，谁能等同得了？只能是"和其光，同其尘"。用现代科学的概念来说，就是修炼到极高层次的人，性空了，心性所变化、发射出的声能、光能的波段、频率与道所生的大自然信息发生共鸣、共振了，这才"同"了，"合一"了。难道这些不是太玄妙了吗？玄妙之同，不就是"玄同"吗？

老子所说的"玄"，是指科学能探测得到和探测不到的微观世界的一切，无限远，无限大，无穷尽，难以言说，难以描状。但老子都观到、阅到了，也言说、描状了。

现在我们看，老子关于"玄"的论述多么系统！层次多么分明！由此也可以看出《道德经》一书的编排多么缜密精到！许多学者认为《道德经》的分章，只是"大致的安排"，或者要将"德篇"放在"道篇"之前，都是没有真正读懂《道德经》而所作出的妄断！

三、后世对"玄"的解说

《道德经》将"玄"的意蕴、境界，已经阐发到了极致，后世的诠解，大多难尽其义。河上公曰："玄，玄天也。谓有欲之人与无欲之人同受气于天。"张衡说："玄者无形之类，自然之根。"（《御览》引《玄图》）《广雅》曰："玄，远也。"《释名·释天》："天，又谓之玄。"扬雄《玄天·玄摛》曰："玄者，幽摛万类而不见形者也。"

说"玄"，不能不涉及"玄学"。这是魏晋时期出现的一种崇尚老庄的思潮，以《道德经》《庄子》《周易》为"三玄"，被称为"新道家"。玄学家在多方面论证了道家的"自然"与儒家的"名教"的一致性，一改汉代"儒道互黜"的思想格局，主张"祖述老庄"，以道家为主，来调和儒道。达官名士，多宗老庄，而使之成为"官学"。这也可以说是道家思想的复兴。然而，他们并没有真正领悟老子所说的"道"之真谛，虽然风行于魏晋，也断续延绵至宋代中叶，但却产生了不可忽视的流弊。

鲁迅在《魏晋风度及文章与药及酒之关系》一文中说："何晏、王弼、阮籍、嵇康之流，因为他们的名气大，一般的人们就学起来，而所学的无非是表面，他们实在的内心，却不知道。因为只学他们的皮毛，于是社会上便多了很没意思的空谈和饮酒。许多人只会无端的空谈和饮酒，无力办事，也就影响到政治上，弄得玩'空城计'，毫无实际了。"

为什么会产生"空谈误国"的流弊？这与玄学的代表人物对老子所说的"道"的领悟有偏差关系甚大。即以影响最大的王弼来说，他认为："玄者，冥也，默然无有也。"其实，按甲骨文的"玄"字本义，不是什么都没有。前文已经说过，古"玄"字两个圆圈中的小点，有人认为"表示的意思就是'认识到了隐性世界'"。《说文》、河上、张衡、《广雅》、扬雄对"玄"的解释，虽然不能做到精准，但却不是直言"无有"。作为"玄学"的代表人物之一的王弼，将"玄"却完全虚无化了！离开了老子所说的"道"，而偏重于谈"玄"，且无视于"道"的实质，这就不可能不产生流弊。

西晋末年至东晋初颇为活跃的葛洪，曾经批评过"玄学"，但也深受"玄学"影响。他所著《抱朴子》首章《畅玄》，1500余字，洋洋大观，专题论玄。开头说："玄者，自然之祖，而万殊之大宗也。"后文又提出了"玄道"这个概念，将"玄"与"道"等同起来。老子没有"玄道"这个说法。老子对人类思想、哲学最大的贡献，就是给中华文字的"道"字，赋予了特定的内涵。古今中外，高手如林，没有人能否定老子关于"道"的高论。只能是无尽的探索，研究，论说！《道德经》第二十一章，言之凿凿"道之为物"，是说"道"是物质性的存在，"惚兮恍兮"中有象、物、精、信。不是什么都没有。"玄"，主要体现的是"道"的形而上方面的内涵、状态，并不是"道"的全部。"道"，还有实在性的一面，古往今来，大多研究者依从《易经》"形而上者谓之道，形而下者谓之器"的说法，普遍忽视了"道"的物质的实在性这一面，将"道"说得过分玄虚，使"道之为物"的物质性这一面架空了、消解了。

葛洪认为"玄"是自然、万殊"之祖""之大宗"，这夸大了"玄"的作用，是受了魏晋"玄学"之时风的影响，极力"畅玄"所作的判断。葛洪的《抱朴子》，在道教"丹学"方面是一部成就卓著之作。有人认为，葛洪的"畅玄"与《庄子》，"都是其接续老子天道自然观的协变之声。是道家道教共有的交响乐"。其说甚是。但葛洪对"玄"的过分畅扬，却表现了他对老子所说的"道"缺乏深入的理解。这也是魏晋"玄学"流弊不断延续的原因之一。

玄学的内涵被不断扩充，产生了包括山、医、命、卜、相在内的五种体系，内容十分庞杂，也可说是丰富，但却以"术"见长，为历代众多爱好者所热衷追寻，至今亦然，自有其存在的社会空间和土壤。存在就是合理的，我们不必去认真讨论。

四、玄学与科学

这里值得一提的是1923年中国学术界曾经发生过一场"科学与玄学"的

大讨论。这场讨论由张君劢③在清华演讲"人生观"问题，说道："科学无论如何发达，而人生观问题之解决，决非科学所能为力，唯赖人类之自身而已。"此一观点，立即引起科学家们的反驳。第一个站出来的是作为科学家之表率的丁文江④，写了万言《玄学与科学》的长篇大论，在报刊发表。接着，陈独秀、吴稚晖等名流，也参加进来，影响很大。这场论战前后历时五个多月，波及三四份报纸，各方的文章近三十篇，洋洋洒洒约二十五万字。

这场论战的时间，在五四运动之后不久，那时，科学就代表着进步。结果是丁派大获全胜。1925年，亚东图书馆将双方的文章结集，以《科学与人生观》为题出书以志纪念。梁启超、胡适为之作序。此书最近由辽宁教育出版社重印，收于《新世纪万有文库》，有兴趣者可以研读。关于这场论战，我们无法做出准确的评论。但有一点，可以肯定，单独以"玄学"与科学对垒，"玄学"会无有招架之力。如果以"道"来对科学，那将会是怎样呢？

整部《老子》，把"道"放在至高无上的地位，"道"是宇宙万物产生的总根源、总根据。是人类学、社会学、哲学、政治学、经济学、生命学、天文学等多学科的思想库、智慧仓、百科全书。美国《纽约时报》把老子列为全世界自古及今最有影响力的十大作家之首。据百度贴吧"《道德经》对世界的影响与古今中外名家评价汇总"所载："在西方《道德经》的销量已经超越了《圣经》，跃居所有经典之上，现已荣登世界书籍排行榜榜首之位。"老子天下第一，名副其实。特别是老子关于"道"的论述，具有鲜明的现代科学意义：

一位德国科学家获得一项最新科学成果，他几乎翻遍所有哲学书籍，都没有找到他的科学成果原理的哲学依据。最后，在老子《道德经》上找到了。他异常兴奋地说："现代科学的尖端，无非是老子在几千年前写的哲学著作的具体例证而已！"

美国从事高能物理研究的卡泼勒博士，惊奇地发现了老子哲理与高能物理现象的吻合。他感到"中国古代哲学思想的'道'暗示着'场'的概念、'气'的概念与'量子场'的概念"。

有人在爱因斯坦家里的一个书架上发现了一本已经被翻烂的德文版《道德经》。

1998年1月，诺贝尔奖巴黎宣言指出："二十一世纪世界科技、文化命题要到2500年前的中国老夫子那里去寻找。""老夫子"就是指老子。

笔者撰写了《〈老子〉的现代科学意义》一文，发表于香港道教学院主办的《弘道》2016年第1期；又撰写了《老子所说的"道"之科学性》一文，发表于广州道教协会主办的《恒道》2017年秋季刊。"道"包含着科学，《道德经》书中预言了现代科学。

对于"玄"与"道"的关系，我还没有搞得十分明白，只能说些抛砖引玉之谈。

道，是玄的升华，涵盖着玄。玄是道的形而上方面的内容和作用，是性灵、精神、思想、意识一类的无形的存在。这就是老子所说的"玄之又玄，众妙之门"，这是成仙成道的路径和归宿。对于道教来说，玄门，这是毫无疑问的名、实两归。这个"玄"，是一个永远难以说透的话题，也是一个永远要做无尽探索的奥妙！"道"，是思想、精神、意识与物质的高度统一，是实在性与玄奥性的完美统一。（笔者撰写了《老子所说之"道"新解》一文，台湾《宗教哲学》将其作为首篇，发表于2017年9月号，总81期，对"道"作了较为全面的新解说。）

但是，"玄"，对于世俗社会来说，总是会引起这样那样的误解。修道、术数之类，尽管屡禁不绝，却总是名不正，言不顺。然而，"道"，就大不一样了。它是具有科学内涵的哲学概念，得到古今中外政治界、学术界普遍的高度评价和认可。凭着《道德经》在全世界崇高的声誉，广泛的流传，将会对人类社会发生更为深远而巨大的影响。美国著名学者蒲克明肯定地说："《道德经》是未来大同世界家喻户晓的一部书。"

注释

①《草民眼里"三星堆"的那七个神秘的符号》，百度快照，2016年6月22日。

②《气功传统术语辞典》，四川科学技术出版社，1988年8月第一版，第460页。

③张君劢（1887—1969），政治家、哲学家，中国民主社会党领袖，早期新儒家的代表之一。江苏宝山（今属上海市宝山区）人。曾留学日本、德国，学习政治经济与哲学。国民党入台后，张君劢在海外组织"中国自由民主战斗同盟"，以"第三势力"自居。一生仅靠稿费与少量养老金维持，生活清苦。

④丁文江（1887—1936），字在君，江苏泰兴人，地质学家、社会活动家。中国地质事业的奠基人之一，创办了中国第一个地质机构——中国地质调查所。《独立评论》的创办人之一。丁文江的身上，恰到好处地集合了专门科学家、科学事业的组织者和科学思想的传播者等多重角色。

（此文发表于《恒道》2018年秋季刊，总52期。）

参考书目

1. 《老子道德经河上公注》手抄残卷，台湾新文丰出版公司《敦煌宝藏》第四册斯477号，中国台湾新文丰出版公司，1981年。

2. 《道德真经注·河上公章句》，《道藏》影印本第12册1—23页，文物出版社、上海书店、天津古籍出版社联合出版，1988年。

3. 《道德真经注·山阳王弼》，《道藏》影印本第12册272—290页，文物出版社、上海书店、天津古籍出版社联合出版，1988年。

4. ［汉］严遵撰，谷神子注《道德真经指归》，《道藏》影印本第12册341—395页，文物出版社、上海书店、天津古籍出版社联合出版，1988年。

5. ［唐］傅奕《道德经古本篇》，《正统道藏》洞神部本文类。

6. ［宋］苏辙《道德真经注》，《道藏》影印本第12册291—322页，文物出版社、上海书店、天津古籍出版社联合出版，1988年。

7. ［元］临川吴澄述《道德真经注》，《道藏》影印本第12册780—823页，文物出版社、上海书店、天津古籍出版社联合出版，1988年。

8. ［清］王先慎《韩非子集解》，载《诸子集成》第5册，中华书局，1956年。

9. ［清］魏源《老子本义》，载《诸子集成》第3册，中华书局，1956年。

10. ［清］王先谦《庄子集解》，载《诸子集成》第3册，中华书局，1956年。

11. ［晋］张湛《列子注》，载《诸子集成》第3册，中华书局，1956年。

12. ［唐］尹知章注，戴望校正《管子校正》，载《诸子集成》第5册，中华书局，1956年。

13. ［汉］涿郡高诱注《淮南子》，载《诸子集成》第7册，中华书局，1956年。

14. 朱谦之《老子校释》，载《新编诸子集成》第一辑，中华书局，1984年。

15. 高明《帛书老子校注》，载《新编诸子集成》，单行本，中华书局，1996年。

16. 蒋锡昌《老子校诂》，成都古籍书店，1988年。

17. 陈鼓应《老子注释及评介》，中华书局，1984年。

18. 萧天石《道德经圣解》，台湾自由出版社，1983年增订版。

19. 古棣、周英《老子通》，吉林人民出版社，1986年。

20. 任继愈译著《老子新译》，上海古籍出版社，1985年。

21. 高亨《老子正诂》，中国书店，1988年。

22. 高亨《老子注译》，清华大学出版社，2010年。

23. 刘笑敢《老子古今》，中国社会科学出版社，2006年。

24. 张松如《老子校读》，吉林人民出版社，1981年。

25. 卢育三《老子释义》，天津古籍出版社，1987年。

26. 任法融《道德经释义》，三秦出版社，1997年。

27. ［清］王夫之《老子衍》，中华书局，1962年。

28. 南怀瑾《老子他说》，国际文化出版社，1991年。

29. 许抗生《帛书老子注释与研究》，浙江人民出版社，1982年。

30. 李尔重《老子研究新编》，华中科技大学出版社，2003年。

31. 朱晴园《老子校释》，台湾世界书局，1968年。

32. 王蒙《老子的帮助》，华夏出版社，2009年。

33. 刘兆英《老子新释》，上海古籍出版社，2009年。

34. 詹剑锋《老子其人其书及其道论》，湖北人民出版社，1982年。

35. 郭世铭《老子究竟说什么》，红旗出版社，2006年。

36. 董子竹《老子我说》，长江文艺出版社，2002年。

37. 杨润根《发现老子》，华夏出版社，2002年。

38. 张其成《全解道德经》，华夏出版社，2012年。

39. 沈善增《还吾老子》，上海人民出版社，2004年。

40. ［汉］许慎《说文解字》，中华书局，1963年。

41. 《哲学研究》编辑部编《老子哲学讨论集》，中华书局，1959年。

42. ［美］秦维聪《李耳道德经补正》，中州古籍出版社，1987年。

43. 罗根泽《诸子考索》，人民出版社，1958年。

44. 王利器《文子疏义》，中华书局，2010年。

45. 关峰、林聿时《春秋哲学史论集》，人民出版社，1963年。

46. 杨伯峻编著《论语译注》，中华书局，1963年。

47. 王伯祥选注《春秋左传读本》，中华书局，1957年。

48. 马叙伦《老子校诂》，中华书局，1974年。

49．尹喜《关尹子》，上海古籍出版社，1996年。

50．张岱年《张岱年文集》第一卷《老子补笺》，清华大学出版社，1989年。

51．北京大学《荀子》注释组《荀子新注》，中华书局，1979年。

52．翦伯赞、郑天挺主编《中国通史参考资料·古代部分第二册》，中华书局，1965年。

53．张祥龙《海德格尔思想与中国天道》，中国人民大学出版社，2010年。

54．李世东、陈应发、杨国荣《老子文化与现代文明》，中国社会出版社，2008年。

55．吕岩释文，韩起编校《吕祖秘注道德经心传》，广西师范大学出版社，2014年。

56．冯友兰《中国哲学史》，商务印书馆，1976年。

57．王西平主编《道家养生功法集要》，陕西科学技术出版社，1989年。

58．网文《古今中外名人对老子和〈道德经〉的评价和感悟》，2014—08—0922：48：54。

59．〔英〕史蒂芬·霍金著，许明贤、吴忠超译《时间简史——从大爆炸到黑洞》，湖南科学技术出版社，1992年。

60．网文，《诺贝尔奖华人丁肇中2014暗物质最新发现灵魂是暗物质视频曝光》，发布时间：2014—09—2123：45：17，来源：高盛军事整理。

61．〔德〕黑格尔著，贺麟、王太庆译《哲学史讲演录》，商务印书馆，1959年。

62．金寿铁《海德格尔与〈道德经〉》，《中国社会科学报》2015年6月15日。

63．〔英〕罗素著，何兆武、李约瑟译《西方哲学史》（上卷，内部读物），商务印书馆，1963年。

后记 POSTSCRIPT

2015年10月，拙著《老子辨正》一书由三秦出版社出版，当时我对发行前景不太看好，只印了2000册，带有试探性。同时，自己认为，我对《老子》文本，从现代科学的视角切入，有独特的感悟。我认为我真正读懂了《老子》，当然，绝对不会有人相信，只会引起反感，认为这是"狂夫之语"！该书出版后，由三秦出版社发行部推上了"当当网"。"当当网"宣传，第一句话，"这是一本真正读懂解通《老子》的书"，很快热销。"百道网"2016年4月3日登载："当当新书热销榜"Top1，"《老子辨正》上架两周，好评如潮，勇夺哲学类热卖榜冠军"。"当当网"要求赶印3000册。这实在是出乎我之所料！到2021年4月，"中国图书网""当当网"都缺货，唯"缺书网"，按原定价50元全价推出。

书在热销过程中，没有人指出"这是一本真正读懂解通《老子》的书"所言是吹牛，也没有人出来对书中的观点进行商榷、批驳，我耐心地等待着专家学者们的尖锐批评，但至今没有出现。2021年8月9日，查"当当网"售书"广告"刊载："《老子辨正》，一部真正读懂、解通《老子》的书。不求新，章章多有新见；尊前贤，频频补正前贤。""8.8囤书节，社科，每满100减50，点击进入！1180条评论"。有这么多评论？我想，应该是"佳评"吧。若是"差评"，"当当"不会拿出来宣传。《老子辨正》出版前，我请本院研究员、西安老子研究会会长张应超先生审阅过，他说"你这'一家之言'，别人还没办法'批驳'"。真是"应"了他的预言。他给《老子辨正》作了《跋》。

著名作家韩起，为该书作了《序——大矣五千鸣》，评论恳切准确，朴实无华，文笔庄重，反响极好！这里，我对支持者表示诚挚地感谢！

《老子辨正》出版之后，有书评4篇：刘亚谏先生所写《玄奥五千言解老又一鸣》，发表于2016年4月20日《珠海日报》，雅昌艺术家网插图全文转载；童延龄先生撰写的《"弘扬"是"辨正"的出发点》，发表于陕西广播电视大学学报2016年第3期，百度学术、豆丁网全文转载；张忍成先生所写《老子研究的最新成果》，发表于2016年9月2日《陕西日报》，中国社会科学网全文转载；重阳宫网站所写《一部研究〈老子〉的阶段性成果》，发表于该网网页。这些评论产生了广泛影响，我对撰写评论的作者之支持，亦表示诚挚的感谢！

我认为老子所说的"道"之实质，是真实存在的"特殊"之"物"，老子在书中多次强调。然而，从古至今的老子研究者没有人能够破解，大都认为"道"不可言说，是玄奥的"虚无"。因而，在《老子辨正》出版之后，我接续撰写了《老子所说之"道"新解》《〈老子〉的现代科学意义》《玄门说"玄"》等十数篇论文，在刊物上发表，对老子所说的"道"，以及与之相关的、形成了其完整的哲学思想体系的概念，如无、朴、玄、精、一、有、自然、道法自然等的内涵、实质，进行阐发，破解玄奥。这一部分论文，经过修改选编，与《道德经易读》合编为一册，题曰《道德经易读及奥义解密》，作为"老子三连通""上"推出。

在撰写"奥义解密"这些论文之同时，对带有经典性的"注老"大家王弼的《道德真经注》，以及现当代影响颇大的注老名家，关于老子所说的"道""自然""无""无为""朴"等概念的内涵及其关系之诠解，我撰写了相关文章二十余篇，发表于海内外学术刊物与他们商讨。这些，大都是长篇论文，网上点击"王西平老子研究"多能调出。我将这一部分论文，定名为《老子文本、思想辨真集》（上、下）作为"老子三连通""中"推出，意在求得当代老子研究专家们的批评指正！

从2022年4月14日开始，在我的"小溪道安"微博上陆续发表了60多篇文章，大都是与当代著名学者关于老子研究及相关的哲学问题的探讨。18篇点击者在一至两千人次，其中《老子对"道"的不断"言说"》一文，从6月17日—11月17日，有5381人点击。影响较大。

美国前总统里根、奥巴马，德国前总统施罗德，曾任俄罗斯总统的梅德韦杰夫、前联合国秘书长潘基文等国外政要，都曾引用老子的名言；许多企业家，甚至体育明星，直到普通老百姓，都从《道德经》中寻求智慧。老子及《道德经》在世界有极其深远而巨大的影响，充分说明了其丰富的思想、超人的智慧之"普世之用"，成为国内外社会各界的行动指南和教科书。德国哥廷根大学数学、物理学博士四川大学教授魏时珍说："在（德国）一所乡村中学里，老师向学生讲授'无为而治'的道理。……不少家庭都收藏有一本老子的《道德经》。"美国学者蒲克明预言："当人类隔阂泯除，四海成为一家时，《道德经》将是一本家传户诵的书。""是人类最古老的、最系统的第一部'大成智慧学'"。（见网文：《古今中外名人对老子和〈道德经〉的评价和感悟》）

可是，我的《老子辨正》以及其后发表40多篇论文，都是"学术性"著述，广大群众很可能不感兴趣，阅读起来会觉得繁琐、困难。因此，我下决心，将《老子辨正》中的考释及辨析部分压缩、删节，这样就少了将近一半篇幅，保留了通俗易懂的释义、意译及主旨评析，定名为《道德经易读》，帮助广大读者读懂《老子》，希望能产生良好的社会效益！

"易读"所推出的"校订本"，是我在著写《老子辨正》时，根据荆门竹简本、马王堆帛书本、霸王妾傅奕本、北大汉简本、河上公本、王弼等本对勘比较中校订出来的。现当代我国的老子研究者们，大多认为竹简、帛书是古本，以此为据，来认定《老子》文本的本义。但我认为，现在我们确难断定竹、帛二本就是最古传本。河上、王弼、傅奕等原来所依据的古本，未必就晚于竹本、帛本、北大汉简本。也很难断定在中华大地上今后不会再出土更早于竹、帛二本的老子书。很明显，竹本是个选本，帛本将"德篇"放在"道篇"之前，违背老子本义，这是它们长期埋没尘土的原因。二本不具备作为校订通行本的底本之优势。河、王二本，其所以能够长期流传而成为通行本，就是因为有它们被普遍认可的优长。因此，我选择早于王弼本数百年的"河上公章句"（以1988年文物出版社、上海书店、天津古籍出版社联合出版的《道藏》影印本第12册1—23页《道德真经注》，及《敦煌宝藏·老子道德经河上公注》手抄残卷为据）作为"导读"之底本，对照竹、帛、傅奕、北大汉简、王弼本，并现当代诸多老子研究名家的著述，考订辨析，尽量贴近老子本义，择优而从，以通俗易懂为是，推出一个《老子》校订本，便于普世流行，这大概是有理可讲、符合公众阅读需求的吧！

本书在行文过程中，颇着意于版本的校订问题。通读本书，并注意体味笔者对版本的考辨，就可以看出，如果仅就某一种版本，来诠释、认定、评价《老子》之深邃的思想、玄奥的真义，就很难不出差错。只有具备了完全符合、或是比较接近老子思想本义的版本，才能真正辨解、诠释出老子思想的真谛来。

关于《老子》传本真伪之辨析，我的《老子辨正》"前言"有较为充分的评述；最近撰写了一篇《〈老子〉结构艺术与传本辨"真"》一文，刊载于本书下编"奥义解密"，其中第四部分《篇章结构与传本真伪辨析》，又提出了许多新观点、新论证，读者可以参阅，并请批评指正！

下编所载的6篇论文，是从我近年发表的40余篇论文中精选的。这些文章，单独成篇，为了说明观点，材料运用，相互之间，难免重复；为了保持各篇的完整，不便删节，特此说明！